**历史学研究入门丛书**
陈　恒　主编

历史学研究入门丛书

# 西方古典学研究入门

An Introduction
to Classical Studies

张巍 著

图书在版编目（CIP）数据

西方古典学研究入门/张巍著.—北京：北京大学出版社，2022.11
（历史学研究入门丛书）
ISBN 978-7-301-33486-7

Ⅰ.①西… Ⅱ.①张… Ⅲ.①学术思想－思想史－研究－西方国家－古代 Ⅳ.①B502

中国版本图书馆CIP数据核字（2022）第192372号

| | |
|---|---|
| 书　　名 | 西方古典学研究入门<br>XIFANG GUDIANXUE YANJIU RUMEN |
| 著作责任者 | 张　巍　著 |
| 责任编辑 | 王晨玉 |
| 标准书号 | ISBN 978-7-301-33486-7 |
| 出版发行 | 北京大学出版社 |
| 地　　址 | 北京市海淀区成府路205号　100871 |
| 网　　址 | http://www.pup.cn　　新浪微博：@北京大学出版社 |
| 电子信箱 | pkuwsz@126.com |
| 电　　话 | 邮购部 010-62752015　发行部 010-62750672　编辑部 010-62752025 |
| 印刷者 | 大厂回族自治县彩虹印刷有限公司 |
| 经销者 | 新华书店 |
| | 650毫米×980毫米　16开本　29.75印张　413千字<br>2022年11月第1版　2022年11月第1次印刷 |
| 定　　价 | 98.00元 |

未经许可，不得以任何方式复制或抄袭本书之部分或全部内容。
**版权所有，侵权必究**
举报电话：010-62752024　电子信箱：fd@pup.pku.edu.cn
图书如有印装质量问题，请与出版部联系，电话：010-62756370

# 《历史学研究入门丛书》弁言

一、自20世纪六七十年代以来,历史学的面貌发生了很大变化,继积极接受社会科学的影响之后,又将其触角伸向了文化生活的方方面面。其表现之一,就是相对于以政治活动为中心的史学传统,诸多新的对象、新的领域进入了历史学家的视野,举凡妇女、儿童、市民生活、民间信仰,甚至城市卫生、声音与气味,都可以作为历史书写的中心问题。随着历史学家们领地的扩展,在断代史、国别区域史、事件史等传统专门领域之外,渐次形成思想史、文化史、城市史、妇女史、文明史、书籍史等众多的新兴史学分支。历史学的这一变化,既得益于相关学科理论或方法的启迪,同时,其进展反过来也为其他学科提供了有益的借鉴。因此,将历史学各个专门领域的知识框架、研究传统、核心文献等基本内容精编为一册,随时浏览,便于入门,无论对历史学专业还是其他相关学科的读者来说,均有必要。

二、"历史学研究入门丛书"旨在为历史学学科内外的读者群提供基本的专业指南。因此,丛书着重于基本知识、历史脉络、基础理论及经典成果的缕述。一般来说,每种图书介绍某一专门领域,其内容至少包括如下几方面:(一)历史概述,让读者的历史想象有所凭借,把握基本的发展脉络;(二)原始文献介绍,史料是历史学的根基,是历史解释的基本依据,应特别重视;(三)学术史概述,通过国内外研究成果的梳理,给予读者一幅知识树生长、延展的图景;(四)经典研究的重点研讨;(五)工具书、资料库、学术期刊等必备的学术资源,给初入门的研究者提供指引;(六)关键词,亦即最基本的核心概念和术语。当然,最后还要为读者准备一份进一步扩展阅读的书目。这样的构想看似简单,实则是艰巨的写作任务。

三、丛书遵循短小精悍、简明扼要的编写原则。"入门"不是"手册",我们这套丛书面对的是学科内外的广大读者,功用在于读而不在于查。列入丛书书目中的各个历史学分支都有一定的历史积累,知识含量丰富,"入门"目的是让读者了解该领域的重心和走向,不求面面俱到,亦难免挂一漏万。还需要说明的是,各个史学分支虽然同属于历史学领域,但各有自身的特点,内部知识生长的具体情形差异颇大,因此,我们一方面力图遵循一定的撰写体例,另一方面亦不拘泥于此,以在写作中尽量体现各领域的知识重点为要务,而无须削足适履,追求形式上的整齐划一。

四、根据历史学目前的学科特点,丛书大概分为专题系列、国别系列和人物系列等若干类别,其中专题和国别区域两个系列为目前编写出版的重点。为了给广大读者奉献一套国内一流的史学入门丛书,我们力求以"成熟的选题、最佳的作者"为出版方针,在力所能及的前提下,将丛书规模渐次扩充。在此,我们要恳请国内史学界的专家学者们鼎力襄助。希望本丛书的刊行,能为学术薪火的绵延传承略尽微薄之力。

陈 恒
2009 年 8 月

# 目 录

序　言 ..................................................... v

第一章　专业培养 ........................................ 1
　一、"剑桥模式" ....................................... 1
　二、"海德堡模式" ................................... 10
　三、"哈佛模式" ..................................... 17
　四、古典学养 ........................................ 23

第二章　典籍博览 ....................................... 30
　一、目录解题 ........................................ 30
　二、文学部典籍 ...................................... 35
　三、史学部典籍 ...................................... 64
　四、哲学部典籍 ...................................... 80
　五、演说部典籍 ...................................... 90
　六、必读书目 ....................................... 104

第三章　经典研读 ...................................... 127
　一、校勘本 ......................................... 127
　二、辑佚本 ......................................... 147
　三、评注本 ......................................... 160
　四、文本细读 ....................................... 173

# 目录

**第四章　研究起步** ................................................ 184
　一、学科分支 .................................................... 184
　二、研究现状 .................................................... 198
　三、工作书目 .................................................... 205
　四、示例两则 .................................................... 210

**第五章　研究方法** ................................................ 222
　一、语文研究法 .................................................. 222
　二、历史研究法 .................................................. 240
　三、思想研究法 .................................................. 253

**附录一　《娄卜古典文库》(迄2021年)分类总目** ..... 271
　一、文学部 ...................................................... 272
　二、史学部 ...................................................... 293
　三、哲学部 ...................................................... 303
　四、演说部 ...................................................... 313
　附：犹太基督教部 ............................................... 322

**附录二　学术书目举要** .......................................... 326
　一、专业培养 .................................................... 327
　　（一）入门手册 .............................................. 327
　　（二）综合语言词典：古希腊语 ........................... 332
　　（三）综合语言词典：拉丁语 .............................. 338
　　（四）专用语言词典 ......................................... 344
　二、典籍博览 .................................................... 349
　　（一）文学简史 .............................................. 349

# 目录

  （二）文学通史：古希腊文学 ........................ 352
  （三）文学通史：古罗马文学 ........................ 355
 三、经典研读 ................................................. 358
  （一）校勘本文库 ........................................ 358
  （二）对照本文库 ........................................ 363
  （三）古典文本数据库 .................................. 366
  （四）辑佚本：早期希腊典籍残篇集成 ........ 369
  （五）评注本丛书 ........................................ 381
 四、研究起步 ................................................. 384
  （一）百科全书 ............................................ 384
  （二）专科辞书 ............................................ 410
  （三）研究指南 ............................................ 416
  （四）研究书目 ............................................ 419
  （五）学术书评 ............................................ 422
  （六）论文选萃 ............................................ 423
 五、研究方法 ................................................. 425
  （一）古典学术史 ........................................ 425
  （二）语文研究 ............................................ 429
  （三）历史研究 ............................................ 433
  （四）思想研究 ............................................ 434
  （五）接受研究 ............................................ 435

**参考书目** ......................................................... 437

# 序　言

　　近四十年来，正当西方古典学被正式引入我国，不仅在学术界受到出人意料的关注，而且也在文化公众那里掀起了小小的热潮之际，在西方，这门精致且高严的学问却已风光不再，甚至走向了衰微。现代古典学经历了18世纪后半叶以降百余年的草创、勃兴和鼎盛，进入20世纪后便开始盛极而衰，尤其是第二次世界大战以来，一种深层的危机感渐渐弥漫整个西方古典学界。古典学已经到了为自己的生存担忧的地步，不仅因为各种令人窘迫的现实状况，更因为这个学科面临的问题攸关其存在的理由：古典世界和当代世界有无内在关联？这种关联是否需要以及能否维系下去？古典学是维系两者的有效手段么？古典学的现实意义究竟何在？

　　古典学的当代危机显露于内外两个方面。就外部情形而言，古典学身处"后古典世界"，这个"后古典世界"绝不仅仅在时间上位于"古典世界"之后，更重要的是，"古典世界"已被它决定性地抛到了身后，这个时代不再跟随"古典世界"，而是摆出各种姿态，与之撇清关系。"古典世界"特别是"古典"这一概念所蕴含的"古典主义"饱受诟病，遭到"后古典世界"的严厉批判。根据"古典主义"(classicism)的思维模式，"古典世界"(classical antiquity)被塑造成一种理想和一个本源，由此来强调西方文明自古及今的"古典传统"(classical tradition)及其连续性：作为"理想"，古典世界的辉煌文明具有永不磨灭的内在价值，具有超越一时一地的普适性以及超越历史和时代的典范性；作为"本源"，古典世界及西方文明最纯粹的源头，具有永不枯竭的丰富性。据此，"古典主义"致力于追怀、摹仿和复活业已失落的"古典理想",旨在承接和维护赓续不绝的"古典传统"。这样一种"古典主义"被解构为纯属虚妄的假象:诚然,古典世界在历史上有着巨大而深远的影响,但并非因为它的超验的内在价值和优越性,它的永不改变的完美性和典范性,而是缘于种种特殊的历史情境和复杂的历史条件。从认识论上说,我们关于古典世界的知识永远是片面的和不确定的,从中无法推导出任何一种普适的"古典理想"。从史实上说,"古典文明"作为西方文明的"本源",并不具备纯粹性,而是受到古代近东多种文明的影响和刺激才逐步形成;纵使具备所谓的"纯粹性",我们也不应简单地渴慕返回其间,而无视它是如何通过与当下的交互影响被不断地构建出来的。经过此番"后古典世界"的批判性审视,"古典世界"和"古典文明"不再具有高于其他时代或其他文明的典范性,而只是众多时代和文明里的一个而已。

更有甚者,"后古典世界"的外部批评还得到了古典学界自身的普遍应和。第二次世界大战以后,西方古典学者们意识到,这门学科不能再像19世纪全盛时期那般,以一种高居众多人文学科之首的傲然姿态,心安理得地在其学科内部延续习以为常的研究。这些学者使出浑身解数,为古典学发掘新的研究材料和资源,寻觅新的研究方法和角度,开辟新的研究课题和方向。譬如20世纪下半叶,多学科的研究方法迅速得到重视,学者们不仅打通古典学的各个分支学科,进行交叉或综合研究,而且还引入各种其他学科的理论和视角来研究古典文明;60年代起,新兴的各色文学理论被先后运用于古典文本的解读,令古希腊罗马文学研究呈现出光怪陆离的景象;80年代以降的"文化转向",运用社会学和人类学的方法关注古代世界的底层和边缘文化,运用考古学的方法关注普通民众的物质文化;近二十年来兴起的跨文化乃至全球化古典学倡导其他文明对古典文明的主动的接受研究,以及将各种古典文明同等对待的比较研究。表面上,古典学呈现出一片繁荣之态,新的研究材料和资源、方法和角度拓展了研究课题和方向,古希腊罗马世界的各个方面无不得到关注和探究,藉此古典学似乎获得了新的生命力。可是,从人文学科的整体来看,古典学却不断地被边缘化,一种地位和生存的危机感如影随形,令古典学者仿佛对这个时代问心有愧。其实,当古典学者致力于翻开古希腊罗马世界的每个角落之时,恰恰是为了因应"后古典世界"的外界批评之声,远离以古希腊罗马经典为核心的精英文化。结果是,古希腊罗马文明被日益异域化和他者化,与现代西方文明拉开无法弥合的距离。与此同时,古典学术的传统基础——古典教育也被斥为保守意识形态的温床,一个奉古典主义为核心价值的制度化的教育机构,与精英主义、排外主义和欧洲中心主义有着千丝万缕的联系;古典教育曾经是上流阶层的一种标志,一种文化资本,强化其种族、性别和阶层意识,维护其地位和特权;传统的古典教育往往滋生复古的意识形态,导致对现代文化及现代性的全盘否定,以及对古典文化及古典性的盲目推崇。因此,古典学术要与传统的古典教育撇清关系,成为一门纯粹的研究性学科。

从内外两方面的危机不难得出如下结论:古典世界和当代世界没有内在关联;即便有,也无必要维系下去;即便有必要维系,这也不是古典学的任务,因为古典学乃是回避现实意义的历史性的纯学术。面对这样的结论,某些眼光不囿于古典学表面繁荣的西方古典学者认识到,这门学科正面临深层的危机,它必须清醒地反思自己的性质和任务,反思自己与其所处的时代之间的关系。一些先知先觉者提出,古典学亟待自我革新,清除任何一种独一无二的理想化的"古典主义"的余孽,主动追随"后古典世界"的时代思潮,转变为多元的历史主义的古典学(参见莫利《古典学为什么重要》)或者多元的"后古典主义"的古典学(参见 The Postclassicisms Collective 2020),才有可能重焕生机。言下之意就是,为了化解它面临的危机,古典学必须再次变得"合乎时宜"。

果真如此？事实上，古典学的当代危机需要从它的现代困境里找寻根源，而这一困境于现代古典学诞生之际便初露端倪。如所周知，18世纪后半叶德国的新古典主义（Neoclassicism）时代思潮孕育了现代意义上的古典学。有别于14至16世纪文艺复兴时期重罗马的人文主义，德国的新古典主义奉古希腊为典范，具有强烈的"亲希腊主义"（Philhellenism）特征。温克尔曼（Johann Joachim Winckelmann, 1717—1768）引领了这一时代风气，他发表于1755年的纲领性论文《有关绘画与雕塑艺术对希腊作品进行摹仿的思考》（*Gedanken über die Nachahmung der griechischen Wercke in der Mahlerey und Bildhauer-Kunst*），率先提出"让我们成为独一无二、无法摹仿的唯一一条道路，就是去摹仿古人，尤其是古希腊人"以及"体现于希腊雕塑的高贵的单纯与静穆的伟大，同样也是最好时期的希腊文学的真正特征"的著名论断。九年后，他的划时代巨著《古代艺术史》（*Geschichte der Kunst des Alterthums*, 1764）明确主张，古希腊人的艺术作品尤其是雕塑和建筑创造了"古典理想"，处于从埃及到罗马整个古代艺术进程的巅峰。温克尔曼勾画的"古典理想"深刻影响了当时一大批文化菁英，包括莱辛、维兰德、赫尔德、歌德和席勒等，他们共同开辟了现代德国文化最具创造力的时期。

正值高举"古典理想"旗帜的新古典主义迅速席卷整个德国文化界之际，现代古典学应运而生了。18世纪70年代，哥廷根大学的海纳（Gottlob Heyne, 1729—1812）与哈勒大学的沃尔夫（Friedrich August Wolf, 1759—1824），最早让古典语文学成为一门独立的学科。有趣的是，现代古典学的问世还有一个象征性的日期——1777年4月8日。那天，一位年方十八的青年学生到哥廷根大学登记入学，要求注册"学习古典语文学"（studiosus philologiae）。校方反对说，"古典语文学"并非现有的四个系科之一，如果他将来想当一名教师，应该注册学习神学（studiosus theologiae），但青年学生坚持己见,学校无奈之下只得应允。这位青年学生便是现代古典学之父沃尔夫。这则人们耳熟能详的逸闻不仅标志着现代古典学的诞生,还有其深刻的象征意味:"古典语文学"终于摆脱了神学的枷锁,不再是附庸于神学的一门技术性的辅助学问,成为独立于神学且与之媲美的一门具有高度人文精神的学问。沃尔夫创立现代古典学之举堪称从学术上对温克尔曼倡导的"新古典主义"的实现。文艺复兴时期的人文主义已经让罗马文学从拉丁语的教学当中脱离出来,不再为教会的神学教育服务,成为人文学者独立研究的对象,而德国的新古典主义则进一步让希腊语言和文学从拉丁语言和文学的附属地位中脱离出来,使之超越后者成为一切文明的最高成就。现代古典学在诞生之初将古希腊语言和文学置于首位,古罗马语言和文学置于次位,并以两者作为一个整体对立于基督教文明,正是它原初的精神内核。也就是说,**古典学作为一门学问要与基督教神学相颉颃,要使其学问的对象古典文明与基督教文明对峙,从而实现古典精神与基督教精神的抗衡,这正是古典学为整个西方文明的格局所担负的精神使命。**

沃尔夫把古典学的对象定义为"以各种形式表现的有关古代的知识",并称之为一门历史的学问,必须尽可能地在研究对象的原初历史情境中加以审视和理解。为此他发明了Altertumswissenschaft一词,在他所给出的定义里,Altertum(即古代)是作为整体的古希腊罗马文明,但其中希腊人的地位又高于罗马人,因为前者更完美地体现了真正的人性特征,是人类存在的理想范本,而Altertumswissenschaft的目标正是通过对整个古代世界的重构来寻回古希腊人的精神。可见,现代古典学在诞生之初,"历史主义"与"人文主义"这两种互相制约的因素已经成为一条隐伏的线索,但古典学术最初仍服务于对古典精神的追寻。然而,沃尔夫之后的德国古典学却沿着历史主义支配下的"古典古代学"(klassische Altertumswissenschaft)路径发展,而整个19世纪德国古典学的鼎盛意味着古典学术对于古典精神的胜利。沃尔夫创建的古典语文学,虽然起初是复原、理解和阐释古典文献的学术研究,但作为历史科学,其真正的目的在于对古代世界进行历史性的重构,亦即"重现过去的真实"。经过严格的历史研究方法训练出来的古典语文学者不再固守于古典文献,而要以古代文明的整体为研究对象,因此"古典语文学"转变为"古典古代学",致力于对过去的史实(Realien)进行全面而客观的研究,藉此获致对古代文化的客观了解。这一进程在19世纪末20世纪初德国"古典古代学"的集大成者维拉莫维茨(Ulrich von Wilamowitz-Moellendorff, 1848—1931)身上达到了顶峰。古典学遂成为高举实证历史主义的学科,成为现代人文学术的典范而大获成功。但成功的另一面是,它早已忘却新古典主义的精神内核,偏离了诞生之初的精神使命,与古典精神渐行渐远。古典学不再力争古典文明之于现代基督教文明的优先地位,也不再倡导古典精神之于基督教精神的优先地位。虽说19世纪70年代以及20世纪二三十年代,尼采(Friedrich Nietzsche, 1844—1900)和耶格尔(Werner Jaeger, 1888—1961)分别致力于复兴古典学的精神使命,前者倡导"不合时宜的古典学",后者揭橥"第三次人文主义",但都宛如空谷跫音,难以挽回古典学对其精神使命的背弃。

综上所言,古典学的现代困境源于其诞生之初的精神使命与学科发展的历史际遇之间的两难。它在整个19世纪的空前成功使其迅速背离并彻底抛弃了诞生之初的精神使命,20世纪以来的盛极而衰更是让古典学对其原初的精神使命避之唯恐不及,"合乎时宜"几乎成为古典学唯一的选择。为古典学术而彻底放弃古典精神,这正是现代古典学的成功之道,但同时也深化了它的困境。彻底放弃古典精神的古典学术,只能尾随其他更具现实性的学科力求"合乎时宜",而难以对西方文明的整个格局担负任何精神使命,这其实才是古典学所面临的危机的深层原因。因此,**要化解古典学的当代危机,必须克服它的现代困境,重建古典学术与古典精神的真正联系,复兴古**

**典学的精神使命**。归根结蒂,古典学的精神使命就是维系古典世界与现代世界的内在关联,而成为维系两者的有效手段,就是古典学的现实意义。

但问题在于,古典学作为一门学科恰恰是一种现代学术,本身便是现代精神的产物,它又如何在运用现代学术的各种方法之时,葆有古典精神?面对这一难题,首先要从更长远的时段着眼,赢获古典学术史的整体意识,以此来反观现代古典学。设若古典学的当代危机不断深化,以至于它在"后古典时代"的某一天寿终正寝了,被当作陈旧的古董而仅供赏玩,那么18世纪末以降的现代古典学究竟能为后世留下什么,什么又是其最富生命力的遗产?事实上,这一假想的情形在西方历史上曾经发生过,那就是希腊化时期三百年间(公元前3世纪初至前1世纪末)辉煌的古代古典学的终结,而它又为西方后世留下什么有生命力的遗产?从今日的角度来看,希腊化时期的古典学术,相比于此前的古风和古典时期的希腊文化而言,不过是一种次生的文化现象,其最终价值就在于尽最大可能地保存古典作品的真面目,维护古典精神的生命力,使之具备持久的文化意义而对后世产生巨大的影响,那么两百年来的现代古典学术也应作如是观。从根本上说,学术本身只是一种次生的精神活动,只有当它指向(而非遮蔽)它所依凭的原生的精神活动,才算实现它真正的价值。对于古典学术这一次生的精神活动而言,它所依凭的原生的精神活动便是古典精神,无论古代古典学还是现代古典学,莫不如此。

所以,现代古典学运用各种现代学术方法来研究古希腊罗马世界,必须以古典精神的维护与发扬为鹄的。现代学术方法只是手段,古典学不能止步于此,因为它不应满足于仅是一门历史性的学科,而只有向着古典精神进发,古典学才会成为一门现实性的学科。这就意味着从古典精神去观照并融摄现代精神,从经历时间淘洗的恒久价值来评估瞬息万变的当下价值,并从中生发出反思和批判的现实意义。这一探求"古典精神"的过程实质上就是与我们生活于其中的当下现实拉开距离的过程，只有拉开距离，我们才能赢获观照当下现实的批判性视野。换言之，涵泳于"古典精神"，并不意味着"返本归源"，驻守于某种奠基性的"古典时代"而流连忘返，因为如此一来，拉开距离的批判性视野便无从谈起；相反，我们必须不时从"古典精神"赢获的视距观照当下现实，使之发挥批判性的作用。当然，这也不意味着厚古薄今，用"古典精神"一味反对"现代性"，而是要从"古典精神"的视距批判性地融摄"现代性"。

再者，作为一门人文学科，古典学的研究对象是古希腊罗马文明，但其宗旨并不在于研究对象，而在于研究者本身，也就是研究者自己的人文精神。这是人文学科不同于自然科学及社会科学的根本所在。故此，当古典学术运用现代智识工具及其精神去理解古希腊罗马世界，试图比古人更好地理解他们的世界，这只是学术之路的半途，我们还要反向延续这一进程，运用古代智识工具及其精神去直面现代世界，从而比今人更好地理解我们自己的世界。这是一条漫长的往复之路：我们背负现代智识工具出发去往古代，到古人那里学习古代智识工具，逐步以之涵括前者，返回现代，用古典精神直面现代世界。

古典学对研究者的人文精神的抉发、培育和养成诉诸古典精神——从古希腊罗马文明当中探求古典精神的本源及其演变，并通过这一向外的探求来抉发、培育和养成研究者自身的古典精神。古典学术实质上是由外入内、内外并进的探求古典精神的过程。对这一过程而言，语言和思想占据了首要的位置。古典精神虽能体现于其他各种媒质与形式，但语言和语言所传达的思想毕竟承载了古典精神最恢宏博大、最精深微妙之处。这便要求我们以古希腊罗马的传世经典为根本，以语文学的训练为基础，以历史文化的方方面面为辅助，来把握语言及语言对思想的传达，来体认语言所传达的思想。

有鉴于此，本部《入门》主要围绕古典语文学，尤以传世古典文献的解读和研究展开。这一重心的选择，除本书篇幅和作者学力所限，根本的理由在于，组成古典学术的四大研究方向（古典语文学、古代史、古代哲学和古典考古学）当中，古典语文学乃是基础，而传世古典文献的解读和研究又是基础中的基础。依凭这一重心，本部《入门》的目标是**经由古典学术通达古典精神**。为此，我们把古典学术分成"古典学养"（"学"）和"古典研究"（"术"）两个相辅相成的部分。本书的根本旨趣在于，经由"古典学养"（第一、二章）到"古典研究"（第三至五章）的古典学术之路，成为通向古典精神的养成之路。这条道路以古希腊罗马经典的研习为核心，具体的操作方法有三：其一，统观古典文史哲之全局，循其学术源流的主脉而识其大体，此方法见于第一章"专业培养"和第二章"典籍博览"；其二，精研古典文史哲经典文本，依靠文本细读而入其精髓，此方法见于第三章"经典研读"；其三，居于古典文史哲之交汇处，从语文→历史→思想来贯通文史哲之畛域而得其整全，此方法见于第四章"研究起步"和第五章"研究方法"。当然，如前所述，这条道路只是漫长的往复之路的前半程，返回之路才是养成了的古典精神的真正归宿。

关于本书有三点说明。第一，本书虽然对古典学术的整体面貌有所概览（尤见第一章"专业培养"和第五章"研究起步"第一节），古典语文学以外的其他研究方向（古代史、古代哲学和古典考古学），以及古典学术的辅助学科（诸如铭文学、纸草学、钱币学和图像学）都未能涉及。事实上，针对这些研究方向和辅助学科，有必要另行撰写独立的《研究入门》，并非本书作者所能代庖。第二，本书所举实例，皆来自希腊古风和古典时期，未能顾及希腊化时期和罗马，这当然也缘于作者自己的专业限制，不过本书所侧重的基本训练和研究方法，经适当变通以后，也能运用于其他时期的传世古典文献及基于其上的相关研究。此外，本书的附录部分尽量将视野扩展到其他时期，或可弥补正文所举实例的局限。第三，本书虽放眼古典学术最重要的几种学术语言包括英语、德语、法语和意大利语学界的研究，但仍偏重英语学界，这固然缘于英语作为当代主导性学术语言的现实，不过作者认为，古典学术并非英语学界所能囊括，还望初习者努力拓宽自己的眼界，尽力将德语、法语和意大利语学界的相关研究也纳入视野。

最后，需要强调的是，本部《入门》虽属晚近四十年来将西方古典学引入我国的学术潮流，却有别于对西方古典文明的科学化接受方式，即所谓的纯学术研究。纯学术研究者宣称，进入中国的古典学须全盘按照国际标准来移植，古典学的引入无异于某种自然科学，国际标准乃不可移易的金科玉律。他们有意或无意回避的问题是，古典学的"国际标准"实质上带有强烈的西方学术的当代属性，制定并奉行这一标准的主流学界往往利用古典学术来为当代西方的各种意识形态服务，进入中国的古典学不必也不可亦步亦趋。毋庸置疑，中国的古典学者需要接受国际水准的专业训练并具备国际视野，但这一国际视野不应当把中国自身的古典文明以及古典学术传统排除在外，更不应当成为自我隔绝于中国文化之外的借口。中国的古典学者要比西方古典学者更有能力反思习焉不察的西方学术话语，明辨西方古典学内部的批判暗流，结合中国文化内部有生命力的学术传统，让西方古典学真正成为最优秀的中国学术之一部分。唯有如此，中国的古典学者方能不但作为古典学者直面当下世界，亦且作为中国学者直面自己所属的中国文化。

# 第一章　专业培养

　　从事任何一门学术研究,系统的专业培养和学术训练必不可少。与古典学术相关的培养和训练,最为完整地体现于西方著名高校古典学系的专业设置及培养方案。自现代古典学诞生以来,古典学术特别是对古希腊罗马经典的研习,在很长一段时间内被视为人文教育最重要的基石。因此,欧美国家的高校通常单独设立古典学系,将古典学的专业培养和训练纳入一个整体性的学科框架里;同时,大学阶段的专业培养又以中学阶段的古典教育为基础,从而构成一整套贯通的古典教育和专业培养体系。基于各自不同的古典教育传统,英、美、德、法、意等国形成了各有特色的古典学专业培养模式。本章以英国剑桥大学(第一节)、德国海德堡大学(第二节)和美国哈佛大学(第三节)为例,较为仔细地审视这三所大学古典学系的专业设置及培养方案。当然,古典学专业的培养模式会随着时代而改变,这里所描述的细节侧重近年的情形,但是透过这些细节我们也能发现培养模式里不变的精髓,那就是依靠多方面的"古典学养"来构筑"古典研究"的牢固基础(第四节)。

## 一、"剑桥模式"

　　§1. 2009年庆祝建校八百周年的英国剑桥大学,是全世界首屈一指的高等学府。剑桥的古典学专业同样举世闻名,其悠久而辉煌的历史可以追溯至16世纪早期,彼时闻名遐迩的古典学者伊拉斯谟(Erasmus, 1466—1536)曾逗留剑桥,担任了数年古希腊语教授。此后,剑桥的古典学研究人物荟萃,出现了像本特利(Richard Bentley, 1662—1742)、坡森(Richard Porson, 1759—1808)和豪斯曼(A. E. Housman, 1859—1936)这样的一代宗师。如今,古典学系(Faculty of Classics)①属于剑桥大学六所学院之一的"艺术与人文学院"(School of Arts and Humanities),拥有三十余名教员和二十余名研究人员,雄风依旧。

剑桥大学古典学系对本专业的界定是:"古典学专业学习和研究古希腊人和古罗马人的语言与文化,把相关的语言、语言学、文学、历史、哲学、艺术和考古学学习和研究整合起来。"据此而实施的完整的古典学专业训练统共需要八年时间,其中四年为本科阶段,一年为硕士阶段,三年为博士阶段。② 由于剑桥大学非常重视本科教育,古典学专业制定了详尽的本科生培养规划,力求达到高质量的教育目标。古典学本科教育的目标,归纳起来可以分成三个方面:学科基础、专业技能与通用技能。首先,**学科基础**又可细分为学科、跨学科和接受史三个方面。学生应从本学科出发,容纳跨学科的视野,对古希腊罗马文化形成较为精细的理解,养成自己的判断力,充分意识到古今文化的异同。为此,学生要以古希腊语和拉丁语为核心,广泛涉猎古希腊罗马的文学、哲学、历史、艺术与考古学等各个领域;与此同时,也要进行跨学科的尝试,针对古希腊罗马文化从不同学科的角度进行专题性的学习;另外,还要对古希腊罗马文化在后世的接受史有所了解,从历时性的维度理解古希腊罗

---

① 剑桥大学的faculty比department更大,可以包含若干departments,但古典学faculty并未拆分成departments,为避免混淆,我们还是称之为"古典学系"。

② 以下的介绍主要依据剑桥大学"古典学系"(Faculty of Classics)网站提供的三种《学生手册》,即《本科生手册》(2021—2022)、《硕士生手册》(2021—2022)以及《博士生手册》(2021—2022)。

马文化在不同社会里的不同作用,以及古典学作为一门学科的历史特性。其次,**专业技能**指的是古典学学习和研究需要掌握的各项技能,包括使用和解释古希腊罗马一手材料(文学文本、铭文以及图像和物质遗存)的技能,通过图书馆和信息技术从事古典学研究的技能,以及古典学研究当中进行论证的技能。最后,**通用技能**指的是古典学专业和其他专业一样能够让学生习得的技能,包括独立判断的能力,思想上的自主能力,对学习时间有效掌控的能力(比如有效地收集、整理和利用材料,从中选取最重要的部分,挑选最合适的方法),在不同学科领域的知识和观点之间做出横向联系并进行比较的能力,以及书面或口头展示自己的观点的能力(包括学术论文的写作及规范,在听众面前使用各种辅助手段进行演示)。

如此优质而全面的教育目标需要通过系统的培养方案和有效的教学实践来实现。众所周知,剑桥大学的教学方式独具一格且卓有成效。古典学本科生的教学除了由"古典学系"(Faculty of Classics)主要承担外,还由学生所属的"学院"(College)辅助完成。"古典学系"开设各种类型的课程,引导学生通过多种多样的方式来主动学习。最主要的课程类型为讲课(lecture)、小班课(class)和研讨班(seminar)三种。"讲课"通常为一小时,教师会就某个文本或主题提纲挈领地介绍重要的研究方法和研究动向,对学生视野的开拓以及准备各种考试的作文题目都极有帮助。"小班课"最长两小时,由一组学生在教师的带领下就某个文本或主题(可以和某一门"讲课"课程相关,也可以是语言课上读到的文本)进行讨论,学生须事先做好相应的准备,阅读相关的文献,积极参与课堂上的讨论。"研讨班"主要针对研究生,但也鼓励本科生参加。这三种类型的教学方式,旨在让本科生达到被动学习和主动学习之间的平衡,更有效地从前者转向后者。此外,学生在语言学习和论文写作方面也会得到细致的辅导,这个任务主要交由学生所属的"学院"完成。"学院"通常会给每位学生指派一位"学业督导"(Director of Studies),

他负责具体指导该生学业的各个方面。这位督导会根据学生的实际情况安排"个别指导"(supervision),这是剑桥大学一种极有特色的教学方式,也往往是最奏效的方式。"指导老师"(Supervisor)每周一次与学生一对一或一对二见面,时长不短于两小时,学生需要事先精心阅读某个文本,或者就某个主题阅读相关文献并撰写小论文提交给"指导老师","指导老师"会事先悉心阅读提交的小论文,做出细致的批改,见面的时候便主要围绕阅读的文本或者学生的小论文进行讨论。每学期结束前,"指导老师"会就学生的进展提交一份书面说明交给该生的"学业督导"。"学院"负责的"个别指导"是更有针对性、更加个人化的教学方式,有效地补充了"古典学系"的较为正式、更加整齐划一的教学方式。

古典学系为本科生设计的培养方案十分周密详备。针对没有任何古典语言背景的大学新生,古典学系设计了为期四年的**本科培养规划**。① 这个规划分为循序渐进的三个部分,用英文称作:Prelims, Part 1A 和 Part 1B 以及 Part 2,可以分别对应于四年本科学习里的每一年,但也可以根据学生的学习进度灵活调整,比如用第二年的时间完成 Part 1A 和 Part 1B,再用最后两年的时间投入 Part 2 的学习。

**本科专业培养的核心内容是古典语言和文学的学习**。我们以四年培养规划来具体说明。四年规划的第一部分为"预备学习"(Prelims),这是第一学年的前两个学期②,主要用来高强度地学习拉丁语言和文学(此前,学生需在第一学年开始前的暑期进入拉丁语暑期班学习),到了第三个学期还要开始学习古希腊语(一直延续到

---

① 另外还设置了一种三年培养方案,面向已经学习过拉丁语且通过"高级水平考试"(A-Level)的学生,三年方案与四年方案的后三年基本相同,可参看下文的相关介绍。

② 剑桥大学的学年分为三个学期:秋季学期从九月初到十二月中旬,称作 Michaelmas Term;春季学期从一月初到复活节(三月或四月),称作 Lent Term;夏季学期从复活节结束到七月中旬,称作 Easter Term。每个学期为时八周,学期之间有一到两周的假期,夏季学期后是长达六周的暑假,称作 Long Vacation。

第一学年暑期的密集课程）。这一年有两个目标：一是打好扎实的拉丁语基础，能够理解并欣赏拉丁语经典著作；二是初步涉猎古代世界的其他方面，以及古典学研究所须掌握的技能与工具。针对这两个目标，第一年的教学由如下几种类型组成：古典学系开设的拉丁语语言和阅读讨论班(class)，关于拉丁语文学和"目标文本"的讲课(lecture)以及关于罗马文化的讲课(lecture)，学生所属学院提供的语言"个别指导"(language supervision)以及论文写作"个别指导"(essay supervision)。这样，古典学系和学院的教学分工十分明确，学生可以借助更加个性化的学院"个别指导"来补充课程上的学习。第一年里，学生须围绕一组拉丁文学作品（"目标文本"①）仔细研读，并通过三门考试。考试一集中于"目标文本"的翻译和阐释，考试二为翻译两篇事先没有准备的段落，对一篇"目标文本"段落进行语言分析以及将英语单句翻译成拉丁语。考试三由两篇小论文(essay，篇幅不超过四千英文单词)组成，每篇小论文的主题须分别与两篇"目标文本"紧密相关，其中一篇须大体上属于文学性的分析，另一篇可任选古典学一门分支学科的角度进行分析。② 每篇小论文的写作会得到学院指导老师总共不少于两小时的两次指导，第一次集中于文章的内容和结构，指导老师会给出具体的修改建议，第二次集中于学生针对指导老师提出的建议所做的修改。

第二部分前半段(Part 1A)仍然侧重古典语言的学习，尤其是古希腊语的学习，目标是让学生的古希腊语能力同拉丁语能力一样，达到"高级水平"(A-Level)。语言能力强的学生还可选修"古希腊语写作"或"拉丁语写作"（并准备这两门可供选考的考试，见下），更有效地提高对这两门古典语言的掌握程度。古典文学的学习也

---

① "目标文本"不定期变更，2021年设定的文本如下：1）西塞罗《反喀提林》1.1-5, 11-19, 25-33；2）奥维德《变形记》第三卷；3）卡图卢斯，短诗集：1,5,6,7,8,10,11,15,29,32,35,48,50,51,58,70,72,75,76,83,85,87,100,101；4）奥古斯都《功德碑》。

② 2021年设定的两篇"目标文本"为前注的3）和4）。

仍然集中于一组精心挑选的古希腊罗马经典作品("目标文本"①),进一步提高原文的阅读和阐释能力。此外,学生还要初步了解古典文化的各个方面,同时在哲学、历史、艺术与考古以及语言学这四个方向修习课程,并从中挑选两个方向进行较为深入的学习。这一阶段的学习同样由古典学系开设的课程和学院提供的"个别指导"互补组成,也有两个主要目标:一是提高和拓展古典语言能力,二是初步确定主要的研究领域。学生需要通过一系列的考试来努力完成这两个目标。这些考试包括三门必考的"古希腊语言与文本""拉丁语言与文本""古典问题",以及两门选考的"古希腊语散文与诗歌写作"和"拉丁语散文与诗歌写作"。其中"古希腊语言与文本"和"拉丁语言与文本"这两门考试分别为入学前已经学习和未曾学习该种语言的学生制定了难易程度不同的"目标文本",但同样要求学生翻译两篇事先没有准备的段落和两篇"目标文本"里的段落,并从以上四篇文本段落里挑选一篇进行批评性的讨论。

第二部分后半段(Part 1B)帮助学生进一步拓展古典作品的阅读面,学生继续所选择的两个方向的深入学习。这个阶段里,学生可以根据自己的兴趣来挑选或调整规定的古典文本,有目的地进行主题阅读或比较阅读。这一年的结束,学生需要通过以下六门考试:古希腊语翻译、拉丁语翻译(包括事先准备和未曾准备的文本段落及不同风格的文本段落)、古希腊文学和拉丁文学,另外从古代哲学、历史、艺术考古及语言学当中任选两门;后四门考试主要考察学生对一手材料和阐释方法的掌握,以及对相关信息和学术论点的驾驭能力。学生如果在第二部分前半段(Part 1A)选考了"古希腊语散

---

① 2021年"古希腊语言与文本"的"目标文本"如下:1)吕西亚斯《演说辞》第一篇;2)伪-色诺芬《雅典政制》;3)柏拉图《克里同》;4)希罗多德《历史》卷一,第 1-94 节;5)欧里庇得斯《美狄亚》。"拉丁语言与文本"的"目标文本"如下:1)奥维德《爱的艺术》卷一;2)西塞罗《凯利乌斯辩护词》;3)奥古斯都《功德碑》(同时学习希腊译文);4)萨鲁斯特《喀提林阴谋》;5)卢克莱修,《物性论》卷三,第 830-1094 行;卷四,第 1037-1287 行。

文与诗歌写作"和"拉丁语散文与诗歌写作",也可以在这个阶段继续选考这两门或其中一门。①

四年规划的最后一年(或两年)为第三部分(Part 2),学生开始专攻自己最感兴趣的方向,这可以限定在古典学的某个方面,也可以包含古典学的若干方面。学生需要选择四个专门的研究主题,这些主题可以从古典学及其分支当中挑选,也可以跨学科形成。学生围绕这四个主题的原始文献和现代学术著作进行学习,并撰写小论文。此外,撰写一篇有分量的本科论文(thesis,篇幅为一万英文单词)来取代四个研究主题中的一个,也是颇受欢迎的选择。在论文写作方面,学生继续受到学院的"个别指导",古典学系的要求是,每篇论文都要接受五次"个别指导",与"指导老师"讨论后反复修改才能提交。

归纳而言,此套本科生的培养方案侧重古典语言和文学的学习,这明显地体现于组成古典学大学考试(Classical Tripos)的十六门考试/论文(Papers)的内容分布:第一部分"预备学习"的三门考试、第二部分 A 三门考试里的两门和第二部分 B 六门考试里的四门,全都是围绕古典语言或文学的考试,只是随着语言和文学学习的深入,才逐步增加其他方向的分量,从第二部分 A 的"古典问题"考试,到第二部分 B 从古代哲学、历史、艺术考古及语言学当中任选两门考试,再到第二部分的四个研究主题(仍然可以选择古典语言和文学)。这样一个循序渐进的过程,旨在确保学生拥有较强的古典语言能力,足以从古典文献的原文入手,并在此基础上掌握文学阐释和文本分析的方法,然后再将之运用到古典学的其他研究领域。

§2. 剑桥大学的古典学**硕士项目**为期一年(实际上仅九个月),

---

① "写作"考试的内容有两种,一种是从柏拉图或西塞罗作品的标准英译本回译成古希腊文或拉丁文,另一种是把一篇英语散文或诗歌翻译成古希腊文或拉丁文,两者都对学生的语言能力有极高的要求。

是一套单独设计的课程,旨在引导学生进入独立自主的学术研究活动。这套课程的主干是不少于四门的研讨课(seminar),其中包括一门"研究技能研讨课"(Research Skills Seminar),至少两门"文本与论题研讨课"(Text and Topic Seminar)以及专门针对硕士生的"硕士论文研讨课"(MPhil Dissertation Seminar)。"研究技能研讨课"共六次,每次由不同的教员介绍古典研究的基本技能,比方说如何选择研究对象并确定研究问题,如何收集并阐释一手材料,如何公开展示自己的研究成果并发表学术论文等。每门"文本与论题研讨课"总共也是六次,围绕一个特定的主题,让学生熟悉相关的学术资源,有能力就这个主题撰写一篇小论文。这一类的研讨课每次上课一个半小时或两小时,但要求学生进行大量的课前准备,包括长达数天的个人课前阅读以及与同学一起细读原始文献。教师一般还会要求学生做一次研究报告,学生需要为课上的其他同学事先准备一份简明的阅读书目以及相关原始文献的复印材料。"硕士论文研讨课"共一到两次,由全体硕士生参加,根据各自论文的主题分组,轮流由学生就自己正在进行中的硕士研究发表约15分钟的报告,随后是25分钟的讨论,该组所有的硕士生导师都会到场进行点评。除了这些主干课程,硕士生还可以选修相关的本科课程,来弥补专业方面的不足或拓展自己的视野。以上课程的学习主要在秋季学期(Michaelmas Term)和春季学期(Lent Term)完成,夏季学期(Easter Term)则要集中精力撰写硕士论文。

  硕士学习的评估由三篇小论文(essay,篇幅要求为4000—5000英文单词)和一篇硕士论文(MPhil dissertation,篇幅要求为8000—12000英文单词)组成。三篇小论文里的一篇应当与一门"文本与论题研讨课"的主题相关,另一篇应当与硕士论文的主题相关,第三篇小论文的完成方式更为灵活,可以任选一个古典学领域甚至其他领域的问题撰写论文,还可以根据学生提高古典语言能力和研究技能的需求,由下述选项来取代:通过一门古典语言考试(即本科

生第二部分前半段 [Part 1A] 里的"古希腊语言与文本"或"拉丁语言与文本"考试），这适用于学生的古希腊语或拉丁语能力尚未达到剑桥大学古典学本科毕业生水准的情况；或者一门其他古代印欧语言的考试；或者选修一门古典学"专门技能课程"（Specialist Skills Course），例如铭文学、钱币学、古字体学和校勘学，通过课程考试或完成课程练习，练习的方式包括铭文的转录及评注，一批钱币或其他工艺品的分类及说明，或者利用缩微胶卷对几份抄本进行对校等。以上每一篇论文都要求学生在老师的指导下独立完成，以此来培养学生自主从事古典学研究的能力，为日后的研究工作做好准备。

剑桥大学的古典学硕士项目自成一体，不直接与博士项目衔联。**博士学制**为期三年，是一个受到督导的独立研究（supervised research）时期，主要用来撰写一篇合格的博士论文（PhD dissertation，篇幅要求为 8 万英文单词），且以这篇博士论文的质量为唯一的考核标准。因此，博士生不需要系统地修习课程，而是在导师的指引下独立从事与博士论文相关的学术研究。不过，导师也往往会建议学生，每学期至少积极参加一门研究生研讨课的学习和讨论，以保持开放和开阔的学术视野。倘若学生需要掌握对于博士论文不可缺少的某项专业技能，也可以修习相关的本科及硕士课程，例如为硕士生开设的古典学"专门技能课程"。另外，英国高等教育管理机构近年来强调研究生阶段非本专业技能的培养，要求学生接受"可转移技能"（transferable skills）或称"核心通用技能"（core generic skills）的专门培训，这是指不局限于某种学科而普遍适用的技能，诸如进行口头和书面报告的技能、时间管控的技能、个别辅导和小班教学的技能、大班授课的技能、研究项目的设计和管理的技能等。博士生可与导师商议，针对自己的需求和不足来制定"个人发展计划"（Personal Development Plan），每年接受 8—10 天的相关技能培训。除此之外，博士生就要把主要的精力投入与博士论文相关的研究和写作当中。剑桥大学古典学系对一篇合格的博士论文的要求是:"针对研究的主题充分考虑此前的研究成果,并在此基础上对相关学术研究做出一定的贡献,这可以是新知识的发现,也可以是关联此前互不相关的事实而产生新的意义,还可以是新理论的发明和推进,或者是对旧有观点的修正。"为了达到这一要求,学生接受"主导师"的指导,通常两周面谈一次,另外还有一名"副导师",可在"主导师"休假或出访等情况下受其指导。博士论文的准备和撰写时间统共三年(一般不能超过四年),在第二和第三年"主导师"和"副导师"还会对学生的进度做出年度评估。等到论文杀青,"主导师"会邀请一名校内评审(可以是"副导师")和一名校外评审,来检验论文的质量,并共同参加论文答辩。只有顺利完成一篇高质量的博士论文,古典学的专业培养和训练才算最终完成。

## 二、"海德堡模式"

§1. 始建于1386年的海德堡大学,不仅是德国最古老的大学,也是全世界最早设立古典学专业的几所大学之一,其历史可以追溯至古典语文学这一现代学科的成立之初。1804年,海德堡大学聘任年青的古典学者、近东学者及神话研究者克罗伊策(Georg Friedrich Creuzer, 1771—1858),三年后便在他的主持下成立了"语文学暨教育学研讨班"(Philologisch-Pädagogisches Seminarium),后来更名为"古典语文学研讨班"(Seminar für Klassische Philologie),这一名称沿用至今。① 1855年,海德堡大学设立了专门的"古典考古学"(Klassische Archäologie)教席,又于1866年成立了"考古学研

---

① 正如不少其他德国大学那样,海德堡大学的"古典语文学研讨班"实际上指的就是"古典语文学系",而非"研讨班"这一课程类型。

究所"(Archäologisches Institut),即现今"古典考古学暨拜占庭考古学研究所"(Institut für Klassische Archäologie und Byzantinische Archäologie)的前身。此后,1887—1888年冬季学期开始又设立"古代史"(Alte Geschichte)专业,起初隶属"古典考古学研究所",后于1926年独立,更名为"古代史暨铭文学研讨班"[①](Seminar für Alte Geschichte und Epigraphik)。2004年,"古典考古学研究所"和"古代史暨铭文学系"及其他相邻的系科,包括"埃及研究所""拜占庭考古与艺术史研究所""纸草学研究所"以及"早期近东历史与考古学研究所"联合成立了"古代学研究院"(Zentrum für Altertumswissenschaften),旨在打破语文学、考古学和历史学之间的学科界限,并基于整体性的文化概念,将古代近东和埃及与古希腊罗马一起纳入研究范围,以此来重振19世纪德国"古代学"研究的雄风。此前的2002年,"古典语文学系"和上述与古典学相关的系科归入新组建的"哲学学院"(Philosophische Fakultät)。[②] 有意思的是,2004年成立的"古代学研究院"并没有把"古典语文学系"归并进来,该系仍然单独存在,与包括"古代学研究院"在内的其他五个研究院(所)共同组成了"哲学学院"的六个平行的教学和研究机构。这从一个侧面说明了"古典语文学"在海德堡大学文科建制里的重要地位,也突出了"古典语文学"在古典学领域里的核心位置。

由于1999年发起的"博洛尼亚教育改革"(Bologna-Reform)在欧洲各国高校的实施,海德堡大学古典学的专业培养也发生了重要变化。2007年至2008年的冬季学期开始,原先不分阶段的文科硕士(Magister)制度调整为两个阶段的"学士-硕士"(Bachelor/

---

① 同样指"古代史系"。海德堡大学"古代史"专业自创立之初便重视利用铭文来研究古代史,首任以及以后多位讲席教授均为铭文学研究大家,因此"古代史系"将"铭文学"附于系名之后。

② "哲学学院"与"现代语文学院"(Neuphilologische Fakultät,即日耳曼、盎格鲁-萨克森、罗曼、斯拉夫等现代语言和文学专业)及"神学院"(Theologische Fakultät)构成了海德堡大学"人文学科"的三大学院。

Master)培养方案,其中"学士"阶段为时三年,"硕士"阶段为时两年。上述与古典学密切相关的三个系科,即"古典语文学系""古代史及铭文学系"以及"古典考古学研究所"都有各自的"学士"和"硕士"培养方案,并各自授予相应的学位。① 本科生可以选择两个相近的学科作为专业,按75%和25%的主次模式或者50%和50%的均等模式来分别修习主修专业(Hauptfach)和辅修专业(Beifach);到了硕士生阶段,学生只能专攻主修专业,或者按75%和25%的主次模式修习主修专业和辅修专业。下面我们以古典语文学专业为例,具体介绍海德堡大学培养规划的内容和特色。②

古典语文学专业的"学士"分为两个方向,分别是"古希腊语"(Griechisch, Klassische Philologie)和"拉丁语"(Latein, Klassische Philologie),"硕士"也相应地分为两个方向,分别是"古典语文学:古希腊语文学"(Klassische Philologie: Gräzistik)和"古典语文学:拉丁语文学"(Klassische Philologie: Latinistik)。要进入古典语文学本科阶段的学习,"古希腊语证书"(Graecum)和"拉丁语证书"(Latinum)是必不可少的前提。对于部分德国学生而言,"中学毕业考试"(Abitur)已经包含了其中一门甚至两门语言,但古典语文学系还是会建议这些学生入学时参加语言摸底测试,凡是未达标者都需要和其他未通过这两门语言考试的学生一起修习系里专门开设的"语言练习"(Sprachübungen)强化课程。这门课程一般为期一学年:古希腊语两学期,每学期6学时;拉丁语同样是两学期,每学期4学时。两个学期的学习分作两个阶段,第一阶段侧重语法和词汇,

---

① 另外,"纸草学研究所"(Institut für Papyrologie)也与古典学有一定程度上的交集,该研究所虽然开设相关的课程,但并不单独授予学位。

② 以下的介绍主要依据海德堡大学"古典语文学系"(Seminar für Klassische Philologie)网站提供的四种《模块学习手册》(Modulhandbuch),分别为"古希腊语文学本科专业"和"硕士专业"、"拉丁语文学本科专业"和"硕士专业",这些《手册》的启用时间均为2007年3月28日,但每种《手册》此后都有所修订。

第二阶段侧重原文的阅读及翻译,古希腊语的主要读物为柏拉图,拉丁语的主要读物为西塞罗。学生在通过了每个阶段的期末考试以后,还要参加由主管行政专区(位于海德堡近旁的卡尔斯鲁厄)组织的一年两次的正规考试,及格者方能获得"古希腊语证书"或"拉丁语证书"。①

需要强调的是,海德堡大学的古典语文学专业在**本科阶段**已经细分为古希腊语和拉丁语两个方向,且根据统一的指导方针分别制定了各自的培养方案。无论是古希腊语还是拉丁语方向,这一培养方案均以**"文本"**②**为核心,通过语文学和阐释学的实践来培养学生的研究能力**。因此,本科生的培养计划突出三个重点:一是**文本的前提条件**,即作为其交流系统的古希腊语或拉丁语;二是**文本本身**,即文本的文学性和体裁特性;三是**文本的语境**,即古希腊罗马文化。学生要围绕这三个重点修习相关的课程。针对第一个重点即**语言**,学生要从历时和共时两方面掌握"语言研究"(Sprachwissenschaft)的基本技能。以古希腊语为例,历时的方面包括古希腊语的前史(借助比较语言学的方法),古希腊语的发音系统及发音规则,古希腊语的各个历史阶段(迈锡尼时期的语言形式、古风古典时期的各种方言、文学语言以及希腊化时期的"共通语"),共时性的方面包括古希腊语的地区和社会差异及"篇章语言学"(Textlinguistik)特征。针对第二个重点即**文本**本身,学生要阅读原文,分析并阐释重要的古典文本,掌握"文学研究"(Literaturwissenschaft)的基本技能。学生首先根据自己的兴趣,形成个性化的"阅读书目",这个书目须涵盖重要作家的代表作品,也要涉及重要的历史时期和文学样式。除了这个供自习用的"阅读书目",学校的课程主要围绕最经典的文本

---

① 除了这两门古典语言外,学生还须掌握两门现代外语,通常是英语和法语或意大利语。

② 这里的"文本"专指古希腊和罗马的传世文献,出土文献如铭文和纸草的读解分别由"古代史及铭文学研讨班"和"纸草学研究所"来负责。

展开，其中古希腊语文本为荷马史诗、阿提卡悲剧、希罗多德和修昔底德以及柏拉图，拉丁语文本为萨鲁斯特、西塞罗、贺拉斯、维吉尔和奥维德。学生在这些经典文本的研讨班上学习"文学研究"的附属学科，例如各种文学理论、风格学、诗律学、修辞学以及文本传承和校勘的理论知识及具体运用，以及涉及文本内容的学科领域如神话学和宗教史、法律、社会和政治史等。通过逐步熟练地驾驭这些附属学科，学生得以培养"文学研究"的基本技能，实现"文学研究"的根本任务——对文学作品的阐释。针对第三个重点即**古希腊罗马文化**，培养方案没有做出具体的规定，学生可以自行修习其他相关系科如古代史系和考古学系的课程，或者到考古现场和博物馆进行实地学习。

为了有效实施上述培养方案，系方还专门制定了一套课程体系，引导本科生循序渐进地修习。这套体系将课程分成模块，分别为必修课、建议选修课和自由选修课，特别对必修课的内容和类型做了具体的要求。① 以古希腊语言文学为例，课程体系共包含十组课程，分别为"古希腊语言文学基础""古希腊语风格一至三""古希腊文学研究一至三""古希腊语言研究""古希腊文本翻译与阐释"以及"选修课"。② 从学期分布上来说，课程体系给出了如下的设计：第一学期修习"古希腊语文学基础"（"古典语文学入门"教师讲课及阅读课）和"古希腊语风格一"；第二学期修习"古希腊语风格二"和"古希腊文学研究一"（"文学研究入门"教师讲课及初级研讨课）；第三学期修习"古希腊文学研究二"（教师讲课、练习课、阅读课及初级研讨课）和两门"选修课"（教师讲课或练习课）；第四学期修习"古希腊语言研究"（"语言研究入门"教师讲课及初

---

① 德国大学的课程类型主要有 Vorlesung（"教师讲课"）、Proseminar（"初级研讨课"）、Hauptseminar（"专题研讨课"）、Lektüre（"阅读课"）和 Übung（"练习课"）。

② 除"拉丁语风格一"这门课程被称作"语法与翻译"外，"拉丁语言文学"专业的课程体系完全相同。

级研讨课）和"古希腊文本翻译与阐释"（阅读课）；第五学期修习一门"选修课"（初级研讨课）和"古希腊文学研究三"（教师讲课及专题研讨课）；第六也是最后一个学期修习"古希腊语风格三"一门课程，但同时要撰写"本科论文"（篇幅要求为除参考书目外20000—25000单词，约50页），并通过口试。①

§2. 总括起来，海德堡大学古典语文学本科专业的特点是以"文本"为核心，侧重从"语言"和"文学"两方面来研究"文本"。由于新的培养计划强调硕士学习和本科学习的延续性，这一特点也鲜明地体现于**硕士阶段**的培养方案。"古希腊语文学"或"拉丁语文学"专业硕士为期两年，其中前三个学期需修习课程，第四个学期用来撰写硕士论文。修习的课程同样分成模块，培养方案对必修课程的内容和类型也给出了具体的规定，我们仍以"古希腊语文学"专业为例：第一个学期修习"古希腊语风格四"（此门课程与本科阶段的"古希腊语风格一至三"衔联）、"古希腊文学研究硕士课程一"（专题研讨课、教师讲课及阅读课）和"拉丁语文学：供古希腊语文学学生修习"（教师讲课及阅读课）这三门课程；第二个学期修习"古希腊语言研究二"（专题研讨课及教师讲课；此门课程与本科阶段的"古希腊语言研究"衔联）并参加"古代考古或历史方面的一次学术考察或三场学术活动"；第三学期修习"古希腊文学研究硕士课程二"（专题研讨课及教师讲课）并参加"学术研讨会或专业教学法训练"。学生要在第四个学期（第20—28周）里完成硕士论文（篇幅要求为80—100页，除参考书目外30000—50000单词），完成后还需通过长达一小时的口试。② 这样一套培养方案的宗旨，就专业而言，主要涉及三个方面：一、**对古典文本具有丰富而深入的知识**，尤

---

① "拉丁语文学"本科专业课程的学期分布基本相同。
② "拉丁语文学"硕士专业课程的设置和学期分布基本相同。

其是文本的文学史背景、所属的文化情境以及对后世的影响；二、**具有深入的专业研究能力**，能够熟练运用多样的研究方法，包括文学和语言学的解释方法，并能够关注文本的历史和结构层面；三、**具有跨学科的对话能力**，对于相邻学科（例如哲学、考古学、历史学、现代文学研究等）有所了解，并能从古典语文学的理论基础和研究方法出发，与之进行对话。

完成硕士阶段的学习以后，学生还可在海德堡大学继续攻读古典语文学博士学位。学生首先要向古典语文学系所属"哲学学院"的"博士委员会"（Promotionsausschuss）提出申请，若符合各项规定，便会被接受为博士研究生（Doktorand），由古典语文学系里的一位或两位教授具体指导。**博士阶段**一般为期三年（最长五年），在此期间博士研究生不再修习课程，主要在导师的指导下从事独立的学术研究，撰写博士论文。论文完成以后，学院"博士委员会"将会挑选两名"鉴定人"（其中一名为该博士生导师）进行评审，他们对博士论文给出书面意见和评分，也可对论文的出版做出规定。随后，博士论文及"鉴定书"将在系里进行为期一周的公示，供其他教授和副教授翻阅。公示期过后，学院"博士委员会"将任命一个三人组成的"考试委员会"，其中两人即为此前的"鉴定人"，另一人为系里的其他教授（或副教授），由"考试委员会"来决定"论文答辩"（Disputation）的日期。答辩时长75分钟，15分钟由博士生介绍自己的论文，60分钟由"考试委员会"的三名教授提问，学生进行答辩。答辩成绩将提供给学院"博士委员会"，由该"委员会"根据"鉴定人"的评分和答辩评分给出博士论文的最终成绩。如获通过，学生便被授予博士学位（Promotion）。不过，博士学位不等于博士头衔，要拥有博士头衔（Dr. phil.），还需等到博士论文出版之际。学院规定，博士论文一般在授予博士学位后两年之内（也可酌情延长一段时间）出版，出版的形式有三种：由出版社作为专著出版，在学术期刊上作为论文发表，或者在海德堡大学图书馆所属的"学校论文库"上作为"开放获取"

的电子文档出版，待论文出版以后，学生才被正式授予博士证书和博士头衔。①

## 三、"哈佛模式"

§1. 美国的古典学培养模式与欧洲差异较大。由于有志于古典学术的美国本科生大多没有学习过古典语言（或虽在中学里学习过拉丁语，但掌握程度有限），美国大学对于本科生的训练会更加强调语言，并且更有意识地把研究生阶段与本科生阶段衔接起来。我们以近百年来享誉世界的哈佛大学古典学系为例，便可得到清晰的认识。② 完整的古典学专业培养和学术训练在哈佛大学统共需要十年时间，其中本科生阶段四年，研究生阶段六年。对于进入哈佛大学古典学系的本科生，系方不要求掌握古典语言和相关背景知识，学生可以从零开始学习。古典学系的**本科培养规划**设置了两个主修专业(concentration 或 major)："古典语言与文学方向"(Classical Languages and Literatures)以及"古典文明方向"(Classical Civilization)；此外，还设置了一个古希腊罗马史（或者其他方向）与古典学组成的"联合专业"(joint concentration)，以及"古典文明方向"的辅修专业(minor)。下面我们具体介绍前三种情况。

"古典语言与文学方向"和"古典文明方向"这两个主修专业之间最主要的差别是对古典语言的要求不同：前者偏重从原文学习古

---

① 除了以上所述的海德堡大学古典学培养方案，值得一提的是，德语学者最热衷于编纂供初习者使用的各种学习指南和研究入门，已形成若干系列并不时推出新版，例如《古希腊语文学学习入门》(**1.1.2** [此为本书"附录二 学术书目举要"里的编号，读者可进一步参看，下同不另注])、《拉丁语文学学习入门》(**1.1.3**)、《古希腊语文学研究入门》(**1.1.4**)和《拉丁语文学研究入门》(**1.1.5**)、《古典考古学入门》(**1.1.6**)和《古代史学习入门》(**1.1.7**)，皆对初习者多有裨益。

② 以下的介绍主要依据哈佛大学"古典学系"(Department of the Classics)网站提供的'Undergraduate Programs'和'Graduate Programs'里的相关信息。

希腊罗马文学,后者偏重从历史、考古或者哲学的角度探究古典文化,学生可以更多地选择从译本而非原文来学习。两个方向的专业课程要求都是12门。就"**古典语言与文学方向**"而言,这些课程可分为四类,第一类是2门古典文明导论课程(一门古希腊,一门古罗马),第二类是6门古典语言(及文学)课程(可以全选古希腊语或拉丁语,也可以两者兼顾,但其中2门必须是高级语言课程,其中1门必须是古希腊文学史或拉丁文学史课程),第三类是2门其他相关课程(可在古代哲学、考古学、中世纪拉丁语文、拜占庭希腊语文等课程当中挑选),第四类是1门侧重培养研究技能的小班辅导课。就"**古典文明方向**"而言,必修的12门专业课程可分为五类,其中两类与"古典语言与文学方向"第一和第四类的要求相同,第二类的古典语言课程只要求4门(可以全选古希腊语或拉丁语,也可以两者兼顾,但无需达到高级程度),第三类的其他相关课程需选择3门,另外还增加了第五类1门"区域研究"课程,这门课程对古代地中海某个地区进行多学科的、以问题为导向的研究概览。除了以上必修课程,这两个方向的学生还可以选择成为"优等生"(Honors),这就需要满足额外的要求,也就是接受两个学期的论文辅导并撰写一篇毕业论文("古典文明方向"的学生可以增加2门高级程度的古典语言课程来代替)。

第三种情况,即**古希腊罗马史与古典学的"联合专业"**,是由古典学系和历史学系合作设计的"优等生"专业,学生的专业训练在两个方向均衡分布。"联合专业"的学生共有14门必修专业课程,其中古典学方向的课程共7门,包括4门古典语言课程(可以全选古希腊语或拉丁语,也可以两者兼顾),1门古典文明导论课程(古希腊或古罗马),1门侧重培养研究技能的小班辅导课,1门"区域研究"课程(内容见上)。历史学方向的课程共5门,包括1门史学分析与写作课,1门非西方历史课程,1门现代史课程以及2门古代史任选课程(后面4门历史课程里必须有1门是小班研讨课,要求学生撰写一篇不少于20页的研究论文）。其余2门是大四两学期的论文指导课，因为"联合专业"的学生都需撰写毕业论文，凡合格者皆可获得"优等生"称号。

　　上述三种情况当中，通常还是以选择"古典语言与文学方向"者居多。这一方向的12门专业课程一般需要三年时间修完，也就是说平均每学期修习两门课程。① 12门课程当中，古典语言占据了一半的份额，无疑居于核心的位置，而"古典语言与文学方向"的学生通常都会兼顾两种古典语言，因此他们也会增加课程来保证每种古典语言的学习时间。最常见的情况是，学生在两种古典语言当中挑选一种学习三年，另一种学习两年，然后等到进入研究生阶段，再继续选修两门语言课程，进一步巩固和提高。归纳而言，"古典语言与文学方向"的专业培养集中于三个方面：最重要的是**古典语言**，其次是**古典文化**以及**相关技能**（阅读、阐释和写作等）。根本的目的是让学生至少熟练掌握一门古典语言，阅读相关的古典文献，较深入地理解古典文明的主要方面和特征，同时也学会处理复杂的原始材料，以及有说服力的论证和写作。

　　§2. 进入研究生阶段，古典学博士学位（Doctor of Philosophy in Classics）被细分为以下几个专业方向：古典语文学（Classical Philology）、古代史（Ancient History）、古典考古学（Classical Archaeology）、古代哲学（Classical Philosophy）、中世纪拉丁语文（Medieval Latin）、拜占庭希腊语文（Byzantine Greek）以及现代希腊语文（Modern Greek），其中古典语文学专业是大多数学生的首选。② 针对这些专业方向，

---

　　① 哈佛大学古典学系的本科生平均每学期选修4门课程，其中2门为古典学必修课程，另2门为其他必修或选修课程。为引导新生更有效地选择课程，古典学系还设计了"古典学专业课程修习计划范本"（Sample Plans of Study for Classics Concentrators）供参考。

　　② 此外，学生也可以进入历史学系攻读古代史或进入哲学系攻读古代哲学，但专业训练上与在古典学系修习这两个方向迥不相类，尤其是对于古典语言和原文文献的掌握。

古典学系分别制定了专门的**研究生培养方案**。① 博士学制一般为六年，以两年为单位共分三个阶段，每个阶段根据侧重点的不同，可分别称作"课程阶段""考试阶段"和"论文阶段"：前两年为第一阶段，全部时间用来学习，学生集中修习各门课程，并准备"综合考试"(general examinations, 通常在第二学年期末完成)；第三和第四年为第二阶段，从第三年开始学生要准备"专门考试"(special examinations)，并开始教学实践，如第三年顺利通过"专门考试"，不少学生会考虑在第四年赴海外(尤其是希腊或意大利)访学一年或一学期；第五和第六年为第三阶段，除了继续承担教学任务，学生要在这两年里完成一篇合格的博士论文。

我们以古典语文学和古代史两个专业方向为例，先来了解这两个培养方案的细节，随后再看两者之间的差别所在。**古典语文学专业**的**第一阶段**，要求学生修习16门课程，也就是说，平均每学期4门课程。这16门课程组成了一套"学习计划"(program of study)，具体安排如下：1门古典学研究入门课程(proseminar)，4门古典语文研讨课(2门古希腊语文和2门拉丁语文)，2门古典散文写作课(1门古希腊语和1门拉丁语)，2门历史语言学课程(1门古希腊语和1门拉丁语)，3门古代史和古典考古学课程(须兼顾古希腊和罗马)，其余4门课程可从相关领域(例如铭文学、钱币学、纸草学、古代哲学等)当中选修。这些课程包含三个类型：研讨课(seminar)、阅读课(reading)和自修课(independent study)，其中尤以第一类即研讨课为第一阶段学术训练的核心。一个重要的原因是，研讨课往往要求学生撰写一篇基于系统研究而有心得的单篇论文(paper)。这样一来，在第一阶段的两年里，学生需要完成相当数量的单篇论文(每学期2—3篇，总共8—10篇)，这对于学术研究和论文写作是极为重要

---

① 同许多美国知名大学的古典学系一样，哈佛大学古典学系不单独招收古典学硕士生，本科毕业后直接进入博士研究生阶段，这可以视作硕博连读。如确有必要，古典学系可为顺利完成前两年学业的学生颁发硕士学位证书。

的训练过程,也为博士论文的撰写打下了基础。此外,学生还需要系统阅读一份数量庞大的"古典语文学阅读书目"(Reading List in Classical Philology),① 并结合第一阶段修习的各门课程,于第二学年期末通过"综合考试",因此这场考试可以说是第一阶段课程学习的总结。"综合考试"共分四个部分,由两门各三小时的笔试和一门一个半小时的口试组成,其中笔试分别为古希腊语作品和拉丁语作品翻译,每门笔试共六个文本段落,散文与诗歌各半,其中包含两篇事先未曾准备的文本段落;口试也相应分成两个部分,分别围绕古希腊文学史和古罗马文学史。顺利完成了"综合考试"后,学生正式进入**第二阶段**的学习。第三年和第四年主要用来准备一场"专门考试",学生在教授的定期指导下"自修"(independent study),制定阅读书目并系统阅读,来准备这场考试。"专门考试"为一次两小时的口试,针对学生选择的一位古希腊作家和一位古罗马作家以及一个专门方向(例如古希腊史或罗马史的某个时段、古代哲学、古代宗教、神话等)进行测试,其中古希腊罗马作家的部分还要求学生掌握相关的历史背景和文本的传承史。学生最迟在第四年期末完成"专门考试",随后便进入**第三阶段**,即博士论文的研究和写作。博士论文选题通常与"专门考试"相关,因此这门考试从某种意义上可以说是博士论文的资格考试。第五和第六两年里,学生在论文指导老师(以及两位审读者)的指导下,进行博士论文的写作,完成后经指导老师和两位审读者的投票表决通过,结束博士阶段的学术训练。

除了以上三个阶段的要求,学生还需要通过两门现代语言考试,基本掌握对古典研究必不可少的德语以及法语或意大利语,能够借助词典读懂该语种的古典学著作。另外需要强调的是,在后两

---

① 全称"古典语文学博士生阅读书目"(Reading List for PhD candidates in Classical Philology),参见第二章第六节附录;相关的介绍和分析,详见第二章第六节 §2。

个阶段,学生至少要有2—3年时间的教学实践,教学形式和内容要尽量多样,包括独立授课(本科生的古典语言初级课程、密集课程、古典文学课程等)以及为教授担任助教(通常是主持小班讨论),这些教学经历被看作研究生培养不可或缺的组成部分。

相比之下,古典学系**古代史专业**培养方案的不同之处主要体现在"学习计划""综合考试"和"专门考试"的内容上。"学习计划"方面,古代史专业同样须修习16门课程,但具体的安排是:2门研究方法和研究理论课程(1门古典语文学,1门历史学);4门古代史和古代历史著述课程(至少1门古希腊,1门古罗马,可有1门古典世界以外的古代史课程);至少2门古典语言和文学课程(1门古希腊,1门古罗马);1门考古学课程;1门铭文学课程;1门钱币学课程。古代史的"综合考试"由三部分组成:一次两小时的"名词解释"考试;一次三小时的问答题考试,要求针对一个古希腊史问题、一个古罗马史问题以及一个横通性的或比较性的问题各写一篇小论文;一次一小时的口试,内容涉及古希腊史和古罗马史各方面的知识。此外,古代史博士生还需通过一次三小时的古典语言考试,由学生对"古代史阅读书目"(History Reading List)里选取的文本段落进行翻译。① 古代史的"专门考试"是一次两小时的口试,内容包括三个领域,其中一个领域可从古希腊罗马史的七个时期(即米诺斯和迈锡尼时期、黑暗和古风时期、古典时期、希腊化时期、早期罗马和罗马共和国时期、罗马帝国时期以及古代晚期)当中选择,另外两个领域由学生自己设计,古希腊和古罗马必须各居其一,可以按年代(如上),也可以按主题来选择领域,例如古罗马宗教或古代妇女。为了准备"专门考试",熟悉三个领域的相关知识和学术研究,学生通常要在考试前一年针对每个领域修习一门为期一年的课程。除了上

---

① "古代史阅读书目"(参见第二章第六节附录)与"古典语文学阅读书目"很不相同,相关的比较和分析,见第二章第六节§3。

述几个方面,古典学系古代史专业的培养方案与古典语文学基本上相同。古典学系的其他几个专业,尤其是古典考古学和古典哲学专业的情况也是如此,都会根据各自专业的特点做出调整,这里不再赘述。①

从上述研究生培养方案我们可以归纳出美国式古典学术训练最为强调的四个方面:第一,研讨班的学习形式以及单篇学术论文的写作;第二,一整套成系统的专业考试,配以数量庞大的"阅读书目";第三,博士论文的写作;第四,多种形式的教学实践。将这四个方面合在一起,乃美国古典学研究生训练的基本格局与主要特征,这不仅在哈佛大学如此,在大多数美国知名高校也同样如此。

## 四、古典学养

§1. 以上我们不惮辞费,较为详尽地介绍了英、德、美三所著名学府的古典学专业培养模式。在此基础上,我们才能进一步辨析这三种模式之间的异同,发现不同的培养模式里共通的精髓。就本科生培养而言,德国模式从一开始强调严格的专业学科训练,它比英国和美国模式对专业的划分更为细致,将"古典学"分成"古希腊语言文学""拉丁语言文学""古代史"和"古典艺术与考古"等若干方向。英国和美国模式对专业的划分相似,把这几个方向统合在"古典学"名下,但美国模式的本科培养强调通识教育,学生一般要在大学二年级末才确定专业,所以相比之下,古典学的学科训练会有不足,需要通过更长时间的研究生培养(尤其是研究生前三四年的课程学习阶段)来弥补。就研究生培养而言,英国模式通常将古

---

① "古典考古学阅读书目"(参见第二章第六节附录)及"古典哲学阅读书目"(参见第二章第六节附录)与"古典语文学阅读书目"的比较和分析,见第二章第六节 §3。

典学硕士和博士阶段分开,硕士一般为期一到两年(其中一部分时间为课程学习,另一部为硕士论文的撰写),随后是为期三年的博士论文研究和写作。美国模式则通常把硕士阶段嵌入整个博士培养计划当中,作为其中的一个准备阶段,主要用来大量修习课程,而不要求或不重视硕士论文的撰写。德国模式的研究生培养,在"博洛尼亚教育改革"之后,从原先不分阶段的文科硕士制度调整为两个阶段的"学士-硕士",因此受到较大的影响。以海德堡大学为例,我们可以看到,德国研究生培养模式如今发生了不小的改变,但总体上说更加接近英国模式,而且在硕士阶段的专业划分比英国更为细致。

统观英、德、美三国的这三所大学,透过各自培养模式之间的差异,我们也能发现古典学专业培养和学术训练的精髓所在,这集中体现于不同的培养模式共同强调的四个方面:首先是对**古典语言**的熟练掌握,古典语言是古典学术最为根本的基础,也是所有的培养模式一致强调的重心。① 从本科至少到硕士阶段,古希腊语和拉丁语的学习都在不断地持续和深化;其次是对古希腊罗马的**传世典籍**进行通盘了解,熟读相当数量且涵盖面较广的古代典籍。每种培养模式在学术训练的不同阶段都为学生(或要求学生自己)制定"阅读书目",当学生认真完成这一份份的"阅读书目"后,自然对传世典籍形成了较为完整的了解,并通过仔细研读对其中的一部分有着较为深入的认识;再次是对**古典文化**的各个方面(尤其是文学、历史、哲学、艺术和考古)形成广博和贯通的知识结构,然后再对其中某个方面进行专攻,而非从一开始就局限于某个方面。这主要通过培养方案里的课程设计及相关考试来加以引导并具体实施。最后是**研究能力**的掌握,这主要通过论文的写作来实现,包括本科阶段的单

---

① 值得一提的是,所有的古典学专业培养模式还要求掌握现代欧洲的主要学术语言,其中英语和德语为必需,法语和意大利语可任选其一,但现代语言的习得并非本书的主题,以下的讨论从略。

篇论文、毕业论文或优等生论文,硕士阶段的"研讨班论文"及硕士论文,直至标志着专业培养最终完成的博士论文。

从本科到硕士再到博士的整个古典学培养模式里,前三个方面——古典语言、传世典籍和古典文化,被当作最后一个方面——研究能力——的准备。我们不妨将前三个方面统称为"**古典学养**",它与最后一个方面"**古典研究**"共同组成了"**古典学术**"的两个相辅相成的部分。不言而喻,只有具备深厚的古典学养,古典研究才有坚实可靠的基础。正因为此,本科阶段的基础训练强调古典学养,硕士和博士阶段的中高级训练侧重古典研究。至于"古典学养"的三个方面,它们相互之间也构成了缺一不可的关系,从本书的宗旨而言可以概括如下:**古典语言是古典思想最重要的表达媒质,传世典籍则承载了博大精深的古典思想,而古典文化(包括历史、政治、社会、宗教、神话和艺术等)是古典思想的具体情境,因此只有借助古典语言和古典文化,我们才能体认和阐发传世典籍的思想,从而通达古典精神。**

§2. 有鉴于此,以下各章从"古典学养"到"古典研究"循序渐进地详加讨论:传世典籍的博览和经典文本的研读分别见第二和第三章,研究起步和研究方法分别见第四和第五章。前述四个方面里余下的"古典语言"和"古典文化",本书并无专门讨论,此处就这两方面的学养略举大纲,初习者可据此有针对性地系统学习。

"**古典语言**"指的是古希腊语和拉丁语,通常各需要三年时间(或相等课时)的正式学习,这三年时间可分为初级、中级和高级三个阶段。古希腊语的学习优先从公元前5世纪至前4世纪的古典阿提卡方言入手,拉丁语的学习优先从公元前1世纪前后的古典拉丁语入手,两门语言的学习内容主要有以下几个方面:

1)**语法和词汇**:**语法**包含发音(phonology)、词法(morphology)和句法(syntax);**词汇**包含构词法(word formation),以及对一定数量

的基本词汇的掌握。①

2) **诗律学**(Metrics)：古希腊诗人创造了丰富多样的诗歌类型，不同的诗歌类型使用不同的格律，而这些诗歌类型和格律也多被古罗马诗人借用。最重要的古希腊语和拉丁语**诗歌格律**有六音步长短短格（史诗）、挽歌对句体（挽歌体诗）、三音步短长格（戏剧对白部分）、短短长格（悲剧合唱队的入场）、各种弦琴诗格律（独唱歌与合唱歌）以及各种戏剧合唱歌格律（戏剧合唱歌部分）。另外，诗律学以韵律学为基础，**韵律学**(prosody)考察音素和音节长短的模式，以及元音相遇和辅音相遇时的各种发音变化及变通之法。

3) **修辞学**(Rhetoric)：Rhetoric 狭义上指的是公共演说的技艺即演说术，包括演说辞的结构、组成、撰写和发表，广义上指的是运用各种技巧和手法加强语言表达力和说服力的艺术，这里我们取后者之义，称之为修辞学。与古典语言的学习密切相关的修辞学内容包括辞格和风格两个部分。**修辞格**(rhetorical figures)指的是各种不同的修辞手法，也就是为取得特殊的表达效果而采取的特殊的表达方式，修辞格又包含狭义的"辞格"(figures)和"转义"(tropoi)，前者是在不改变词的基本意思的情况下达到特殊的效果，比如"头韵"(alliteration)、"首字重复"(anaphora)、"交错配列"(chiasmus)、"矛盾修辞法"(oxymoron)、"轭式搭配"(zeugma)等；后者是在改变词的基本意思的情况下达到特殊的效果，比如"寓言"(allegory)、"委婉"(euphemism)、"夸张"(hyperbole)、"暗喻"(metaphor)、"拟人"(personification)等。某一部作品或某一位作家的**风格**(style)除了体现于上述修辞格的使用，还涉及节奏，包括诗歌体裁的格律节奏，以及散文体裁的行文节奏，尤其是古希腊和古罗马散文作家擅长的"圆周句"(periodic sentence)的节奏。

---

① 学习词汇要依赖词典，例如各种古希腊语词典(1.2.1-1.2.6)和拉丁语词典(1.3.1-1.3.5)。

4)**语言史**:语言史可以分成方言、词源学和历史语言学这几个方面。**方言**(dialects)针对古希腊语而言,因为古典希腊没有出现大一统的格局,古希腊语在不同的地区形成了各自的方言(地理方言),并且还在此基础上形成了文学性的方言(文学方言)。**地理方言**主要分成四个区域:伊奥尼亚-阿提卡方言、多里斯方言(又称西部方言)、爱奥利斯方言(比奥提亚、特萨利及莱斯博斯岛)以及阿卡狄亚-塞浦路斯方言,其中前三种方言对于古希腊语言学习更为重要。**文学方言**指的是古希腊不同的文学体裁或同一个文学体裁的不同部分可能使用不同的方言,比如诗歌体裁当中,史诗(尤其是荷马史诗)使用基于伊奥尼亚和爱奥利斯方言的一种"雅言"(Kunstsprache);① 合唱诗主要使用多里斯方言,偶尔掺杂伊奥尼亚方言或爱奥利斯方言元素;阿提卡悲剧的对白部分主要使用阿提卡方言,而合唱歌部分则如同合唱诗,主要使用多里斯方言;散文体裁的作品大多使用伊奥尼亚或阿提卡方言。**词源学**(etymology)从历时性角度追溯词语的最初涵义,探究词语涵义的历史演变。② **历史语言学**(historical linguistics)则借助印欧比较语言学的方法,来探究古希腊语和拉丁语的前史及各个历史时期的演变,比如古希腊语从迈锡尼时期的语言形式到古风古典时期的各种方言以及希腊化时期"共通语"(koinē)的形成。

  古典语言的学习可以按照上面列举的四个方面有序地进行:第一年(或相等课时)着重"语法和词汇",第二年(或相等课时)在巩固"语法和词汇"的基础上修习"诗律学"和"修辞学"的基本内容,第三年(或相等课时)在前两年的基础上修习"语言史"的基本内容。③ 与此同时,古典语言的学习与传世典籍尤其是经典文本的

---

  ① 可查阅《早期希腊史诗词典》(**1.4.7**)。
  ② 可查阅各种希腊语词源词典(**1.4.1-1.4.3**)和拉丁语词源词典(**1.4.4-1.4.6**)。
  ③ 关于古典语言的学习,初学者可参看《古典研究手册》(**1.1.1**)、《古希腊语文学学习指南》(**1.1.2**)和《拉丁语文学学习指南》(**1.1.3**)里的相关章节。

阅读密不可分,三年时间里完成一定数量的原文阅读也是必不可少的。①

§3. 学习古典语言的目标是研读古典文本的原文,而非这两门语言本身,不是要运用这两门语言进行口语或书面的交流。② 仅仅掌握古典语言还无法真正理解古典文本,还必须拥有"**古典文化**"的广博知识。这里的"文化"一词,应从广义理解,也就是人类创造并缠绕其中的复杂的"意义系统",所有经由人类"照料"(cultus)之物都属于"文化"(culture)。"古典文化"包含古希腊罗马文明的方方面面,不仅体现于精神世界的活动及其产品,而且也体现于古代社会的经济和政治层面。在这一无边无际的"古典文化"领域里,至少要对以下几个方面有所了解:

1)**历史和社会**:古希腊历史从克里特文明、迈锡尼文明和"黑暗时期"的发轫期,经由古风和古典时代的鼎盛期,最后进入希腊化和罗马帝国时代的衰落期;古罗马历史从罗马建城以前、王政时期和早期罗马共和国的发轫期,经由晚期罗马共和国和早期罗马帝国的鼎盛期,最后进入晚期罗马帝国的衰落期。每个时期的政治、法律、军事、社会制度、经济、日常生活等方面的大体状况。

2)**宗教和哲学**:古希腊罗马文明的最初形态是宗教,古希腊思想孕育于宗教以及神话的思维方式,从中诞生了哲学的理性思维,发端于前苏格拉底哲学家,大成于古典时期的哲学家苏格拉底、柏拉图和亚里士多德,希腊化时期则分化成诸多派别,传入罗马又催生了罗马哲学。

3)**考古和艺术**:古希腊罗马各个历史时期留下的物质遗存组成

---

① 适合古典语言学习阶段阅读的经典文本,可参照剑桥大学设定的"目标文本",见前文第一节§1。

② 口语实践(例如拉丁语教学当中使用的"自然教学法")和写作练习(包括古希腊语写作和拉丁语写作)是掌握这两门古典语言的一种手段,而非目的。

了有别于传世和出土文献的物质文化,这些物质遗存包括墓葬、公共建筑、私人建筑、艺术品等,而其中的艺术品(例如建筑、雕塑、陶器、金属浮雕、壁画等)又独立出来,成为专门的研究领域,特别是艺术品里的图像材料乃古典文化的重要组成部分。

  古典文化的学习可以按照上面列举的三个方面与古典语言的学习同时进行:第一年(或相等课时)修习"历史和社会"的基本内容,第二年(或相等课时)修习"宗教和哲学"的基本内容,第三年(或相等课时)修习"考古和艺术"的基本内容。① 此外,古典文化和古典语言的同步学习还应辅之以"古典学养"的另一个方面即传世典籍的博览,这将在下一章详细讨论。

---

  ①  关于古代史的学习,初习者可参看《古代史学习入门》**(1.1.7)**、《希腊史研究入门》**(1.1.8)** 和《罗马史研究入门》**(1.1.9)**;关于古典艺术史和考古学的学习,初习者可参看《古典研究手册》**(1.1.1)** 里的相关章节,以及《古典考古学入门》**(1.1.6)**。

# 第二章 典籍博览

古典学养的一个重要标志是对古希腊罗马传世典籍的熟谙,而古典研究最广泛利用的原始材料也是古希腊罗马的传世典籍。这些典籍由古风、古典、希腊化和罗马帝国时期用希腊语撰写、罗马共和国和帝国时期用拉丁语撰写的非基督教性质的作品组成,时间跨度大约从公元前8世纪至公元5—6世纪。初习者有必要对其进行通盘的了解,至少也要单独选择古希腊或古罗马典籍进行通盘的了解,我们把这项工作称为"典籍博览"。通过广博的浏览,初习者应构建起古希腊罗马典籍的总体框架,不仅对每类乃至每种典籍都能知其大概(第一节),还要部次各类典籍的流别,考镜其学术源流,弄清这些典籍构成的学问传统及知识体系和思想格局(第二至五节),并在此基础上遴选出"必读书目",着手研读其中最重要的经典著作(第六节)。

## 一、目录解题

§1. 传世的古希腊罗马典籍虽称不上浩如烟海,却也数量巨大,种类繁多,若欲一睹全貌,往往茫无头绪,难以措手。因此,初习者不妨先**通读几种文学简史,对古典文学形成初步的认识**。这里所谓的"古典文学",指的是广义上的古希腊罗马典籍,既包含狭义的文学作品,也包含历史编纂和哲学论著等其他种类的作品。"文学"

一词之所以能包摄其余,是因为传世的古希腊罗马典籍,无论哪个种类,大多有着很强的文本性,乃精心结撰起来的文字作品。

初习者应尽量涉猎用不同方式撰写的文学简史。目前常见的古典文学简史大致有三种类型。第一种也是最为传统的类型,按照古希腊罗马各个历史时期的时间顺序来展开文学史叙事,通常把古希腊文学分作古风、古典、希腊化和罗马帝国四个时期,把古罗马文学分作早期共和国、晚期共和国、奥古斯都时期、早期帝国和晚期帝国五个时期。具体的叙事以每个时期主要的作家及作品为重点,分析作家及作品与所处文化、社会和历史情境之间的关系,逐步勾勒出古典文学发展的整体面貌。属于这种类型的文学简史比比皆是,例如四位英国古典学名家多佛(Kenneth Dover)、韦斯特(Martin L. West)、格里芬(Jasper Griffin)和鲍伊(Ewen Bowie)合撰的《古希腊文学》(**2.1.1**)可谓个中翘楚。第二种类型以作品为中心,尤其以作品的文学样式为主要线索,围绕不同的文类展开叙述,侧重每一种文类的成规、题材、风格特征和风格上的差异等,分析具体的作品如何在其所属的文类传统里传承与创新。属于这种类型的文学简史有牛津大学古典学者卢瑟福(Richard Rutherford)所撰《古典文学简史》(**2.1.2**)。① 晚近出现的第三种类型试图打破传统文学史以作家和作品为重心的视角,转向文学作品的原初受众及其原初的社会与文化属性。例如,牛津大学古典学者塔普林(Oliver Taplin)主编、多位英美古典学者合撰的《古希腊罗马世界里的文学:一种新视角》(**2.1.4**)一书便采用了文学受众的叙述视角,着重考察文学作品的创作者和接受者之间的互动关系,探索这些互动关系的多样性、宏观模式与历史嬗变。再如剑桥大学古典学者怀特马施(Tim Whitemarsh)所撰的《古希腊文学》(**2.1.5**)一书也将文学作品置于原

---

① 属于这一类型的文学简史还有"牛津通识读本"系列的《古典文学》(**2.1.3**),该书虽面向普通读者,但言简意赅而又不失要领,颇可参看。

初的文化语境当中来理解,并特别关注文学作品在原初文化语境里的公共属性和社会作用。阅读以上这些不同类型的文学简史,有助于初习者从作家、作品、时代和受众等多个角度大致了解古代典籍的形态和样貌,为随后的博览做好准备。

§2. 对古希腊罗马典籍的博览,可分两步展开。**第一步采用目录学方法进行通盘的梳理**。目录学方法强调对所有典籍进行分类并加以著录,除了单书书录对著录的典籍"条其篇目"(包含撰者、书名、异名、篇幅、卷数、存佚情况等信息)、"撮其旨意"(提供典籍的简要内容、撰著旨趣、用途等信息),而且还要编纂各类分录乃至各部总录,以收"辨章学术、考镜源流"之功,所以是辅导读书和指示门径的重要手段。有鉴于此,展开第一步的通盘梳理工作之时,要充分利用前人编纂的目录和解题之作。不过,与我国古代源远流长的目录学传统相比,古希腊罗马的目录学并不发达,最著名的目录学著作是公元前3世纪卡里马库斯(Callimachus)为收藏于亚历山大里亚图书馆的所有古希腊典籍编纂的120卷《书目》(*Pinakes*),可惜这份总目早已失传,而卡里马库斯之后,古代的目录学便乏善可陈了。①

故此,我们需求助于现代学者编撰的古希腊罗马文学通史,例如《剑桥古典文学史》的《希腊卷》(**2.2.2**)和《罗马卷》(**2.2.6**)。虽说这两卷文学通史分别出版于1985年和1982年,今天看来已显得颇为老旧,并且这套《剑桥古典文学史》如同其他"剑桥史"系列的著述,乃由多人合撰而成,但参与撰著的学者皆为一时之选,他们对古典文献下过深厚的工夫,能够深入浅出地为初习者提供切实可靠的指引,因此至今仍不失其参考价值。《剑桥古典文学史》除正文以外,尤其值得注意的是每卷末尾的"作家与作品"附录,其中《希腊卷》

---

① 有关卡里马库斯的《书目》及其影响,参见普法伊费尔著《古典学术史》(**5.1.1**)(上卷),第153—162页。

附录长达172页,《罗马卷》附录也有136页,每个附录均按照该卷的章节顺序,列出每位作家的生平记载、作品名录、传承史及参考书目(包含主要的校勘本、评注本和英译本),以及迄至20世纪80年代初最重要的现代研究论著,这份详尽的附录虽然完成于近四十年前,所蒐集的大量基本信息(如作家生平记载、作品名录和传承史)仍令今日的使用者称便。

与此同时,初习者还可参考更为详备的研究型文学通史,例如热那亚大学教授蒙塔纳里(Franco Montanari)所著两卷本《古希腊文学史》(**2.2.1**)以及维也纳大学教授莱斯基(Albin Lesky, 1896—1981)所著《希腊文学史》(**2.2.3**),比萨大学教授孔特(Gian Biagio Conte)所著《拉丁文学史》(**2.2.4**)以及海德堡大学教授阿尔布雷希特(Michael von Albrecht)所著《罗马文学史:从安德罗尼库斯至波伊提乌斯及其后世影响》(**2.2.5**)。这几部文学通史由著名学者独力撰作,涵盖了大多数传世古希腊罗马作家的生平、作品及相关研究,能为古代典籍的博览和进一步的研读提供较为完整的基本线索和思路。①

当然,对古代典籍的博览不能停留于书名和解题的层面,**第二步还需逐一翻检典籍本身**。最为便捷的方法就是一册一册地浏览《娄卜古典文库》(**3.2.1**)。这套全球最为流行的大型古希腊罗马文本丛书,被汉语学界誉为西方古典的"四库全书",时间断限从荷马到古代晚期近十四个世纪,囊括各种各样的典籍,后世奉为经典的古希腊罗马文史哲著作基本上悉数收入。虽然"娄卜本"是为粗通古典语言的普通读者整理和翻译的文本,并非供学术研究的校勘本,但由于其古典语言与英译文相互对照的设计,以及各任主编坚持不懈以新版取代旧版的努力,还是在普通读者和古典学初习者的

---

① 随着博览的深入,初习者偶尔还要参考多卷本的研究型文学通史,例如由当代德国学者编纂、具有很高学术价值的《古希腊文学研究手册》(**2.3.1**)和《拉丁文学研究手册》(**2.3.2**)。

群体里赢获了良好的口碑。就古典文献的博览而言，初习者可分别从"希腊系列"（草绿色封面）和"拉丁系列"（艳红色封面）里的英译文入手，按照上述文学通史提供的线索逐一翻检。这种逐一翻检的做法既有助于对单个古典文本的类型、篇幅、主题及大致内容形成更为直观的初步了解，也有助于在日积月累之后，对整个古希腊罗马典籍的规模、各类典籍的比重以及不同古典作家的写作重心获得更为整体性的认识，以便为自己建立起一个古希腊罗马传世典籍的总体框架。遗憾的是，《娄卜古典文库》这套西方古典的"四库全书"迄今未有相应的《总目提要》，初习者可依据《文库》里现有的本子，结合本书"附录一"整理出来的分类总目及以下第二至五节的简明提要，对古希腊罗马典籍进行逐一的翻检。①

如同大多数综合性丛书那样，《娄卜古典文库》也是随编随印，并无严格的先后次序，因此有必要对文库收入的古代典籍加以分类。我们仿照中国古代典籍的"四部分类法"，首先根据学术门类把古希腊罗马典籍分作四个部类，即"文学部""史学部""哲学部"和"演说部"，其中前三个部类"文史哲"恰好对应西方古代学科的三大门类，而第四个部类"演说部"则是西方古典传统里尤为重要且独具特色的一个门类。随后，我们再根据典籍的体裁和内容把四大部类分成若干类目，计"文学部"八个类目，"史学部"五个类目，"哲学部"四个类目，"演说部"两个类目，于是便得到一个简便易用的两级分类体系，共计四部十九类目。② 以下四节总述四大部类，分述十九类目，简述每个类目里的典籍，以此略窥古希腊罗马典籍的种类、流别和演变。③

---

① 《娄卜古典文库》定期出版完整的书目清单，但这个清单按照作者姓氏的首字母顺序排列，未作任何分类。

② 当然，类目的设置并非一定不易，可随新出版的典籍进行必要的增加和调整。

③ 以下讨论略去《娄卜古典文库》收入的犹太教基督教作者（相关的作家作品参见"附录一"里的"附：犹太基督教部"）。

## 二、文学部典籍

§1."文学",古希腊人没有一个对应的统称,只有对各种文学样式的个别称呼(详下)。现代意义上的"文学",如以英语的 literature 为例,其词根来自拉丁语的 littera,意为"字母、书写",原本与汉语"文学"一词的最初含义一样,泛指用文字书写而成的所有文献和书籍,后来才特指超出日常用语水准的、追求更强的表达效果、更利于记诵的语言艺术作品,尤指诗歌、戏剧、散文和小说等专门类型的作品。这个意义上的古希腊"文学",源于口耳相传的神话故事、宗教仪式上的颂歌、与宗教活动相关的神谕和咒语以及日常生活和劳作中的各类歌曲,其中古希腊特别发达的神话故事传统,极为深刻地影响了古希腊文学的基本内容和精神实质。由于受到更古老的近东文明的刺激,尤其是得益于公元前8世纪希腊字母的发明,这个广义上的口传"文学"演进为高度成熟的书面文学,其中的一部分得以保存至今。

"文学部"位列古希腊罗马典籍四个部类之首,不仅因为文学作品出现最早,更因为古希腊罗马人心目中最崇高的经典属于文学作品,譬如《荷马史诗》和阿提卡悲剧之于古希腊人,恩尼乌斯《编年诗》和维吉尔《埃涅阿斯纪》之于罗马人。可以说,在古希腊罗马文明里,文学作品的地位有些类似中华文明里"经"的地位,"文学部"也可仿照"经部"居于首位。确立了整个"文学部"的地位以后,我们再将其细分为八个类目,其中诗体与散文体各占四类,诗体包含**"史诗类""各体诗类""悲剧类"**及**"喜剧类"**,散文体包含**"小说类""书信类""杂纂类"**及**"文论类"**。以下分述《娄卜古典文库》所收这八个类目的典籍。

§2. 文学部的八个类目里,其一**"史诗类"**地位最高,实为经典中的经典。史诗，古希腊人称之为 epos，古罗马人沿用之，是指用六音步长短短格(dactylic hexameter)这一格律创作的长篇叙事诗，其来源极为悠久，可以远溯到印欧时期。传世最早的希腊史诗主要有两大传统：一是以荷马为代表的英雄史诗传统，二是以赫西奥德为代表的谱系史诗和教谕史诗传统。此外，托名荷马的《颂诗》严格来说并非史诗体裁，但也用同样的格律创作，且有数篇也属于早期的长篇叙事诗。这些史诗作品，尤其是两部荷马史诗《伊利亚特》和《奥德赛》、两部赫西奥德史诗《神谱》和《劳作与时日》以及《荷马颂诗》这五部作品，共同构成一个整体，描画出一幅完整的世界图景，堪称古希腊文化乃至整个古典文化的最高经典。

定形于公元前 8 世纪早期和中期的两部荷马史诗《伊利亚特》和《奥德赛》(《荷马集》四册)，乃英雄史诗的典范之作，奠定了古希腊英雄主义的世界观，在所有古希腊典籍当中居于首位。其次是**赫西奥德**(Hesiod, 公元前 8 世纪晚期—前 7 世纪早期)的《神谱》，这部作品构筑了古希腊的众神系统，乃谱系史诗的典范之作，《神谱》之后还续有《名媛录》，乃英雄谱系的最早范本；**《劳作与时日》**则开创了古典世界源远流长的教谕史诗传统(《赫西奥德集》两册)。托名荷马的三十三篇《荷马颂诗》(《荷马颂诗、荷马外典、荷马传记》一册)里，前五首皆为数百行的长篇叙事诗(即第二首《致德墨忒》、第三首《致阿波罗》、第四首《致赫尔墨斯》和第五首《致阿芙洛狄忒》，第一首《致狄奥尼索斯》原先亦为长篇，但抄本残缺，仅存十余行)，据传是在荷马史诗表演之前诗人向神明诵唱的"序诗"，不妨也归入史诗类。此外，早期希腊史诗还有诸多残篇存世，属于英雄史诗传统的残篇，例如特洛伊诗系、忒拜诗系、有关赫拉克勒斯和忒修斯的史诗残篇，皆收录于《希腊史诗残篇辑选(公元前 7 至前 5 世纪)》，署名其他诗人的谱系史诗残篇也收入此册，而所有署名赫西奥德的谱系与教谕史诗作品残篇则收录于《赫西奥德集》第二册。

史诗体裁盛行于公元前 8 至前 5 世纪，此后经历了两个世纪的衰落，直到前3世纪的希腊化时期才稍有复兴。**罗德岛的阿波罗尼乌斯**(Apollonius Rhodius，约前295—前215)的《**阿尔戈英雄远征记**》(《罗德岛的阿波罗尼乌斯集》一册)叙述伊阿宋及其他阿尔戈英雄远航寻取金羊毛的故事，这部诗作取得很高的文学成就，希腊英雄史诗的古老传统得以重振。同时期的**阿拉托斯**(Aratus，约前315—约前240)所撰《**天象**》(附于《卡利马科斯集》第二册)赓续教谕史诗的传统，用史诗体阐释有关星座(第1—732行)和气象(第733—1154行)的自然知识和神话故事，甫一问世便广为流传，成为古代世界继两部荷马史诗之后最受欢迎的诗作。降至罗马帝国时期，**士麦那的昆图斯**(Quintus Smyrnaeus，生活于3世纪)远绍荷马史诗的遗风，撰写了一部《**后荷马史诗**》(《士麦那的昆图斯集》一册)，叙述《伊利亚特》和《奥德赛》之间发生的故事。希腊化的埃及人**农诺斯**(Nonnos，活跃于450—470)创作了卷帙浩繁的神话史诗《**狄奥尼索斯纪**》(或译《酒神纪事》，《农诺斯集》三册)，以两部荷马史诗卷数的总和(即四十八卷)向荷马发起了不成功的挑战。希腊晚期的史诗诗人还有**奥皮安**(Oppian，生活于2世纪晚期)，他的四卷《狩猎记》和五卷《捕鱼记》别辟蹊径，为教谕史诗开拓了饶富新意的题材。另外，两位来自埃及的诗人**克鲁图斯**(Colluthus，生活于5世纪)与**特吕斐奥多鲁斯**(Tryphiodorus，生活于5世纪)隶属英雄史诗传统，均受到农诺斯的影响，却以微型英雄史诗见长，前者的《海伦被劫记》共计394行，后者的《特洛伊沦陷记》也仅有691行(以上三位诗人见《晚期希腊史诗三家集》一册)。另一位受到农诺斯影响的晚期希腊诗人**缪塞奥斯**(Musaeus，生活于5至6世纪)，撰作《赫萝与莱安德》(附于《卡利马科斯集》第一册)，共计343行，是一部微型浪漫史诗。

§3. 古罗马的史诗并非原生的文学类型。公元前3世纪，来自意大利南部希腊城市塔兰图姆的**李维乌斯·安德罗尼库斯**(Livius

Andronicus,约前284—约前204)最先把荷马史诗《奥德赛》翻译成拉丁文,史诗这一文学类型遂传入罗马,由此催生了罗马人自己的史诗创作。与安德罗尼库斯同时代的**奈维乌斯**(Gnaeus Naevius,约前270—约前190)撰写了第一部罗马史诗,题名《布匿战记》,开创了带有罗马特色的历史史诗的先河。此后,大诗人**恩尼乌斯**(Ennius,前239—前169)所作《**编年诗**》,结合《大编年史》(*Annales Maximi*)的传统,从埃涅阿斯抵达意大利一直叙述到诗人自己生活的年代,极大地完善了历史题材的史诗。以上三位诗人的史诗作品未能完整传世,安德罗尼库斯的《奥德赛》存世20余段残篇(收入《上古拉丁遗作选》第二册),奈维乌斯的《布匿战记》存世60余段残篇(收入《上古拉丁遗作选》第二册),而恩尼乌斯的《编年诗》则有400余段残篇共600余行存世(收入《罗马共和国遗作选》第一册)。

到了帝国早期,维吉尔、奥维德和卢坎这三位诗人将罗马的史诗创作推向了顶峰。**维吉尔**(Virgil,前70—前19)的《**农事诗**》赓续赫西奥德《劳作与时日》开创的教谕史诗传统,而《**埃涅阿斯纪**》则直追荷马的两部英雄史诗,与之一较高低(《维吉尔集》两册)。**奥维德**(Ovid,前43—17)改塑谱系史诗,创作了别具一格的神话史诗《**变形记**》,用十五卷的宏大篇幅叙述了二百四十余个变形故事,被后世奉为古罗马最伟大的史诗之一,与维吉尔《埃涅阿斯纪》不分伯仲(《奥维德集》第三至四册)。**卢坎**(Lucan,39—65)的《**法萨路斯之歌**》(又名《内战记》)回归罗马特色的历史史诗传统,大抵以编年体的方式叙述凯撒与庞培之间爆发的内战,基本摒弃神话元素及众神的干预,与维吉尔《埃涅阿斯纪》对峙,被视为一部"反《埃涅阿斯纪》"(《卢坎集》一册)。帝国稍后时期,另有三位以史诗名家的诗人,其中**瓦莱利乌斯·弗拉库斯**(Valerius Flaccus,生活于1世纪)的《**阿尔戈英雄远征记**》(《瓦莱利乌斯·弗拉库斯集》一册)和**斯塔提乌斯**(Statius,约45—约96)的《**忒拜战记**》及《**阿基琉斯之**

歌》(《斯塔提乌斯集》三册)承接了希腊英雄史诗的传统,而**西利乌斯**(Silius Italicus 约 26—约 101)的**《布匿战记》**绍续奈维乌斯、恩尼乌斯和卢坎的历史史诗传统,其篇幅(逾一万两千行)居所有罗马史诗之首(《西利乌斯集》两册)。

§4. 其二"**各体诗类**"。除史诗这类篇幅宏大的叙事诗体以及主要由人物对白构成的戏剧诗体(悲剧和喜剧,见下),古希腊罗马还存在大量不同体裁的诗歌,这些诗歌通常篇幅较小,一般统称为"抒情诗"(lyric)。不过,这一笼统的名称并不恰当。首先,古希腊的 lyric,大多不像现代诗歌分类里的 lyric 那样"抒情",往往具备无关乎抒情的其他功能。其次,lyric 一词有广义和狭义之分,广义的 lyric 有如上述,而狭义的 lyric 是指由 lyra(一种古老的弦琴)伴奏的诗歌,可译作"弦琴歌"。以上这两种含义容易混淆,因此我们暂且用"各体诗类"来囊括除史诗体和戏剧体之外的所有古希腊罗马诗歌体裁,而于必须统称讽刺体、挽歌体和弦琴体这三种诗体时,才勉强使用"抒情诗"这一名称。

讽刺体、挽歌体和弦琴体是古希腊除史诗体外出现最早的三种诗体,它们与史诗体一样,都有各自悠久的历史,可以远溯到印欧时期。用这些诗体创作的早期作者姓名已佚,只是到了公元前 7 世纪,才开始有具名诗人的作品传世,他们的诗作构成了继史诗之后古希腊经典里的重要组成部分。

**讽刺体诗**,原文名 iambos,指的是由短长格为节奏特征的诗行,主要的格律为三音步短长格(iambic trimeter)及四音步长短格(trochaic tetrameter)。iambos 最初很可能与狄奥尼索斯和德墨忒的秘教仪式有关,源自带有诙谐、调笑和谩骂内容,甚至包含露骨的猥亵话语的仪式歌曲,用以取悦神明,后来则逐步与仪式脱离,成为具有讥刺和詈责乃至恶语毁谤功能的诗体(但也可用来处理严肃的主题)。这种诗体如何表演已无法确知,但表演场所应该是会饮或节日。《希腊讽刺体诗集（前7—前5世纪）》是古风与古典时期希腊讽刺体诗人总集，包含诗歌残篇与古人评述，其中**阿尔基洛科斯**(Archilochus，生活于前7世纪上半叶)、**塞蒙尼德斯**(Semonides，生活于前7世纪中叶)和**希波纳克斯**(Hipponax，生活于前6世纪中叶)三位最为重要，尤其是阿尔基洛科斯，既创作讽刺体诗歌，也创作挽歌体诗歌（但通常归入讽刺体诗人），被古希腊人誉为堪与荷马和赫西奥德比肩的第一位"抒情诗人"。

**挽歌体诗**，原文名elegos，指的是由一个六音步长短短格诗行(dactylic hexameter)和一个五音步长短短格诗行(dactylic pentameter)组成的挽歌对句(elegiac couplet)。早期的挽歌体诗与悲伤、哀悼并无多大关系，只是到了公元前5世纪，这种格律常常被用来撰写墓志诗(epitaph)，才渐渐获得它现有的含义。挽歌体介于吟诵的史诗诗体与弦琴伴奏的弦琴诗体之间，表演时用"竖笛"(aulos，或译作"双管")伴奏。现代学者把挽歌体分成两类，一类是主要在私人会饮上表演的短篇挽歌，另一类是主要在公共节日上表演的历史题材的长篇挽歌。《希腊挽歌体诗集（前7—前5世纪）》是古风与古典时期希腊挽歌体诗人总集，包含诗歌残篇与古人评述，其中**卡利诺斯**(Callinus，生活于前7世纪中叶)、**提尔泰奥斯**(Tyrtaeus，生活于前7世纪下半叶)、**弥木奈墨斯**(Mimnermus，生活于前7世纪下半叶)、**梭伦**(Solon，约前640—约前560)、**特奥格尼斯**(Theognis，生活于前6世纪中叶)和**塞诺芬尼**(Xenophanes，约前565—前470)这五位诗人最为重要。这些诗人创作的挽歌体诗涉及除毁谤和猥亵以外的各种主题，包括战斗与勇武、青春与老年、情爱与男童恋、城邦政治与社会、会饮规范与礼仪、神话与历史等。

**弦琴体诗**，原文名lyrikos，但这一名称直到希腊化时期才出现，此前的诗人自称其诗作为melos（"歌"）。弦琴体诗的格律非常多样而复杂，一般根据表演方式分成两大类：其一是由诗人自弹自唱表演的"独吟歌"(monody)，这类诗歌结构相对简单，通常由格律相同的诗节(stanza)组成,主要在会饮场合上表演,因此更具个人性;其二是由合唱队载歌载舞表演的"合唱歌"(choral song),这类诗歌结合了诗、乐、舞,结构比较复杂,往往采用三段体(triadic)形式,包含"首节"(strophe)、格律与之对称的"次节"(antistrophe),以及格律与首节和次节不同的"末节"(epode),主要在宗教性质的场合上表演,因此更具公共性。"合唱歌"又可根据其表演场合及性质分为许多"亚类",包括阿波罗颂(paean)、狄奥尼索斯颂(dithyrambos)、行进歌(prosodion)、婚礼歌(hymenaios)、悼歌(threnos)、少女歌(partheneion)、赞歌(enkomion)、竞技凯歌(epinikion)等。《希腊弦琴体诗集(前7—前5世纪)》(共五册)是古风与古典时期希腊弦琴体诗人总集,包含诗歌残篇与古人评述。第一册收入两位"独吟歌"的重要诗人**萨福**(Sappho,活跃于前6世纪上半叶)与**阿尔凯乌斯**(Alcaeus,活跃于前6世纪上半叶),第二册收入"独吟歌"的第三位重要诗人**阿纳克瑞翁**(Anacreon,活跃于前6世纪下半叶)以及前7世纪的"合唱歌"诗人,其中最重要的是**阿尔克曼**(Alcman,活跃于前7世纪下半),第三册收入前6世纪的"合唱歌"诗人,其中重要的是**斯忒西科洛斯**(Stesichorus,活跃于前6世纪上半叶)、**伊比克斯**(Ibycus,活跃于前6世纪中叶)和**西蒙尼德斯**(Simonides,约前556—约前467),第四册收入前5世纪的"合唱歌"诗人,其中重要的是**巴居利德斯**(Bacchylides,活跃于前5世纪上半叶)和**柯丽娜**(Corinna,活跃于前5世纪上半叶,一说前3世纪末),第五册收入前5世纪中叶至前4世纪中叶的"新诗派"诗人,其中最重要的是**提摩泰乌斯**(Timotheus,约前450—前360)。希腊化时期的亚历山大里亚学者从前650至前450的"弦琴体"诗人当中评选出"九大诗人",按字母顺序排列依次为阿尔克曼、阿尔凯乌斯、阿纳克瑞翁、巴居利德斯、伊比克斯、品达、萨福、西蒙尼德斯以及斯忒西科洛斯,其中品达被公认为远超众人的最伟大的弦琴诗人。**品达**(Pindar,前518—约前438)一生的创作集弦琴体合唱歌各个类别之大成,亚历山大里亚学者将其诗作按类别分作十七卷,包括竞技凯歌四卷,颂歌、阿波罗颂、赞歌和悼歌各一卷,狄奥尼索斯颂、行进歌、少女歌和舞蹈歌各两卷,分离自少女歌的其他诗歌一卷。其中占据首位的四卷竞技凯歌,分别为《奥林匹亚凯歌》一卷14首,《皮托凯歌》一卷12首,《尼米亚凯歌》一卷11首以及《地峡凯歌》一卷8首(第9首为残篇),共计45首完整诗作(《品达集》两册),是早期希腊传世最完好的一部弦琴体合唱歌诗集,也被誉为古希腊弦琴体诗歌的最高成就。

希腊化时期最为后世称道的三位杰出诗人分别是罗德岛的阿波罗尼乌斯、卡里马科斯和忒奥克利托斯,第一位致力于重振古老的史诗传统(见上"史诗类"),后两位则回避大型的史诗创作,转向尺幅小作而别树一帜。① **卡里马科斯**(Callimachus,约前310—前240)既是大学者又是大诗人,其诗歌作品有着深厚的学术底蕴,被公认为古代学者-诗人的典范。他创作了大量诗篇,包括挽歌体诗、颂诗、讽刺诗、弦琴诗、微型史诗和铭体诗等不同类别。传世最著名的是六首颂诗(除第五首为挽歌体,其余各首皆为史诗体),诗人独辟蹊径,重拾《荷马颂诗》之遗风,对前者进行了博学但不无讽刺的摹仿和戏拟。差堪媲美的是他另一部用挽歌体创作的教谕诗诗集《起源》(Aetia),原作共四卷,约7000行,讲述宗教仪式、节日、习俗和城邦的神话和历史起源,在古代极负盛名,可惜仅有残篇存世(《卡里马科斯集》两册)。

**忒奥克利托斯**(Theocritus,活跃于前3世纪早期)发明了一种新诗体——"**牧歌**"(bucolic)。这种诗体以乡村为背景,结合了史诗体的格律和弦琴体的情调,往往通过对话或者赛诗的形式来呈现理想化的田园景观。忒奥克利托斯名下共有30首牧歌传世,其中虽

---

① 其他希腊化时期诗人,如名震一时的**菲里塔斯**(Philitas,活跃于前4世纪后期)以及深刻影响了罗马诗人的**帕忒尼奥斯**(Parthenius,生活于前1世纪),作品多已散佚,残篇参见《希腊化时期诗文集》。

阑入部分伪作，但绝大多数出自诗人手笔，被视为牧歌诗体的典范之作，深刻影响了维吉尔的《牧歌》。除了牧歌，忒奥克利托斯也创作颂歌、赞歌、微型史诗、拟曲和铭体诗（《希腊牧歌三家集》之《忒奥克利托斯集》收录了牧歌与铭体诗）。文学传统上名列忒奥克利托斯之后的另外两位牧歌诗人分别为**墨斯克斯**（Moschus，活跃于前2世纪中叶）和**比翁**（Bion，活跃于前2世纪末），可惜他们创作的牧歌已经散佚，存世的少量作品主要为其他诗体，比如墨斯克斯的《欧罗巴》是一首166行的微型神话史诗（《希腊牧歌三家集》之《墨斯克斯集》），比翁的《哀阿多尼斯》是一首98行的史诗体哀歌（《希腊牧歌三家集》之《比翁集》）。

风靡于希腊化时期的其他诗体还有拟曲、诗体寓言和铭体诗。**拟曲**原文名 mimos 或 mimiambos，源于早期的宗教仪式，叙拉古人**索弗荣**（Sophron，活跃于前5世纪末）最早用散文体创作了具有文学性质的拟曲，分为"妇人拟曲"和"男人拟曲"，内容多涉市井生活，颇受时人称道（《索弗荣集》，见"哲学部哲学类"之《泰奥弗拉斯托斯集》第六册《品性丛谈》）。忒奥克利托斯的《牧歌》集里也有数篇属于拟曲（例如第二、十四和十五首），但格律还是史诗体，情调较为传统，而稍后的**海罗达斯**（Herodas 或作 Herondas，活跃于前3世纪中叶）所撰"拟曲"（mimiamboi）使用了"变体短长格"（choliambos），使之与 iambos 的精神相契合，更加突出了现实性的讽刺意味，19世纪末出土的纸草上发现了他的大体完整的七篇"拟曲"，以及残缺的第八篇与其他断章，每篇呈现一个场景，侧重性格刻画，而非情节铺展，充满对人情世故细致入微的摹写（《海罗达斯集》，见"哲学部哲学类"之《泰奥弗拉斯托斯集》第六册《品性丛谈》）。

同样使用"变体短长格"（choliambos）的诗歌作品还有**诗体寓言**，其实也是讽刺诗（iambos）的一种，早期讽刺诗（例如阿尔基洛科斯）便有假托动物寓言来讽喻世人的传统。动物寓言最著名的作者是相传生活于前6世纪的伊索(Aesop),伊索使用散文体创作寓言,到后来被改为诗体结集。一位希腊化的罗马人,**巴布里乌斯**(Babrius,约生活于1—2世纪)编定的《伊索寓言》是存世最丰富的希腊语诗体版本,两卷共计143篇,悉数用变体短长格写就,这些寓言在后世尤其是中世纪广受欢迎(《寓言两家集》之《巴布里乌斯集》)。

**铭体诗**,原文名epigram,起先指刻写在墓碑或贡品上的简短诗行,通常用挽歌对句的格律写就,后来逐步发展成言简意赅、机警灵动的诗体,可用来表现爱情、宴饮、劝勉、训诫、讽刺、哀悼等各种主题。前6世纪的弦琴诗人西蒙尼德斯是早期最著名的铭体诗人,但铭体诗真正成熟为文学性的诗歌体式是在希腊化时期,到了阿斯克莱皮亚德斯(Asclepiades,活跃于前3世纪早期)、卡里马科斯和忒奥克利托斯等诗人的笔下。活跃于前1世纪的诗人莫勒阿格罗斯(Meleager)编选了一部此前数百年间创作的铭体诗选,名之为《花冠集》(*Stephanos*),名噪一时。嗣后多次经他人重编,如1世纪菲利普斯(Philippus)和6世纪拜占庭诗人阿伽提阿斯(Agathias)的选本,这些选本又被10世纪拜占庭诗人凯法拉斯(Cephalas)汇总重订。今日所见《希腊诗选》(*Greek Anthology*)便是基于凯法拉斯的选本而有所增删,该本结合了帕拉蒂努斯抄本(*Anthologia Palatina*)和普拉努德斯抄本(*Anthologia Planudea*),共16卷,其中第5—12卷包含了希腊铭体诗的精华(《希腊诗选》五册)。

§5. 古罗马原生的诗歌类型被称为carmen,大抵与宗教仪式和日常生活有关,属于朴质无华的前文学诗歌形式。自前3世纪希腊文化传入罗马,希腊人发明的各种诗体也受到罗马诗人的青睐和效仿,文学性的诗歌创作才在罗马应运而生。这些诗歌种类里,发展成独具罗马特色的当属讽刺诗(诚如昆体良所言:"讽刺诗完全是我们自己的")。① **罗马讽刺诗**(satura)公认最杰出的四家,分别是路基利乌斯、贺拉斯、佩尔西乌斯和尤维纳利斯(旧译"玉外纳")。**路基利乌斯**(Lucilius,约前180—前102)被视为罗马讽刺诗的鼻祖,② 他撰写了三十卷讽刺诗(存世约1300行,见《上古拉丁遗作辑选》第三册《路基利乌斯讽刺诗残篇辑选》,尝试了不同的格律,但最终确定六音步长短短格为讽刺诗的标准格律。第二位讽刺诗人**贺拉斯**(Horace,前65—前8)尊奉路基利乌斯为讽刺诗的奠基人,同样使用六音步长短短格创作了两卷讽刺诗,名之为 sermones ("闲谈"),第一卷共10首,第二卷共8首(第二卷除第2首,皆为对话体),这18首诗(总共约2000行)题材广泛,风格多样,极大地拓展了讽刺诗的表现手法和内涵意义。当然,贺拉斯不仅是讽刺诗人里的佼佼者,更是最伟大的古罗马"抒情诗人"。他创造性地移植了源自希腊的多种诗歌体裁,他的四卷《颂歌集》(*Odes*)囊括各式各样的诗体,主要效法阿尔凯乌斯、萨福和品达等希腊弦琴体诗人,他的一卷《短长格集》(*Epodes*)主要效法阿尔基洛科斯这位希腊讽刺体诗的鼻祖。无论哪一种诗体,在贺拉斯那里都达到了炉火纯青的造诣,希腊诗歌的高超技艺被他化用,服务于罗马的文化情境与主题。此外,他的两卷《书札集》(*Epistulae*)属于诗体书信这一由罗马人发明的诗歌体裁,也是这一体裁的最高成就,《书札集》第二卷第三首《诗艺》更是古典文论的不朽名作(见下"文论类")。贺拉斯之后的第三位讽刺诗人**佩尔西乌斯**(Persius,34—62),效法路基利乌斯与贺拉斯,但他英年早逝,仅有6首讽刺诗存世(《讽刺诗两家集》之《佩尔西乌斯集》)。第四位也是古罗马最伟大的讽刺诗人**尤维纳利斯**(Juvenal,活跃于2世纪早期),创作了五卷共16首讽刺长诗(最短

---

① 《演说家的教育》10.1.93: "satira quidem tota nostra est."
② 比路基利乌斯早半个多世纪的恩尼乌斯也创作了四卷(一说六卷)*Saturae*(可惜只有十余个残篇共三十余行诗传世,见《罗马共和国遗作辑选》第二册《恩尼乌斯:戏剧残篇及次要作品》,第270—285页),但在恩尼乌斯那里,satura 并无明确的讽刺诗涵义,主要指"杂咏"。

的第 12 首共 130 行，最长的第 6 首共 661 行），诗人使用崇高的风格来表达自己对于人世之丑陋的"愤慨"之情，被后世尊为讽刺诗人的最高典范。

独具罗马特色的诗歌体裁，除了讽刺诗，还有"**爱情哀歌**"（昆体良有言："就哀歌而言，我们也能挑战希腊人"①）。最卓越的罗马爱情哀歌诗人同样有四家，分别为伽鲁斯、提布鲁斯、普罗佩提乌斯和奥维德。伽鲁斯（Gallus，约前 69—前 26）与大诗人维吉尔友善，作爱情哀歌四卷，歌咏心爱的吕柯丽丝（Lycoris），惜乎今已不存。稍后的**提布鲁斯**（Tibullus，约前 55—前 19）作挽歌体诗三卷，第一和第二卷半数为爱情哀歌，分别歌咏旧爱黛丽雅（Delia）和新欢涅墨希丝（Nemesis）（第三卷较为庞杂，多为伪作），与此交替的是其他主题的挽歌体诗，如歌咏俊美青年，赞美升平之世与乡村生活，描述乡村节庆，祝福友人生日，庆贺司祭任命（《两诗人集》之《提布鲁斯集》）。同时代的**普罗佩提乌斯**（Propertius，约前 50—约前 16）作挽歌体诗四卷，第一卷单独成书，系专门歌咏卿缇雅（Cynthia）的爱情哀歌集，第二、三卷拓展出许多新的主题，但卿缇雅仍为核心人物，第四卷里卿缇雅虽已淡出，却又在临近尾声的两首诗（第 8、9 首）里重现（《普罗佩提乌斯集》）。罗马最伟大的诗人之一**奥维德**，早年也以创作爱情哀歌而声名鹊起，他的第一部诗作，三卷《恋歌》，主要歌咏心爱的柯丽娜（Corinna），追随了提布鲁斯和普罗佩提乌斯的爱情哀歌传统；随后创作的一卷《拟情书》（又译《女杰书简》）熔铸神话故事与爱情哀歌；三卷《爱的艺术》（又译《爱经》）以及主题相关的《情伤良方》和未完成的《论容饰》则构成一套爱情教谕组诗，这些诗作都是对爱情哀歌里的爱情主题的进一步拓展，属于奥维德不拘一格的独创。此后，奥维德不再创作爱情哀歌，除了史诗体的不朽名著《变形记》（见上"史诗类"），仍用挽歌体撰写了一部大型的教谕诗《岁

---

① 《演说家的教育》10.1.93: "elegia quoque Graecos provocamus."

时记》,该诗以月令为主题,每月一卷,解释月名,记述该月的节气星象及祭日习俗,对后人了解罗马民俗颇有助益,可惜作者只完成了前六卷,便遭流放而辍笔。流放后,奥维德继续使用挽歌体,创作了一篇"诅咒诗"《伊比斯》和两部"流放诗"《哀怨集》和《黑海书简》,奠定了西方"流放文学"的传统(《奥维德集》第一、二、五、六册)。与爱情哀歌有着密切联系但不局限于此的还有另一位大诗人**卡图卢斯**(Catullus,约前84—约前54),他是共和国晚期崛起的"新诗派"里的翘楚,虽降年不永,仅创作了薄薄的一卷诗集(共116首诗,约2300行),其中却包含了各种诗体的杰作。这部诗集的第1—60首为弦琴体格律短诗,第61—68首为较长的诗篇,既有婚礼歌和微型史诗,也有卡里马科斯诗作的拉丁译文,第69—116首为挽歌体写就的铭体短诗。整部诗集里有25首构成一个系列,歌咏对莱斯比娅(Lesbia)的恋情,展现了诗人从初坠爱河到最终幻想破灭的心理过程,被公认为罗马爱情哀歌的滥觞(《两诗人集》之《卡图卢斯集》)。

由希腊人发明的其他诗歌体裁,也多被罗马诗人效法和移植,例如忒奥克利托斯首创的**田园诗**,就被**维吉尔**奉为蓝本,创作出《牧歌》这部青胜于蓝的田园诗集,该集共十首,经过诗人精心编排,单数诗篇为对话体,双数诗篇为独白体,穿插交替却井然有序,相互对称又变化多端,成为这一诗体的最高典范(《维吉尔集》第一册);又如**铭体诗**,卡图卢斯开其端绪以后,还有**马尔提阿利斯**(Martial,约40—约104)擅长这一诗体的创作,极大地提升了铭体诗的艺术性,他的《铭体诗集》多为挽歌体写就的铭体短诗,包含单独成卷的《斗兽场表演记》、一卷《酬赠集》、一卷《礼品集》以及十二卷《铭体诗》,这些诗作言近旨远,尖刻辛辣,极具讽刺意味(《马尔提阿利斯集》三册);再如**诗体寓言**,奥古斯都皇帝的一位被释奴**费德若斯**(Phaedrus,约前15—约50),根据伊索寓言(及其他来源)撰作了存世最早的一部诗体《寓言集》,五卷共计九十余篇,悉数用三音步短长格(iambic senarius, 对应于希腊诗律里的 iambic trimeter)写就(《寓言两家集》之《费德若斯集》)。

其他文名较小的罗马诗人也留下了各种体裁的诗作(或残篇),较有代表性的作品收入两册**《拉丁小诗家合集》**(以下简称"《合集》")。《合集》按照年代顺序编排,从生活于凯撒时期的普布里乌斯·绪鲁斯(Publius Syrus)直到经历了哥特人入侵的路提利乌斯·纳马提阿努斯(Rutilius Namatianus, 活跃于 5 世纪早期),足足跨越四个半世纪。《合集》所收诗歌体裁和内容多种多样,例如从普布里乌斯·绪鲁斯的拟曲里钩稽而成的《警句集》,依附《维吉尔别集》(Appendix Vergiliana)流传的两首挽歌体《梅克纳斯挽歌》和教谕史诗《埃特纳火山》,格拉提乌斯(Grattius, 生活于奥古斯都时期)以及内梅西阿努斯(Nemesianus, 活跃于 3 世纪末)的两部同名教谕史诗《狩猎》,深受维吉尔《牧歌》影响的西西里的卡普尼乌斯(Calpurnius Siculus, 活跃于 1 世纪中叶)的七首《牧歌》、内梅西阿努斯的四首《牧歌》以及 1869 年发现于瑞士艾恩西德尔修道院并以之命名的两首《艾恩西德尔牧歌》(残篇),阿维阿努斯(Avianus, 活跃于 5 世纪早期)的挽歌体《寓言集》,路提利乌斯·纳马提阿努斯的挽歌体长诗《返乡记》等。

除收入上述《拉丁小诗家合集》的内梅西阿努斯、路提利乌斯·纳马提阿努斯和阿维阿努斯,还有三位晚期罗马帝国诗人尚需留意。第一位是这一时期最负盛名的诗人**奥索尼乌斯**(Ausonius, 约 310—约 393),他一生多产,诗作被辑成 20 卷《小作品集》传世(最后一卷为演说辞),诗歌体裁多种多样,既有日志性质的小诗、短篇个人诗、悼亡诗、诗体名录、铭体诗和游戏诗,也有篇幅较长的诗体书信(即诗体和散文体杂出的书信),还有最著名的史诗体长诗《莫塞拉河》,描绘该河两岸的优美景色和田园生活(《奥索尼乌斯集》两册)。第二位是杰出的宫廷诗人**克劳狄安**(Claudian, 约 370—约 404),他的作品绝大多数使用史诗和挽歌这两种诗体,主要有三卷

《何诺利乌斯担任执政官颂诗》和三卷《斯提利克担任执政官颂诗》，但最富趣味的还是一部神话史诗《普罗塞尔皮娜被劫记》以及两部微型战争史诗《吉尔多战记》与《哥特战记》(《克劳狄安集》两册)。第三位是被誉为罗马帝国最后一位诗人的**西多尼乌斯**(Sidonius，约430—约480)，他的诗作传世共24篇，其中包含三首长篇帝王颂(史诗体)、两首婚歌及数篇诗体书信(《西多尼乌斯集》两册)。

§6. 其三**"悲剧类"**。古希腊悲剧起源于狄奥尼索斯崇拜仪式里的表演活动，包括"山羊歌"(trag-ōidia 一词的本义为"祭祀山羊时所唱之歌")、"酒神颂"(dithyramb)和"萨提尔剧"(satyr play，又译"羊人剧")，但究竟是其中的哪一种，迄今尚无定谳。虽说悲剧这一表演形式直到前6世纪末才出现，真正的悲剧精神却早已充溢于希腊人最古老的经典《伊利亚特》，这部史诗颂赞人的悲剧性存在及其最高实现——"英雄之死"，被古希腊人誉为"第一部悲剧"。当然，形神兼备的悲剧至前5世纪的雅典才臻于鼎盛，史称阿提卡悲剧。现存古希腊悲剧的经典全都出自雅典悲剧家之手，尤其是最杰出的三大悲剧家，埃斯库罗斯、索福克勒斯和欧里庇得斯。

**埃斯库罗斯**(Aeschylus，前525—前456)是阿提卡悲剧真正的奠基人，也是其最伟大的创新者。他的悲剧主要关注众神确立的宇宙秩序及其正义如何运作。埃斯库罗斯共有七部完整的作品传世(《埃斯库罗斯集》第一、二册)，其中《波斯人》是现存最早的古希腊悲剧(上演于前472年)，也是现存唯一一部以历史事件而非神话故事为题材的悲剧；上演于前458年的《阿伽门农》《奠酒人》和《复仇女神》组成了"奥瑞斯提亚三部曲"，是埃斯库罗斯晚期最成熟的作品，被许多人视为古希腊悲剧的最高成就。据传，埃斯库罗斯一生创作了约九十部悲剧(包含萨提尔剧)，除了传世的七部，其余作品也有不少断章幸存，《埃斯库罗斯集》第三册辑录了已知作品归属及作品归属不明或存疑的重要残篇。**索福克勒斯**(Sophocles，约前

496—前406)被亚里士多德(及后世许多思想家)推尊为阿提卡悲剧最伟大的典范。他的悲剧主要关注由众神莫不可测而又不可变更的意志(通过神谕来传达)所决定的世界里,英雄的悲剧命运及其意义。索福克勒斯也有七部完整的悲剧传世(《索福克勒斯集》第一、二册),其中上演于前441年的《安提戈涅》和约前430年的《俄狄浦斯王》为其盛年时期的作品,系古希腊悲剧两部最伟大的杰构。据传,索福克勒斯一生创作了120余部悲剧(包含萨提尔剧),除了传世的7部,其余作品也有不少断章幸存,《索福克勒斯集》第三册辑录了已知作品归属及作品归属不明或存疑的重要残篇,其中最值得注意的残篇来自萨提尔剧《追踪者》,这段残篇篇幅较长,逾四百行,且内容也较为连贯和完整,有助于我们了解萨提尔剧这一存世作品稀少的剧种。**欧里庇得斯**(Euripides,约前485—前406)被亚里士多德称作"最具悲剧性的悲剧家",他以写实的笔法来描摹神话里的英雄和众神,仿佛他们就是同时代的普通雅典男女,这对于后来的希腊悲剧家和新喜剧家以及罗马喜剧家(普劳图斯和特伦提乌斯)和悲剧家(恩尼乌斯和塞涅卡)都影响甚巨。欧里庇得斯共有19部剧作传世(《欧里庇得斯集》第一至六册),除《圆目巨人》是唯一一部完整存世的萨提尔剧,以及伪作《雷索斯》之外,《欧里庇得斯集》第一至六册根据上演的时间顺序排列其余17部悲剧。据传,欧里庇得斯一生共创作了92部悲剧(包含萨提尔剧),其中也有不少断章幸存,《欧里庇得斯集》第七、八册辑录了已知作品归属及作品归属不明或存疑的重要残篇。

　　古罗马的戏剧创作始于对古希腊戏剧的翻译和改编。① 公元前240年的罗马大节(Ludi Romani),李维乌斯·安德罗尼库斯改编并上演了一部希腊悲剧和一部希腊喜剧,拉开了罗马戏剧的序幕。稍后,奈维乌斯创作出希腊题材的悲剧,也开始尝试从罗马历史和传

---

① 在更早的时期,罗马已有土生的戏剧,如"杂戏"(satura)、"阿特拉剧"(fabula Atellana)和"拟剧"(mimus),但大抵缺乏文学性,也未能流传于世。

说中取材。① 奈维乌斯的后继者有恩尼乌斯、帕库维乌斯(Pacuvius，前 220—约前 130)和阿克基乌斯(Accius，前 170—约前 86)，这三位也同时创作希腊悲剧和罗马悲剧。上述这些罗马共和国时期的悲剧作家都没有完整的作品传世，《上古拉丁遗作辑选》第二册以及《罗马共和国遗作辑选》第二册蒐集了他们的悲剧残篇，其中最重要的是后者收录的**恩尼乌斯**的悲剧残篇(此册取代《上古拉丁遗作选》第一册《恩尼乌斯及凯基利乌斯·斯塔提乌斯》卷里的"恩尼乌斯"部分)。此后，直至帝国早期的尼禄王朝，才有罗马人创作的悲剧幸存至今，这便是哲学家**塞涅卡**(Seneca，约前 4—65)留下的九部悲剧(《塞涅卡集》第八、九册)。这些悲剧悉数取材于阿提卡悲剧，一部分是基于阿提卡悲剧的改编之作，例如《赫拉克勒斯》《特洛伊妇女》《菲德拉》和《美狄亚》基于欧里庇得斯的同名剧作，《俄狄浦斯》基于索福克勒斯的同名剧作。塞涅卡效法欧里庇得斯，夸大后者的某些特征，比如修辞色彩浓重，对人物心理刻画入微，偏爱阴森恐怖的剧情元素等。事实上，塞涅卡的悲剧并非供伶人戏子舞台演出的脚本，而是任文人雅士吟咏赏玩的读物。

§7. 其四**"喜剧类"**。古希腊喜剧一说源自乡人集会宴饮嬉闹时所唱的"村社歌"(此说认为 kōm-ōidia 一词的前半部分 kōm- 来自 kōmē，意为"村社")，另说源自与狄奥尼索斯崇拜仪式活动有关的"狂欢歌"(此说认为 kōm-ōidia 一词的前半部分 kōm- 来自 kōmos，意为"狂欢")，孰是孰非，学界聚讼不已。不过，同悲剧一样，喜剧的真精神早已见诸两部荷马史诗的部分篇章(譬如《伊利亚特》卷一末尾的奥林坡斯场景及《奥德赛》卷八歌手德墨多科斯

---

① 罗马人区分希腊题材的悲剧和罗马题材的悲剧，称前者为"高底鞋剧"(fabulae cothurnatae)，称后者为"紫边长袍剧"(fabulae praetextae)，因为"高底鞋"为希腊悲剧人物足下所登，乃希腊悲剧舞台上的一个重要特征，而"紫边长袍"系罗马达官显贵的穿着，他们是罗马题材悲剧的主角。

所唱的"阿瑞斯与阿芙洛狄特之歌"）、部分荷马颂诗（例如《致赫尔墨斯的荷马颂诗》），尤其是托名荷马的《马吉特斯》（见"史诗类"《荷马颂诗、荷马外典与荷马传记》），这部创作于前7世纪或前6世纪的谐拟史诗套用英雄史诗的传统，却将英雄翻转成反英雄的人物而尽显滑稽可笑。如同悲剧，形神兼备的喜剧也是到了前5世纪的雅典才臻于鼎盛，史称阿提卡喜剧。阿提卡喜剧从前5世纪一直持续发展了两百年，历经三个阶段：前5世纪的喜剧为"古喜剧"，前4世纪初至亚历山大大帝去世之间的喜剧为"中期喜剧"，此后至前3世纪中叶的喜剧为"新喜剧"。

**阿里斯托芬**（Aristophanes，约前445—前385）是"古喜剧"最杰出的代表，也是世界文学史上屈指可数的喜剧奇才。他共创作了近四十部喜剧，其中有十一部完整传世（《阿里斯托芬集》五册）。阿里斯托芬的"古喜剧"讥刺时事，对当时叱咤风云的政教人物多有调侃和揶揄，但实则用心良苦，不仅寄严肃于嬉戏，甚至寓沉痛于滑稽。"古喜剧"除了阿里斯托芬，还有众多作者，却并无完整的作品传世，《古喜剧残篇辑选》三册按姓氏字母顺序蒐集了58位作者的残篇，其中最知名者为克拉提诺斯（Cratinus）和欧坡利斯（Eupolis）。"中期喜剧"介于"古喜剧"和"新喜剧"之间，成就不高，并无突出的代表。此后兴起的"新喜剧"与"古喜剧"判然有别，改以普通人物为主角，日常细事为主题，多描摹恋爱挫折、主奴斗智等常人喜闻乐见之事。**米南德**（Menander，约前342—前292）是对后世影响最大的"新喜剧家"，他的剧作久已失传，直到20世纪才被重新发现于出土的纸草文献，这其中包括一部完整的喜剧（《乖戾者》），5部保存大半或近半的喜剧（《盾牌》《公断》《割发的女子》《萨摩斯岛女子》和《西库昂人》），另外14部知名及其他佚名喜剧的残篇（《米南德集》三册，按剧名的希腊字母顺序排列）。

古罗马的喜剧同样奉李维乌斯·安德罗尼库斯为鼻祖，前240年罗马大节上演了一部他翻译改编的希腊"新喜剧"，让这一剧种在罗马风靡一时。与他同时代及稍后的奈维乌斯和恩尼乌斯兼作悲剧和喜剧（以上三人的喜剧残篇分别见《上古拉丁遗作选》第二册及《罗马共和国遗作辑选》第一册），此后悲剧作者和喜剧作者逐渐分途，帕库维乌斯和阿克基乌斯开始专事悲剧，普劳图斯和凯基利乌斯·斯塔提乌斯(Caecilius Statius，？—前168)专事喜剧。在希腊"新喜剧"的影响下，罗马人创作的喜剧绝大多数也是以希腊为题材，称作"希腊长袍剧"(fabulae palliatae)，只有少数喜剧家尝试罗马题材的喜剧，称作"罗马长袍剧"(fabulae togatae)。① 古罗马的喜剧鼎盛于罗马共和国中期，当时活跃着两位卓越的"希腊长袍剧"作家普劳图斯和特伦提乌斯。

**普劳图斯**(Plautus，约前250—前184)共有21部喜剧传世(《普劳图斯集》五册)，大多改编自希腊"新喜剧"名家如米南德、斐勒蒙(Philemon，约前361—前263)和狄菲洛斯(Diphilus，约公元前360—前3世纪初)的名剧，其中最脍炙人口的是《安菲特律翁》《一坛金子》《巴克基斯姊妹》《俘虏》《孪生兄弟》《吹法螺的军人》《普塞多鲁斯》《绳子》和《三文钱》。稍后的**特伦提乌斯**(Terence，前193或183—前159)由于早逝（有说24岁也有说34岁时不幸溺亡），只留下六部喜剧(《特伦提乌斯集》两册)。如同普劳图斯，特伦提乌斯的喜剧也改编自米南德和斐勒蒙等人，但与普劳图斯相比，特伦提乌斯更纯粹地保存了希腊原剧的风味和艺术精神，同时又能创造性地加以罗马化，令他笔下的每部剧作都成为精心结撰之作，被视为罗马喜剧的典范。特伦提乌斯之后，文学性的喜剧在罗马一蹶不振，此后虽有零星余响，但粗俗的闹剧和杂戏又重新占据了喜剧舞台。

**§8. 其五"小说类"**。小说的精神根源可追溯至荷马史诗《奥

---

① pallium 和 toga 分别为希腊和罗马公民的日常衣着，遂以此来区分希腊题材和罗马题材的喜剧。

德赛》，主人公奥德修斯历经千难万险重归家园的故事可算作浪漫小说的原型。此外，柏拉图的对话录《蒂迈欧》和《克里提亚》（"哲学部哲学类"《柏拉图集》第九册）讲述的亚特兰蒂斯古文明的传奇故事以及色诺芬《居鲁士的教育》（"哲学部哲学类"《色诺芬集》第五、六册）讲述的国王居鲁士的生平故事，都有着丰富的小说元素，也有人从中认出小说的雏形。若从文类上看，小说的真正前身大概是"米利都故事"（Milesian Tales），即公元前2世纪的希腊作家阿里斯提德斯（Aristides）发明的短篇恋爱故事，因场景设置于伊奥尼亚的米利都而得名。不过，小说这一长篇虚构类散文叙事作品，要到2世纪以后才开始流行。那个时期（或稍早）创作的希腊语小说统共有五部完整传世，其中最负盛名的当数**朗古斯**（Longus，2世纪晚期和3世纪早期）的《达芙妮与克罗埃》（《朗古斯集》一册），另外四部分别是**卡里同**（Chariton，1世纪）所撰《凯瑞阿斯与卡莉若爱》（《卡里同集》一册），**以弗所的色诺芬**（Xenophon of Ephesus，2世纪上半叶）所撰《安提雅与哈布罗克梅斯》（见《朗古斯集》），**阿基琉斯·塔提乌斯**（Achilles Tatius，2世纪）所撰《留基佩与克莱托丰》（《阿基琉斯·塔提乌斯集》一册），以及**赫利奥多鲁斯**（Heliodorus，3世纪早期或4世纪晚期）所撰《忒阿格涅斯与卡莉克莱》（又名《埃塞俄比亚故事》，此书《文库》尚未收入）。这些小说皆以两位男女主角命名，大抵叙述这两位有情人如何被迫分离，如何命运多舛而遭遇种种险情，最后破镜重圆终成眷属的故事。古希腊小说擅长编织曲折离奇的情节，但对于人物的性格刻画较为薄弱。①

古罗马人留下两部伟大的小说，其一是**佩特罗尼乌斯**（Petronius，？—65）的《萨提尔故事》（又名《讽世故事》，此书原名 Satyricon 或 Satyrica，直译过来是"关于萨提尔的故事"；或作

---

① 生活于2世纪的路吉阿诺斯创作的奇幻小说，与这五部小说的性质大不相侔，见下"杂纂类"。

Saturica，直译过来是"讽刺性的故事"）（《佩特罗尼乌斯集》一册）。这是一部针对浪漫爱情小说的讽刺小说，使用"梅尼坡斯讽刺体"（Menippean satire，前3世纪的犬儒学派作家梅尼坡斯发明的散文和诗歌杂出的讽刺文体，对罗马小说影响甚巨），由一个个片段连缀而成，用第一人称讲述了两位放浪不羁的青年在意大利南部地区与社会底层各类市井之徒交往的经历，类似后世的"流浪汉小说"。全书篇幅宏大，可惜只有一小部分流传于世，其中最为完整的片段题作"特里马尔乔的晚宴"（原书第15卷），叙述被释奴出身的暴发户特里马尔乔家中举办的一次穷奢极侈、大肆炫耀的晚宴，参与晚宴的各色人等及其所做的奇谈怪论，整个片段因作者的生花妙笔而活力四射、栩栩如生。另一部伟大的罗马小说是**阿普列乌斯**（Apuleius，约125—?）的《**变形记**》（又名《金驴记》，《阿普列乌斯集》第一、二册）。这部浪漫小说以传统希腊故事"卢基乌斯变驴记"为原型，该故事的基本线索见于路吉阿诺斯的版本（见下"杂纂类"《路吉阿诺斯集》第八册），但作者对之进行了大幅度的加工和扩展，用第一人称讲述一位名叫卢基乌斯的希腊青年如何在巫术之乡特萨利被变成一头驴子，如何作为驴子经历了一系列的冒险，目睹了各种世态炎凉，最后在伊西丝女神的福佑下变回了人形。叙述者在这个故事线索里又嵌套了许多其他故事，其中最著名的是贯穿第四至第六卷的"丘比特与普绪克"的长篇故事，由一位老妪讲述小爱神丘比特与人间最美丽的女子普绪克（意为"灵魂"）的悲欢离合，不仅情节哀婉动人，而且饶富寓意。

§9. 其六**"书信类"**。现存最早的古希腊书信源自前6世纪晚期，不过直到前4世纪才开始有重要的思想家、文学家和演说家使用书信这一体裁，使之真正具备了文学性。见于更早的史书（如希罗多德、修昔底德和色诺芬）和戏剧（如欧里庇得斯）里的书信，虽然也有很强的文学性，但由于这些书信完全嵌入其所属的文本，还不能看作独立的文学作品。前4世纪发轫的独立的文学性书信，逐步发展出三种类型：其一是历史上的著名人物用书信的形式来表达和传播自己的思想；其二是假托著名历史人物的口吻创作的托名体书信；其三是以纯虚构人物的口吻创作的拟代体书信。举例而言，归在柏拉图（见"哲学部哲学类"《柏拉图集》第九册）、伊索克拉底（见"演说部演说辞类"《伊索克拉底集》第三册）和德摩斯梯尼（见"演说部演说辞类"《德摩斯梯尼集》第七册）名下的书信中一小部分，很可能属于第一类的真实书信，而其中的大部分显系伪作，当归入第二类的托名体书信。其他古人文集里的书信大率如此，羼杂了真实的和伪托的书信，需耐心甄别。不过，也有基本上乃至完全以第一类书信组成并传世的书信集，例如哲学家伊壁鸠鲁的三封书信（载于《第欧根尼·拉尔修集》第二册《名哲言行录》卷十，见"哲学部哲学类"）、尤利安皇帝的书信集（《尤利安集》第二、三册，见"演说部演说辞类"）或是演说家里巴尼乌斯的书信集（《里巴尼乌斯集》之《自传与书信选》第一、二册，见"演说部演说辞类"）。

最具文学性的当数第三类纯虚构的拟代体书信，这一文类盛行于2至3世纪，存世之作以收入**《拟代体书信三家集》**里的六部书信集为代表。**阿尔基弗荣**（Alciphron，2或3世纪）生活于"第二次智术师运动"时期，留下了123封拟代体书信，分为《渔人书信》《农夫书信》《食客书信》《妓女书信》四集，这些书信用前4世纪雅典各阶层人物的口吻，描摹当时的社会风貌和人情世故。同一时期用希腊文写作的罗马人**埃利安**（Aelian，165/70—230/5）仿效阿尔基弗荣，也作有拟代体书信集《农夫书信》20封，状写前5至前4世纪雅典乡村的风土人情，而**菲罗斯特拉托斯**名下（Philostratus，约190—？）的73封《情爱书信》，虽属修辞术的练习之作，却洋溢着希腊"新喜剧"的精神。

古罗马传世的书信作品当中，**西塞罗**（Cicero，前106—前43）

的书信集规模最大，《西塞罗集》第二十二至二十九册《**书信集**》共八册，其中包含西塞罗致其挚友阿提库斯的书信十六卷凡426封，致其亲朋好友的书信十卷凡435封（内含近百封致西塞罗的回信），致其弟昆图斯的书信三卷凡27封，致布鲁图斯两卷凡26封（部分书信的真实性存疑）及其他一些书信残篇。这一大批书信几乎包罗万象，是了解西塞罗的生平、生活年代以及罗马社会生活的重要材料。就性质而言，它们种类繁多，既有涉及公共事务近乎演说辞的正式信函，也有涉及私人事务十分随意的口语化便笺。不过，因为出自西塞罗这位伟大的演说家和文人手笔，这些书信大多具有一定的文学性，可以归入以上第一类。比西塞罗的书信更有意强调文学性的是**小普林尼**（Pliny the Younger，约61—约112）的十卷《**书信集**》（《小普林尼集》两册），其中前九卷为致友人和同僚的书信，第十卷为小普林尼担任罗马行省比提尼亚总督时与图拉真皇帝之间的往来信函。小普林尼的书信（尤其是前九卷），每封基本上讨论一个主题，精心结撰而成，犹如一篇篇短小的论说文，可见作者是自觉地把书信当作一种文学体裁来进行文学创作。同样，稍早时期的**塞涅卡**创作了由124封书信组成的《**道德书简**》（《塞涅卡集》第四至六册），写给一位名叫路基利乌斯的友人，无论路基利乌斯是否实有其人，或者这些书信是否真的寄送到他的手里，重要的是，塞涅卡继承了古希腊人（例如柏拉图和伊壁鸠鲁）的哲学书信传统，将书信体改造成宣扬画廊派伦理学思想的有效工具。此外，"第二次智术师运动"时期著名拉丁演说家**弗隆托**（Fronto，约100—176）的《**书信集**》（《弗隆托集》两册），于19世纪早期被重新发现，其中包含这位演说家与皇室成员的往还书简，而弗隆托最主要的通信者正是他的伟大弟子马可·奥勒留。

除了散文体的书信，特别值得一提的是，罗马人发明并完善了希腊人所没有的一种文学书信体裁，即诗体书信，其中成就最高的作品当数**贺拉斯**的《**书札集**》两卷（见"各体诗类"《贺拉斯集》第二册,《书札集》第二卷第三首即《诗艺》见下"文论类"),以及奥维德的《拟情书》(又译《女杰书简》)一卷、《哀怨集》五卷和《黑海书简》四卷(见"各体诗类"《奥维德集》第一、六册),尤其是奥维德的《拟情书》,将第三类的拟代体书信从散文转变为高度艺术性的诗歌,极大地增强了此类书信的文学性。

§10. 其七**"杂纂类"**。同诗歌作品一样,古希腊罗马散文作品的体裁也相当驳杂,其中用来撰写史书、哲学论著和演说辞的散文当分别归入"史学部""哲学部"和"演说部",而文学性的散文,除体裁标志鲜明的"小说""书信"和"文论"这三类,其余诸体如小品文、杂文、杂记、杂体对话录之属皆归入"杂纂类"。此外,凡从前人著述当中撮抄整理,然后编纂成书的作品,如神话编纂、掌故谈屑、摘录杂抄之属,也悉数归入此类。

传世最早的古希腊小品文集或为**泰奥弗拉斯托斯**(Theophrastus,约前370—前287)的**《品性丛谈》**(又译《人物素描》,《泰奥弗拉斯托斯集》第六册)。该集共30篇,分别状写30种负面性格或人品,例如口是心非、阿谀奉承、废话连篇、鄙俚粗俗等,每篇都能入木三分、得其神似。这些小品文很可能一方面源自作者的伦理学研究,另一方面又与作者对喜剧人物的兴趣有关(据传新喜剧大家米南德为其弟子),而正是这种将德性的哲学探究与恶人(或小人)的喜剧展现结合一体的笔法,令这部作品时至今日依然栩栩如生。

**路吉阿诺斯**(Lucian,又译琉善、卢奇安,约115—约180)堪称古希腊最卓越的小品文和杂文作家,他一生著述丰硕,存世共80余篇(其中阑入部分伪作)(《路吉阿诺斯集》八册)。这些作品的主题和体裁多种多样,其中最为独特的是36篇讽刺体对话,包括《诸神对话》《海神对话》《死人对话》和《妓女对话》这四部短篇对话集,以及《宙斯被盘问》《宙斯唱悲剧》《下冥界》(又名《僭主》)、《梦》(又名《公鸡》)、《伊卡洛墨尼坡斯》(又名《云上人》)、《提蒙》(又名《憎人者》)、《卡戎》(又名《观察者们》)、《拍卖学派》《墨尼坡斯》(又名《死人占卜》)、《众神的会议》等单篇对话,这些对话将喜剧和柏拉图对话录融为一体,洋溢着非圣无法、落拓不羁的欢快精神。同样别具一格的是他充满奇思妙想的故事,尤以《真实的故事》(又译《信史》)最著称于世,这部小说带有强烈的奇幻色彩,被誉为"科幻小说"的鼻祖。此外,路吉阿诺斯还作有大量的杂文及演说辞、书信体和传记体作品,仅以杂文为例,其中既有《关于琥珀或天鹅》《苍蝇赞》《关于祭祀》《关于丧事》之类针砭时弊的戏谑笔墨,也有《如何著史》(见下"史学部史评类")、《回应"你是文字里的普罗米修斯"的说法》和《关于梦中所见》(又名《路吉阿诺斯的生平》)这一类较为严肃的文字。

另一种特殊类型的"杂文"是所谓的"造像描述"(ekphrasis),亦即对某个图像,尤其是某件艺术品进行细致入微的文字描画,令读者产生如在眼前的生动感觉。这原本是演说家展示其精湛的演说技艺的一项本领,后来逐步发展起来而具有很强的文学性,甚至具有艺术批评的思想性。**两位菲罗斯特拉托斯**创作的两组《图像集》便是"造像描述"里的上乘之作。前一位老菲罗斯特拉托斯,一般认为就是"第二智术师时期"那位著名的菲罗斯特拉托斯(Philostratus,约190—卒年不详)(见下"史学部传记类"及"演说部演说辞类"),但也有人说是另一位同名者;后一位可能是前者之孙,通称小菲罗斯特拉托斯。老菲罗斯特拉托斯的**《图像集》**两卷凡65篇,作者称这些文字描述的是那不勒斯附近一家美术馆里所见的绘画;小菲罗斯特拉托斯的**《图像集》**一卷凡17篇,以老菲罗斯特拉托斯的《图像集》为摹仿和竞比的对象,其中10篇的主题取自前者。卡利斯特拉托斯(Callistratus,3世纪或4世纪)的模仿之作**《描绘集》**也属同一类型,该著一卷凡14篇,赞美了各地所见的十四尊著名雕塑及其雕塑者的高超技艺(以上三部作品皆收入《老菲罗斯特拉托斯集》一册)。

同一位著名的菲罗斯特拉托斯(即上述"老菲罗斯特拉托斯")

还创作了一部杂体对话录**《论英雄》**,讨论荷马史诗里的英雄尤其是普洛特西拉奥斯、帕拉梅德斯和阿基琉斯的崇拜仪式,其中包含不少罕为人知的故事和细节。他的另一部作品**《论竞技》**系古代传世的唯一一篇有关体育竞赛的文章,论及运动员的训练、运动员的理想形体、奥林匹亚竞技赛会及其他竞技赛会的历史演变等,是弥足珍贵的古代体育典籍。

**雅典娜乌斯**(Athenaeus,生活于 200 年前后)的**《哲人燕谈录》**,就体裁而言,可归入"杂体对话录",内容上却更接近前人著述的撮抄(《雅典娜乌斯集》八册)。该书卷帙浩繁,是一部嵌套式的巨型对话录,由作者向自己的朋友转述二十余名哲人在某位富裕的藏书家兼艺术赞助者家中聚餐时叙谈的内容,谈话围绕食物展开,但涉及的范围极为广泛,凡是与宴饮直接或间接相关的话题,几乎无所不包,有如一部古代文化的百科全书;书中还提及近 1250 位古代作家的作品,称引了其中不少篇章,摘录了逾一万行诗句,因此又是一座失传古典文献的宝库。

另一类基于前人著述的作品是神话故事的编纂,这一题材在希腊化时期蔚然成风,但较为完整传世的作品只有**阿波罗多洛斯**(Apollodorus,可能生活于 2 世纪)所撰**《神话全书》**(又译《希腊神话》等)(《阿波罗多洛斯集》两册)。《神话全书》卷一的前六章讲述了诸神世系,随后以六个凡人家系为贯穿的线索,汇集起古希腊各地形形色色的英雄神话,不加修饰地一一直述,是一部值得信赖的古希腊神话大全。

罗马人**埃利安**(Aelian,165/70—230/5)用希腊语编纂了两部杂记杂抄体著作,分别为十四卷的**《历史杂记》**和十七卷的**《论动物的本性》**(《埃利安集》四册),前者裒集古希腊历史名人的传记、逸闻和名言,以及各地的自然奇观和风俗习惯,内容非常驳杂,但主旨却在于从中得出道德上的教诲;后者转向动物王国,汇录关于动物的事实、传闻和故事,同样偏爱对动物的行为做出寓意性的、道德化的解释。

　　古罗马有三部"杂纂体"典籍引人注目。生活于提比略时期的修辞学家**瓦莱利乌斯·马克西穆斯**(Valerius Maximus,生卒年份不详)从前人著述当中钞撮整理,编纂成**《名事名言录》**(又译《嘉言懿行录》,《瓦莱利乌斯·马克西穆斯集》两册)。全书共九卷,按主题编排,卷一关于宗教、征兆和预言,卷二关于社会风俗,卷三至卷六关于德行(如刚毅、克制和仁慈),卷七、卷八关于各式各样的主题,如好运、战术、法律诉讼、雄辩等,卷九关于恶行,每个主题都记述历史上的道德范例,分为罗马和外族两个部分。这部杂纂是供演说术教育使用的范例汇编,性质上是一本实用手册,本身缺乏文学性,但却是后世盛行的"典范故事"(exemplum)这一体裁的滥觞。

　　**革利乌斯**(Gellius,约130—约180)的**《阿提卡之夜》**也是从前人著述当中钞撮整理,然后编纂成书的一部读书笔记(《革利乌斯集》三册)。全书共二十卷,每一卷分若干章,此外没有任何结构上的设计,也没有主题上的编排,作者反倒以杂乱无章为宗旨;至于笔记涉及的内容,更是驳杂无比,举凡哲学、历史、演说、法律、文法、校勘、文学评论、掌故逸闻应有尽有。这部书如同雅典娜乌斯的《哲人燕谈录》,被誉为古代文化的百科全书。另外,革利乌斯也和雅典那乌斯一样,笃嗜古代文学,尤其是上古时期的拉丁文学(如普劳图斯时代的喜剧),征引了大量原作片段,因此也是一座失传文学的宝库。

　　古代晚期的哲学家兼学者**马克罗比乌斯**(Macrobius,生活于5世纪早期)所撰**《农神节》**,与雅典娜乌斯《哲人燕谈录》的形式相仿,系杂体对话录,记述了罗马农神节期间持续三日的宴会上的谈话(《马克罗比乌斯集》三册)。全书共七卷,第一、二卷为第一日的谈话,话题涉及古代宗教和神话的起源、罗马宗教和政治上的变化以及展示古人诙谐机智的趣闻轶事;第三至七卷为第二和第三日的谈话,其中第三至六卷的话题围绕大诗人维吉尔及其诗作,第七卷的话题关注大脑如何作用于身体,涉及生理和心理等方面的问题。

马克罗比乌斯在杂体对话录的形式下加入了大量对前人著述的撮抄，其中也包括革利乌斯的《阿提卡之夜》，但凭借他较高的文学天赋，这些材料更为有机地融入了谈话的主题线索。

§11. 其八**"文论类"**。古希腊人对于文学的赏鉴、反思和批评，如同文学本身，始见于荷马史诗，随后经由赫西奥德、抒情诗人、悲剧和喜剧诗人，形成了内在于文学作品的"诗人论诗"传统。随着前6世纪初"前苏格拉底哲学家"的兴起，一种外在于文学作品的"哲学诗论"也开始萌现，到了智术师以及柏拉图那里而蔚为大观。不过，古希腊"诗学"的真正创立者是亚里士多德，他把诗界定为一个明确的研究范畴，即"诗学"（或"诗术"），与"修辞学"（或"修辞术"）并属亚氏所谓的"创制哲学"，共同构成了古代文论最重要的两个组成部分（关于"修辞学"，见下"演说部修辞学类"）。

**亚里士多德**(Aristotle，前384—前322)的《诗学》用哲学论文的形式对诗进行了深刻的分析，涉及史诗、悲剧和喜剧，可惜仅有主要论述悲剧的第一卷存世，论述喜剧的第二卷（除一些断章）久已亡佚（《亚里士多德集》第二十三册）。《诗学》讨论了诗的性质和本源，各种诗体特别是史诗、悲剧和喜剧的起源和演变，悲剧的界定和六个组成部分以及悲剧与史诗的差别，提出了"摹仿""剧情结构""突转""发现""净化""性格刻画"和"整一性"等重要的概念和学说，对后世影响极为深远。亚里士多德《诗学》之后，署名法勒荣的**德米特里乌斯**(Demetrius of Phalerum，前360—前280，但学界公认，作者并非其人，而是另一位生活于前2或前1世纪的同名者）的《论风格》是第二部基本上完整保存下来的古希腊文论著作（附于《亚里士多德集》第二十三册）。作者区分了四种完备的风格，即宏伟的、雅致的、朴质的和强健的风格，分析每种风格在主题内容、措辞用语和文句结构方面的差异，并论及对应于这四种完备风格的有缺陷的风格。第三部相对完整保存下来的古希腊文论著作是**朗吉努斯**（Longinus，生活于1世纪）的《**论崇高**》，该著约有三分之二存世（附于《亚里士多德集》第二十三册）。《论崇高》超越了当时盛行的修辞学传统，突出文学作品承载的思想和表达的情感。作者认为，只有受到高贵庄严的思想和强烈振奋的情感的主导，借助高贵的措辞和相应的文句结构以及特定的修辞格，才能体现出"崇高"的精神，而最能代表文学上崇高精神的是诗人荷马、哲学家柏拉图和演说家德摩斯梯尼这三位。《论崇高》与《论风格》和《诗学》一道，被公认为古希腊文论的三部经典之作。除此之外，还有一些散见的单篇论文也属于文论的范畴，例如普鲁塔克的《年轻人应当如何学诗》（"哲学部哲学类"《普鲁塔克集》之《道德论丛》第一册）以及哈利卡那索斯的狄奥尼修斯的《论词语的铺排》（"演说部修辞学类"《哈利卡那索斯的狄奥尼修斯集》第九册《论文下》）。

古罗马人对于文学作品的分析和论述以修辞学见长，西塞罗、昆体良和塔西佗是三位经典作家（见"演说部修辞学类"）。至于古罗马的诗论，则基本上内涵于文学作品，特别是讽刺性质的作品，如卢基利乌斯（见"各体诗类"《上古拉丁遗作辑选》第三册）和佩尔西乌斯的讽刺诗（见"各体诗类"《讽刺诗两家集》），以及佩特罗尼乌斯的讽刺小说（见"小说类"《佩特罗尼乌斯集》）。这方面最为重要的诗人是**贺拉斯**，除《讽刺诗集》（例如第一卷第四首和第十首、第二卷第一首）和《书札集》（例如第一卷第十九首、第二卷第一首和第二首）里的部分诗篇谈及文学发展的历史，维护自己的文学主张，贺拉斯还专门撰写了一首书信体的长篇教谕诗，即《书札集》第二卷里的第三首（以上均见"各体诗类"《贺拉斯集》第二册），这首诗后来被昆体良命名为《**诗艺**》。该诗长达476行，前一部分（第1—294行）主要谈诗的技艺，其中第1—44行讨论诗的内容，第45—294行讨论诗的风格，后一部分（第295—476行）主要谈诗人，尤其是诗人的天才和技艺之间的关系。《诗艺》虽然上承亚里士多德的《诗学》，却并非体系缜密的哲学诗论，而是一位大诗人的经验之谈,被尊为最伟大的罗马文论经典。贺拉斯《诗艺》之外,昆体良《演说家的教育》卷一描述希腊文学和拉丁文学对于文法教育的作用,卷十列出各种文类当中最优秀的希腊和拉丁作品,也具有一定的文论价值。

值得一提的是,对文学作品的赏鉴、分析和批评离不开语言文字上的考证和研究,后者在公元前4至前3世纪的希腊化时期已演变成专门之学,即"语文学"(philology)。古希腊的语文学又于公元前2世纪末传至罗马,催生了罗马人对自己的语言和文学作品的研究,其中"最渊博的罗马人"(语出昆体良)**瓦罗**(Varro,前116—前27)所著**《论拉丁语》**(《瓦罗集》两册)引人瞩目。这是一部系统论述拉丁语言的著作,分别讨论了语言的起源、拉丁语的词源(存世的第五至七卷)、拉丁语的纯正和混杂(存世的第八至十卷)、曲折变化、句法和风格各方面的问题,虽说瓦罗的学术观点瑕瑜互见,但这部作品凭借其自身的文学性,也在罗马文学史上占有一席之地。

## 三、史学部典籍

§1. "史学",古希腊人称之为 historia(伊奥尼亚方言为 historiē),该词的本义为"探究",最先指称一种认知方式,即通过亲自去看、亲眼所见而获知的方式。公元前6世纪早期的伊奥尼亚(尤其是米利都)思想家首先采用 historia 一词来提倡这种新的认知方式,他们主张通过收集和甄别证据,再使用人的理性加以评判来获取真知。伊奥尼亚思想家探究的对象主要是"自然",旨在解释现存的宇宙秩序如何产生,探究的对象可以无所不包。只是由于哲学(philosophia)这一名称的兴起(见下"哲学部典籍"§1),historia 才逐步局限于"人类的过去",以之为最重要的乃至唯一的研究领域,最终在公元前4世纪演变成"史学"。

古希腊的"史学"诞生于公元前6世纪的伊奥尼亚地区,而其根源可以上溯至荷马史诗与赫西奥德史诗,以及其他早期诗歌体裁,尤其是"建城诗"(史诗体或挽歌体,如欧梅洛斯的《科林斯之歌》和弥木奈墨斯的《士麦那之歌》)、关于当代历史的挽歌体诗(如西蒙尼德斯的《普拉塔亚》)和竞技凯歌(如品达)。不过,公元前6世纪中叶开始,有一些伊奥尼亚思想家把注意力集中于人类社会,他们的historia精神与自然哲学家息息相通,但探究的主要问题不再是现存的宇宙秩序,而是现存的社会秩序如何从过去的历史当中产生,这些人被称为伊奥尼亚的"史话家"(logographoi)。"史话家"使用散文体来记述史事,有别于同时期使用散文体来讲述神话故事的"故事家"(logopoioi),也有别于使用散文体来整理神话故事的"神话编纂家"(muthographoi),更不同于使用诗体来讲述神话故事的诗人(muthopoioi)。"史话家"的目的是要从史事当中探究人类社会的运作原理,米利都人赫卡泰乌斯(Hecataeus of Miletus,活跃于公元前6世纪中后期)是这些"史话家"里的代表人物,也是"史学之父"希罗多德(约前484—前425,亦来自毗邻的卡里亚地区)最重要的先驱。

赫卡泰乌斯以降的古希腊史学著述,被20世纪伟大的古典学家、《古希腊历史学家残篇集成》(**3.4.6**)的编纂者雅可比(Felix Jacoby,1876—1959)分成五大门类:1)谱系和神话编纂(genealogy/mythography);2)人种志(ethnography);3)当代史(Zeitgeschichte,或comtemporary history);4)年代纪(chronography);5)地方史(horography或local history)。① 他认为,古希腊的史学基本上是依循这五个门类的先后次序发展起来的。谱系和神话编纂是希腊人历史著述的最初尝试,例如赫卡泰乌斯所著《谱系》(*Genealogiae*)以及阿尔戈斯的阿库西拉奥斯(Acusilaus of Argos,活跃于公元前6世纪中后期)和雅典的菲瑞居德斯(Pherecydes of Athens,活跃于公

---

① 参见Jacoby1909。对"雅可比模式"的详细阐述,参见Fornara 1983: 1-46。

元前6世纪中后期）的相关著作，都对神话传统和古代谱系进行了整理，① 而谱系和神话编纂的源头可以上溯到赫西奥德所作《神谱》以及《名媛录》(Gynaikōn Katalogos)。这些编纂者试图对希腊世界丰富但又庞杂的神话传统加以系统化，最直接的方法是建构谱系，确立从英雄时代直至当下的连续性。此后，希腊人通过移民活动接触到周边地区不同的民族和文化，人种志应运而生，赫卡泰乌斯的另一部著作《地球环行》(Periodos 或称 Periegesis Gēs)便结合了地理学与人种志，作者沿着地中海环游，记载沿岸已知的所有国家，分别描述每一处的风土人情，以及那里值得观赏的事物。② 再后，"史学之父"希罗多德既是人种志的集大成者，又是当代史的首创者，而他的竞争对手修昔底德则抛弃了人种志，完善了当代史这个门类。与此同时，在希罗多德泛希腊历史模式的影响下，不同的希腊城邦意识到本地历史与风土人情的重要性，开始撰述地方史，譬如"阿提卡史"(Atthis)，莱斯波斯岛的赫拉尼库斯(Hellanicus of Lesbos，约前480—前395))是第一位"阿提卡地方史家"(Atthidographer)，著有《阿提卡史》(Atthis)。③ 此外，为根据固定的纪年法对重要事件排列顺序而形成了年代纪这个门类，同一位赫拉尼库斯还撰作了《卡内亚竞技赛会优胜者》(Carneonikae)和《阿尔戈斯的赫拉女祭司》(Hiereiai)两部书，他发明了一套方法，用执政官名录或竞技赛会优胜者名录为希腊历史确定通用的年代顺序。④ 在以上五个门类的基础上，其他与史学相关的门类，例如"传记""古事记""地理志"和"游记"，还有次一级的专门史门类如"文学史""艺术史""音乐史""政制史""法律史"以及"历史地理"等也逐步发展

---

① 赫卡泰乌斯《谱系》的存世残篇辑录于《古希腊历史学家残篇集成》(**3.4.6**)1 F 1-35；阿库西拉奥斯的相关残篇辑录于《古希腊历史学家残篇集成》2F；菲瑞居德斯的相关残篇辑录于《古希腊历史学家残篇集成》3F。

② 存世残篇辑录于《古希腊历史学家残篇集成》1 F 36-369。

③ 存世残篇辑录于《古希腊历史学家残篇集成》4 F 163-172。

④ 存世残篇辑录于《古希腊历史学家残篇集成》4 F 74-85。

起来。①

虽说雅可比有关古希腊史学著述的"直线发展说"遭到后来学者的质疑和反驳,他所归纳出来的五大门类却为学界广泛接受。因此,我们依据雅可比的分类,再加上与史学紧密相关的两个门类(传记和地理),将"史学部"典籍分属五个类目:其一为"**史书类**",包括雅可比分类法里的人种志、当代史和地方史,以及其他类型的史书;其二为"**史评类**",即评论撰写史书的方法和前人撰史得失的著作;其三为"**传记类**",包括政治家、军事家、帝王、哲学家、智术师、历史学家等人物传记;其四为"**地理类**",包括地理志和游记;其五为"**史料类**",主要是今人辑选的碑铭和纸草文献。以下分述《娄卜古典文库》所收这五个类目的典籍。

§2. 其一"**史书类**"。古希腊的史书以叙事体(纪事本末体)为正宗,常见主题为一场战争、一个历史时段、一个地区或单个个人,也有贯通古今的国别通史(涉及的国别除希腊本国以外,主要是罗马),乃至贯通古今和各个国家的世界通史,所以史书的主要类型为战争史、时代史、地方史、异国史、"亚历山大史"、国别通史和世界通史。

希腊古典时期有三位史家的著述完整(或基本完整)传世,分别是希罗多德、修昔底德和色诺芬。**希罗多德**(Herodotus,约前485—前425)的《历史》是最早完整传世的古希腊史书(《希罗多德集》四册)。这部巨著共分九卷,根据波斯帝国四位国王对周边国家的征伐来结构全书,这四位国王依次是居鲁士(第一卷)、冈比西斯(第二卷至第三卷前三分之一)、大流士(第三卷后三分之二至第六卷)和薛西斯(第七至九卷)。《历史》前四卷还包含了大量的人种志描述,主要有吕底亚(第一卷)、埃及(第二卷)、印度和阿拉伯(第三卷)、斯基泰和利比亚(第四卷),而后五卷则大抵是按事件顺

---

① 参阅《古希腊历史学家残篇集成续编》(**3.4.7**)。

序展开的历史叙事,其中第五和六卷为一个叙事整体,集中叙述公元前 499 年的"伊奥尼亚起义"及其后果,第七至九卷为一个更加严密的叙事整体,是一部公元前 481 至前 479 年波斯国王薛西斯入侵希腊本土而引发的希波战争史,也是整部史书的高潮。**修昔底德**(Thucydides,约前 460—前 399)的《**伯罗奔尼撒战争史**》是以公元前 5 世纪下半叶雅典和斯巴达之间的战争为主题的当代战争专史(《修昔底德集》四册)。全书八卷,除第一卷追溯希腊早期的历史并分析战争的起因,余下各卷以年代为序,夏冬两季为纲,叙述了伯罗奔尼撒战争从公元前 431 年到前 411 年这二十年间的历史,终止于第二十一年的春季(作者生前未能完成全书)。**色诺芬**(Xenophon,约前 428—前 354)的《**希腊史**》意在接续《伯罗奔尼撒战争史》,从修昔底德辍笔之处,即公元前 411 年的战争状况写起,一直叙述到公元前 362 年忒拜大将埃帕弥农达斯在曼提尼亚战役中阵亡为止,是记述一个历史时段的时代史(即所谓的 Hellenica)。色诺芬的另一部叙事作品《**长征记**》基于自己的亲身经历,记述公元前 401 年小居鲁士为夺取王位,对其兄长波斯国王阿尔塔薛西斯二世发动的征战,小居鲁士战败身亡后,色诺芬率领希腊万人雇佣兵退回到小亚细亚西部沿海地区的故事(《色诺芬集》第一至三册)。①

希腊化时期的希腊史家主要是波利比乌斯、哈利卡那索斯的狄奥尼修斯和西西里的狄奥多鲁斯这三位。**波利比乌斯**(Polybius,约前 200—前 118)是继希罗多德和修昔底德之后最伟大的古希腊

---

① 色诺芬《希腊史》之后直至公元前 1 世纪的三百年里,没有完整的希腊史家作品存世。公元前 4 世纪中叶最著名的两部史书,库迈城的埃菲鲁斯(Ephorus of Cyme,约前 405—前 330)的三十卷《历史》(*Historiai*)和基奥斯岛的特奥彭坡斯(Theopompus of Chios,约前 378—约前 320)的五十八卷《菲利普史》(*Phillipica*)的佚失尤为可惜(存世残篇分别辑录于《古希腊历史学家残篇集成》70F 和 115F),而通过出土纸草才得以重见天日的《奥克西林库斯希腊史》(*Hellenica Oxyrhynchia*),出自一位公元前 4 世纪早期史家的手笔,虽多有破损之处,仍弥足珍贵。此外,西部希腊(意大利南部和西西里)也有重要的史家,特别是公元前 3 世纪的陶罗门尼翁的蒂迈欧(Timaeus of Tauromenium,约前 350—前 269)著有三十八卷《西西里史》(*Sikelikai Historiai*),也已不幸散佚(存世残篇辑录于《古希腊历史学家残篇集成》566F)。

史家，所著三十九卷《历史》(仅存第1—5卷及其余各卷残篇和摘录)是一部以罗马为主线、贯通地域和空间的世界通史(universal history)(《波利比乌斯集六册》)。作者旨在"记述罗马人通过何种方法，凭借何种政治体制，成功地从第二次布匿战争爆发(公元前220年)至第三次马其顿战争结束(公元前146年)这短短的五十三年间崛起，得以把整个人类居住的世界置于自己的统治之下"。为了探溯罗马崛起的前因后果，《历史》涵盖了公元前264年第一次布匿战争爆发至公元前146年罗马摧毁迦太基和科林斯这一百余年间整个已知世界的历史，并将各国分散的历史事件贯通成一个具有因果关联的有机整体，其最终目的在于实现罗马的崛起。史识方面，波利比乌斯也有过人之处，他上承柏拉图和亚里士多德对各种政治体制的哲学思索，审视罗马共和国的政治体制，将之与其他类型的政治体制如雅典、斯巴达和忒拜等城邦进行比较，并分析前者的优越性所在(《历史》第六卷)。此外，波利比乌斯的史评(尤见《历史》第十二卷)也颇负盛名。**哈利卡那索斯的狄奥尼修斯**(Dionysius of Halicarnassus，生活于公元前1世纪)的二十卷《罗马古史》是一部罗马通史(《哈利卡那索斯的狄奥尼修斯集》第一至七册)，意在补叙波利比乌斯《历史》未记述的罗马早期历史。该书上起神话时代，止于公元前264年第一次布匿战争的爆发，也就是波利比乌斯《历史》起始之处，不过存世的部分只叙述到公元前441年。这部希腊人撰写的《罗马古史》多有与李维《自建城以来》(见下)相互补充之处。**西西里的狄奥多鲁斯**(Diodorus Siculus，生活于公元前1世纪)的四十卷《历史书藏》是一部起自神话时代终于公元前60年的世界通史，也是古希腊罗马世界唯一一部相对完整传世的通史著作(《西西里的狄奥多鲁斯集》十二册)。该书第一至六卷涵盖整个已知世界的地理和风土人情(其中第一至三卷记述了亚洲和北非的古代传说，第四至六卷记述了希腊和欧洲的古代传说)，第七至十七卷叙述特洛伊战争至亚历山大大帝的历史(其中包含早期罗马的历史），第十八至四十卷叙述亚历山大大帝的"继业者"至尤里乌斯·凯撒的历史）。全书从第七至二十二卷以希腊为中心，此后由罗马占据主要位置。另外附带提及，活跃于公元前280年埃及"太阳城"的大祭司**曼涅托**(Manetho)用希腊语撰写了三卷《**埃及史**》，这是一部有关古代埃及的国别通史，上起神话时代，下迄公元前342年，将古埃及王国的历史划分为三十个王朝，至今沿用。

罗马帝国时期的希腊史家主要是阿里安、阿庇安、狄奥·卡西乌斯与赫洛狄安这四位，他们撰写的史书属于亚历山大史或罗马史。用希腊语撰写的亚历山大史存世共三种，分别为狄奥多鲁斯《历史书藏》第17卷（《西西里的狄奥多鲁斯集》第八册）、普鲁塔克《亚历山大传》（《普鲁塔克集》之《平行列传》第七册）以及阿里安的《亚历山大远征记》。**阿里安**(Arrian，约86—160)是画廊学派哲学家爱比克泰德的入门弟子，除记录乃师的演讲辑成《论说集》一书（见"哲学部哲学类"），还撰有史地著作数种，其中《**亚历山大远征记**》七卷得以完整传世，该书叙述了亚历山大从登基（前334年）到驾崩（前323年）这十一年间，征战于地中海东岸、埃及、小亚细亚、波斯，最后直抵印度西北部，建立起强大的马其顿帝国的历史，是"亚历山大史"当中较为知名的一种。该书第八卷《印度史》是一个大体上可以单独成篇的附录，从人种志角度描述了印度的风土人情和历史地理。**阿庇安**(Appian，生活于2世纪)的《**罗马史**》是一部罗马通史，上限起于罗马王政时期，下限止于2世纪初图拉真皇帝时期。序言及第一卷叙述王政时期的历史，其余各卷先是按照罗马陆续征服的各个民族编排（第二卷意大利人，第三卷萨莫奈人，第四卷凯尔特人，第五卷西西里人，第六卷伊贝利亚人，第七卷汉尼拔，第八卷迦太基人，第九卷马其顿人与伊利里亚人，第十卷本土希腊人和伊奥尼亚人，第十一卷叙利亚人和帕提亚人，第十二卷米特拉达特斯六世），随后按照罗马参与的战争来编排，第十三至十七卷叙述公元前146—前70年间的罗马内战（这一部分价值最高），第十八至二十一卷叙述在埃及进行的战争,第二十二卷叙述直到图拉真皇帝的百年历史,第二十二至二十四卷叙述图拉真皇帝对达契亚人、犹太人、黑海诸民族以及阿拉伯人的战争。**狄奥·卡西乌斯**(Dio Cassius,约164—229以后)的《**罗马史**》也是一部罗马通史,记述从罗马建城至公元229年近一千年的历史,存世的第36—60卷叙述的时段为公元前69年至公元46年。**赫洛狄安**(Herodian,生活于3世纪)的《**罗马帝国史**》(全名《马可·奥勒留以来的罗马帝国史》)是一部时代史,叙述的时段从马可·奥勒留皇帝驾崩(公元180年)到戈尔迪安三世皇帝加冕(公元238年),其中对作者亲历的当代史实的记载比《皇史六家集》(见下"传记类")更为可靠。

§3. 古罗马人最初用 annales 一词来指称"史书",后来又从希腊人那里借用了 historia 一词。前者指向罗马本土史学的一个主要来源,即官方编年史(annales)。据传始于王政时期,最高的宗教首领大祭司(pontifex maximus)会在宅前树立一块白板,记录每年的执政官员姓名、重要的公共事务尤其是宗教事务,这些官方记事被称作"大祭司编年史"(annales maximi),逐年保存。公元前120年,时任大祭司穆基乌斯·斯凯沃拉(Mucius Scaevola)将此前280年的编年记事整理成册,命名为《大编年史》(Annales Maximi),成为罗马编年史传统的先踪,后来两位最伟大的罗马史家李维和塔西佗都保留了这一传统的余绪。罗马本土史学的一个次要来源为私人备忘录(commentarii),这主要指政坛领袖如执政官就自己任内发生的重要事件、采取的重要措施,或者著名将领就自己领导的战争、指挥的战役撰写的笔记或回忆录性质的文字,比如共和国晚期的大将苏拉(Lucius Cornelius Sulla,约前138—前78)曾写下二十四卷备忘录,可惜已经佚失。

早期罗马的本土史学传统受到希腊史学(尤其是希腊化时期的希腊史学)的深刻影响后,才真正走向成熟。被誉为首位罗马史家的法比乌斯·皮克托（Quintus Fabius Pictor, 活跃于公元前3世纪晚期）用希腊语撰写了一部罗马史, 这部名为《编年史》(Annales)的史书虽然仿效罗马的年代记传统, 实质上却主要继承古希腊史书里的"建城史"和"异国史"传统。此后, 老加图（Marcus Porcius Cato, 前234—前149）所著七卷《史源》(Origines)是第一部用拉丁语撰写的罗马史书, 采用的仍然是编年体, 但第一卷叙述罗马城的建立和王政时期, 第二和三卷叙述意大利诸城市的建城神话、历史起源、家族谱系以及风土人情, 这前三卷显然受到了古希腊"建城史"和"地方史"的影响。另外, 同一时期的大诗人恩尼乌斯作有《编年诗》(Annales), 对"大祭司编年史"所载重要历史事件进行评述和演绎, 铺陈为罗马第一部历史史诗（见上"文学部史诗类"）, 影响了罗马历史著述的形式和内容以及罗马人的历史观。概括而言, 古罗马本土史学有着深厚的编年史(annales)传统, 这一传统在古希腊专著体史学(historia)的强烈刺激下, 催生出了独具罗马特色的各种史学著述。

最早有作品完整传世的罗马史家是共和国晚期的凯撒和撒鲁斯特。**凯撒**(Caesar, 前100—前44)的《**高卢战记**》和《**内战记**》是上述私人备忘录这一史书类型的代表作, 前者记述公元前58至前52年凯撒对赫尔维提人、贝尔盖人、日耳曼人和不列颠人等民族的征伐（该书最后一卷由凯撒的副将希尔提乌斯续写）, 后者记述凯撒与庞培之间爆发的内战的头两年（前49—前48）。《凯撒集》收录的另外三部战记, 虽非出自凯撒手笔, 但因为接续《内战记》而仍有一定的价值, 其中《亚历山大里亚战记》很可能也是凯撒的副将希尔提乌斯所撰, 续写公元前48—前47年凯撒在埃及的政治和军事活动,《非洲战记》记述公元前47—前46年凯撒在北非与庞培的支持者之间的战争,《西班牙战记》记述公元前45年凯撒在西班牙歼灭庞培之子及余党的战争, 并以此最终结束了内战（《凯撒集》三册）。**撒鲁斯特**(Sallust, 前86—前35)起先完成了两部篇幅不大的专著体史书《**喀提林阴谋**》和《**朱古达战争**》, 前者记述前63年罗马贵族喀提林引众叛乱遭到镇压最后战死的事件，后者记述前111至前105年罗马派兵征伐北非努米底亚王国，国王朱古达率军抵抗，最后遭到背叛而战败的经过。此后，撒鲁斯特着手撰著规模较大的编年体史书，题名《**历史**》，记述从苏拉之死（前78年）至庞培剿灭海盗（前67年）这十二年间的史实，但仅完成了第一至四卷及第五卷的一部分，已完成的部分也仅有残篇存世，其中最有价值的是序言的主体部分、四篇完整的演说辞及两封信札（《撒鲁斯特集》两册）。

帝国早期的罗马史家以李维和塔西佗两家为代表。**李维**(Livy，前59—17)的《**自建城以来**》被公认为古罗马最伟大的史书。原书卷帙浩繁，总共142卷，上起罗马城的建立，下迄李维生活的年代，是一部贯通古今的编年体罗马通史。今存三十五卷，分别是记述罗马建城传说、王政时期、共和国早期直至公元前289年第三次萨姆尼乌战争的第一至十卷；记述第二次布匿战争（前218年）到马其顿战争结束（前167年）的第二十一至四十五卷（第四十五卷末尾缺失）。其余各卷有梗概和残篇传世，另外由尤里乌斯·奥布西昆斯(Julius Obsequens，生活于4世纪至5世纪)从李维史著钞撮而成的《论异象》一书，也有助于了解该书佚失的部分(《李维集》十四册)。**塔西佗**(Tacitus，约55—117)著有两部编年体史书《**历史**》和《**编年史**》。《**历史**》记述公元69年伽尔巴称帝至96年图密善驾崩这段时期的历史，今存的前四卷及第五卷一部分只涉及69—70年犹太叛乱期间的事件。《**编年史**》又名《自封神的奥古斯都以来》，旨在接续李维的《自建城以来》，记述了奥古斯都皇帝驾崩(14年)至尼禄皇帝自尽(68年)之间的历史，这也补记了塔西佗《历史》之前的时段，让两部史书贯通一体。今存的第一至六卷从奥古斯都驾崩记述到公元37年提比略皇帝驾崩（其中29—31年部分缺失）；第十一至十六卷始于47年克劳狄乌斯皇帝统治时期，止于66年尼禄皇帝统治时期。着手这两部大型史书之前，塔西佗还撰写了三部篇幅较小的作品，分别是修辞学专论《关于演说家的对话》（见下"演说部修辞学类"）、历史人物传记**《阿格里古拉传》**（包含不列颠地理志和人种志，见下"传记类"）以及人种志和地理志专论**《日耳曼尼亚志》**，全名《论日耳曼人的起源和分布地区》（《塔西佗集》五册）。

　　塔西佗和李维的罗马史著都是皇皇巨著，而帝国早期另有一些罗马史家则改撰简史，其中维勒乌斯·帕特尔库鲁斯和弗罗鲁斯两家较为知名。**维勒乌斯·帕特尔库鲁斯**（Velleius Paterculus，约前19—？）的两卷**《罗马史纲》**起自传说时代，止于29年，这部简史略古详今，尤详于前44年凯撒遇刺身亡至14年奥古斯都皇帝驾崩之间的史实，可与同册所附的奥古斯都自我宣传性质的碑铭文本**《神圣的奥古斯都功德录》**对读（《维勒乌斯·帕特尔库鲁斯集》一册）。另一种罗马简史，**弗罗鲁斯**（Florus，生活于2世纪）的**《罗马史纲》**，不仅如全名《李维〈自建城以来〉七百年战争全史纲要》所示，是撮述李维史著中所记七百年战争史而成的纲要，而且还参考了其他史家如凯撒与撒鲁斯特，着重从军事角度简述罗马建城至奥古斯都统治时期的历史（《弗罗鲁斯集》一册）。除罗马史以外，也有罗马史家致力于"亚历山大史"的撰作，其中以**昆图斯·库尔提乌斯**（Quintus Curtius，生活于1世纪）最为著名。他的**《亚历山大史》**取材自希腊化时期希腊史家的同类著作，今存的版本从前333年亚历山大出征弗里吉亚开始叙述，直到亚历山大之死，但这并非严格意义上的史书，更像是一部充满浪漫色调的英雄传奇（《昆图斯·库尔提乌斯集》两册）。

　　**阿弥阿努斯·马尔克利努斯**（Ammianus Marcellinus，约330—400）是罗马帝国晚期最后一位杰出的史家。他尊奉塔西佗为楷模，所撰**《历史》**远绍塔氏《历史》，上起图密善遭刺杀、涅尔瓦登基之时（96年），下迄瓦伦斯皇帝战死于亚得里亚堡战役（378年）。存世的第十四至三十一卷极为详尽地记述了353—378年间的历史，其中大部分涉及"背教者"朱利安皇帝统治时期，小部分涉及西部皇帝瓦伦蒂尼安一世及其弟弟东部皇帝瓦伦斯统治时期（《阿弥阿努斯·马尔克利努斯集》三册）。

§4. 其二"**史评类**"。除散见于史书有关如何撰史的作者自述文字（例如希罗多德和修昔底德的相关片段以及波利比乌斯《历史》第十二卷残篇），古希腊人还留下三篇独立的史评论文，从中我们可以得知古人对于历史著述的基本观念和指导原则。**哈利卡那索斯的狄奥尼修斯**非但撰写了二十卷《罗马古史》，还作有《**论修昔底德**》一文（《哈利卡那索斯的狄奥尼修斯集》第八册），这是古希腊存世最早的完整史评作品。狄奥尼修斯在文中称许修昔底德的求真意图和客观态度，对《伯罗奔尼撒战争史》的部分演说辞大加赞赏，但对这部史书的结构以及语言和句法上的艰晦多有指摘。**普鲁塔克**的《道德论丛》里有一篇题为《**论希罗多德之恶意**》的论文（《普鲁塔克集》之《道德论丛》第十一册）。如标题所示，作为道德家的普鲁塔克对希罗多德的性格及其史书的内容展开了猛烈的抨击。作者指出，希罗多德表面上令人着迷，其实却对希腊人和希腊城邦心怀恶意，而这种恶意贯穿了整部《历史》。普鲁塔克对赫赫有名的"史学之父"的抨击近乎中伤和毁谤，或许只是一次"修辞学练习"，但却生动体现了一种极度道德化的著史观。**路吉阿诺斯**身为伟大的讽刺家，也撰写了一些较为严肃的文章，其中有一篇题作《**如何著史**》（《路吉阿诺斯集》第六册），这篇文章没有针对某位前辈史家，而是以史书的撰写为主题，讨论史书与颂词之别，何为秽史和良史，撰著良史的指导原则（如明白晓畅的叙事、对历史真相的执着、不为一时一地而为千秋万代著史）等问题。严格来说，这是西方古代传世的唯一一部关于历史著述的理论著作。

§5. 其三"**传记类**"。传记，古希腊人称之为 bios，古罗马人称之为 vita。古希腊的传记可以从公元前6世纪和前5世纪的悼亡挽歌、葬礼演说以及历史著述的人物性格刻画里循其根源，而作为史学著述的一个门类，人物传记要到公元前4世纪方始萌芽。色诺芬的《居鲁士的教育》《回忆苏格拉底》和《阿格西劳斯传》(见"哲学部哲学类"《色诺芬集》第四至六册)以及伊索克拉底的《埃瓦戈拉斯》(见"演说部演说辞类"《伊索克拉底集》第三册)已具有人物传记的某些特征。公元前4世纪和前3世纪，亚里士多德学派较为系统地整理了历史人物的生平资料，创作了这些人物的传记。顺带提及，对人物传记的兴趣由希腊化时期亚历山大里亚的学者承继，他们非常看重从作者生平的角度来解释作品，提倡所谓的"传记解读法"(详见第五章第二节§1)。

古希腊的人物传记由政治人物(政治家、将军和帝王)传记和智识人物(诗人、哲学家、智术师和学者)传记两大类组成。**普鲁塔克**(Plutarch，约46—约120)的《**平行列传**》代表了前者的最高成就，这部鸿篇巨制统共包含五十篇传记，分为四篇单独传记，二十三对四十六篇希腊和罗马历史人物传记，其中十九对三十八篇还将两位传主合观，下评语加以论断。普鲁塔克撰写传记的主要目的并非忠实地记录传主所经历的历史和政治事件，而在于生动地呈现传主的性格与德性，让读者从中获得道德上的教诲和激励。智识人物的传记以**第欧根尼·拉尔修**的《**名哲言行录**》最为著称(见下"哲学部哲学类"《第欧根尼·拉尔修集》)。同属此类的还有**菲罗斯特拉托斯**(Philostratus，生活于2至3世纪)的两卷《**智术师传**》，该书记述从公元前5世纪早期智术师(如普罗塔哥拉和高尔吉亚)至公元3世纪"第二智术师时期"这八百年间众多智术师与修辞学家的生平(《菲罗斯特拉托斯集》第四册)。菲罗斯特拉托斯还撰写了篇幅庞大的个人传记《**提亚纳的阿波罗尼乌斯传**》(《菲罗斯特拉托斯集》第一至二册)，传主是活跃于1世纪的毕达哥拉斯学派著名的游方术师，这部作品充满了奇幻浪漫的情调，更类似于传记小说。另外，生活于4世纪的智术师和历史学家**欧纳皮乌斯**(Eunapius，生卒年份不详)仿照菲罗斯特拉托斯的《智术师传》，撰有一部《**哲学家与智术**

**师传**》，这是有关4世纪下半叶新柏拉图主义的唯一存世材料（附于《菲罗斯特拉托斯集》第四册）。

古罗马的传记，一般认为源自共和国时期的军事将领和政治家为自己的生涯撰写的备忘录（commentarii），例如早已失传的苏拉《回忆录》。真正意义上的古罗马人物传记始见于**涅坡斯**（Cornelius Nepos，约前100—约前25）的《**著名外族将领传**》，这是作者所撰一系列《名人传记集》里的一卷，每集以不同领域的著名人物为传主，分成两卷，外族（主要为希腊）人物和罗马人物各一卷，原书至少包含国王、将领、政治家、历史学家、诗人等八类人物，不少于八集十六卷。《著名将领传》的罗马卷已佚，存世的《著名外族将领传》共二十三篇，简述希腊（二十篇）和腓尼基（两篇）著名将领以及波斯及马其顿国王（一篇）的生平，旨在刻画这些人物的性格，从中得出道德教诲。另外，属于《名人传记集》里《罗马历史学家传》的两篇（《老加图传》和《阿提库斯传》）也有摘录存世（《涅坡斯集》一册）。伟大的历史学家**塔西佗**（约55—117）早年撰写的《**阿格里古拉传**》，是一部具有颂赞悼词性质的传记作品，讲述了塔西佗的岳父阿格里古拉的政治生涯，侧重阿格里古拉担任不列颠总督时期对该地的征伐，其中穿插了一大段有关不列颠地理状况和风俗民情的描述，近似于人种志和历史叙事，这部作品正因为混合了多种元素而别具一格（《塔西佗集》第一册）。与塔西佗同时代的**苏维托尼乌斯**（Suetonius，约70—？）是古罗马最伟大的传记作家，著有《**罗马十二帝王传**》和《**名人传**》，分别代表了古罗马政治人物传记和智识人物传记的最高成就。《**罗马十二帝王传**》记述自尤里乌斯·凯撒和奥古斯都至图密善即尤里依·克劳狄依王朝至弗拉维乌斯王朝共十二位帝王的生平，每篇传记从传主的家庭情况和早年生活、从政生涯、外表与性格、私人生活等方面展开叙述，尤其注重传主的个人性格与心理活动，对帝王的个人生活有着入木三分的描写。苏维托尼乌斯的另一部传记作品《**名人传**》也有部分篇什传世，包括《文法学家传》里的二十位、《修辞学家传》里的五位,《诗人传》里的《特伦提乌斯传》《维吉尔传》《贺拉斯传》《提布鲁斯传》《佩尔修斯传》和《卢坎传》,《历史学家传》里的《老普林尼传》以及《演说家传》里的《帕西埃努斯·克里斯普斯传》(《苏维托尼乌斯集》两册)。到了罗马帝国晚期,还有一部传世的罗马帝王传记合集,后人称之为**《皇史六家集》**,据传出自3世纪末、4世纪初的六位传记作者的手笔(也有认为是同一人所作),记述自哈德良(117年即位)时代至努美良(284年驾崩)时代共一百六十余年间(其中缺失244—253年在位的四位帝王传记)的罗马帝王和伪王的生平,共计30篇传记,大体上仿效苏维托尼乌斯《罗马十二帝王传》的模式写成,但与前者相比,无论文学性还是历史性都力有未逮(《皇史六家集》三册)。

§6. 其四"**地理类**"。古希腊语"地理学"(geo-graphia)的本义是"大地之描述",其源头可追溯至公元前6世纪的首位历史学家赫卡泰乌斯,他受到前苏格拉底哲学家阿那克西曼德所绘"地图"的影响,也绘制了一张"世界地图",还专门撰写了一部名为《地球环行》的著作,对自己的地图做出具体说明。由赫卡泰乌斯开创的"描述地理学"在希罗多德的《历史》(尤其是前四卷)那里得到了充分的发展。此后,公元前5世纪和前4世纪之交的历史学家克泰西亚斯(Ctesias)撰写了一部名为《环行》的地理学著作,另外两位公元前4世纪的历史学家埃波罗斯(Ephorus)和蒂迈乌斯(Timaeus)也有描述地理学方面的著述。古代地理学的另一个分支"数学地理学"则由亚里士多德开创,亚历山大里亚最渊博的学者埃拉托色尼(Eratoshenes,约前275—约前194)撰写了三卷《地理学》和一卷《地球的测量》,把数学方法贯彻到地理学研究当中,成为"数学地理学"的代表人物。不过,以上这些著作除希罗多德的《历史》外都未能幸存。

直到数个世纪以后的早期罗马帝国,来自小亚细亚本都地区的希腊人**斯特拉波**（Strabo,前64—24以后）才完成了古代地理学最经典的集大成之作《**地理学**》。这部巨著共十七卷,除第七卷有残缺,基本上完整传世。《地理学》第一、二卷为绪论,第一卷讨论地理学的性质、范围和用途,强调地理学为科学研究的一部分,目的在于获取实用智慧,地理学家与哲学家并无二致。第二卷讨论地理学的研究方法,主张以天文学和几何学的数学方法为基础。余下的各卷分别描述了当时罗马帝国治下已知所有地区和国家的自然地理和人文地理,其中第三至十卷关于欧洲地区,第十一至十六卷关于亚洲地区,最后一卷关于非洲地区。斯特拉波的《地理学》综合了"描述地理学"与"数学地理学"两大传统,不愧为古代地理学的最高成就。

另一部完整传世的相关文献是**保萨尼阿斯**（Pausanias,生活于2世纪中叶）的《**希腊游记**》。就性质而言,该书介乎地理学著作、史书和游览指南之间。作者保萨尼阿斯生平不详,可能来自小亚细亚的吕底亚,他对希腊本土的南部地区做了一番细致的游历,撰写了这部游记。《希腊游记》共十卷,其中最有价值的是主要描述雅典及周边乡村的第一卷,主要描述奥林匹亚的第五卷,以及主要描述德尔菲的第十卷。保萨尼阿斯每到一处,都会首先介绍当地的历史,描述其地形,然后着重记载当地的重要建筑及建筑上的雕塑,并由此展开对当地的宗教崇拜仪式和相关神话传说的详细论述。《希腊游记》依据作者的亲身游历和亲眼所见,以游记为形式,添加了大量的历史、宗教和神话信息,而这些信息大致翔实可靠,因此这部著作是古希腊历史、考古和宗教神话研究方面的重要文献。

§7. 其五"**史料类**"。"史料"这一类目,是现代历史学科的提法,古希腊罗马留存于世的大量文件性质的文献,都可归入"史料"。《娄卜古典文库》以传世的经典文献为主干,文件类的文献迄今仅收入希腊文献和拉丁文献各一种,以见一斑而已。《**希腊纸草文献辑选**》第一册蒐集了包括契约、收据、遗嘱、书信、协议备忘录、账目清单等种类的私人文书;第二册蒐集了包括规章制度、法令法规、公告、会议纪要、法律事务、请愿申诉、声明书、合同、收据、账目清单、信函等种类的官方文书。《上古拉丁遗作辑选》第三册收入古罗马最早的法典《十二铜表法》;第四册辑录早期的拉丁铭文,种类包括墓志铭、献词、公共建筑上的铭文、物品上的铭文、钱币上的铭文、法律铭文和其他官方文件铭文。

## 四、哲学部典籍

§1. 哲学,古希腊人称之为 philosophia,古罗马人沿用之。philosophia 本义为"爱智",举凡天地万物,形上形下,身内身外,无不穷尽其理,以证成包容宇宙万物的整全智慧,是为"爱智之学"。不过,philosophia 之名直到公元前 5 世纪才出现并确立起来,此前的哲学家大多以 historia(伊奥尼亚方言为 historiē)称呼自己所从事的探究。公元前 6 世纪早期的伊奥尼亚(尤其是米利都)思想家首先使用 historia 一词指代一种特定的认知方式(见上"史学部典籍"§1),运用这种认知方式来探究"自然"以及构成"自然"的一切,并对之给出整全的解释,这一探究统称为 historia peri phuseos(关于自然的探究)。philosophia 一词,据传由稍后活跃于意大利南部的毕达哥拉斯发明,但这种说法很可能是柏拉图及其学派的回溯性构建;事实上,恰恰是柏拉图自己从根本上规定了 philosophia 的性质、地位和界限,促成了 philosophia 对 historia 的取代。尽管如此,柏拉图及其学派之所以要选择毕达哥拉斯作为 philosophia 的"发明者",也从一个侧面反映了 philosophia 与 historia 既相通又有别的精神实质,体现出古希腊哲学的两个重要面向。

第欧根尼·拉尔修尝言:"哲学的产生有两个起源,即一方面开始于阿那克西曼德,另一方面则开始于毕达哥拉斯。前者是泰勒斯的学生,毕达哥拉斯则受业于菲瑞居德斯。前一派被称作伊奥尼亚派,因为教导阿那克西曼德的泰勒斯是米利都人,因而也是伊奥尼亚人;后一派从毕达哥拉斯那儿得名意大利派,因为他一生的大部分时间都在意大利从事爱智活动。"① 根据这一经典的区分,结合上述 historia 与 philosophia 之间的差别,可以做出如下概括:诞生于东部地区(伊奥尼亚)的 historia 与诞生于西部地区(意大利南部与西西里)的 philosophia,构成早期希腊哲学的两条主线,historia 之学或可比拟为"格物之学",旨在运用人的理性探究事物原理,获取知识以达成智慧,古希腊科学及自然哲学盖源于此学,古希腊史学亦从中化育而出(见上"史学部典籍"§1);而 philosophia 作为"爱智之学",旨在探究最高义谛及灵魂之超脱,获取真知以达成智慧。对于 historia 之格世间万物而致知之学,philosophia 或不齿为之或兼蓄并包,此后的哲学家遂以 philosophia "爱智之学"囊括两者,而 historia 则用来专指运用人的理性探究人类社会之过往的"史学"。

  古希腊的"哲学"与"史学"有着共通的思想来源,均以荷马史诗与赫西奥德史诗两大传统为其母体,肇端的时期和地区也相仿,同出于公元前6世纪的伊奥尼亚地区。"哲学"的诞生虽略早于"史学",我们仍根据"文史哲"的传统顺序,将"哲学部"列于"史学部"之后。至于"哲学部"所含典籍,也取"哲学"一词的广义,略分四个类目,其一为**"哲学类"**,包括狭义的哲学以及博物学,后者对自然事物的观察、收集、分类和描述实与哲学对自然的探究息息相关;其二为**"科学类"**,包括数学、和声学、物理学、天文学、地理学、动物学、植物学等专门的学科,古希腊科学的萌芽与哲学密不可分,亦可追溯到公元前6世纪的"前苏格拉底哲学家",尤其是伊奥尼亚自然哲学家和毕达哥拉斯;其三为**"技术类"**,包括各种术书,例如兵法、农艺、建筑、工程和机械,这些技术往往是对科学知识的具体应用;其四为

---

① 《名哲言行录》1.13(引文采用徐开来、溥林中译本)。

"医学类",这个专业学科同样运用科学知识和相应的技术手段来处理各种疾病或增进身心健康。以下分述《娄卜古典文库》所收这四个类目的典籍。

§2. 其一"哲学类"。古希腊最早期的哲学家一般统称为"**前苏格拉底哲学家**",这些哲学家生活于公元前6世纪初至前5世纪末,大多在苏格拉底之前,但其中一些虽比苏格拉底年长而实属同一代人。他们的著作主要以残篇的形式传世,九册《**早期希腊哲学**》收集了这些残篇及相关的古人评述和学说汇纂。两位编者将"前苏格拉底哲学"分作四个阶段:一、早期伊奥尼亚的哲学思想,其代表人物为米利都学派的泰勒斯、阿那克西曼德与阿那克西美尼(第二册),以及塞诺芬尼与赫拉克利特(第三册);二、希腊西部地区的哲学思想,其代表人物为毕达哥拉斯及其学派(第四册),以及巴门尼德、芝诺与恩培多克勒(第五册);三、稍晚时期伊奥尼亚的哲学思想,其代表人物为阿那克萨戈拉(第六册)、德谟克利特(第七册);四、智术师,其代表人物为普罗塔哥拉与高尔吉亚(第八册),以及智术师安提丰和《双重论证》的作者(第九册)。

《早期希腊哲学》第八册把苏格拉底归入"智术师"群体,堪称引发争议之举。苏格拉底(Socrates,前469—前399)的历史面貌已无法考其真相,当于苏格拉底的两位弟子柏拉图和色诺芬的著作中求之。古希腊最伟大的哲学家**柏拉图**(Plato,前427—前347)留下大量著述,被后世奉为最高的哲学经典。《**柏拉图集**》凡十二册,第一册包含的四篇对话录(俗称《苏格拉底最后的日子》)是对哲学家苏格拉底入木三分的刻画,尤为重要;其余十一册除最后一册收录伪作外,多为不朽名著,尤其是《会饮》(第三册)、《巴门尼德》(第四册)、《理想国》(第五、六册)、《泰阿泰德》《智术师》(第七册)、《蒂迈欧》(第九册)诸篇。苏格拉底的另一位弟子**色诺芬**(Xenophon,约前428—前354)兴趣广泛,多才多艺,《**色诺芬集**》第四至七册为其哲学著作,第一册亦包含四篇关于苏格拉底的作品,可与上述柏拉图的苏格拉底对话录对读;其余三册涉及教育哲学(第五、六册)、政治哲学、经济学(第七册)等多个方面。

　　柏拉图的高足**亚里士多德**(Aristotle,前384—前322)为古希腊哲学的集大成者,也是古代世界最渊博的学者。他的存世著作数量庞大,**《亚里士多德集》**凡二十三册,涵盖了古代哲学的各个门类。这些著作根据亚里士多德自己对哲学的划分可分成四个大类:一、工具论即逻辑学(第一至第三册第一篇),共六篇(《范畴篇》《解释篇》《前分析篇》《后分析篇》《论题篇》《辨谬篇》);二、理论哲学(第三至十八册),分为1)自然哲学,包括 i) 物理学(《物理学》《论生灭》《论宇宙》《论天》《天象学》《物理学诸短篇》);ii) 生物学(《动物志》《动物之构造》《动物之运动》《动物之行进》《动物之生殖》《论自然诸短篇》《论呼吸》);iii) 灵魂学(《论灵魂》);2)形而上学(《形而上学》);三、实践哲学(第十九至二十一册),即伦理学(《尼各马可伦理学》《欧德谟伦理学》《大伦理学》《论诸善与诸恶》《家政学》)和政治学(《政治学》《雅典政制》);四、创制哲学(第二十二、二十三册),即修辞学(《修辞学》《亚历山大修辞学》《问题集》)和诗学(《诗学》)。

　　亚里士多德之后,希腊化时期的哲学形成诸多流派,除亚里士多德自己开创的极具学术性的逍遥学派,还有信奉柏拉图主义的柏拉图学园派、由西诺佩(位于黑海)的狄奥根尼(Diogenes of Sinope,约前412—约前324)倡导的犬儒学派(创始者为苏格拉底的弟子雅典人安提斯梯尼)、随萨摩斯岛的伊壁鸠鲁(Epicurus of Samos,前341—前270)命名的伊壁鸠鲁学派、埃利斯的皮浪(Pyrrho of Elis,约前365—前275)创立的皮浪学派(或称怀疑论)、因基提昂(位于塞浦路斯岛)的芝诺(Zeno of Citium,前335—前263)讲学于雅典的画廊而得名的画廊学派(又音译作斯多葛学派),以及由学园派演化而来的新柏拉图主义等,其中尤以伊壁鸠鲁学派、皮浪学派和画廊学派这三家最为重要，它们代表了希腊化时期哲学的主流。

逍遥学派的奠基人亚里士多德对宇宙万物有着百科全书式的广泛兴趣，唯独在植物学和医学两方面缺乏著述（现存《亚里士多德集》里的《论植物》系伪作），其继任者**泰奥弗拉斯托斯**(Theophrastus，约前370—前287)亦是知识渊博的大学者，除了其他各种学问，还专攻亚氏生疏的植物学，有《**植物研究**》和《**论植物的生长**》两部专著传世（《泰奥弗拉斯托斯集》第一至五册），在这一领域极有建树，被后人誉为"植物学之父"。**普鲁塔克**(Plutarch，约46—120)的《**道德论丛**》(《普鲁塔克集》之《道德论丛》十六册)洋洋大观，共收入78篇论文，其中多数为道德哲学方面的文章，持论以柏拉图主义为本，也有与画廊学派和伊壁鸠鲁学派的辩难之作（如第十三册上、下及第十四册）。**爱比克泰德**(Epictetes，约50—120)的《**论说集**》意在阐发画廊学派的主张，由其门徒历史学家阿里安记录业师的讲演成书，阿里安还据此缩编成《**手册**》，对后世影响甚巨（《爱比克泰德集》两册）。罗马皇帝马可·奥勒留(Marcus Aurelius，121—180)受此影响而作《**沉思录**》，颇以画廊主义自励。**塞克斯都·恩披里克**(Sextus Empiricus，生活于200年前后)的《**皮浪学说概要**》为古代皮浪学派最重要的文献，《**驳逻辑学家**》《**驳自然哲学家**》《**驳伦理学家**》及《**驳教师**》则从怀疑论的立场一一驳斥标题里的理论家所持的各种主义和学说（《塞克斯都·恩披里克集》四册）。**普罗提诺**(Plotinus，约205—270)是新柏拉图主义巨擘，被视为古代晚期最伟大的哲学家，他的弟子波菲力整理了普罗提诺大量的单篇哲学论文，成书六卷，每卷九篇论文，取名《**九章集**》，卷一论伦理学与美学，卷二论物理学，卷三论宇宙论，卷四论心理学，卷五与卷六论形而上学、逻辑学和认识论（《普罗提诺集》七册）。**第欧根尼·拉尔修**(Diogenes Laertius，生活于3世纪早期)的《**名哲言行录**》与以上著作有所不同，并非倡一家之言的哲学论著，而属于哲学传记(biography)和学说汇纂(doxography)，作者从最古老的"七哲"到希腊化时期的伊壁鸠鲁，统共叙述了八十二位希腊哲学家的生平和学说，是哲学传记和学说汇纂这一类型流传至今最重要的文献（《第欧根尼·拉尔修集》两册）。

§3. 在罗马，哲学本为舶来品。虽说公元前4世纪就有罗马人接触到希腊哲学，但哲学在罗马却遭到长期抵触，直到公元前1世纪，罗马知识精英才成功引介希腊哲学尤其是希腊化时期的哲学。这方面卓有成就的三位罗马人是卢克莱修、西塞罗和小塞涅卡。**卢克莱修**（Lucretius，前98—约前55）的《**物性论**》效法前苏格拉底时期的诗人哲学家恩培多克勒，用史诗诗体和笔法阐发伊壁鸠鲁物理学的庞大体系，系"哲学史诗"这一文体的典范之作（《卢克莱修集》一册）。大约生活于奥古斯都和提比略时期，但生平不可考的**曼尼利乌斯**（Manilius，生卒年份不详）以卢克莱修的《物性论》为范本，也创作了一部五卷本（未完成）的哲学史诗，名为《**天文学**》，针锋相对地阐述画廊学派的宇宙论和天文学，并根据不同的星辰对个人和国家命运的不同影响，详细说明占星术的理论与方法（《曼尼利乌斯集》一册）。

**西塞罗**（Cicero，前106—前43年）的《哲学著作集》共包含十部哲学著作（《西塞罗集》第十六至二十一册）。此外，附于《修辞学著作集》的两部作品（《论命运》和《画廊派悖论集》，见"演说部修辞学类"《西塞罗集》第四册），从性质上来说，也应归入哲学类。作为哲学家，西塞罗本人乃折中主义者，持论多反对伊壁鸠鲁派而倾向学园派和画廊派，并无独特的建树，不过他留下的这十二部作品，却是了解希腊化时期各种哲学流派和哲学观点的宝库。其中两部作品属于认识论：《**画廊派悖论集**》（画廊派）和《**学园派哲学**》（学园派和怀疑派）；三部作品属于宗教哲学：《**论神性**》（伊壁鸠鲁派、画廊派和学园派）、《**论占卜**》（画廊派）和《**论命运**》（画廊派）；五部作品属于道德哲学：《**论至善与极恶**》（伊壁鸠鲁派、画廊派、学园派和逍遥派)、《图斯库卢姆论辩集》(画廊派)、《论老年》《论友谊》《论义务》(画廊派);两部作品属于政治哲学:《论共和国》(逍遥派、学园派)和《论法律》(画廊派)。

**塞涅卡**(Seneca,约前4—65)的《道德论说集》(又名《对话录集》,但这些作品并非对话体),共包含十篇论说文及两部哲学著作(《论恩惠》和《论仁慈》),皆以道德或心理问题为主题,阐发画廊派的哲学主张。此外,由一百二十四封书信组成的二十卷《道德书简》,运用书信体来宣扬画廊派的伦理学思想(另见"文学部书信类")。他的另一部作品,现存七卷本的《自然问题》并非科学著作,而是从画廊学派的角度探讨自然问题,将各种自然现象按照土、气、火和水四元素归类描述,从中得出符合画廊学派的伦理学观点。

相比之下,**普林尼**(Pliny,23或24—79)的《博物志》可谓独树一帜,是一部名副其实的古代自然世界百科全书。普林尼并不试图将自然道德化,而是对自然本身充满无比的好奇心和求知欲。这部37卷本的《博物志》除第1卷为作者自己编纂的目录和征引书目,其余36卷分别讨论:一、宇宙的形成和构造以及宇宙的各个组成部分(第2卷);二、欧洲、亚洲和非洲的地理与人文(第3—6卷);三、人体生理(第7卷);四、动物学,包括陆地动物、海洋动物、鸟类和昆虫(第8—11卷);五、植物学(第12—19卷);六、植物的药物用途(第20—27卷);七、动物的药物用途(第28—32卷);八、金属与石头(第33—37卷),其中包含对石头用于医疗、艺术和建筑诸领域的论述,特别是第35卷对绘画史和第36卷对雕塑史的插叙,分外引人入胜,系古代艺术史的重要文献。

§4. **其二"科学类"**。相传古希腊数学的奠基人是生活于公元前6世纪的泰勒斯和毕达哥拉斯,不过这一传说的真实性很有争议,因为并无任何早于公元前5世纪的希腊数学著作传世,欧几里得(约前325—约前250)才是最早有专门著作传世的数学家。实际上,这一传说更多在于表明,数学作为一门学科肇端于公元前5世纪末的伊奥尼亚(由泰勒斯代表)和西部希腊(由毕达哥拉斯代表)这两个地区,是从与前苏格拉底哲学相同的文化环境里发展起来的。公元前4世纪,数学这门学科在雅典渐趋成熟,随后在亚历山大里亚,古希腊数学家取得了辉煌的成就。《希腊数学著作辑选》循此时间顺序,遴选公元前6世纪至公元4世纪近一千年里最重要的古希腊数学家及其著作,荟为两册。第一册涵盖早期和雅典时期的数学,从泰勒斯至欧几里得,其中还包括毕达哥拉斯、德谟克利特、基奥斯的希波克拉底、泰阿泰德、柏拉图、克尼多斯的欧多克索斯、亚里士多德诸人。第二册涵盖亚历山大里亚时期的数学,从阿里斯塔库斯至帕坡斯,其中还包括阿基米德、埃拉托斯特尼斯、阿波罗尼乌斯、亚历山大里亚的赫荣以及狄奥方托斯诸人。

除数学外,古希腊人在物理学、和声学、光学、天文学、地理学、动物学、植物学和医学等各门具体科学领域都建树颇丰。其中一位代表性的人物是被誉为古代最伟大科学家的**克劳狄乌斯·托勒密**(Ptolemy,约100—178),他的著述涉及数学、天文学和地理学,最著名者如《天文学大成》和《地理学纲要》,但这些著作《文库》尚未收入,唯一面世的《**占星术**》(又名《四卷集》)一书虽属占星术,但这种方术在古代被视为一门科学,且作者的意图也恰恰要为占星术提供科学的基础。

§5. 其三"**技术类**"。"**战术家**"埃涅阿斯(Aeneas Tacticus,生活于前4世纪中叶)是古希腊最早的兵法家之一,他的《**守城术**》也是传世最早的兵法著作(《兵法三家集》)。《守城术》原文名《被敌军围城者当如何抵御》,讨论抵御敌军围城的各种方法,并辅之以大量的历史实例。作者是来自于伯罗奔尼撒的一名将军,富有实战经验,该著所论多为作者自己的经验之谈,是古希腊传世最有价值的兵书。三百余年后,一位名叫**阿斯克莱皮奥多托斯**(Asclepiodotus,生活于前 1 世纪)的画廊派哲学家撰作**《战术》**一书(《兵法三家集》),作者可谓纸上谈兵,从当时的战术手册里取材,整理后如探讨哲学问题一般讲授战术,尤其以古希腊闻名遐迩的作战方式("方阵")为主题,从理论和实践上提出最理想的方阵的组成和排列方式。另一位哲学家,属于柏拉图学派的**奥纳桑德**(Onasander,生活于 1 世纪)作有**《将领术》**(《兵法三家集》),从多个角度阐述为将之道,包括将领的性格和德性、对士兵心理的掌握、排兵布阵的方法、计谋的使用等。声名显赫的罗马政治家**弗伦提努斯**(Frontinus,约 30—104)著有多种技艺论著,包括传世的兵法论著**《战略》**四卷(《弗伦提努斯集》),第一卷论战前战略,第二卷论战中和战后战略,第三卷论围城战略,第四卷辑录为将之道的格言(此卷的真实性存疑)。作者意在收集各种希腊和罗马的军事策略,以供指挥官使用,但实际上此书更类似一本希腊和罗马军事逸闻的汇编。

**老加图**不仅是罗马史学的先驱,著有最早的一部散文体史书《史源》(见上"史学部史书类"),还撰写了一系列致用之书,包括农事、医药、法律、战术和演说,其中唯独**《农艺论》**存世(《农书两家集》)。这部《农艺论》由序言和一百七十个短章组成,作者对庄园主如何经营田产、组织农业生产给出一系列的准则和忠告。老加图的《农艺论》之后,还有两部同类著作值得留意。其一是**瓦罗**(Varro,前 116—前 27)所著对话体**《农艺论》**三卷(《农书两家集》),第一卷泛论农事,第二卷论家畜的养殖,第三卷论家禽、蜜蜂和鱼类的养殖。其二是**科鲁麦拉**(Columella,生活于 50 年前后)的十二卷**《农艺论》**(《科鲁麦拉集》三册),这是古代世界流传至今最系统的农艺手册,第一卷论农庄的布局和奴隶劳动者的配置,第二卷论耕种,第三至五卷论树艺尤其是葡萄栽培术(单独传世但篇幅较短的《树艺论》可能是这几卷的一个初稿),第六、七卷论家畜的养殖,第八、九卷论家禽、鱼类、蜜蜂的养殖,第十卷论园艺(其余各卷皆用散文体,而此卷改用史诗体,意在仿效维吉尔《农事诗》并补其之缺),第十一卷论田产管理人的职责,以及农艺和园艺年历,第十二卷论田产管理人之妻的职责,葡萄酒和橄榄油的加工工艺以及食物的保存。

罗马建筑家与工程师**维特鲁威**(Vitruvius,生活于公元前1世纪)撰有名著**《建筑论》**(又译《建筑十书》)十卷(《维特鲁威集》两册),第一卷泛论建筑术及建筑师所应具备的条件,并论城市规划,第二卷论建筑材料,第三、四卷论神庙及各种建筑风格,第五卷论剧场及其音响效果、浴场及其他公共建筑,第六卷论私人建筑,第七卷论内部装潢、马赛克的铺贴、装饰性的墙面抹灰及色彩的使用,第八卷论供水系统,第九卷论与建筑相关的地理、天文和测量等学问,第十卷论各种民用和军用机械。此书系存世唯一一部古代建筑技艺论著,对后世影响巨大。另一位罗马人**弗伦提努斯**,除传世的《战略》四卷(见上),还留下**《罗马水渠》**两卷(《弗伦提努斯集》),讨论罗马水渠的历史、管理水渠的各种法规、有关水渠质量和供水质量的技术细节等。

§6. 其四"医学类"。**希波克拉底**(Hippocrates,约前460—前370)被奉为西方"医学之父",以他的名字流传的医学论文近六十种,统称**《希波克拉底文集》**,是早期希腊医学最重要的文献集成(《希波克拉底集》十一册)。这些论文大多作于公元前430—前330年间,很难确知其中哪些出自希波克拉底的手笔,哪些由其门徒和追随者所作,不妨看作"希波克拉底学派"医学著作的总汇。这批文献的种类相当驳杂,包含讲演录、教科书、专业论文、笔记及实用手册等,根据性质可分成五类:一、总论医术的著作,例如《古代医学论》;二、症候学著作,例如《预后论》和《预断论》;三、病原学和生理学著作,例如《神圣病论》《呼吸论》《人性论》《摄生论》和《肌肉论》;四、诊疗法著作,例如《气候水土论》《头部外伤论》《外科论》《骨折论》《关节论》和《妇科疾病论》;五、"混杂类"著作,例如《流行病论》七卷及《格言集》。

继希波克拉底之后，古代最伟大的医学家是相隔六百年、生活于"第二智术师时期"的**盖伦**（Galen, 129—199）。他一生勤于著述，据说撰写了五百种作品，流传至今也多达一百五十余种、约三百万字，是作品存世数量最大的古希腊语作者。盖伦不仅是医学家，还是哲学家，他的著作除涵盖古代医学的各个方面及对希波克拉底重要论著的评注，也涉及逻辑学和伦理学，甚至还讨论喜剧里的特殊词汇。《**盖伦集**》八册仅选择其中一小部分，有关盖伦的医学体系和方法、四元液论、解剖学、疾病和损伤的治疗、卫生学、健身法等论题。

活跃于提比略时期的罗马人**凯尔苏斯**（Celsus, 生卒年不详）撰写了一部囊括各门技艺的百科全书，涉及农艺、兵法、演说术、医术、哲学和法学，其中仅八卷《**医术**》传世（《凯尔苏斯集》三册），卷一序言部分讨论古希腊医学的发展史，完整地涵盖了从荷马史诗直至凯尔苏斯本人生活的时期，是极为重要的古希腊医学史文献，序言之后讨论营养学的源起以及医学理论；卷二论病理学和诊疗学；卷三、卷四论特殊疗法；卷五、卷六论药物学；卷七论外科手术；卷八论骨骼解剖学。

## 五、演说部典籍

§1. 演说，古希腊人称之为 logos，古罗马人称之为 oratio。演说在古希腊罗马极为发达，其源头可上溯至荷马史诗里的"讲话"（speech）。据统计，"讲话"占据了两部荷马史诗逾半的篇幅，而这恰恰是荷马史诗独具的特征，其他希腊早期史诗如赫西奥德史诗或特洛伊诗系里的史诗并非如此。在荷马史诗各种类型的"讲话"里，公共场合上的长篇演说，例如《伊利亚特》第九卷奥德修斯代表阿伽门农向阿基琉斯求和的长篇演说，已经是技艺高超、说服力很强的演说辞，体现了演说的社会和政治功能。同时，"讲话"对于史诗英雄的养成也至关重要,无论阿基琉斯还是奥德修斯,都以"善于言说"和"善于行动"为相辅相成、缺一不可的英雄理想,演说的教育功能早已不言而喻。除了荷马史诗,深受其影响的阿提卡悲剧和历史著述也非常重视演说辞。以修昔底德的《伯罗奔尼撒战争史》为例,从篇幅而言,演说辞占据了整部著作的四分之一,从思想而言,演说辞实为书中精华所在。修昔底德使用了当时出现的各种类型的演说辞,并经常将演说辞安排成并峙的一对,让站在不同立场上的演说者对同一情况做出截然相反的论证,以凸显历史事件及其原因的复杂性。

起初,演说技艺的传授主要依赖师徒之间的言传身教,精心撰作的演说辞被当作范本,供学习者记诵。演说成为一种专门的技艺("演说术")和一种专门的学问("修辞学"),其兴起要归功于公元前5世纪下半叶一群来自希腊各地的巡回教师,也就是以传授演说术为业的智术师。著名的智术师如普罗塔哥拉、高尔吉亚、普路狄科和希庇亚斯等人,先后到访雅典,传授"智慧之术"(sophistry)以换取名声和报酬,大多数智术师传授的"智慧"是一种"德性"(aretē),据之能取得"政治上的卓越和成功"。为此,他们提供有助于处理城邦公共事务,以便在城邦生活中获得成功的技能训练,其中最为核心的科目是"逻各斯"的技艺,亦即"演说术"。公元前427年,高尔吉亚(Gorgias,约前490—前390)被故乡西西里的城邦莱翁提尼(Leontini)派遣为使节,抵达雅典后,做了公开的演说,这场演说在听众当中引起了巨大轰动,这一年因此被视作古希腊演说术与修辞学史上的一个分水岭。高尔吉亚将西西里演说与修辞传统和他个人的独特风格引入雅典,之后雅典的演说家纷纷效仿,通过几代演说家的努力,从公元前420年到前320年左右这一百年间,让雅典成为这门技艺与学问的中心,阿提卡十大演说家和亚里士多德的《修辞学》分别代表了演说技艺和修辞学问的最高成就。

根据演说的实践和理论之别,我们将"演说部"典籍分属两个类目,其一**"演说辞类"**,其二**"修辞学类"**。以下分述《娄卜古典文库》所收这两个类目的典籍。为便于讨论,先要略知演说辞的种类。亚里士多德《修辞学》把演说辞分为三类:议事类、诉讼类和展示类。议事类指的是演说者在公民大会上议论某个公共事件或问题,提出建议;诉讼类指的是演说者在法庭上面对陪审员进行控告或辩护;展示类演说辞发布于重大的宗教集会或典礼场合,意在颂扬或谴责。以上三种类型的演说辞都实际发表过或计划发表于某个现实场合,主要具备政治功能。另一种类型的演说辞亚里士多德没有提及,可与前三类并列为第四类,这是由智术师们发明,为了虚构的场合替想象中的人物所作的演说辞,目的是进行思维能力和演说技巧的训练,主要具备教育功能,我们称之为"虚构类"演说。这类演说辞由高尔吉亚肇端于前(见其所撰《海伦颂》和《为帕拉梅德斯一辩》,收入《早期希腊哲学》第八册),由伊索克拉底发扬于后。

§2. 其一**"演说辞类"**。古希腊的演说术至古典时期的雅典而蔚为大观,涌现出大量的演说家,后来的亚历山大里亚学者从中甄选十位最杰出者,评定为"十大演说家",按姓氏首字母顺序排列,他们分别是:埃斯基涅斯、安多基德斯、安提丰、德摩斯梯尼、狄那库斯、徐佩利德斯、伊赛奥斯、伊索克拉底、吕库古、吕西阿斯。这十大演说家为我们留下了总计约150篇完整的演说辞。

按照年代先后,十大阿提卡演说家可分成三组。第一组是安提丰、安多基德斯和吕西阿斯这三位,他们属于较早的一辈,活跃于公元前5世纪末或前4世纪初。**安提丰**[①](Antiphon, 约前480—前411)的六篇传世演说辞是现存最早的阿提卡演说辞(《阿提卡小演说家合集》第一册),被视为公元前5世纪法庭演说的代表作,突

---

① 有一位同名智术师也活跃于公元前5世纪的雅典,智术师和演说家安提丰是否同一人,学界尚无定论。智术师安提丰的著作残篇(主要是《论真理》与《论和谐》)及古人评述,见《早期希腊哲学》第九册("哲学部哲学类"),第2—119页。

出体现了作者善于推理和论证的风格。其中第一、五、六篇为实际发生的谋杀案法庭演说辞，由安提丰为当事人所作，而他也是已知最早的"演说辞撰写者"(logographer)①；余下的三篇，即第二至四篇构成的三组《四篇集》(Tetralogies)，格外引人注目。这是具有示范性质的"虚构类"演说辞，共计12篇，每组由四篇短小的演说辞构成，针对假想的谋杀案件将相互对立的论点配合成对，即控方和辩方各两篇，其中所展示的推论和证明方式可以充当各种案件类型的通用样本，由演说者根据需要选取使用。**安多基德斯**(Andocides，约前440—前390)并非职业的"演说辞撰写者"或演说家，只留下了三篇演说辞(《阿提卡小演说家合集》第一册)，其中第一篇《论密仪》和第二篇《论归家》涉及公元前415年发生的毁坏赫尔墨斯神像及亵渎厄琉息斯密仪的重大案件，第三篇《论和平》为政论性质的演说辞，主张与斯巴达重建和平，这三篇演说辞都具有较高的史料价值。**吕西阿斯**(Lysias，约前458—前380)是最伟大的早期阿提卡演说家，以平实朴质、清晰明了的风格著称。他撰写了大量的演说辞，据说超过两百篇法庭演说辞出自其手笔，存世共34篇(《吕西阿斯集》一册)(一说35篇)，除去一篇葬礼演说辞(第二篇)和一篇残缺的展示演说辞(第三十三篇)，其余皆为法庭演说辞，涉及的案件各式各样，诸如谋杀、通奸、贪污和叛国等，也是具有重要价值的历史文献。

第二组是伊索克拉底和伊赛奥斯这两位演说家，他们主要活跃于公元前4世纪中叶。**伊索克拉底**(Isocrates，前436—前338)的影响持续整个公元前4世纪上半叶至中叶，尤其因为他于公元前392年在雅典的吕克昂(Lyceum)附近开办了一所演说术学校，并在那里执教长达半个世纪之久。这所学校的教育目的、手段和课程多受益于智术师所倡导的演说术教育，而伊索克拉底也堪称这个教育传统

---

① Logographer 指的是替人撰写演说辞收取报酬的职业人士，有别于为自己撰写演说辞的 orator。当然，现实生活里的演说家往往兼具这双重身份。

的集大成者。伊索克拉底的存世作品共二十一篇演说辞和九封书信(《伊索克拉底集》三册),大体可分为四类:一、教学演说辞,包括第1—3、9—13、15这九篇,主要具有劝勉、教诲和展示的性质,可供演说学校教学之用,最具代表性的是第十篇《海伦颂》、第十二篇《泛雅典娜节演说辞》、第十三篇《驳智术师》和第十五篇《论财产交换》;二、政治演说辞,包括第4—8、14这六篇,类似借演说提出政治主张的政论著作,最具代表性的是第四篇《泛希腊集会辞》和第七篇《战神山议事会辞》;三、法庭演说辞,包括第16—21篇,这些是为私人案件的诉讼人所作的演说辞,重要性不如前两类;四、书信九封,其中可能包含伪作。**伊赛奥斯**(Isaeus,约前420—?)系伊索克拉底的门生,后来又成为德摩斯梯尼的业师,由此联结起阿提卡演说最杰出的两位代表,而他本人是一位专职的"演说辞撰写者",留下了十一篇法庭演说辞(《伊赛奥斯集》一册),全都与遗产继承的诉讼案有关。

第三组是德摩斯梯尼、埃斯基涅斯、徐佩利德斯、吕库古和狄那库斯这五位演说家,他们主要活跃于公元前4世纪下半叶。**德摩斯梯尼**(Demosthenes,前384—前322)被推尊为十大演说家之首,也被认为是整个古典世界最伟大的演说家。他积极参与雅典的政治生活,是反马其顿政治方针的代表人物。德摩斯梯尼有大量的演说辞传世,虽然其中也羼杂了不少伪作。《德摩斯梯尼集》七册共收录六十一篇演说辞和六封书信:第一册为发表于雅典公民大会上的议事类演说辞(演说辞一至十七),其中最著名的是《奥林图斯辞》第一至三篇、《反腓力辞》第一至四篇、《论和平》诸篇;第二、三册为公共诉讼演说(演说辞十八至二十六),其中最著名的是《使团辞》和《金冠辞》,后者被誉为德摩斯梯尼最伟大的一篇演说辞;第四至六册为私人诉讼演说辞(演说辞二十七至五十九),共三十二篇,其中约二十篇出自德摩斯梯尼手笔;第七册为其他演说辞(演说辞六十、六十一),包括展示性演说辞《葬礼演说》《论情爱》《演说辞引言集》(各种类型的演说辞引言集锦,供教学使用)以及六封书信(其中第四、五两封疑伪)。**埃斯基涅斯**(Aeschines,约前390—卒年不详)起先支持德摩斯梯尼的政治主张,后来却成为其最坚决的对手,他留下的三篇演说辞都与德摩斯梯尼有关(《埃斯基涅斯集》一册):公元前345年,德摩斯梯尼在提马库斯的协助下指控埃斯基涅斯犯下叛国罪,后者创作《诉提马库斯》这篇演说辞予以回击;两年后,德摩斯梯尼又以《使团辞》再次发起指控,埃斯基涅斯也以同名的《使团辞》反唇相讥;公元前336年,克忒西丰提出动议,向德摩斯梯尼授予一顶金冠以表彰其对城邦的贡献,埃斯基涅斯撰写了《诉克忒西丰》这篇演说辞,认为克忒西丰的动议违反法律,并宣称德摩斯梯尼的整个政治生涯对雅典祸害无穷,而德摩斯梯尼于公元前330年用自己一生最伟大的演说辞《金冠辞》彻底击败了埃斯基涅斯,使其在流放中度过余生。**徐佩利德斯**(Hyperides,前389—前322)是伊索克拉底的学生,早年曾任专职的"演说辞撰写者",随后支持德摩斯梯尼的政治主张,加入反马其顿的政治活动。他的演说成就备受古人称誉,排名仅次于德摩斯梯尼。不过,他的演说辞在古代业已失传,所幸19世纪中叶古典学者们从当时出土的纸草上发现六篇署名徐佩利德斯的演说辞,判定确系出自其手笔(《阿提卡小演说家合集》第二册),其中第一至五篇为诉讼类演说辞,第六篇为展示类演说辞(葬礼演说辞)。**吕库古**(Lycurcus,约前390—前325)也是伊索克拉底的学生,亦支持德摩斯梯尼的政治主张,积极投入当时的政治生活,他仅留下一篇诉讼类演说辞(《阿提卡小演说家合集》第二册)。**狄那库斯**(Dinarchus,约前360—前290)在十大演说家里年齿最幼,他出生于科林斯,移居雅典后以"演说辞撰写者"的职业为生,有三篇诉讼类演说辞传世(《阿提卡小演说家合集》第二册)。

希腊古典时期的演说术和修辞学与哲学并列,成为古典教育的两大支柱科目。进入希腊化时期,演说的实际政治功能急剧减弱,更多地发挥其教育功能。到了公元2世纪，罗马帝国治下的承平盛世兴起了一股复兴古希腊文化，尤其是公元前5至前4世纪的智术师们所倡导的演说和修辞之术的热潮，史称"第二次智术师运动"，其中最著名的希腊语演说家是金嘴迪翁和埃利乌斯·阿里斯提德斯，拉丁语演说家是阿普列乌斯和弗隆托（见下§3）。

生逢早期"第二次智术师运动"的**迪翁**(Dio Chrysostom, 约40—111)，来自小亚细亚西北部比提尼亚地区(Bithynia)的普鲁萨(Prusa)，因其舌灿莲花的口才而被后人赠以"金嘴"的美谥。他留下约八十篇演说辞(《金嘴迪翁集》五册)，除一部分为涉及比提尼亚地区社会现实的政治类演说（演说辞第三十一至五十一篇），大部分都是展示类演说，旨在向普通民众宣扬画廊学派的哲理，充分展现了演说对于大众的教育功能。稍晚的**埃利乌斯·阿里斯提德斯**(Aelius Aristides, 117—189)来自毗邻比提尼亚的米西亚地区(Mysia)，他一生游走于主要的希腊城市，展示自己的演说才能，共留下55篇演说辞(《埃利乌斯·阿里斯提德斯集》一册)，其中绝大多数为展示类演说辞。"第二次智术师运动"在3世纪中叶遭遇动荡时期而中断后，再度兴盛于3世纪末期至4世纪，当时最杰出的希腊语演说家为里巴尼乌斯以及罗马皇帝尤利安。**尤利安**(Julian, 332—363)史称"背教者"，是罗马帝国最后一位信奉古代传统信仰的皇帝(360—363年在位)，热衷于希腊哲学和演说术，除了若干文章、80封书信及一些铭诗，共计有八篇演说辞传世(《尤利安集》三册)。**里巴尼乌斯**(Libanius, 314—约393)来自小亚细亚叙利亚地区的安条克(Antioch)，一生主要在该地担任修辞学教授。现存六十四篇演说辞，其中第一篇为《自传》，第十八篇为《尤利安皇帝葬礼演说辞》，其余演说辞大多为"宣讲辞"(declamation)，内容有关安条克和罗马帝国东部地区的政治、经济和社会生活。此外，属于"第二次智术师"时期的著名演说家还有生活于2世纪的**路吉阿诺斯**（见"文学部杂纂类"《路吉阿诺斯集》，收录四篇"宣讲辞"和五篇"展示类"演说辞）

和生活于 2 至 3 世纪的**菲罗斯特拉托斯**（见"史学部传记类"《菲罗斯特拉托斯》第四册）。

§3. 演说在罗马古已有之，对于共和国早期的社会和政治生活而言，即席发表口头演说是一项重要的公共生活技能。到了公元前 4 世纪，罗马演说家开始将口头演说笔之于书，演说的文学意味和文学元素得以提升，口头演说逐渐发展成富于文学性和修辞性的演说术。最早有作品传世的罗马演说家是曾担任监察官的"瞽者阿庇乌斯·克劳狄乌斯"（Appius Claudius Caecus, 前 340—前 273），而最为著名的早期演说家是同样担任过监察官一职的老加图（Marcus Porcius Cato, 前 234—前 149）。《**罗马共和国遗作辑选**》第三至五册收录共和国时期除老加图和西塞罗以外所有已知演说家的残篇、古人评述以及历史著述里对演说辞的再现。三册共计 176 个编号，包含 180 余位演说家，由此也可以想见演说术在当时罗马社会的繁盛之状。

古罗马最伟大演说家的桂冠非**西塞罗**莫属。这位在晚期共和国的政治社会和思想文化各个领域里叱咤风云的人物，一生创作了上百篇演说辞，今存 58 篇（《西塞罗集》第六至十五册下册《演说集》）。西塞罗的演说辞主要为"议事类"政治演说和"诉讼类"法庭演说，前者最著名的是四篇《反喀提林演说辞》和十四篇《反腓力辞》，后者最受称道的是《诉维勒斯》诸演说辞、《为凯利乌斯辩护》和《为米罗辩护》。西塞罗的演说辞结构严谨、文辞华丽、论证有力、感情饱满，被后世奉为圭臬，成为古罗马演说术的最高典范。

出生于共和国晚期，但主要生活于帝国早期的**老塞涅卡**（Seneca the Elder, 约前 50—？），见证了罗马从共和国到帝国的丕变，尤其是政治舞台上和法庭上演说之术的荣光不再，演说的政治功能一去不返，留下的唯有其教育功能。此际，演说更多以"宣讲辞"（declamatio）的形式出现，这是一种修辞术的练习或表演，要求演说者就一个虚构的或是新奇的主题发表技巧老到的演说。当时最流行的"宣讲辞"有两类：一类称作"辩驳辞"(controversia)，近乎诉讼类演说，演说者需要针对一个假想的案子为控辩双方慷慨陈词；另一类称作"劝喻辞"(suasoria)，近乎议事类演说，演说者需要为面临某种困境的历史或神话人物提出行动建议。"辩驳辞"和"劝喻辞"的典范见于老塞涅卡晚年为自己的三个儿子编写的两种同名演说集(《老塞涅卡集》两册)，其中《辩驳辞》原十卷，存世五卷，《劝喻辞》一卷，共七篇。老塞涅卡之后，宣讲式演说的样貌体现于**伪托昆体良**之名的《短篇宣讲集》(《昆体良集》第六和七册)。

到了公元2世纪，如同在罗马帝国东部的希腊语地区，西部的拉丁语地区也经历了"第二次智术师运动"及其对演说术的复兴，此时拉丁语演说家的代表之一是伟大的小说家**阿普列乌斯**(Apuleius，约125—卒年不详)，除了《金驴记》这部小说(见上"文学部小说类")，他还留下了一篇仿效诉讼类演说辞的《申辩》，一部由二十三篇各种类型演说辞组成的《英华集》以及一篇哲学性质的演说辞《论苏格拉底的神灵》(《阿普列乌斯集》第三册)。"第二次智术师运动"时期拉丁语演说家的另一位代表是与阿普列乌斯同时代的**弗隆托**(Fronto，约100—176)，他被时人视为直追西塞罗的天才演说家，可惜他的演说辞未能流传至今，只是在19世纪早期发现的抄本上保存了他的《书信集》(见"文学部书信类")，其中包含一些次要的应景性质的演说作品(《弗隆托集》两册)。

§4. 其二"**修辞学类**"。由演说发展而来的修辞学，古希腊人称之为 rhētorikē，古罗马人沿用之。修辞学与演说术的实践密不可分，它是对演说术的理论化和系统化，使之便于传授和研习。据传，这门学问诞生于公元前5世纪中叶的西西里，叙拉古人科拉克斯(Corax of Syracuse)及其弟子忒西阿斯(Teisias of Syracuse)在当地成为最早的演说术教授，他们对法庭演说的规则和技艺进行了分析，撰成手册并以之授徒。关于这两位修辞学的奠基人，我们所知甚少。他们可能已经开始讨论演说辞的种类和各个组成部分，演说辞的论证方式，如何使用不同类型的证据，如何调动和掌控听众的情绪，如何发表演说（包括发音和吐字、手势和身体姿势），以及如何运用记忆之术来记诵演说辞等重要问题。公元前427年，来自西西里的智术师高尔吉亚把修辞学带到了雅典，经由其他智术师和演说家的进一步发展，这门学问终于在一个世纪后集大成于亚里士多德的《修辞学》。

综观古希腊的修辞学，主要涉及五个组成部分。第一部分为选题或取材（heuresis, inventio），亦即"说什么"，包括确定演说围绕的主题，找寻可用的说服方式，这又分作直接证据（如证人与合同）和间接证明（如诉诸演说者的性格或听众的情感以及各种逻辑论证方式），后者尤其涉及各种常式（topos），即惯用的主题和话语。第二部分为布局（taxis, dispositio），亦即"用何种顺序来说"，包括对演说辞各个部分的安排，这又要根据三种不同类型的演说辞具体来看，其中以诉讼类演说辞最具代表性，它有四个必备的组成部分，按先后顺序分别是(1)"引言"（prooimion, exordium）(2)叙述（diēgēsis, narratio）(3)证明（pistis, probatio）(4)结语（epilogos, peroratio），此外还可于"证明"之前添加"论点陈述"（propositio），在各部分之外添加"离题"（egressio, excursus）；议事类演说辞一般由三个部分构成，即"引言""证明"和"结语"，而略去"叙述"部分；展示类演说辞则与前两种有所不同，有其独特的组成部分，且更经常地运用各种常式。修辞学的第三部分为"风格"（lexis, elocutio），亦即"如何说"，包括遣词和造句，其标准为准确、明晰、合宜与修饰（这部分讨论各式各样的修辞格），并以三种典型风格（宏伟风格、平直风格和居中风格）为最终目标。第四部分为"记忆"（mnēmē, memoria），亦即如何运用记忆术来记住整篇演说辞。第五部分为"发表"（hypokrisis, pronuntiatio），亦即发表演说时如何运用嗓音（包括音量、音高、语调等)和身体姿势(包括脸部表情、眼神、肢体动作等)来达到预期的效果。

古希腊罗马的修辞学著作或多或少涉及以上所列的五个部分。其中**亚里士多德《修辞学》**是古希腊存世最系统的修辞学理论著作。全书三卷,前两卷以演说的各种说服方式为主题,第三卷相对独立,以演说的发表和演说辞的风格为主题。第一卷可分四个部分,第一部分(第1—3章)给出修辞学的定义,划分三种类型的演说及其目的,第二部分(第4—8章)讨论议事类演说的题材(分为政治性题材和伦理性题材)和推论方式;第三部分(第9章)讨论展示类演说的题材和夸大的方法,第四部分(第10—15章)讨论诉讼类演说的题材和推论方式;第二卷从演说者的性格和听众的情感继续讨论演说的说服方式,可分三个部分,第一部分(第1—11章)分析各种情感,以便演说者掌握听众的心理,激发或控制他们的情感,第二部分(第12—17章)分析各种不同年龄和身份的人物性格,以便演说者了解听众的性格,顺应他们的心理变化,第三部分(第18—26章)再次讨论演说术的推论方式,修辞式推论的主要形态和反驳的方法;第三卷讨论演说的风格和布局,亦可分成三个部分,第一部分(第1—4章)分析遣词层面上的各种风格,第二部分(第5—12章)分析造句层面上的各种风格,第三部分(第13—19章)分析谋篇层面上的各种修辞技巧。除了这部《修辞学》,还有一部托名亚里士多德的《**亚历山大修辞学**》(见"哲学部哲学类"《亚里士多德集》第十六册),学界一般认为系兰帕斯库斯的阿那克西美尼(Anaximenes of Lampascus,约前380—前320)所撰,该书除一篇书信体的序言共37章,结构大抵与亚里士多德《修辞学》相同:第1—5章划分三种类型的演说,讨论每种类型的演说所使用的论证方式(对应《修辞学》第一卷),第6—22章讨论演说的各种论题(对应《修辞学》第二卷第三部分),第23—28章讨论风格(对应《修辞学》第三卷第一、二部分),第29—37章讨论布局(对应《修辞学》

三卷第三部分），但与亚里士多德的巨著相比，其中最精彩的部分在这部修辞学手册里完全付诸阙如，例如对修辞式推论、情感和性格的深刻分析。

亚里士多德《修辞学》之后，最重要的修辞学著述是**哈利卡那索斯的狄奥尼修斯**所撰的四篇论文，其一名为《**论古代演说家：吕西亚斯、伊索克拉底、伊赛奥斯与德摩斯梯尼**》，但实际上讨论的只有前三位（另以《论狄那库斯》补之），因为论德摩斯梯尼的文章后来又单独成篇；其二即为单独成篇的《**论德摩斯梯尼**》，全名《论德摩斯梯尼令人惊叹的风格》；其三名为《**论词语的铺排**》，讨论如何根据不同的演说风格来安排词语之间的顺序和联系，以及如何由此造成谐和与悦耳之音；其四名为《**论修昔底德**》（另见"史学部史评类"）。另外，有一部题为《**修辞术**》（*Ars Rhetorica*）的未竟之作亦署名哈利卡那索斯的狄奥尼修斯，但无疑是伪作，且这部著作的价值也不高。除了哈利卡那索斯的狄奥尼修斯，生活于3世纪的**演说家米南德**（Menander Rhetor）也留下了两部讨论展示类演说辞的修辞学著作，分别是《**论展示类演说辞**》和《**论展示类演说辞的分类**》。

§5. 虽说演说术在罗马发端甚早，但修辞学却与哲学一样，亦于公元前2世纪从希腊引入。到了公元前1世纪，随着希腊文化向罗马的进一步传播，修辞术已然成为罗马教育的重要组成部分，并且开始对罗马文学产生深远影响。存世最早的一部拉丁语修辞学著作是大约成书于公元前86至前82年间的《**赫伦尼乌斯修辞学**》，这部著作被归入西塞罗名下而随同其作品抄本一起流传，但其真正的作者不详，有说是当时的演说家科尔尼菲基乌斯（Cornificius）。该著分四卷，仿效古希腊修辞学著作分别讨论了修辞学的五大要素，即"取材"（inventio）、"布局"（dispositio）、"发表"（pronuntiatio）、"记忆"（memoria）和"风格"（elocutio），其中论"分格"的第四卷最有价值。

**西塞罗**自己不仅是古罗马最伟大的演说家，也是最杰出的修辞学家。《西塞罗集》里的《修辞学著作集》包含七部修辞学著作（另外两部《论命运》和《廊下派的悖论》属哲学著作）。《论取材》大约作于西塞罗青年时期，基本上袭用了希腊修辞著作里的材料，特别是前面提及的《赫伦尼乌斯修辞学》一书。《论最优秀的演说家类型》系西塞罗为翻译德摩斯梯尼《金冠辞》和埃斯基涅斯《诉克忒西丰》这两篇著名的阿提卡演说辞所作的导言，他替这两位杰出的阿提卡演说家辩护，认为德摩斯梯尼代表了最优秀的演说家类型。《论题篇》受到亚里士多德同名著作的启发，讨论了演说家在进行论证、提出论据时可资利用的常式（topoi）。《演说辞各部分》是西塞罗为其子所撰的教科书，采用父子问答的形式，就演说者、演说和演说的主题三方面提供了一部演说术的"教理问答"。西塞罗最重要的修辞学论著是《论演说家》《演说家》和《布鲁图斯》这三部。《论演说家》作于前55年，该著一反常见于修辞学教科书的技术层面的琐碎讨论，采用柏拉图式的虚构对话体，戏剧性地再现了发生于西塞罗青年时期几位最有影响力的演说家之间的一场对话，并用其中的两个主要人物克拉苏（Lucius Licinius Crassus）和安东尼（Marcus Antonius，"前三头"之一马可·安东尼的祖父）代表演说家的两种理想类型，前者是通晓哲学的演说家，也是西塞罗所持观点的代言人，后者是技巧高超的演说家。这部《论演说家》分为三卷，第一卷辩论演说家需要接受全面的人文教育，包括哲学、历史和法学（克拉苏的观点），还是更需要凭借技巧的培养、规则的掌握和亲身的实践（安东尼的观点）；第二卷主要由安东尼讨论演说术里偏重技巧和规则的三大要素，即"取材""布局"和"记忆"；第三卷主要由克拉苏讨论演说术里另外两大要素，即"风格"和"发表"，以此证明演说者有必要在文化的各个方面尤其是哲学方面受到训练。题名相似的《演说家》作于近十年后（前46年），以较小的篇幅处理相同的主题，并增添了一部分，讨论有节奏感的散文所具备的特点。这部著作主要论及修辞学五要素里的"风格"，提出理想的演说家要熟练掌握三种风格及其用途:第一种是低沉的风格,用途在于给出论点并用强有力的论证来支撑论点;第二种是居中的风格,用途在于让听众从艺术性的语言当中获得审美的愉悦感;第三种是高昂的风格,用途在于诉诸强烈的感染力来激发听众的情感。《布鲁图斯》(又名《论著名演说家》)与《演说家》作于同一年,采用虚构对话体,戏剧性地再现了发生于布鲁图斯(Marcus Junius Brutus)、西塞罗的好友阿提库斯(Atticus)和西塞罗本人之间的一场对话。该著勾勒出罗马演说术的发展史,上起公元前509年任执政官的"解放者"布鲁图斯,经由前204年任执政官的克忒古斯(Cethegus),最后到他自己生活的年代,西塞罗对众多罗马演说家做出个性化的描绘,详细讨论最杰出的演说家如克拉苏、安东尼和斯凯沃拉,并对自己的演说实践加以辩护,自诩为沿着罗马演说术的发展进程而修成的正果。

**昆体良**(Quintilian,约35—卒年不详)是西塞罗之后最重要的罗马修辞学家,也是罗马首位领取国家俸禄的修辞学教授。他著有**《演说家的教育》**(又译《演说术原理》),倡导人文主义的演说和修辞教育,旨在培养具有道德修养和文化涵养的"整全之人"。全书共十二卷,从儿童时代到最终成人,全面论述了演说家(也就是"整全之人")教育的各个阶段。第一卷讨论儿童早年的家庭教育及随后的初级学校教育,强调语言学习是最重要的基础。第二卷从男童进入演说修辞学校开始,泛论演说修辞教育的方法和目标。第三至七卷详论修辞学的技术性细节,如三种类型的演说,演说的各个组成部分,材料的组织和布局等。第八至十一卷续论修辞学的另外两个要素,即演说的风格和发表的方式,其中值得注意的是第十卷论及演说家必备的文学教育之时,作者从修辞学的角度对古希腊和古罗马的文学和文学家做了著名的品评。第十二卷总结作者眼中的理想的演说家是具有高贵的性格、德性和趣味并善于言辞的"整全之人"。除了这部皇皇巨著,据昆体良自述,他还撰有《演说术衰落原因考》一书,讨论标题中的问题,可惜该书已佚。

不过，比昆体良稍晚的历史学家**塔西佗**也著有一篇《**关于演说家的对话**》，探讨同样的问题。作者仿效西塞罗的对话录作品，采用虚构对话体，戏剧性地再现了发生于两位杰出演说家（均为塔西佗的业师）、一位诗人及一位显贵人物之间的一场对话，对话的主题从诗歌和雄辩孰优孰劣开始，随后转入共和国时期的演说和帝国时期的演说孰优孰劣，终结于帝国时期演说术衰落的原因。对话者之一认为，演说术衰落的原因在于演说教育的退化，家庭教育和学校教育都不利于未来的演说家，尤其是演说学校的教育，只知空洞无物的夸夸其谈，而没有全面的文化养成。另一位对话者则提出，政治制度和政治生活的转变导致了演说术的衰落，共和国晚期动荡不安甚至混乱不堪的局势，给演说家带来了自由演说的空间和激动人心的演说主题，易于造就具有高尚人格的伟大演说家，而到了承平已久的帝国时期，政治生活的性质发生了根本的改变，此类演说显然已不再合时，必定日暮途穷，难以为继了。

## 六、必读书目

§1. 依循以上的简明提要，我们通盘审视了古希腊罗马典籍的基本构成及其学术流别以后，还有必要从中遴选出精华部分进一步研读。初习者可为自己拟定两份古代经典的必读书目。首先要拟定一份"**最低限度必读书目**"，主要借助中译本（若无中译本，可使用英译本）来研读传世的大经大典。具体而言，古希腊经典至少包含以下20种：

1. 荷马《伊利亚特》（罗念生、王焕生译本）
2. 荷马《奥德赛》（王焕生译本）
3. 赫西奥德《神谱》（张竹明、蒋平译本或 Glenn Most 娄卜英译本）

4. 赫西奥德《劳作与时日》（张竹明、蒋平译本或 Glenn Most 娄卜英译本）
5. 《荷马颂诗》四首："致德墨忒""致阿波罗""致赫尔墨斯""致阿芙洛狄忒"（尚无完整的中译本，可使用 Martin L. West 娄卜英译本）
6. 《古希腊抒情诗选》（水建馥选译本或 Martin L.West "牛津世界名著丛书"英译本）
7. 品达《竞技凯歌》（尚无可靠的中译本，可使用 William H.Race 娄卜英译本）
8. 埃斯库罗斯《奥瑞斯泰亚》三部曲，即《阿伽门农》《奠酒人》与《复仇女神》（罗念生译本或缪灵珠译本）
9. 索福克勒斯《俄狄浦斯王》（罗念生译本）
10. 索福克勒斯《安提戈涅》（罗念生译本）
11. 欧里庇得斯《酒神女伴侣》（罗念生译本）
12. 阿里斯托芬《云》（罗念生译本）
13. 阿里斯托芬《蛙》（罗念生译本）
14. 路吉阿诺斯《对话集》（周作人选译本）
15. 希罗多德《历史》（王以铸译本）
16. 修昔底德《伯罗奔尼撒战争史》（谢德风译本或 Steven Lattimore 英译本）
17. 普鲁塔克《希腊罗马名人传》（黄宏煦等选译本）
18. 柏拉图《理想国》（郭斌和、张竹明译本）
19. 亚里士多德《尼各马可伦理学》（廖申白译本）
20. 亚里士多德《诗学》（罗念生译本）

古罗马经典亦至少包含以下 20 种：

1. 卡图卢斯《诗集》（李永毅译本）
2. 维吉尔《埃涅阿斯纪》（杨周翰译本）

3. 贺拉斯《诗集》(李永毅译本)
4. 贺拉斯《诗艺》(杨周翰译本)
5. 普罗佩提乌斯《哀歌集》(王焕生译本)
6. 奥维德《变形记》(杨周翰译本)
7. 佩特罗尼乌斯《萨提尔故事》(Peter G. Walsh "牛津世界名著丛书"英译本)
8. 阿普列乌斯《金驴记》(刘黎亭译本)
9. 凯撒《高卢战记》(任炳湘译本)
10. 凯撒《内战记》(任炳湘、王士俊译本)
11. 撒鲁斯特《喀提林阴谋》(王以铸、崔妙因译本)
12. 李维《自建城以来》(王焕生选译本)
13. 塔西佗《历史》(王以铸、崔妙因译本)
14. 塔西佗《编年史》(王以铸、崔妙因译本)
15. 苏维托尼乌斯《罗马十二帝王传》(张竹明等译本)
16. 卢克莱修《物性论》(方书春译本)
17. 西塞罗《论共和国》(王焕生译本)
18. 老普林尼《博物志》(John Healey "企鹅丛书"英文选译本)
19. 西塞罗《论演说家》(王焕生译本)
20. 昆体良《演说术原理》(任中印选译本)

§2. 随后,还需拟定一份更为详细的"**研究入门必读书目**"。这份书目可以根据初习者的不同兴趣而有所侧重,但其中的经典文本应当保有相当的数量,以便对最重要的传世经典形成整体性的认识。如上章所述,欧美许多高校的古典学系都会在培养方案里专门为博士生制定此类"必读书目",有些学校还会根据不同的专业方向制定更有针对性的专业书目,比如哈佛大学古典学系的"研究生培养方案"(Graduate Programs)就分别为"古典语文学""古代史""古典哲学"和"古典考古学"等专业方向制定了各自的"必读书目"。① 我们不妨以哈佛大学"**古典语文学博士生阅读书目**"（Reading List for PhD candidates in Classical Philology）为例，对其内容加以说明和分析，以便初习者了解"研究入门必读书目"的性质和内容。②

这份"书目"以作者姓名字母顺序排列，共计希腊文学29项，罗马文学28项，各约50部作品，涉及的内容非常广泛，涵盖了古希腊罗马各个时期及各种类型的典籍，很具代表性。博士生应在3至4年的时间内，通过原文来研读这100部经典，以确立广博而深厚的古典文献根柢。③由于许多学生实际上在本科阶段已经阅读了这些经典里的一部分，所以这份"书目"可视作从本科阶段到博士阶段的前半段总共约7—8年的时间里的原文阅读书目。

我们按照本章制定的古希腊罗马典籍分类法，把"书目"重新整理如下（括号内注明需要阅读的卷数或章节，若无注明则需阅读全书）：

## 一、文学部（计古希腊典籍33种，古罗马典籍32种）：

### 1. 史诗类

荷马:《伊利亚特》《奥德赛》
荷马:《荷马颂诗》(第2首"致德墨忒"、第5首"致阿芙洛狄忒")
赫西奥德:《神谱》《劳作与时日》
卡利马库斯:《起源》(残篇1—2, 67—75)、《颂歌》(第二首)

---

① 参见哈佛大学"古典学系"网站上"Graduate Programs"提供的相关信息及本章附录。
② 这份书目（及下节论及的另外三份书目）会不定期修订，这里讨论的现行版适用于近年入学的博士生。
③ 根据学生的个人需要，可以要求用另一部作品替换"书目"里同一位作家的某部作品，也可以用另一位作家替换"书目"里的某位作家，不过替代作品的体裁和篇幅应与"书目"所列作品相近。

阿波罗尼乌斯:《阿尔戈英雄远征记》(卷一第1153—1357行;卷三第1—166行及第609—824行)

恩尼乌斯:所有诗歌残篇

卢克莱修:《物性论》(卷一、卷三、卷四第1058—1287行,卷五第772—1457行,卷六第1138—1286行)

维吉尔:《牧歌》《农事诗》《埃涅阿斯纪》

奥维德:《变形记》(卷一、卷八、卷十、卷十五第745—879行)、《岁时记》(卷四)

卢坎:《法萨路斯之歌》又名《内战记》(卷一)

斯塔提乌斯:《忒拜战记》(卷九)

## 2. 各体诗类

抒情诗人:《抒情诗选》(D. Campbell 编注《古希腊抒情诗》所选诗篇)

品达:《奥林匹亚凯歌》(第1, 2, 7, 14首);《皮托凯歌》(第1, 4, 8, 10首);《尼米亚凯歌》(第6, 7, 8, 10首);《地峡凯歌》(第7, 8首)

忒奥克利托斯:《牧歌》(第1, 2, 7, 11, 13首)

《铭体诗选》:D. Page《希腊铭体诗》收录的部分诗篇

卡图卢斯:《诗集》

贺拉斯:《歌集》《短长格集》《讽刺诗集》(卷一)、《书札集》(卷一及卷二第1首)

提布鲁斯:《哀歌集》(卷一、卷二)

普罗佩提乌斯:《哀歌集》(卷一,卷二第1, 8, 10, 12, 13B, 15, 26A, 34首、卷三第1—5首、卷四第3, 6, 7, 8, 9, 11首)

奥维德:《恋歌》(卷一)《拟情书》(卷一、卷七)、《哀怨集》(卷一)

佩尔西乌斯:《讽刺诗集》(第1首)

马尔提阿利斯:《铭体诗集》(卷一)

尤维纳利斯:《讽刺诗集》(第1—5首、第10首)

斯塔提乌斯:《诗草集》(卷一第1首、卷二第2,7首、卷四第6首)

### 3. 悲剧类

埃斯库罗斯:《奥瑞斯泰亚》三部曲、《波斯人》

索福克勒斯:《安提戈涅》《俄狄浦斯王》《俄狄浦斯在克罗诺斯》

欧里庇得斯:《酒神女伴侣》《希波吕托斯》《美狄亚》

小塞涅卡:《美狄亚》

### 4. 喜剧类

阿里斯托芬:《阿卡奈人》《鸟》《云》《蛙》

米南德:《萨摩斯岛女子》

普劳图斯:《安菲特律翁》《孪生兄弟》

特伦提乌斯:《阉奴》《两兄弟》

### 5. 小说类

朗古斯:《达芙妮与克罗埃》(卷一、卷四)

佩特罗尼乌斯:《萨提尔故事》(第26章第7节至第78章第8节)

阿普列乌斯:《金驴记》(卷一、卷四第28章至卷六第24章)

### 6. 书信类

西塞罗:《书信集》(D. R. Shackleton Bailey 编注《西塞罗书信选》所收书信)

小普林尼:《书信集》(卷一第1,20封;卷二第1封;卷三第5,6,16,19,21封;卷四第14封;卷五第8封;卷六第16,20封;卷七第24,33封;卷八第8封;卷九第33,36封;卷十第61,62,96,97封)

### 7. 杂纂类

路吉阿诺斯:《梦》《众神集会》

### 8. 文论类

亚里士多德:《诗学》
朗吉努斯:《论崇高》(第1—16章)

## 二、史学部(计古希腊典籍5种,古罗马典籍9种):

### 1. 史书类

希罗多德:《历史》(卷一第1—130章、卷三第1—16及30—87章、卷八第18—99章)

修昔底德:《伯罗奔尼撒战争史》(卷一第1—23,31—44,66—88,118—146章、卷二第34—65章、卷三第35—85章、卷五第26,84—116章、卷六第8—23章、卷七第84—87章、卷八第1章)

波吕比乌斯:《通史》(卷六第2—10章、卷三十八第22章、卷三十九第1—6章)

凯撒:《高卢战记》(卷一)、《内战记》(卷三)

撒鲁斯特:《喀提林阴谋》

李维:《自建城以来》(卷一、卷六、卷二十一、卷三十三)

塔西佗:《历史》(卷一)、《编年史》(卷一、卷四、卷十四)

### 2. 传记类

色诺芬:《阿格西劳斯传》
普鲁塔克:《德摩斯梯尼传－西塞罗传》及"对比"
塔西佗:《阿格里古拉传》
苏维托尼乌斯:《提比略传》

### 3. 史料类

奥古斯都:《功德碑》

## 三、哲学部(计古希腊典籍5种,古罗马典籍3种):

### 1. 哲学类

柏拉图:《申辩》《高尔吉亚》《理想国》(卷一、卷四 496a11 至卷七 518d7)、《会饮》

亚里士多德:《尼各马可伦理学》(卷一)

西塞罗:《斯基皮欧之梦》《论义务》(卷一第 1—60 节)

小塞涅卡:《道德书简》(第 7, 12, 47, 51, 56, 86, 88, 114, 122 封)

## 四、演说部(计古希腊典籍11种,古罗马典籍9种):

### 1. 演说辞类

高尔吉亚:《海伦颂》

埃斯基涅斯:《诉克忒西丰》(第 159 节至篇末)

吕西阿斯:《埃拉托色尼谋杀案》《橄榄树桩事件辩辞》《诉埃拉托色尼》

伊索克拉底:《泛希腊集会辞》(第 26—50 节)、《海伦》

德摩斯梯尼:《奥林图斯辞》(第 1 篇)、《金冠辞》(第 199 节至篇末)、《反腓力辞》(第 1 篇)

金嘴迪翁:《欧比亚演说辞》(即第 7 篇演说辞)

西塞罗:《反喀提林演说辞》(第 1—4 篇)、《为阿尔基阿斯辩护辞》《为凯利乌斯辩护辞》《反腓力辞》(第 1、7、14 篇)

老塞涅卡:《辩驳辞》(卷一第 2 篇)、《劝喻辞》(卷六)

## 2. 修辞术类

西塞罗:《布鲁图斯》
昆体良:《演说术原理》(卷十第1章)
塔西佗:《关于演说家的对话》

这份"古典语文学书目"显然以"文学部"为大宗,共计65种,其中古希腊和古罗马典籍各占一半。此外,"史学部"共计14种,"哲学部"共计8种,"演说部"共计20种,亦各自占据相当的分量。

§3. 若持"古典语文学书目"与"古典哲学书目""古代史书目"及"古典考古学书目"相对照,四份书目的异同值得玩味。

首先,四份书目里全部在列的古希腊经典作家有9位,即荷马、埃斯库罗斯、索福克勒斯、阿里斯托芬、希罗多德、修昔底德、柏拉图、亚里士多德与德摩斯梯尼,古罗马经典作家有8位,即西塞罗、维吉尔、贺拉斯、李维、尤维纳利斯、小普林尼、塔西佗、苏维托尼乌斯;三份书目里在列的古希腊经典作家还有赫西奥德、抒情诗人(姑且算作一位)、欧里庇得斯、吕西阿斯、伊索克拉底、普鲁塔克及忒奥克利托斯这7位,古罗马经典作家还有恩尼乌斯、卡图卢斯、凯撒、撒鲁斯特、奥古斯都《功德碑》、奥维德、小塞涅卡及马尔提阿利斯这8位。以上共计古希腊与古罗马经典作家各16位,罗列如下:

荷马、赫西奥德、埃斯库罗斯、索福克勒斯、欧里庇得斯、阿里斯托芬、抒情诗人(姑且算作一位)、忒奥克利托斯(古希腊诗人八位)
希罗多德、修昔底德、普鲁塔克(古希腊史家三位)
柏拉图、亚里士多德(古希腊哲学家两位)
吕西阿斯、伊索克拉底、德摩斯梯尼(古希腊演说家三位)
恩尼乌斯、卡图卢斯、维吉尔、贺拉斯、奥维德、尤维纳利斯、马尔提阿利斯(古罗马诗人七位)

**凯撒、撒鲁斯特、奥古斯都《功德碑》、李维、塔西佗、苏维托尼乌斯**（古罗马史家六位）

**西塞罗、小塞涅卡、小普林尼**（古罗马哲学家三位）

**西塞罗**（古罗马演说家一位）

这 32 位古典作家的作品至少两份书目里在列的共计 65 种，其中古希腊作品 31 种，罗列如下：

1. 《伊利亚特》（荷马）

2. 《奥德赛》（荷马）

3. 《神谱》（赫西奥德）

4. 《奥瑞斯提亚三部曲》（埃斯库罗斯）

5. 《波斯人》（埃斯库罗斯）

6. 《安提戈涅》（索福克勒斯）

7. 《俄狄浦斯王》（索福克勒斯）

8. 《希波吕特斯》（欧里庇得斯）

9. 《美狄亚》（欧里庇得斯）

10. 《酒神女伴侣》（欧里庇得斯）

11. 《阿卡奈人》（阿里斯托芬）

12. 《鸟》（阿里斯托芬）

13. 《云》（阿里斯托芬）

14. 《蛙》（阿里斯托芬）

15. 《古希腊抒情诗》（D. Campbell 选本）

16. 《牧歌》（忒奥克利托斯）

17. 《历史》（希罗多德）

18. 《伯罗奔尼撒战争史》（修昔底德）

19. 《申辩》（柏拉图）

20. 《会饮》（柏拉图）

21. 《高尔吉亚》（柏拉图）

22.《理想国》(柏拉图)

23.《尼各马可伦理学》(亚里士多德)

24.《诗学》(亚里士多德)

25.《埃拉托色尼谋杀案》(吕西阿斯)

26.《橄榄树桩事件辩辞》(吕西阿斯)

27.《诉埃拉托色尼》(吕西阿斯)

28.《泛希腊集会辞》(伊索克拉底)

29.《奥林图斯辞》(德摩斯梯尼)

30.《金冠辞》(德摩斯梯尼)

31.《反腓力辞》(德摩斯梯尼)

古罗马作品34种,罗列如下:

1.《诗歌残篇》(恩尼乌斯)

2.《诗集》(卡图卢斯)

3.《牧歌》(维吉尔)

4.《农事诗》(维吉尔)

5.《埃涅阿斯纪》(维吉尔)

6.《歌集》(贺拉斯)

7.《长短句集》(贺拉斯)

8.《讽刺诗集》(贺拉斯)

9.《书札集》(贺拉斯)

10.《恋歌》(奥维德)

11.《拟情书》(奥维德)

12.《变形记》(奥维德)

13.《哀怨集》(奥维德)

14.《讽刺诗集》(尤维纳利斯)

15.《铭体诗集》(马尔提阿利斯)

16.《高卢战记》(凯撒)

17.《内战记》(凯撒)

18.《喀提林阴谋》(撒鲁斯特)

19.《功德碑》(奥古斯都)

20.《自建城以来》(李维)

21.《阿格里古拉传》(塔西佗)

22.《关于演说家的对话》(塔西佗)

23.《历史》(塔西佗)

24.《编年史》(塔西佗)

25.《罗马十二帝王传》(苏维托尼乌斯)

26.《反喀提林演说辞》(西塞罗)

27.《为凯利乌斯辩护辞》(西塞罗)

28.《反腓力辞》(西塞罗)

29.《论共和国》(西塞罗)

30.《布鲁图斯》(西塞罗)

31.《书信集》(西塞罗)

32.《美狄亚》(小塞涅卡)

33.《道德书简》(小塞涅卡)

34.《书信集》(小普林尼)

以上这65种作品堪称古代典籍里的精华,经典中的经典,初习者应当悉数纳入自己的必读书目。

其次,与"古典语文学书目"相对照,其他三份书目里独见的古典作家和作品亦复不少,初习者也应当根据自己的兴趣有所涉猎。分别而言,"**古典哲学书目**"里添加了三位古希腊作家的作品:

1. 巴门尼德所有残篇
2. 第欧根尼·拉尔修《名哲言行录》
3. 普罗提诺《九章集》

"**古代史书目**"添加了 7 种古希腊语作品和 5 种拉丁语作品：

1. 阿庇安《罗马史》
2. 迪奥·卡西乌斯《罗马史》
3. 《次经》二
4. 《福音书》（或《使徒行传》)任选一种
5. 任选一位重要的古希腊残篇史家，例如赫拉尼库斯、大马士革的尼古劳斯
6. 任选两条重要希腊铭文，例如雅典的反僭主法令、罗塞塔石碑
7. 任选一份重要希腊纸草，例如选自"芝诺纸草档案库"（Zenon Papyri）
8. 老加图（T.J.Cornell 编注《罗马历史学家残篇集成》选本）
9. 皇史六家里的《哈德良传》（亦见于"古典考古学书目"）
10. 奥古斯丁《上帝之城》（或《忏悔录》）
11. 任选两条重要拉丁铭文，例如《审判老皮索的元老院法令》《尤里乌斯祖传的乌尔索殖民市章程法》
12. 任选一份重要的拉丁文书纸草，例如选自文德兰达木牍（Vindolanda Tablets）

"**古典考古学书目**"添加了 3 种古希腊语作品和 4 种拉丁语作品：

1. 保萨尼阿斯《希腊游记》
2. 小菲罗斯特拉托斯《图像集》
3. 古希腊铭文三篇（Meiggs & Lewis《古希腊历史铭文选》第 23 篇"忒弥斯托克勒斯法令"、第 93 篇"吕西亚某君主铭辞"及 J.H.Oliver《碑铭与纸草上所见早期罗马皇帝的希腊法规》第二篇"破坏坟墓处罚法抄件"）
4. 维特鲁威《建筑论》
5. 老普林尼《自然史》

6. 皇史六家里的《哈德良传》(亦见于"古代史书目")
7.《韦斯帕芗大权法》(M.Crawford《罗马成文法》所录版本)

参照以上所列的几种书目拟定了自己的"研究入门必读书目"以后,接下来面对的问题是:如何从原文入手研读经典文本,为古典研究做好准备?这就要求初习者学会有效地使用诸如校勘本、辑佚本和评注本之类的重要工具,并初步掌握文本细读的方法,下章便针对这几个方面展开讨论。

## 附：哈佛大学古典学系博士生必读书目（现行版）

### 1. "古典语文学"方向

**Greek Literature**

- Aeschines: *Against Ctesiphon* 159–end
- Aeschylus: *Oresteia*, *Persae*
- Apollonius Rhodius: I 1153–1357, III 1–166, 609–824
- Aristophanes: *Acharnians*, *Birds*, *Clouds*, *Frogs*
- Aristotle: *Nicomachean Ethics* I, *Poetics*
- Callimachus: *Aitia* frr. 1–2, 67–75, 110, *Hymns* 2
- Demosthenes: *Olynthiacs* 1, *On the Crown* 199–end, *Philippics* 1
- Dio Chrysostom: *Euboicus*
- Epigrams (numbered as in Page, *Epigrammata Graeca*, except where otherwise specified):
  - Antipater Sidonius: XI, XXXVI–XL
  - Asclepiades: I, VI, XI, XX–XXII, XXXI–XXXIII
  - Callimachus: II–V, VIII, XI, XIV–XV, XXIX–XXX, XXXIV, XXXVIII, XLIII, XLV, LI–LIII, LVI, LIX, LXVII
  - Dioscorides: XVII, XXII
  - Hedylus: XI
  - Meleager: VI, IX, XIII, XXIX–XXXVI, XL–LVI, CIII
  - Philodemus: XXIII
  - Posidippus IX, XXIV, Lithika I–XX Austin–Bastianini
  - Theocritus: XIII–XV
- Euripides: *Bacchae*, *Hippolytus*, *Medea*
- Gorgias: *Helen*
- Herodotus: I 1–130, III 1–16, 30–87, VIII 18–99
- Hesiod: *Theogony*, *Works and Days*
- Homer: *Iliad*, *Odyssey*, *Hymns* 2 and 5

- Isocrates: *Panegyricus* 26–50, *Helen*
- Longus: *Daphnis and Chloe* 1, 4
- [Longinus]: *De sublimitate* 1–16
- Lucian: *Dream*, *Assembly of the Gods*
- Lyric Poetry: selections as in D. Campbell, *Greek Lyric Poetry*
- Lysias: 1, 7, 12
- Menander: *Samia*
- Pindar: *Olympians* 1, 2, 7, 14; *Pythians* 1, 4, 8, 10; *Nemeans* 6, 7, 8, 10; *Isthmians* 7, 8
- Plato: *Apology, Gorgias, Republic* I, VI 496a11–VII 518d7, *Symposium*
- Plutarch: *Demosthenes-Cicero*, including synkrisis
- Polybius: VI 2–10, XXXVIII 22, XXXIX 1–6
- Sophocles: *Antigone, Oedipus at Colonus, Oedipus Tyrannus*
- Theocritus: 1, 2, 7, 11, 13
- Thucydides: I 1–23, 31–44, 66–88, 118–146, II 34–65, III 35–85, V 26, 84–116, VI 8–23, VII 84–87, VIII 1
- Xenophon: *Agesilaos*

**Latin Literature**

- Apuleius: *Metamorphoses* I, IV 28–VI 24
- Augustus: *Res Gestae*
- Caesar: *Bellum Gallicum* I, *Bellum Civile* III
- Catullus: all
- Cicero: *In Catilinam* 1–4; *Pro Archia*; *Pro Caelio*; *Philippics* 1, 7, 14; *Somnium Scipionis*; *De Officiis* I 1–60; *Brutus*; letters, as in D. R. Shackleton Bailey's *Select Letters*
- Ennius: all fragments
- Horace: *Odes, Epodes, Satires* I, *Epistles* I, II 1
- Juvenal: 1–5, 10

- Livy: I, VI, XXI, XXXIII
- Lucan: I
- Lucretius: I, III, IV 1058–1287, V 772–1457, VI 1138–1286
- Martial: I
- Ovid: *Amores* I, *Fasti* IV, *Heroides* I, VII, *Metamorphoses* I, VIII, X, XV 745–879, *Tristia* I
- Persius: 1
- Petronius: *Satyrica* 26.7–78.8
- Plautus: *Amphitruo, Menaechmi*
- Pliny: *Epistulae* I 1, 20, II 1, III 5, 6, 16, 19, 21, IV 14, V 8, VI 16, 20, VII 24, 33, VIII 8, IX 33, 36, X 61, 62, 96, 97
- Propertius: I, II 1, 8, 10, 12, 13B, 15, 26A, 34, III 1–5, IV 3, 6, 7, 8, 9, 11
- Quintilian: X 1
- Sallust: *Catiline*
- Seneca: *Medea, Epistulae Morales* 7, 12, 47, 51, 56, 86, 88, 114, 122
- Seneca (Rhetor): *Controversiae* I 2, *Suasoriae* VI
- Statius: *Silvae* I 1, II 2, 7, IV 6, *Thebaid* IX
- Suetonius: *Tiberius*
- Tacitus: *Agricola, Dialogus, Histories* I, *Annals* I, IV, XIV
- Terence: *Eunuchus, Adelphoe*
- Tibullus: I, II
- Virgil: *Eclogues, Georgics, Aeneid*

## 2. "古典哲学"方向

**Greek Literature**

- Aeschylus: *Oresteia, Prometheus*
- Aristophanes: *Acharnians, Birds, Clouds, Frogs*
- Aristotle: *Categories* 1–5; *Physics* I, II; *Metaphysics* A, L; *Nicomachean Ethics* I–III.5; *Poetics*

- Callimachus: *Aitia* fr. 1–2, 67–75, 110, *Hymns* 2
- Demosthenes: *Olynthiacs* 1, *On the Crown* 199–end, *Philippics* 1
- Diogenes Laertius: X 1–83, 117–154
- Euripides: *Bacchae, Hippolytus, Medea*
- Gorgias: *Helen*
- Herodotus: I 1–130, III 1–87
- Hesiod: *Theogony*
- Homer: *Iliad, Odyssey, Hymns* 2 and 5
- Isocrates: *Panegyricus*
- Lyric Poetry: selections as in D. Campbell, *Greek Lyric Poetry*
- Lysias: 1, 7, 12
- Menander: *Samia*
- Parmenides: all B fragments
- Pindar: *Olympians* 1, 2; *Pythians* 1, 8, 10
- Plato: *Apology, Euthyphro, Gorgias, Phaedo, Republic* I, II 357A–369B, IV 427D–445E, V 473B–480A, VI 502C–VII 521B, *Parmenides* 126A–135C
- Plotinus: *Enneads* I 6
- Plutarch: *De Stoicorum Repugnantiis*
- Sextus Empiricus: Pyrrh. Hyp. I
- Sophocles: *Ajax, Antigone, Oedipus Tyrannus*
- Theocritus: 1, 2, 7, 11, 13
- Thucydides: I, II 34–65, III 35–85, V 26, 84–16, VI 8–23, VII 84–87, VIII 1
- Xenophon: *Memorabilia*

**Latin Literature**
- Apuleius: *De Deo Socratis*
- Augustinus: *De Magistro*

- Caesar: *Bellum Gallicum* I, *Bellum Civile* III
- Catullus: all
- Cicero: *In Catilinam* 1–4; *Pro Caelio*; *Philippics* 1; *Academica*; *De Finibus*; *De Oratore* I; *Brutus*; letters, as in D.R. Shackleton Bailey's *Selected Letters*
- Ennius: all fragments
- Horace: *Odes*, *Epodes*, *Satires* I, *Epistles* I, II 2
- Juvenal: 1, 3, 4, 6, 10
- Livy: I, XXI, XXXIII
- Lucretius: I, II 1–293, III, IV 1058–1287, V, VI 1138–1286
- Martial: I
- Ovid: *Amores* I, *Heroides* 1, 4, *Metamorphoses* I, VII, VIII, *Tristia* I
- Persius: 1
- Plautus: *Amphitruo*, *Pseudolus*, *Rudens*
- Pliny: *Epistulae* I 1, 20, II 1, III 5, 7, 16, 19, 21, IV 14, V 8, VI 16, 20, VII 17, 27, 33, X 96, 97
- Propertius: I, II 1, 8, 10, 12, 13B, 15, 26A, 34, III 1–5, IV 3, 7, 8, 9, 11
- Quintilian: X 1
- Sallust: *Catiline*
- Seneca: *Medea*, *Epistulae Morales* 7, 12, 47, 51, 56, 76, 86, 88, 108, 114, 120–122, 124, *De Constantia Sapientis*, *De Vita Beata*
- Suetonius: *Tiberius*
- Tacitus: *Agricola*, *Dialogus*, *Histories* I, *Annals* I–II 26, IV 1–12, 32–67, VI 18–30, 50–51, XI 23–38, XII 58–XIII 25, XIV 1–65, XV 38–65, XVI 18–35
- Terence: *Heauton Timorumenos*, *Adelphoe*
- Virgil: *Eclogues*, *Georgics*, *Aeneid*

## 3. "古代史" 方向

**Greek Literature**

- 1 Gospel or Acts
- Aeschylus: *Persians*
- Appian: 1 book
- Aristophanes: *Acharnians* or *Knights*
- Aristotle: *Constitution of the Athenians*
- Cassius Dio: 53
- Demosthenes: *Philippics* 1
- Herodotus: 1 book
- Homer: *Iliad* 1 book; *Odyssey* 1 book
- Isocrates: *Philip*
- *Maccabees* 2
- Plato: *Symposium* or *Apology*
- Plutarch: *Pericles* or *Antony*
- Polybius: 1 book
- Ps-Xenophon: *Constitution of the Athenians*
- Sophocles: *Oedipus Tyrannus*
- Thucydides: 1, 2.34–65, 3.35–85, 5.26, 84–116, 6.8–23, 7.84–87, 8.1
- Fragmentary historians: 1 substantial fragmentary historian (e.g., Hellanicus, Nicolaus of Damascus)
- 2 substantial inscriptions (e.g., Anti-Tyranny Law from Athens, Rosetta Stone)
- 1 documentary papyrus (e.g., from the Zenon archive)

**Latin Literature**

- Augustine: 1 book from *City of God* or *Confessions*
- Augustus: *Res Gestae* (bilingual)
- Caesar: 1 book of *Bellum Gallicum* or *Bellum Civile*

- Cicero: *Pro Milone*; *De republica* Books 1 and 6; letters, as in D.R. Shackleton Bailey's *Selected Letters*
- Ennius: fragments of *Annales* as in Skutsch's edition
- Horace: *Odes* 3.1–6 (Roman Odes)
- Juvenal: 1 satire
- Livy: 1 book
- Lucan: 1
- Pliny the Younger: letters, as in A. N. Sherwin-White's *Fifty Letters of Pliny*
- Sallust: *Jugurtha* or *Catiline*
- Scriptores Historiae Augustae: *Hadrian*
- [Seneca]: *Octavia*
- Suetonius: *Julius Caesar* or *Augustus*
- Tacitus: Any 2 of *Histories* 1, *Annals* 4, and either *Agricola* or *Germania*
- Virgil: *Aeneid* 1 book
- Fragmentary historians: Cato in T. J. Cornell et al., *The Fragments of the Roman Historians*
- 2 substantial inscriptions (e.g. Piso text, Lex Coloniae Genitivae Iuliae/Ursonensis)
- 1 documentary papyrus or similar (e.g., from the Vindolanda tablets)

## 4. "古典考古学" 方向

**Greek Literature**

- Aeschylus: *Agamemnon*
- Aristophanes: *Frogs*
- Aristotle: *Poetics*
- Demosthenes: *Philippics* 1
- Epigrams (numbered as in Page, *Epigrammata Graeca*): Callimachus II–V, VIII, XI, XIV–XV, XXIX–XXX, XXXIV, XXXVIII, XLIII, XLV,

LI–LIII, LVI, LIX, LXVII, Posidippus IX, XXIV
- Euripides: *Bacchae*
- Herodotus: 1
- Hesiod: *Theogony*
- Homer: *Iliad* 1, 18, 22, 24; *Odyssey* 1, 7, 9, 19
- Inscriptions: R. Meiggs and D. Lewis, *A Selection of Greek Historical Inscriptions* #23 (Themistocles Decree), 93 (epigram for a Lycian dynast), J. H. Oliver, *Greek Constitutions* #2 (rescript on tomb-violation)
- Lyric poetry: selections from Sappho, Alcaeus, Archilochus, and Simonides, as in D. Campbell, *Greek Lyric Poetry*
- Lysias: 1
- Pausanias: 1, 5
- Philostratus the Younger: *Imagines*
- Plato: *Symposium*
- Sophocles: *Oedipus Tyrannus*
- Theocritus: 1, 7
- Thucydides: 1; 6.72–105; 7.1–17, 21–24, 36–87

**Latin Literature**
- Augustus: *Res Gestae*
- Catullus: 63, 64, 66
- Cicero: letters, as in D. R. Shackleton Bailey's *Select Letters*; *Fourth Verrine Oration*
- Horace: *Satires* I
- Juvenal: 3
- *Lex de imperio Vespasiani*, as in M. Crawford's *Roman Statutes*
- Livy: 1, 6
- Martial: 1, 14

- Ovid: *Metamorphoses* 10
- Petronius: *Satyrica* 26.7–78
- Pliny the Elder: *Natural History* 34–35
- Pliny the Younger: *Epistulae* 1.1, 3, 15; 2.1, 6, 17; 3.5, 6, 16, 19, 21; 4.28, 30; 5.6, 11; 6.16, 20; 7.24; 8.8; 9.7, 33, 36; 10.61, 62, 70, 71, 90, 91, 96, 97
- Propertius 1
- Scriptores Historiae Augustae: *Life of Hadrian*
- Seneca: *Epistulae Morales* 7, 12, 47, 51, 56, 86, 88
- Statius: *Silvae* 1.1, 3; 2.2; 4.6
- Suetonius: *Life of Nero*
- Tacitus: *Annals* 14
- Virgil: *Aeneid* 4, 6, 8
- Vitruvius: *De Architectura* 1

# 第三章　经典研读

　　古希腊罗马的传世典籍是古典研究最为倚重的原始材料,习惯上称这些典籍为文学类(literary)材料,它们与文书类(documentary)材料有着根本上的区别:前者具有广义的文学性,由作者撰作(最早期为口述),一般以公众为对象,旨在传诸后世;后者不突出其作者撰作的性质,乃为一时之用,一般有特定的言说对象,服务其当下目的。鉴于传世典籍所体现出来的复杂的文学性,西方古典学界对这些文本,尤其是其中最重要的经典文本进行了大量的文献学整理工作和语文学研究工作,我们在研读的过程中必须充分利用这些现成的研究成果,学会使用完整传世的经典文本的校勘本(第一节),散佚文本的辑佚本(第二节)以及注解和阐释文本的评注本(第三节),方能对这些经典文本的理解达到较为深入的层次,逐步迈入文本细读的境界(第四节)。

## 一、校勘本

　　§1. 对传世典籍的文献学整理和研究包含两个层次的内容,首先是基础性的整理,侧重文本的搜集、复原、辑佚、辨伪和校勘;其次是考证性的研究,侧重文本的来源、作者(或编者)的身份、成书的时期、地域和过程。传统上,西方古典学界称前一种工作为"文本批评"(textual criticism),称后一种工作为"高等批评"(higher criticism),其实这两种文献学的工作相互依存,难分高下。所谓"文本批评",主要指的是文本的校勘整理,大致等同于校勘学。与我国传统的校勘学一样,西方校勘学也运用系统的原则和方法,寻找各种证据,来纠正古代典籍在流传(特别是传抄)过程中出现的讹误,并对各种异文加以鉴别,决定去取,尽量恢复文本的原貌。缘此,校勘工作被形象地比喻为逆转古希腊罗马典籍从古至今的流传过程,旨在"回溯传承线索,尽可能切近地将文本回复到其原初的形式"。①为实现这一目标,一位称职的校勘者不仅要通晓校勘的原则和方法,掌握各种相关的技能,还需有广博的古典学识以及精细入微的辨别力。② 对于古代典籍的初习者而言,最重要的当然不是掌握校勘者的各项技能,而是要学会使用校勘学的最终成果——**校勘本**(critical edition)。

初习者如上章所述通盘浏览了古希腊罗马的传世典籍之后,便要细致研读其中一部分的经典文本,此时的一项基本技能是学会查找与甄别某部经典文本目前最权威、学界最通行的校勘本,也就是所谓的**标准本**(standard edition)。需要注意的是,由于印刷术在西方发明较晚,古代典籍长期以抄本形式流传,直至15世纪后期才出现了首批古希腊典籍的印本,史称"首印本"(editio princeps),但这些首印本不是严格意义上的校勘本,而是印刷者根据当时所能够找到的抄本排印的。只是到了18世纪末现代古典学兴起以后,一批又一批的古典学者才按照现代校勘学的原则和方法对古代典籍进行系统的校勘整理,推出了这些典籍的现代文本(modern text)。随着后人在前人工作的基础上不断完善,并将新发现或出土的抄本或纸草纳入考量,最新的校勘本往往后出转精,取代了旧本。所以,就古希

---

① 雷诺兹、威尔逊著,苏杰译:《抄工与学者》(**5.2.1**),第214页。

② 关于古典校勘学的基本原则与方法,参见前揭《抄工与学者》(**5.2.1**)第六章;West 1973是一本篇幅不大但有一定难度的实用手册。另见苏杰编译:《西方校勘学论著选》辑录的七篇西方校勘学重要文献。

腊罗马典籍而言,最精善的校勘本通常不是年代久远的"首印本",而是当代学界推出的最新印本。

初习者需要了解并熟记与自己的学术兴趣和研究相关的古代经典的标准本,并追踪最新面世的相关校勘本,关注它是否会取代旧本成为新的标准本。了解某部古代经典的校勘本,最便捷的办法是查阅最新版的《牛津古典辞书》(**4.1.1**)或者《新保利古代世界百科全书》(**4.1.2 或 4.1.3**)相关条目下所附的"文本"(Text)或"版本"(Edition)书目。不过,书目所列的往往不止一个版本,究竟哪一个堪称"标准本",或者这几个版本各有千秋、难分轩轾,还需初习者通过平时的积累做出判断。此外,及时追踪上述工具书未及收入的最新面世的相关校勘本,同样也需要平时的积累。

一般而言,古代经典的标准本属于某个校勘本系列丛书,其中最知名的是德国出版的《托伊布纳古典文库》(**3.1.1**,以下简称"托伊布纳本")、英国出版的《牛津古典文库》(**3.1.2**,以下简称"牛津本")、法国出版的《比代古典文库》(**3.1.3**,以下简称"比代本")以及意大利出版的《瓦拉古典文库》(**3.1.4**,以下简称"瓦拉本")。①这四个系列可以根据性质分成两组,前两个系列印行的是只有古希腊文或拉丁文原文的纯校勘本,后两个系列除了经过校勘的原文,还分别附上了法译文或意大利译文以及法语或意大利语的评注,是集校、译、注为一体的综合文本。②

§2. 学会使用标准的校勘本,首先要熟悉**校勘本的体例**。校勘

---

① 还有其他一些古典学系列丛书也推出校勘本,例如《剑桥古典文本与评注丛书》(**3.1.5**)和德国意特出版社的《文本与评注丛书》(**3.1.6**)。另外,欧洲一些历史悠久的学术出版重镇(如牛津大学出版社、博睿出版社)也会单独出版校勘本。

② 此处有必要强调的是,国内最为流行的古希腊罗马典籍丛书即《娄卜古典文库》(**3.2.1**),并非"西洋古典书籍最好的版本"(钱锺书语),因为这个文库称不上校勘本丛书,而是供普通读者阅读的"双语对照本"丛书,与同样以"双语对照本"形式给出校勘文本和译文的《比代古典文库》和《瓦拉古典文库》性质不同。

本通常遵循严格的体例,包含以下这些基本组成部分:

(一)前言部分:这一部分主要是校勘者撰写的**"前言"**(praefatio)。由于校勘者传统上使用西方通行的学术语言即拉丁语,这篇"前言"在较为保守的纯校勘本系列如"托伊布纳本"和"牛津本"那里,仍然会用拉丁语撰写。① "前言"一般讨论校勘者所依据的文献材料,包括该文本的直接和间接传承材料,其中最主要的是中世纪的抄本和新出土的纸草。"前言"介绍这些抄本的年代、基本特征、相互之间的传承关系以及流传系统,最后(如有可能)给出各个抄本之间的谱系图(stemma codicum)。"前言"之后是单列的**"缩写符号表"**(conspectus siglorum)或**"抄本符号表"**(sigla codicum),给出校勘者所使用的主要材料的缩写,例如用大写的拉丁字母标识现存的抄本,小写的希腊或拉丁字母标识抄本家族或底本,用希腊字母 Π 标识纸草,用希腊字母 Σ 标识"古注"(scholia)等。

(二)正文部分:一般分为上下两个部分,上面为正文的主体部分,即经过校勘的**原文文本**,在这个主体部分的上端即页眉处,会给出该页(指左右两面)的文本位置信息,而在主体部分的左右页边,会给出边码、段数或行数等信息;主体部分之下,是针对这页正文的**"校勘记"**(apparatus criticus)。此外,有一些校勘本(如"托伊布纳本")在正文和校勘记之间还会增加一个部分,即**"古证"**(testimonia),列出古人对这页正文所涉及内容的征引、评述、影射或摹仿等方面的信息。

(三)索引部分:正文之后的这个部分一般包含各种索引,其中最常见的是收录人名地名的**"专名索引"**(index nominum),这个索引也可拆分为"人名索引"(index personarum)、"族群名索引"(index gentium)和"地名索引"(index locorum)等。另外,有些校勘本还有收录主题的**"主题索引"**(index rerum),收录文本里出现

---

① 也有个别例外,见下文第135页注①。《比代古典文库》和《瓦拉古典文库》由于是"双语对照本","前言"也改用法语或意大利语撰写。

的所有单词的**"逐词索引"**(index verborum),收录文本征引的作者和作品的**"引文出处索引"**(index locorum①)。一些包含"古证"(testimonia)的校勘本还会给出**"古证索引"**(index testimoniorum)。

以上所列为校勘本最基本的组成部分。在此基础上,有的校勘者还会增添一些额外的内容,为读者收集更丰富的材料或提供更精细的论述。比如"前言部分",校勘者还会讨论此前最具影响力的校勘本(editiones)和相关研究(studia),并用"书目"(conspectus librorum)的形式加以罗列,再给出"常引书目缩写表"(notae),列举校勘记里经常出现的前人版本和论著的缩写,为读者阅读校勘记提供方便。更有校勘者将"前言"大幅扩展成"导论"(prolegomena),不仅讨论与校勘相关的问题,还论及作者的生平,该作品的古证、古注以及早期版本和现代学术史等方方面面的问题,为研读者提供了相关研究的整体性指南。再如"正文部分",除了"原文文本"和"校勘记"以及"古证",有些希腊早期诗歌作品的校勘本还会增加一个"程式征引"(apparatus formularum),列举其他早期诗歌里相似或对应的程式化用语和表述,这有助于研读者关注早期诗歌作品所属的创作传统与该文本之间的精密细微的联系。

知晓了校勘本的基本体例,我们再来简单比较一下上述四个主要校勘本系列各自的特点。**"托伊布纳本"**历史最为悠久,也最具学术性,主要供专门研究者使用,以推出精校精印的"详校本"(editio maior)为特色,尤其是"托伊布纳本"的校勘记遵循周详广博的传统,尽可能呈现所有不同的读法和现代学者的猜测与修正,原文和校勘记之间还经常附有详尽的"古证"。相比之下,同样是纯校勘本的**"牛津本"**可视作"简校本"(editio minor),校勘记详略适中,基本采用学界普遍认可的读法,仅对最重要的异文出校,不罗列各种抄本异文和现代学者的猜测,一般不包含"古证",整体上力求通

---

① 注意:这里的 locorum 和"地名索引"里的 locorum,分别来自 locus 一词的引申义和本义。

透明净,最适合初习者和普通研究者使用。这两个系列实际上体现了截然不同的校勘原则:一种校勘原则是对抄本的各种读法和学者的各种猜想不轻易加以己意,而是力求翔实完备地呈现于校勘记当中,尽可能保存文本传承的全貌,以便读者自行定夺;另一种校勘原则认为,并非读者而是校勘者有责任对抄本的各种读法和学者的各种猜想进行裁夺,并于必要时提出自己的猜测和修正,以便恢复校勘者心目中的文本原貌。这两种校勘原则各有利弊,前一种校勘本虽然细密淹博,但也会失之琐碎,让读者无所适从;后一种校勘本虽然通透明净,但也会失之武断,让读者难窥全豹。所以,"详校本"和"简校本"应当根据读者不同的需求择善而从:在初阶的研读阶段,更适合选择"简校本"作为研读的底本;进入高阶的研究阶段,则需要配备"详校本"作为研究的参考文本。

除了分别代表两种校勘传统的"托伊布纳本"和"牛津本",另外两个系列,即**"比代本"**和**"瓦拉本"**基本上都与"牛津本"相似,属于"简校本",但校勘记往往会比"牛津本"更为详尽一些,也值得参考。当然,对于掌握法语和意大利语的初习者,这两个系列的价值还体现于法译文或意大利译文,以及法语或意大利语撰写的导论和评注。

§3. 让我们以希罗多德《历史》为例,具体了解如何使用校勘本。之所以选择《历史》,是因为上述四个系列先后推出的这部古代史学经典的校勘本,目前在学界仍有一定的影响力,这四个本子分别是威尔逊的"牛津本"、罗森的"托伊布纳本"、勒格朗的"比代本"和阿舍里的"瓦拉本"。

**威尔逊的"牛津本"**是最新问世的《历史》校勘本,[①] 图一展示了该本的版式设计。

---

① N. G. Wilson, ed., *Herodoti Historiae*, 2 vols., Oxford Classical Texts, Oxford: Oxford University Press, 2015.

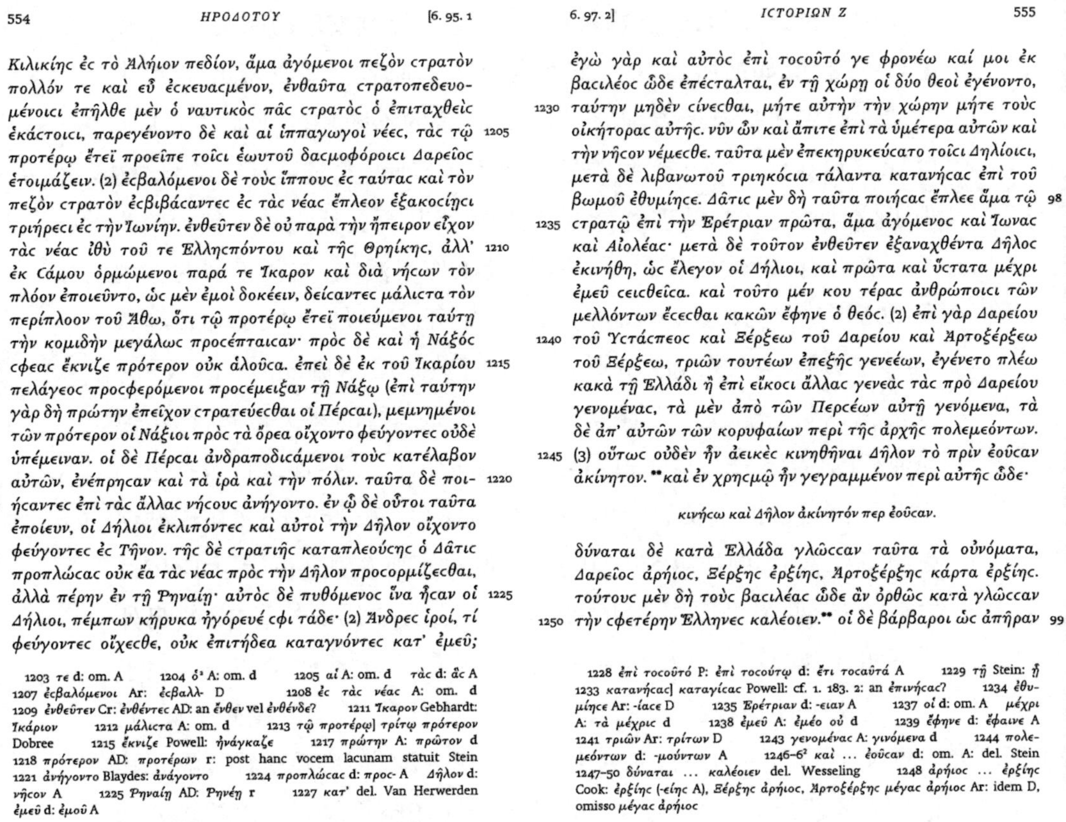
554　ΗΡΟΔΟΤΟΥ　[6. 95. 1

Κιλικίης ἐς τὸ Ἀλήιον πεδίον, ἅμα ἀγόμενοι πεζὸν στρατὸν
πολλόν τε καὶ εὖ ἐσκευασμένον, ἐνθαῦτα στρατοπεδευο-
μένοισι ἐπῆλθε μὲν ὁ ναυτικὸς πᾶς στρατὸς ὁ ἐπιταχθεὶς
ἑκάστοισι, παρεγένοντο δὲ καὶ αἱ ἱππαγωγοὶ νέες, τὰς τῷ
προτέρῳ ἔτεϊ προεῖπε τοῖσι ἑωυτοῦ δασμοφόροισι Δαρεῖος
ἑτοιμάζειν. (2) ἐσβαλόμενοι δὲ τοὺς ἵππους ἐς ταύτας καὶ τὸν
πεζὸν στρατὸν ἐσβιβάσαντες ἐς τὰς νέας ἔπλεον ἑξακοσίῃσι
τριήρεσι ἐς τὴν Ἰωνίην. ἐνθεῦτεν δὲ οὐ παρὰ τὴν ἤπειρον εἶχον
τὰς νέας ἰθὺ τοῦ τε Ἑλλησπόντου καὶ τῆς Θρηίκης, ἀλλ'
ἐκ Σάμου ὁρμώμενοι παρά τε Ἴκαρον καὶ διὰ νήσων τὸν
πλόον ἐποιεῦντο, ὡς μὲν ἐμοὶ δοκέειν, δείσαντες μάλιστα τὸν
περίπλοον τοῦ Ἄθω, ὅτι τῷ προτέρῳ ἔτεϊ ποιεύμενοι ταύτῃ
τὴν κομιδὴν μεγάλως προσέπταισαν· πρὸς δὲ καὶ ἡ Νάξός
96 σφεας ἔκνιζε πρότερον οὐκ ἁλοῦσα. ἐπεὶ δὲ ἐκ τοῦ Ἰκαρίου
πελάγεος προσφερόμενοι προσέμειξαν τῇ Νάξῳ (ἐπὶ ταύτην
γὰρ δὴ πρώτην ἐπεῖχον στρατεύεσθαι οἱ Πέρσαι), μεμνημένοι
τῶν πρότερον οἱ Νάξιοι πρὸς τὰ ὄρεα οἴχοντο φεύγοντες οὐδὲ
ὑπέμειναν. οἱ δὲ Πέρσαι ἀνδραποδισάμενοι τοὺς κατέλαβον
αὐτῶν, ἐνέπρησαν καὶ τὰ ἱρὰ καὶ τὴν πόλιν. ταῦτα δὲ ποι-
97 ήσαντες ἐπὶ τὰς ἄλλας νήσους ἀνήγοντο. ἐν ᾧ δὲ οὗτοι ταῦτα
ἐποίευν, οἱ Δήλιοι ἐκλιπόντες καὶ αὐτοὶ τὴν Δῆλον οἴχοντο
φεύγοντες ἐς Τῆνον. τῆς δὲ στρατιῆς καταπλεούσης ὁ Δᾶτις
προπλώσας οὐκ ἔα τὰς νέας πρὸς τὴν Δῆλον προσορμίζεσθαι,
ἀλλὰ πέρην ἐν τῇ Ῥηναίῃ· αὐτὸς δὲ πυθόμενος ἵνα ἦσαν οἱ
Δήλιοι, πέμπων κήρυκα ἠγόρευέ σφι τάδε· (2) Ἄνδρες ἱροί, τί
φεύγοντες οἴχεσθε, οὐκ ἐπιτήδεα καταγνόντες κατ' ἐμεῦ;

1203 τε d: om. A　1204 ὁ² A: om. d　1205 αἱ A: om. d　τὰς d: ἃς A　1207 ἐσβαλόμενοι Ar: ἐσβαλλ- D　1208 ἐς τὰς νέας A: om. d　1209 ἐνθεῦτεν Cr: ἐνθέντες AD: an ἔνθεν vel ἐνθένδε?　1211 Ἴκαρον Gebhardt: Ἰκάριον　1212 μάλιστα A: om. d　1213 τῷ προτέρῳ] τρίτῳ πρότερον Dobree　1215 ἔκνιζε Powell: ἠνάγκαζε　1217 πρώτην A: πρῶτον d　1218 πρότερον AD: προτέρων r: post hanc vocem lacunam statuit Stein　1221 ἀνήγοντο Blaydes: ἀνάγοντο　1224 προπλώσας d: προσ- A　Δῆλον d: νῆσον A　1225 Ῥηναίῃ AD: Ῥηνέῃ r　1227 κατ' del. Van Herwerden　ἐμεῦ d: ἐμοῦ A

6. 97. 2]　ΙΣΤΟΡΙΩΝ Ζ　555

ἐγὼ γὰρ καὶ αὐτὸς ἐπὶ τοσοῦτό γε φρονέω καί μοι ἐκ
βασιλέος ὧδε ἐπέσταλται, ἐν τῇ χώρῃ οἱ δύο θεοὶ ἐγένοντο,
ταύτην μηδὲν σίνεσθαι, μήτε αὐτὴν τὴν χώρην μήτε τοὺς
οἰκήτορας αὐτῆς. νῦν ὦν καὶ ἄπιτε ἐπὶ τὰ ὑμέτερα αὐτῶν καὶ
τὴν νῆσον νέμεσθε. ταῦτα μὲν ἐπεκηρυκεύσατο τοῖσι Δηλίοισι,
μετὰ δὲ λιβανωτοῦ τριηκόσια τάλαντα κατανήσας ἐπὶ τοῦ
βωμοῦ ἐθυμίησε. Δᾶτις μὲν δὴ ταῦτα ποιήσας ἔπλεε ἅμα τῷ 98
στρατῷ ἐπὶ τὴν Ἐρέτριαν πρῶτα, ἅμα ἀγόμενος καὶ Ἴωνας
καὶ Αἰολέας· μετὰ δὲ τοῦτον ἐνθεῦτεν ἐξαναχθέντα Δῆλος
ἐκινήθη, ὡς ἔλεγον οἱ Δήλιοι, καὶ πρῶτα καὶ ὕστατα μέχρι
ἐμεῦ σεισθεῖσα. καὶ τοῦτο μέν κου τέρας ἀνθρώποισι τῶν
μελλόντων ἔσεσθαι κακῶν ἔφηνε ὁ θεός. (2) ἐπὶ γὰρ Δαρείου
τοῦ Ὑστάσπεος καὶ Ξέρξεω τοῦ Δαρείου καὶ Ἀρτοξέρξεω
τοῦ Ξέρξεω, τριῶν τουτέων ἐπεξῆς γενεέων, ἐγένετο πλέω
κακὰ τῇ Ἑλλάδι ἢ ἐπὶ εἴκοσι ἄλλας γενεὰς τὰς πρὸ Δαρείου
γενομένας, τὰ μὲν ἀπὸ τῶν Περσέων αὐτῇ γενόμενα, τὰ
δὲ ἀπ' αὐτῶν τῶν κορυφαίων περὶ τῆς ἀρχῆς πολεμεόντων.
(3) οὕτως οὐδὲν ἦν ἀεικὲς κινηθῆναι Δῆλον τὸ πρὶν ἐοῦσαν
ἀκίνητον. ** καὶ ἐν χρησμῷ ἦν γεγραμμένον περὶ αὐτῆς ὧδε·

κινήσω καὶ Δῆλον ἀκίνητόν περ ἐοῦσαν.

δύναται δὲ κατὰ Ἑλλάδα γλῶσσαν ταῦτα τὰ οὐνόματα,
Δαρεῖος ἀρήιος, Ξέρξης ἑρξίης, Ἀρτοξέρξης κάρτα ἑρξίης.
τούτους μὲν δὴ τοὺς βασιλέας ὧδε ἂν ὀρθῶς κατὰ γλῶσσαν
τὴν σφετέρην Ἕλληνες καλέοιεν.** οἱ δὲ βάρβαροι ὡς ἀπῆραν 99

1228 ἐπὶ τοσοῦτό P: ἐπὶ τοσούτῳ d: ἔτι τοσαῦτά A　1229 τῇ Stein: ἧ　1233 κατανήσας] καταγίσας Powell: cf. 1. 183. 2: an ἐπινήσας?　1234 ἐθυμίησε Ar: -ίασε D　1235 Ἐρέτριαν d: -ειαν A　1237 οἱ d: om. A　μέχρι A: τὰ μέχρις d　1238 ἐμεῦ A: ἐμέο οὐ d　1239 ἔφηνε d: ἔφαινε A　1241 τριῶν Ar: τρίτων D　1243 γενομένας A: γινόμενα d　1244 πολεμεόντων d: -μούντων A　1246–6² καὶ … ἐοῦσαν d: om. A: del. Stein　1247–50 δύναται … καλέοιεν del. Wesseling　1248 ἀρήιος … ἑρξίης Cook: ἑρξίης (-είης A), Ξέρξης ἀρήιος, Ἀρτοξέρξης μέγας ἀρήιος Ar: idem D, omisso μέγας ἀρήιος

图一　威尔逊“牛津本”希罗多德《历史》的版式设计（第二册第 554—555 页）

使用校勘本的前提是利用校勘本提供的各种信息，这需要我们熟悉**校勘本的版式设计**，所以我们先对威尔逊“牛津本”的版式设计做一说明。

最上端是**天头**：左页天头左边为两卷本的连续页码；正中的字样标明作者，意为“希罗多德的”，右边“[6.95.1]”表示该页起首的文本在全书中的位置，即第六卷第 95 节第 1 小节（此为《历史》的通行分节）；右页天头的信息相同，只是位置相反，左边“[6.97.2]”表示该页结尾的文本在全书中的位置，即第六卷第 97 节第 2 小节，而天头正中的字样标明作品，意为“《历史》第六卷”。

中间是**正文和正文边码**：首先，正文是经过校理的原文文本，校勘者的目标，如前所述，是尽量恢复文本的原貌。即便如此，校勘本与文本原貌还是有所差别的，其中最显著的不同是校勘者对文本施以标点和其他符号。这些符号绝非无足轻重，尤其是标点符号，体现了校勘者对文本的理解，标点使用得当甚至会让更动字句的校改不再必要，因此这同样也是一种校勘工作。其次，左页正文的左边码"96、97"表示分节（如再分成小节，正文里加上"(2)、(3)"等数字），右边码（"1205、1210等"）表示行数。威尔逊的"牛津版"为《历史》的每一卷使用了连续的行数，而非通行的每页重起行数，但与通行的做法一样，也是每隔五行加以标示（注意：连续行数不包含希罗多德自己的引文，比如德尔菲神谕的原文，这些引文在校勘记里用指数表示，例如第 555 页的一行德尔菲神谕引文位于第 1246 行之后，在校勘记里便用 $1246^2$ 来指代）；右页边码的信息相同，也是位置相反。

正文下端是**校勘记**：校勘记的格式是行数、读法和读法来源，同一处文字的不同读法首先列出正文采用的读法，然后用冒号隔开其他的不同读法，非同一处文字的不同读法用空格隔开。出校之处的行数以边码显示的连续行数标示，对读法的说明采用浅近而简练的拉丁文，读法来源里使用的抄本缩写字母需查阅正文之前的"符号缩写表"(sigla)。

除了以上每页相同的版式设计，第一册卷首还有"序言"，序言之后是"符号缩写表"(sigla，重印于第二册卷首)，第一和第二册卷尾还附有完全一致的"专有名词索引"(Index Nominum)，以便读者查阅。

威尔逊的"牛津本"旨在取代百年前修德(Carl Hude)校订的旧"牛津本"，尽管旧本仍是英语学界最通用的本子，有其广为称道的优点，但威尔逊在新本"序言"的开篇便点明了该本的欠缺所在，特别指出修德的校勘记收录了太多个别抄本的琐细舛误，这些舛误对于确立抄本之间的关系毫无助益,而19世纪中叶以降的现代校勘者的合理猜测却没有得到足够的体现。因此,威尔逊除了利用修德未及见到的新材料(特别是"奥克西林库斯莎草纸集"里的纸草,其中有一些尚未整理出版)对文本进行校订,更致力于反映现代学者的相关研究成果,并提出了自己的一些猜测。不过,威尔逊的校勘策略比较谨慎,他只把现代学者和他自己的猜测当中最有把握的一小部分置入正文,其余的大量猜测都收集在校勘记里,作为"诊断性的猜测"(古典校勘学家保罗·马斯语)来提示读者:我们有理由怀疑此处的正文存在问题,很可能在传承的过程中发生了讹变。[①] 这一做法旨在表明,虽然希罗多德《历史》的传世文本总体来说比较可靠,但其中存在的问题还是要比通常认为的多很多,尤其是一些难于索解之处,究竟是源于后人的改窜,还是作者自己的修订,需要做出精审的辨析和考订。

使用校勘本最关键的步骤是**释读校勘记**。当我们研读经典文本时,有必要关注读到的文字是否存在问题,是否存在不同抄本的异文或者现代学者的修订,还要判断存在的异文和修订对于正确理解文本是否重要,这些信息都可以在校勘记里获取。研读者首先要掌握校勘记的通行体例,然后再通过大量实践来学会使用校勘记。[②]

以下用图一所示的《历史》下册第 555 页为例,对校勘记的释读略加申说。这页的校勘记大多录入了不同抄本的异文,用校勘学术语来说就是"异同校",即只胪列异同、不加按断的校勘记,尽管正文选取的读法已经表明了校勘者的基本判断。例如第一条校勘记是说:正文第 1228 行里的 ἐπὶ τοσοῦτό 的读法来自 P(查阅"符合缩

---

[①] N. G. Wilson, ed., *Herodoti Historiae*, vol.1, p. v. 顺便提及,这篇"序言"用英语而非拉丁语写就,这在《牛津古典文库》当中比较罕见(参见 **3.1.2**)。N. G. Wilson 坚持自己一贯的主张,从 1990 年的"牛津本"《索福克勒斯悲剧集》(与 Hugh Lloyd-Jones 合作)到 2007 年的"牛津本"《阿里斯托芬喜剧集》,一直用英语撰写"序言"。

[②] 校勘记的通行体例,参见雷诺兹、威尔逊著,苏杰译:《抄工与学者》(**5.2.1**),第 248—250 页;更为详细的介绍,参见 West 1973: 86-94。

写表"，P 代表 Parisinus gr. 1633 这个抄本 )，而 d（代表 DRSUVX 这些抄本的共同读法）和 A（代表 Lauarentianus plut. 70.3 这个抄本）分别读作 ἐπὶ τοσούτῳ 和 ἔτι τοσαῦτά，① 这几个读法文义皆通，不能断定是非，所以只罗列异文，以下关于第 1234、1235 等行的校勘记皆属此类。第二条校勘记属于说明校改依据的"按断校"，因为校勘者采用了前人的校勘成果，在此予以说明，该条的意思是：正文第 1229 行里的 τῇ 这个读法是德国古典学者施坦因（Heinrich Stein, 1828—1917）的修订，而抄本里的读法是 ἥ，校勘者认为后者有误，施坦因的修订基本上确凿无疑，因此置入了正文。② 第三条校勘记又与前两条不同，说的是：正文第 1233 行里的 κατανήσας 这个读法，英国古典学者鲍威尔（John Enoch Powell, 1912—1998）建议修订为 καταγίσας，但校勘者没有采纳，而他本人则提出，若参考第 1 卷第 183 节第 2 小节的内容，或许可改订为 ἐπινήσας，不过他对此并无十足把握，所以未将这一猜想置入正文。③ 这一条采用了"本校法"，但校勘者虽据此表达怀疑之意，却并未做出明确判断，可称作"疑似校"。

除了上述类型的校勘工作，这一页出校的还有更为重要的文本问题。④ 我们注意到，正文第 1246 行至 1250 行各有两个星号，根据"前言"里的说明，两个星号中间的文字存在一定的疑问，要么是前后矛盾，要么是不必要的重复，原因可能是，希罗多德生前没有来得及完成对其著作的最终审定，某些后来增补的段落尚未不着痕迹地嵌入上下文，或是作者对两种不同甚至相互抵牾的说法还无从选

---

① 用简洁的中文校勘记行文格式来说就是："抄本 P 作 ἐπὶ τοσοῦτό, 抄本 d 作 ἐπὶ τοσούτῳ, 抄本 A 作 ἔτι τοσαῦτά。"

② 用简洁的中文校勘记行文格式来说就是："抄本作 ἥ, 今据施坦因改作 τῇ。"

③ 用简洁的中文校勘记行文格式来说就是："抄本作 κατανήσας, 鲍威尔改作 καταγίσας。按, 据第 1 卷第 183 节第 2 小节, 疑作 ἐπινήσας。"

④ 以下的例子援引自 Gauthier Liberman 为威尔逊"牛津本"撰写的书评, 参见 The Journal of Hellenic Studies 136 (2016), p. 194 右栏—p.195 左栏。

择，遂将两者同时保留下来；不过，在某些个别例子里，也可能并非作者所为，而是古代读者的插补文字。① 我们查阅此处的校勘记，释读如下：

第 1246 至 1246² 行：从 καὶ 到 ἐοῦσαν 为大多数抄本（d）的读法，但最重要的抄本 A 却不包含（om.）这几行，而施坦因也将之删除（del.）；紧接着的第 1247 至 1250 行，从 δύναται 到 καλέοιεν，也被 18 世纪的古典学者韦塞林 [Petrus Wesseling, 1692-1764] 删除。

对这两段篇幅并不算很小的文字存在如此的分歧和争议，究竟是什么原因呢？我们先来看第一段，此处叙述的是，公元前 490 年，波斯将领达提斯（Datis）率军出征希腊本土，启程之后，提洛岛发生了一次地震，希罗多德称这次地震为提洛岛上发生过的唯一一次地震，是神明垂示的朕兆，警告将有灾祸临头。他征引神谕说："此外，关于这场地震，神谕里有如下记载：'我还会震动提洛岛，虽然它从未被震动'。"施坦因删除这段文字的主要原因，是认为这里征引神谕的方式不同于希罗多德常用的方式，而且最可靠的抄本 A 也不包含这段文字，因此断定是古人的插补衍入了正文。

第 1247 至 1250 行的第二段，希罗多德为三位波斯国王的名字给出了词源释义："以上这些名字，如果迻译成希腊语，大流士就是'好战者'，薛西斯就是'行动者'，阿尔塔薛西斯就是'伟大的行动者'，希腊人如果用他们自己的语言来正确地称呼这些国王，就会是这样。"这段文字的问题比较复杂，首先它在上下文里显得突兀，令人猜测是作者或某位古代读者后来添加的"注脚"；其次，这里给出的希腊语词源释义与古波斯语的原本含义完全不符，令人怀疑这段文字的真实性；再次，校勘者采取的读法是英国古典学者库克

---

① N. G. Wilson, ed., *Herodoti Historiae*, vol.1, pp. vii-viii.

(Arthur B. Cook, 1868—1952)的校改,而大多数抄本(包括抄本 A)的读法是:"大流士就是'行动者',薛西斯就是'好战者',阿尔塔薛西斯就是'伟大的好战者'。"换言之,校勘者认为,如果要保留这段文字,抄本的读法把大流士的名字解释成"行动者",薛西斯的名字解释成"好战者",一定是错误的,必须如库克提出的那样,将两者对调,才与古波斯语的含义更为接近(当然还不相符),原文也才算差强人意。①

通过对上述两段文字的校勘记的释读,我们发现,校勘者给了读者重要的提示:在希罗多德明白如话的文本底下,也会隐藏着各种各样的问题;若没有校勘记的指引,这些问题往往会被不经意地忽略。然而研读经典,只有意识到这些问题的存在,依据可以信赖的校勘本对之加以追究并做出基本的判断,才会深入文本的细节和肌理,从而接近文本的原貌。

§4. 第二个校勘本,**罗森的"托伊布纳本"**也是一个纯校勘本,而且鲜明地体现了该丛书的"详校本"特色。② 该本的"前言"长达60页(第一卷第 V—LXV 页;第二卷另有两页的"前言"),"索引"长达50余页(第二卷第 456—509 页)。至于中间的《历史》正文,我们同样以第六卷第 95 节至第 98 节为例,先看一下该本的版式设计。

---

① Gauthier Liberman 指出,威尔逊"牛津本"正文里刊印的是 Artoxerxes,并非 Artaxerxes,而只有后者的前缀 Arta- 才能解释成希腊语的 karta,因此正文的 Artoxerxes 和库克的校改之间存在抵牾,参见 *The Journal of Hellenic Studies* 136 (2016), p.195 左栏。

② Haiim B. Rosén, *Herodoti Historiae*, 2 vols., Bibliotheca Scripotrum Graecorum et Romanorum Teubneriana, Leipzig/Stuttgart: B. G. Teubner, 1987-1997. 不同于威尔逊"牛津本"获得的广泛好评,罗森的"托伊布纳本"可谓饱受争议,誉之者称其"……应当且无疑会成为一代甚至两代人的标准校勘本"(参见 Richard A.McNeal 的长篇书评:"Rosén's Herodotus" *Klio* 71 [1989], pp. 555-570,引语见 p. 555);毁之者称其"……不足以令人满意地取代行世的施坦因本、修德本和勒格朗本"(参见 Robert Renehan 的长篇书评, *Göttingische Gelehrte Anzeigen* 243 [1991], pp. 23-44,引语见 p. 44);持平之士则称其"……兼备渊博的学识、细节上的一丝不苟以及对主题的了若指掌,但某些方面也显露出专门知识的缺陷"(参见 Detlev Fehling 的短评:"A New Teubner of Herodotus" *The Classical Review* 39 [1989], pp. 187-188,引语见 p. 187)。

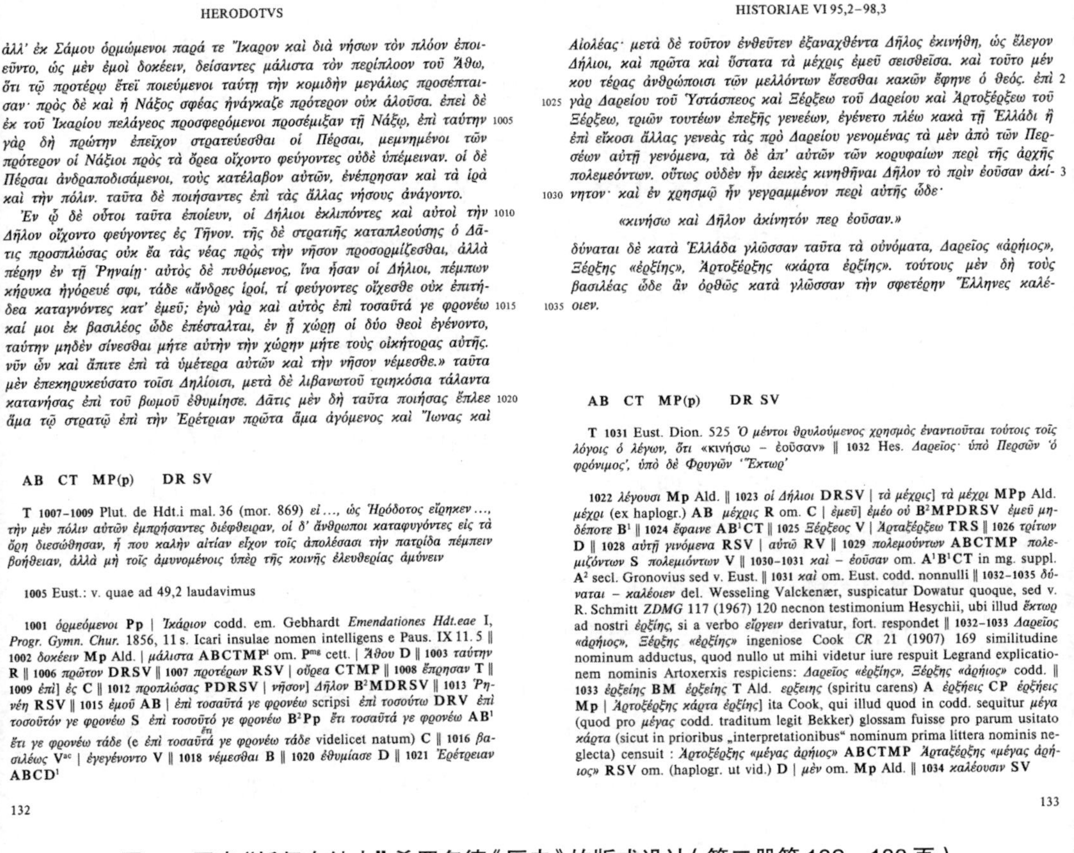

HERODOTVS

ἀλλ' ἐκ Σάμου ὁρμώμενοι παρά τε Ἴκαρον καὶ διὰ νήσων τὸν πλόον ἐποιεῦντο, ὡς μὲν ἐμοὶ δοκέειν, δείσαντες μάλιστα τὸν περίπλοον τοῦ Ἄθω, ὅτι τῷ προτέρῳ ἔτεϊ ποιεύμενοι ταύτῃ τὴν κομιδὴν μεγάλως προσέπταισαν· πρὸς δὲ καὶ ἡ Νάξος σφέας ἠνάγκαζε πρότερον οὐκ ἁλοῦσα. ἐπεὶ δὲ ἐκ τοῦ Ἰκαρίου πελάγεος προσφερόμενοι προσέμιξαν τῇ Νάξῳ, ἐπὶ ταύτην γὰρ δὴ πρώτην ἐπεῖχον στρατεύεσθαι οἱ Πέρσαι, μεμνημένοι τῶν πρότερον οἱ Νάξιοι πρὸς τὰ ὄρεα οἴχοντο φεύγοντες οὐδὲ ὑπέμειναν. οἱ δὲ Πέρσαι ἀνδραποδισάμενοι, τοὺς κατέλαβον αὐτῶν, ἐνέπρησαν καὶ τὰ ἱρὰ καὶ τὴν πόλιν. ταῦτα δὲ ποιήσαντες ἐπὶ τὰς ἄλλας νήσους ἀνάγοντο.

Ἐν ᾧ δὲ οὗτοι ταῦτα ἐποίευν, οἱ Δήλιοι ἐκλιπόντες καὶ αὐτοὶ τὴν Δῆλον οἴχοντο φεύγοντες ἐς Τῆνον. τῆς δὲ στρατιῆς καταπλεούσης ὁ Δᾶτις προσπλώσας οὐκ ἔα τὰς νέας πρὸς τὴν νῆσον προσορμίζεσθαι, ἀλλὰ πέρην ἐν τῇ Ῥηναίῃ· αὐτὸς δὲ πυθόμενος, ἵνα ἦσαν οἱ Δήλιοι, πέμπων κήρυκα ἠγόρευέ σφι, τάδε «ἄνδρες ἱροί, τί φεύγοντες οἴχεσθε οὐκ ἐπιτήδεα καταγνόντες κατ' ἐμεῦ; ἐγὼ γὰρ καὶ αὐτὸς ἐπὶ τοσαῦτά γε φρονέω καί μοι ἐκ βασιλέος ὧδε ἐπέσταλται, ἐν ᾗ χώρῃ οἱ δύο θεοὶ ἐγένοντο, ταύτην μηδὲν σίνεσθαι μήτε αὐτὴν τὴν χώρην μήτε τοὺς οἰκήτορας αὐτῆς. νῦν ὦν καὶ ἄπιτε ἐπὶ τὰ ὑμέτερα αὐτῶν καὶ τὴν νῆσον νέμεσθε.» ταῦτα μὲν ἐπεκηρυκεύσατο τοῖσι Δηλίοισι, μετὰ δὲ λιβανωτοῦ τριηκόσια τάλαντα κατανήσας ἐπὶ τοῦ βωμοῦ ἐθυμίησε. Δᾶτις μὲν δὴ ταῦτα ποιήσας ἔπλεε ἅμα τῷ στρατῷ ἐπὶ τὴν Ἐρέτριαν πρῶτα ἅμα ἀγόμενος καὶ Ἴωνας καὶ

**AB CT MP(p) DR SV**

**T 1007–1009** Plut. de Hdt.i mal. 36 (mor. 869) *εἰ ..., ὡς Ἡρόδοτος εἴρηκεν ..., τὴν μὲν πόλιν αὐτῶν ἐμπρήσαντες διέφθειραν, οἱ δ' ἄνθρωποι καταφυγόντες εἰς τὰ ὄρη διεσώθησαν, ἤ που καλὴν αἰτίαν εἶχον τοῖς ἀπολέσασι τὴν πατρίδα πέμπειν βοήθειαν, ἀλλὰ μὴ τοῖς ἀμυνομένοις ὑπὲρ τῆς κοινῆς ἐλευθερίας ἀμύνειν*

**1005** Eust.: v. quae ad 49,2 laudavimus

**1001** *ὁρμεόμενοι* **Pp** | *Ἰκάριον* codd. em. Gebhardt *Emendationes Hdt.eae* I, *Progr. Gymn. Chur.* 1856, 11 s. Icari insulae nomen intelligens e Paus. IX 11. 5 ‖ **1002** *δοκέειν* **Mp** Ald. | *μάλιστα* **ABCTMP**ᵗ om. Pᵐᵍ cett. | *Ἄθου* **D** ‖ **1003** *ταύτην* **R** ‖ **1006** *πρῶτον* **DRSV** ‖ **1007** *προτέρων* **RSV** | *οὔρεα* **CTMP** ‖ **1008** *ἔπρησαν* **T** ‖ **1009** *ἐπὶ*] *ἐς* **C** ‖ **1012** *προπλώσας* **PDRSV** | *νῆσον*] *Δῆλον* **B²MDRSV** ‖ **1013** *Ῥηνέῃ* **RSV** ‖ **1015** *ἐμοῦ* **AB** | *ἐπὶ τοσαῦτά γε φρονέω* scripsi *ἐπὶ τοσούτῳ* **DRV** *ἐπὶ τοσοῦτόν γε φρονέω* **S** *ἐπὶ τοσοῦτό γε φρονέω* **B²Pp** *ἔτι τοσαῦτά γε φρονέω* **AB¹** *ἔτι γε φρονέω τάδε* (e *ἐπὶ τοσαῦτά* [ἔτι] *γε φρονέω τάδε* videlicet natum) **C** ‖ **1016** *βασιλέως* Vᵃᶜ | *ἐγεγένοντο* **V** ‖ **1018** *νέμεσθαι* **B** ‖ **1020** *ἐθυμίασε* **D** ‖ **1021** *Ἐρέτρειαν* **ABCD¹**

132

HISTORIAE VI 95,2–98,3

Αἰολέας· μετὰ δὲ τοῦτον ἐνθεῦτεν ἐξαναχθέντα Δῆλος ἐκινήθη, ὡς ἔλεγον Δήλιοι, καὶ πρῶτα καὶ ὕστατα τὰ μέχρις ἐμεῦ σεισθεῖσα. καὶ τοῦτο μέν κου τέρας ἀνθρώποισι τῶν μελλόντων ἔσεσθαι κακῶν ἔφηνε ὁ θεός. ἐπὶ 2
γὰρ Δαρείου τοῦ Ὑστάσπεος καὶ Ξέρξεω τοῦ Δαρείου καὶ Ἀρτοξέρξεω τοῦ Ξέρξεω, τριῶν τουτέων ἐπεξῆς γενεέων, ἐγένετο πλέω κακὰ τῇ Ἑλλάδι ἢ ἐπὶ εἴκοσι ἄλλας γενεὰς τὰς πρὸ Δαρείου γενομένας τὰ μὲν ἀπὸ τῶν Περσέων αὐτῇ γενόμενα, τὰ δὲ ἀπ' αὐτῶν τῶν κορυφαίων περὶ τῆς ἀρχῆς πολεμεόντων. οὕτως οὐδὲν ἦν ἀεικὲς κινηθῆναι Δῆλον τὸ πρὶν ἐοῦσαν ἀκί- 3
νητον· καὶ ἐν χρησμῷ ἦν γεγραμμένον περὶ αὐτῆς ὧδε·

«κινήσω καὶ Δῆλον ἀκίνητόν περ ἐοῦσαν.»

δύναται δὲ κατὰ Ἑλλάδα γλῶσσαν ταῦτα τὰ οὐνόματα, Δαρεῖος «ἀρήιος», Ξέρξης «ἐρξίης», Ἀρτοξέρξης «κάρτα ἐρξίης». τούτους μὲν δὴ τοὺς βασιλέας ὧδε ἂν ὀρθῶς κατὰ γλῶσσαν τὴν σφετέρην Ἕλληνες καλέοιεν.

**AB CT MP(p) DR SV**

**T 1031** Eust. Dion. 525 *Ὁ μέντοι θρυλούμενος χρησμὸς ἐναντιοῦται τούτοις τοῖς λόγοις ὁ λέγων, ὅτι* «κινήσω – ἐοῦσαν» ‖ **1032** Hes. *Δαρεῖος· ὑπὸ Περσῶν 'ὁ φρόνιμος', ὑπὸ δὲ Φρυγῶν ''Ἕκτωρ'*

**1022** *λέγουσι* **Mp** Ald. ‖ **1023** *οἱ Δήλιοι* **DRSV** | *τὰ μέχρις*] *τὰ μέχρι* **MPp** Ald. *μέχρι* (ex haplogr.) **AB** *μέχρις* **R** om. **C** | *ἐμεῦ*] *ἐμέο οὐ* **B²MPDRSV** *ἐμεῦ μηδέποτε* **B¹** ‖ **1024** *ἔφαινε* **AB¹CT** ‖ **1025** *Ξέρξεος* **V** | *Ἀρταξέρξεω* **TRS** ‖ **1026** *τρίτων* **D** ‖ **1028** *αὐτῇ γινόμενα* **RSV** | *αὐτῷ* **RV** ‖ **1029** *πολεμούντων* **ABCTMP** *πολεμιζόντων* **S** *πολεμιόντων* **V** ‖ **1030–1031** *καὶ – ἐοῦσαν* om. **A¹B¹CT** in mg. suppl. **A²** secl. Gronovius sed v. Eust. ‖ **1031** *καὶ* om. Eust. codd. nonnulli ‖ **1032–1035** *δύναται – καλέοιεν* del. Wesseling Valckenær, suspicatur Dowatur quoque, sed v. R. Schmitt *ZDMG* 117 (1967) 120 necnon testimonium Hesychii, ubi illud *ἕκτωρ* ad nostri *ἐρξίης*, si a verbo *εἴργειν* derivatur, fort. respondet ‖ **1032–1033** *Δαρεῖος «ἀρήιος», Ξέρξης «ἐρξίης»* ingeniose Cook *CR* 21 (1907) 169 similitudine nominum adductus, quod nullo ut mihi videtur iure respuit Legrand explicationem nominis Artoxerxis respiciens: *Δαρεῖος «ἐρξίης», Ξέρξης «ἀρήιος»* codd. ‖ **1033** *ἐρξείης* **BM** *ἐρξείης* **T** Ald. *ερξειης* (spiritu carens) **A** *ἐρξήεις* **CP** *ἐρξήεις* **Mp** | *Ἀρτοξέρξης κάρτα ἐρξίης*] ita Cook, qui illud quod in codd. sequitur *μέγα* (quod pro *μέγας* codd. traditum legit Bekker) glossam fuisse pro parum usitato *κάρτα* (sicut in prioribus „interpretationibus" nominum prima littera nominis neglecta) censuit : *Ἀρτοξέρξης «μέγας ἀρήιος»* **ABCTMP** *Ἀρταξέρξης «μέγας ἀρήιος»* **RSV** om. (haplogr. ut vid.) **D** | *μὲν* om. **Mp** Ald. ‖ **1034** *καλέουσιν* **SV**

133

图二 罗森"托伊布纳本"希罗多德《历史》的版式设计（第二册第132—133页）

最上端的天头版式与"牛津本"略有不同，左页天头正中的字样标明作者，意为"希罗多德"，右页天头的正中字样标明作品及这两页文本在全书中的位置，即"《历史》第六卷第95节第2小节至第98节第3小节"。中间的版式即正文和正文边码与"牛津本"略同，唯一的差别在于，"牛津本"把每一节之下分成的小节如"(2)、(3)"等数字添加到了正文里，而"托伊布纳本"则将之列于边码位置，如数字97之下的数字2，表示第97节的第2小节始于这一行（即 ἄνδρες ἱροί 开始的直接引语）。此外，由于两位校勘者对文本所作的校改不同,边码标示的每卷连续行数也有所不同。①

版式上最大的差别在于正文下端,"牛津本"此处只有"校勘记",而"托伊布纳本"的这个空间被分隔成四到五个部分:第一,每页正文下面列出了这页正文的校勘所依据的抄本,用罗马字母标示(字母代表的抄本需查阅"前言"之后的"符号缩写表"),抄本之间的关系用间隔体现,这个信息便于读者了解校勘者对各个抄本的使用;第二,抄本符号下面是古注(scholia),相较于其他古典著作,古代学者对《历史》的评注数量不大,故可纳入校勘本一并呈现,罗森收录的古注较为完整。② 第三,"古注"之下是"古证"(testimonia),以字母 T 标识,列出后世希腊罗马作家和语法学家对这页正文有关内容的征引和评述。校勘者在这方面做了非常详尽的蒐集整理工作,凡是列举的"古证",不仅注明出处,还给出原文,极大地便利读者使用相关材料。③ 举例而言,第 132 页的"古证"说:正文第 1007—1009 行这段文字曾被普鲁塔克征引,出处为《论希罗多德之恶意》第 36 节(即《道德论丛》第 869 节),然后是这段出处的原文。第 133 页的"古证"说:正文第 1031 行这段文字(即希罗多德引用的德尔菲神谕)又被欧斯塔修斯 [Eustathius,生活于 12 世纪的拜占庭大

---

① 另外还由于罗森的连续行数也包含希罗多德自己的引文。注意:罗森"托伊布纳本"第一卷(出版于 1987 年)的行数边码沿用了通行的每页另起标示法,第二卷(出版于 1997 年)才改用每卷连续标示法。

② 其他校勘本如"施坦因本"(见下注)和阿舍里的"瓦拉本"(讨论见下 §5)也收录了"古注"。

③ 罗森的工作建立在希罗多德《历史》第一个真正的现代校勘本即"施坦因本"(Heinrich Stein, ed., *Herodoti Historiae*, Berlin: Weidmann, 1869—1971)的基础之上,但他不仅丰富了"古证"的内容(主要添加了后世语法学家的摘引),而且还给出了征引的原文("施坦因本"只给出征引的出处)。另外,罗森还整理了拜占庭语法学者摩斯克普鲁斯(Manuel Moschopulus,生活于 13 至 14 世纪)所撰《论伊奥尼亚方言》一文(该文总结了伊奥尼亚方言的特点,着重讨论了希罗多德),并将之置于前言之后、希罗多德的正文之前(第一卷第 LXVIII—LXXXVIII 页)。总之,罗森"托伊布纳本"较为全面地体现了古人对希罗多德文本的各种研究方式,包括词汇汇编、古注和相关论文,这无疑是其重要成就。

学者]为旅行者狄奥尼修斯[Dionysius Periegetes,大约生活于哈德良时期]的史诗体地理学著作《环球游记》第525行撰写的评注所征引,然后是该段评注的原文;第1032行关于大流士名字的含义,5世纪亚历山大里亚的语法学者赫叙基乌斯(Hesychius)编纂的词典里有"大流士"条目,然后是该条目的原文。第四,"古证"之下是"词汇汇编",包括两份被学界称作A和B的词汇汇编(Lexis),一份按照字母顺序编排,另一份按照所收词汇在文本里的顺序编排,而罗森则将两者混合编排,在相关文本的下方分别注明。①

最后,每页最下方是非常翔实的"校勘记",其篇幅或与正文相埒。校勘记的格式也是行数、读法和读法来源,同一行数不同文字的校勘记用单行竖线(|)隔开,不同行数的校勘记用双行竖线(‖)隔开。我们以第133页为例,释读其中部分校勘记。这页的校勘记大多也是录入不同抄本异文的"异同校",但比照前文论及的"牛津本"所提示的两处问题及其校勘记,这里的校勘文字更为复杂,关于正文第1030—1031行即希罗多德称引德尔菲神谕的这两行,罗森出校说:

> A(抄工1)B(抄工1)和CT这几个抄本都不包含(om.),而A(抄工2)于页边空白处将之补出(in mg. suppl. A2),格罗诺夫[Jacob Gronow, 1645—1716,荷兰古典学者,Gronovius为其姓氏的拉丁文拼写]将之隔离(secl.),但参见欧斯塔修斯(Eustathius);另外,在保存这段文字的抄本当中,也有不少(codd. nonnulli)略去第1031行的καὶ一词,欧斯塔修斯同样如此。

关于正文第1032—1035行给出的三位波斯国王名字的词源释义这段文字,罗森出校说:

---

① 需要指出的是,以上"古注""古证"和"词汇汇编"三部分视具体情况而定,并非每页都会同时出现。

这一段被韦塞林和瓦尔克奈尔[Lodewijk Caspar Valckenaer, 1715—1785, 荷兰古典学者]两位学者删除, 也遭都瓦图尔(Dowatur)质疑, 但参见施密特(R. Schmitt)刊发于《德国东方学会会刊》(ZDMG = Zeitschrift der Deutschen Morgenländischen Gesellschaft)1967年第117卷上的论文第120页, 此外还有赫叙基乌斯(Hesychius)的"古证"[即上述"古证"中征引的"大流士"条目——引者按], 那里用到的 ἕκτωρ 一词, 与我们这里的 ἐρξίης 一词(倘若此词派生自 εἴργειν)或许正相呼应。

关于这一段国王名字的词源释义有误的问题, 正文虽然采用了库克的校改, 但出校说:

各抄本(codd.)的读法是 Δαρεῖος «ἐρξίης», Ξέρξης «ἀρήιος» [下一条校勘记录入不同抄本拼写上的差异, 读者可自行参看——引者按], 库克于《古典评论》(CR = Classical Review)1907年第21卷第169页依据名字的相似性, 巧妙地校改为 Δαρεῖος «ἀρήιος», Ξέρξης «ἐρξίης», 而勒格朗鉴于 Artoxerxis 这一名字的含义, 拒绝这一校改, 众人皆以为非, 唯本人以为是。

综上所述, "托伊布纳本"的校勘记比"牛津本"更为繁复, 但其中所给出的相关研究及其出处无疑方便了读者, 减省了读者的搜寻之功。

§5. 第三和第四个校勘本都是集校、译、注为一体的综合文本。**勒格朗的"比代本"**整套共十一册, 除了《历史》的每一卷为一册, 另有一册《导论》(Introduction)和一册《分类索引》(Index analytique)。① 《导

---

① Philippe-Ernest Legrand, ed., *Hérodote Histoires*, 11 vols., Collection des Universités de France, Paris: Les Belles Lettres, 1932-1956.

论》长达260余页,分两个部分,第一部分论述"希罗多德的生平与性格",第二部分论述"《历史》文本的确立及本次整理的原则"(这部分相当于纯校勘本的"前言")。第十一册《分类索引》也值得一提,该索引是专有名词索引,不仅涵盖的内容极为广泛,还进行了细致地分类,具体分为四个索引:一、历史上或传说中的人名;二、神名、节日名和圣所名;三、族群或族群支裔名;四、地名、江河湖海名、山名、城市名等。另有一个"其他值得关注的名词"索引。第二至十册除包含《历史》每一卷的原文及法译文,每册还有若干"说明"(notice),对该卷的主要组成部分进行整体性的论述,涉及该部分的结构、编纂和信息来源等问题。① 至于正文,我们再以第6卷第98节为例,图三展示了该本的版式设计。

正文左页为法译文,右页为原文。法译文下方为简注(除历史和地理方面的注释,主要阐明原文的含义,或申述校勘记的依据,或解说法译文的理由),原文下方为校勘记。勒格朗的校勘记比"牛津本"更为详尽,但要比"托伊布纳本"简省一些。校勘记的体例略有不同:出校之处用传统的分节数及每节另起的行数标示,同一节的校勘记排列成一个段落,下一节的校勘记另起一段以示区别;同一节同一行同一处文字的不同读法首先列出正文采用的读法,然后用冒号隔开其他的不同读法,两个或以上的不同读法用空格隔开;同一节同一行不同处以及同一节不同行数的校勘记用双行竖线(||)隔开。

---

① 例如第二册(包含《历史》第一卷)有三个"说明",题作"希腊人与亚洲蛮族人最初的冲突""希腊人与吕底亚人;克洛伊索斯的史事"与"波斯帝国的建立及最初的扩张;居鲁士的史事",分别位于这一卷的开篇即"序言"和第1—5章、第6—94章及第95—216章之前。

| VI 98 | ÉRATO | 100 | 100 | ΕΡΑΤΩ | VI 98 |

secouée par un tremblement de terre, au dire des Déliens, pour la première fois et la dernière jusqu'à mon temps¹. C'était, je pense, un présage envoyé par la divinité pour annoncer aux hommes les malheurs qui allaient arriver ; car, sous Darius fils d'Hystaspe, Xerxès fils de Darius et Artaxerxès fils de Xerxès, c'est-à-dire pendant trois générations successives, plus de maux ont frappé la Grèce qu'en l'espace de vingt autres générations qui avaient précédé Darius, les uns lui venant des Perses, les autres des principaux d'entre les Grecs eux-mêmes, luttant pour la suprématie. Dans ces conditions, rien d'étrange que Délos ait été ébranlée, elle qui auparavant était inébranlable. [Dans un oracle aussi il était écrit au sujet de Délos : « J'ébranlerai Délos même, encore qu'inébranlable². »] Traduits en grec, ces noms signifient : Darius, « le Répresseur³ » ; Xerxès, « le Guerrier » ; Artaxerxès, « le Grand Guerrier » ; les Grecs pourraient sans se tromper appeler ainsi ces princes dans leur langue⁴.

99    Les Barbares, partis de Délos, abordèrent dans les îles, où ils levèrent des troupes et prirent comme otages des fils des habitants. Au cours de cette navigation d'île en île ils abordèrent aussi à Carystos⁵ ; les Carystiens refusant de leur

τῶν μελλόντων ἔσεσθαι κακῶν ἔφηνε ὁ θεός· ἐπὶ γὰρ Δαρείου τοῦ Ὑστάσπεος καὶ Ξέρξεω τοῦ Δαρείου καὶ Ἀρτοξέρξεω τοῦ Ξέρξεω, τριῶν τουτέων ἐπεξῆς γενέων, ἐγένετο πλέω κακὰ τῇ Ἑλλάδι ἢ ἐπὶ εἴκοσι ἄλλας γενεὰς τὰς πρὸ Δαρείου γενομένας, τὰ μὲν ἀπὸ τῶν Περσέων αὐτῇ γενόμενα, τὰ δὲ ἀπ' αὐτῶν τῶν κορυφαίων περὶ τῆς ἀρχῆς πολεμεόντων. Οὕτω οὐδὲν ἦν ἀεικὲς κινηθῆναι Δῆλον τὸ πρὶν ἐοῦσαν ἀκίνητον. [Καὶ ἐν χρησμῷ ἦν γεγραμμένον περὶ αὐτῆς ὧδε·

κινήσω καὶ Δῆλον ἀκίνητόν περ ἐοῦσαν.]

Δύναται δὲ κατὰ Ἑλλάδα γλῶσσαν ταῦτα τὰ οὐνόματα, Δαρεῖος ἐρξίης, Ξέρξης ἀρήιος, Ἀρτοξέρξης μέγας ἀρήιος. Τούτους μὲν δὴ τοὺς βασιλέας ὧδε ἂν ὀρθῶς κατὰ γλῶσσαν τὴν σφετέρην Ἕλληνες καλέοιεν.

99    Οἱ δὲ βάρβαροι ὡς ἀπῆραν ἐκ τῆς Δήλου, προσίσχον πρὸς τὰς νήσους, ἐνθεῦτεν δὲ στρατιήν τε παρελάμβανον καὶ ὁμήρους τῶν νησιωτέων παῖδας ἐλάμβανον. Ὡς δὲ περιπλέοντες τὰς νήσους προσίσχον καὶ ἐς Κάρυστον (οὐ γὰρ δή σφι οἱ Καρύστιοι οὔτε ὁμήρους ἐδίδοσαν οὔτε ἔφασαν ἐπὶ πόλις ἀστυγείτονας στρατεύσεσθαι, λέγοντες

---

1. Hérodote ignorait donc alors le tremblement de terre dont parle Thucydide II 8. Ou bien, fort du témoignage des Déliens, il n'ajoutait pas foi à une rumeur dont, de son côté, Thucydide, dédaigneux des présages, n'avait pas vérifié l'exactitude.

2. Omis dans de bons manuscrits, ce rappel d'une prophétie est une interpolation, suggérée par l'identité de l'expression ἐοῦσαν ἀκίνητον et de la fin de vers ἀκίνητόν περ ἐοῦσαν.

3. Ἐρξίης, de ἔργω : celui qui écarte, qui repousse.

4. Sur la valeur de ces traductions, cf. *Introduction*, p. 75, note. Une erreur flagrante de celui qui les imagina est d'avoir considéré Ἀρταξέρξης comme un composé de Ξέρξης, alors que les deux noms Khshaya-Arshan et Arta-kshathra sont tout à fait d'éléments différents. Cette erreur a du moins l'avantage de mettre en garde contre la tentation de rapprocher ἀρήιος de Δαρεῖος, ἐρξίης de Ξέρξης, et d'écrire, comme on l'a suggéré : Δύναται... Δαρεῖος ἀρήιος, Ξέρξης ἐρξίης ; car, à ce compte, il faudrait continuer : Ἀρταξέρξης μέγας ἐρξίης, ce qui serait trop hardi.

5. Au Sud de l'Eubée.

---

98 6 ἔφηνε PDRSV: ἔφαινε ABC || 7 Ξέρξεω codd. pl.: -εος V || 7-8 Ἀρτοξέρξεω codd. pl.: Ἀρτα- RS || 8 τριῶν codd. pl.: τρίτων D || γενέων (cf. *Praef*., p. 208) -έεων codd. pl.: εἴκοσι D 10-11 γενομένας ABCP γιν- DRSV || 11 αὐτῶν codd. pl.: -τῷ RV 12 πολεμεόντων DR: -μούντων ABCP -μούντων V -μίζοντων S || οὕτω codd. pl.: -ως AB || 13-15 καὶ... ἐοῦσαν om. AB¹C || 16-19 Haec verba, ubi ipsa regum nomina bellum redolere videntur, a Wesseling aliisque damnata, retinenda censeo || 17 Δαρεῖος ἐρξίης (-ίης, -ήεις), Ξέρξης ἀρήιος codd. Δ. ἀρήιος, Ξέρξης ἐρξίης coniecit Cook, *Class. Review*, XXI, 169, ita ut nominibus similia verba respondeant ; sed videas quae ad versionem gallicam adnotavi || ἐρξίης DRSV: ἐρξείης AB ἐρξήεις CP || Ἀρτοξέρξης... ἀρήιος om. D || ἀρήιος codd. pl.: Ἀρτα- RV || 19 χαλέοιεν codd. pl.: -έουσιν SV.

99 1 Δῆλου PDRSV: νήσου ABC || προσίσχον Aldus: -ίσχοντο ABCP προσίχοντο DRSV || 2 δὲ ABCPS: τε DRV || 6 πόλις PS: -εις DR Vinc. -ας ABC || στρατεύσεσθαι Dobree: -εύεσθαι codd.

图三　勒格朗"比代本"希罗多德《历史》的版式设计（第七册第100页）

　　针对前述两个疑难问题，勒格朗的校勘记分别释读作："（第98节）第13—15行：καὶ 到 ἐοῦσαν 为抄本A、B（抄工1）和C所略"，我们注意到，正文以及法译文里这几行文字的前后用方括号标示，查阅法译文的注释，对此有如下说明："这里引用的神谕为最佳的抄本所略，是一段插补文字，这可以从 ἐοῦσαν ἀκίνητόν 与神谕诗句结尾的 ἀκίνητόν περ ἐοῦσαν 两个表述之间的相同性看出"；"第16—19行：这些字句看上去让这几位国王的名字弥漫着战争的气味，被韦塞林及其他学者斥为衍文，而我认为应当保留"，随后关于三位国王名字的词源,勒格朗出校说:"第 17 行:[ 分别列出抄本的读法和库克的修正 ] 库克于《古典评论》第 21 卷第 169 页提出上述猜测,以便让相似的名词对应相似的名字,但请参见我对法译文所作的注释",查阅左页的注释,校勘者就自己为何没有采用库克的猜测进行了申说。由此可见,勒格朗的"比代本"用法译文的注释与原文的校勘记相互发明,是值得注意的一个特点。

阿舍里主编的"瓦拉本"共九册,即《历史》每一卷为一册,第一册还包含全书"导论",最后一册还包含全书索引。① 每一册大体分成四个部分,第一部分是编者为该卷撰写的导言,导言后为分类参考书目,随后是这一卷的详细纲目、大事年表及地图;第二部分为该卷的"正文与译文"(testo e traduzione),先列出"符号缩写表"(sigla),再对这一卷的校勘整理加以说明,随后是原文及意大利译文,正文之后还附有该卷的"古注"(Scolî)和"词汇汇编"(Lexeis);第三部分是编者为该卷所作的篇幅可观的"评注"(commento);②最后一部分为"附录"及该卷"索引"。与"比代本"不同的是,"瓦拉本"的校、注、译往往由几位学者分担,文本校勘也由多人完成,但基本上遵循了相同的校勘原则。我们仍以《历史》第 6 卷第 98 节为例,图四展示了该本的版式设计。③

正文左页为原文,右页为意大利译文。译文下方不是常见的"注释"(因为该本的注释非常详尽,单独置于"正文"之后),而是"古证"(testimonia),原文下方则为校勘记,这样的版式设计避免了

---

① David Asheri et al., *Erodoto: La Storie*, 9 vols., Scrittori greci e latini, Milano: Fondazione Lorenzo Valla, 1988-2017.

② "瓦拉本"每一卷的"评注""导言"及"内容梗概"以及阿舍里撰写的"全书导论",具有极高的学术价值,前四卷的相关内容已译成英语,都为一册,题作《希罗多德一至四卷评注》,由牛津大学出版社出版(Oswyn Murray & Alfonso Moreno, eds., *A Commentary on Herodotus Books I-IV*, Oxford: Oxford University Press, 2007 )。

③ 该卷由 Giuseppe Nenci 负责:*Erodoto, Le Storie. Libro VI. La Battaglia di Maratona*, a cura di Giuseppe Nenci, Milano: Fondazione Lorenzo Valla, 1998.

97, 1. ἐν ᾧ δὲ οὗτοι ταῦτα ἐποίευν, οἱ Δήλιοι ἐκλιπόντες καὶ αὐτοὶ τὴν Δῆλον οἴχοντο φεύγοντες ἐς Τῆνον. τῆς δὲ στρατιῆς καταπλεούσης ὁ Δᾶτις προπλώσας οὐκ ἔα τὰς νέας πρὸς τὴν νῆσον προσορμίζεσθαι, ἀλλὰ πέρην ἐν τῇ Ῥηναίῃ· αὐτὸς δὲ πυθόμενος ἵνα ἦσαν οἱ Δήλιοι, πέμπων κήρυκα ἠγόρευέ σφι τάδε· 2. «ἄνδρες ἱροί, τί φεύγοντες οἴχεσθε, οὐκ ἐπιτήδεα καταγνόντες κατ' ἐμεῦ; ἐγὼ γὰρ καὶ αὐτὸς ἔτι τοσαῦτά γε φρονέω καί μοι ἐκ βασιλέος ὧδε ἐπέσταλται, ἐν ᾗ χώρῃ οἱ δύο θεοὶ ἐγένοντο, ταύτῃ μηδὲν σίνεσθαι, μήτε αὐτὴν τὴν χώρην μήτε τοὺς οἰκήτορας αὐτῆς, νῦν δὲ καὶ ἄπιτε ἐπὶ τὰ ὑμέτερα αὐτῶν καὶ τὴν νῆσον νέμεσθε». ταῦτα μὲν ἐπεκηρυκεύσατο τοῖσι Δηλίοισι, μετὰ δὲ λιβανωτοῦ τριηκόσια τάλαντα κατανήσας ἐπὶ τοῦ βωμοῦ ἐθυμίησε.

98, 1. Δᾶτις μὲν δὴ ταῦτα ποιήσας ἔπλεε ἅμα τῷ στρατῷ ἐπὶ τὴν Ἐρέτριαν πρῶτα, ἅμα ἀγόμενος καὶ Ἴωνας καὶ Αἰολέας· μετὰ δὲ τοῦτον ἐνθεῦτεν ἐξαναχθέντα Δῆλος ἐκινήθη, ὡς ἔλεγον Δήλιοι, καὶ πρῶτα καὶ ὕστατα μέχρι ἐμεῦ σεισθεῖσα. καὶ τοῦτο μέν κου τέρας ἀνθρώποισι τῶν μελλόντων ἔσεσθαι κακῶν ἔφαινε ὁ θεός. 2. ἐπὶ γὰρ Δαρείου τοῦ Ὑστάσπεος καὶ Ξέρξεω τοῦ Δαρείου καὶ Ἀρτοξέρξεω τοῦ Ξέρξεω, τριῶν τουτέων ἐπεξῆς γενεέων, ἐγένετο πλέω κακὰ τῇ Ἑλλάδι ἢ ἐπὶ εἴκοσι ἄλλας γενεὰς τὰς πρὸ Δαρείου γενομένας, τὰ μὲν ἀπὸ τῶν Περσέων αὐτῇ γενόμενα, τὰ δὲ ἀπ' αὐτῶν τῶν κορυφαίων περὶ τῆς ἀρχῆς πολεμεόντων. 3. οὕτως οὐδὲν ἦν ἀεικὲς κινηθῆναι Δῆλον τὸ πρὶν ἐοῦσαν ἀκίνητον. καὶ ἐν χρησμῷ ἦν γεγραμμένον περὶ αὐτῆς ὧδε·

κινήσω καὶ Δῆλον ἀκίνητόν περ ἐοῦσαν.

97, 1. Mentre essi facevano questo, i Deli, avendo abbandonato anch'essi Delo, si rifugiavano a Teno. E quando la spedizione si avvicinava alla riva, Dati, che navigando la precedeva, non permetteva che le navi ormeggiassero a Delo, ma di fronte, a Renea. Ed egli stesso, informatosi dov'erano i Deli, mandando un araldo annunciò loro questo: 2. «Uomini sacri, perché fuggite giudicandomi male? Infatti sono abbastanza saggio per mio conto e anche il re mi ha ordinato di non recare alcuna offesa alla terra dove nacquero i due dèi, né a questa terra né ai suoi abitanti. Tornate dunque alle vostre case e abitate l'isola». Questo annunciò ai Deli con l'araldo; quindi, posti sull'altare trecento talenti d'incenso, li bruciò.

98, 1. Fatto questo, Dati navigava con la spedizione in primo luogo contro Eretria, conducendo con sé Ioni ed Eoli; ma dopo che fu partito di là, Delo fu sconvolta da un terremoto, colpita da terremoto per la prima e l'ultima volta fino ai miei tempi. Il dio manifestò questo prodigio perché fosse presagio agli uomini delle sventure che seguirono. 2. Infatti sotto Dario, figlio di Istaspe, sotto Serse, figlio di Dario, e sotto Artaserse, figlio di Serse, sotto tre generazioni consecutive, avvennero alla Grecia più sciagure che sotto le altre venti generazioni che precedettero Dario, parte causate a essa dai Persiani, parte dai capi greci che combattevano per la supremazia. 3. Così nulla di strano che fosse sconvolta Delo, prima immobile. E in un oracolo su di essa c'era scritto così:

Smoverò anche Delo, benché sia immobile.

---

97, 3. προσπλώσας A    3-4. νῆσον A: Δῆλον D Hude    7. κατ' del. van Herwerden | ἐμοῦ A |   ἔτι τοσαῦτά A: ἐπὶ τοσοῦτο D ἐπὶ τοσαυτὶ Stein Hude    8. AD: τῇ Stein Hude    12. κατανήσας Powell    13. ἐθυμίασε D
98, 1. Ἐρέτριαν AD¹    4. οἱ Δήλιοι D Hude | τὰ μέχρις D | ἐμέο οὐ D    5. ἐρήνε D Hude    7. τρίτον D    10. γινόμενα D    11. πολεμούντων A    12-4. καὶ — ἐοῦσαν om. A secl. Stein Macan Legrand Powell

98, 4. Cf. Schol. Thucyd. II 8,2    14. κινήσω — ἐοῦσαν Eust. ad Dion. 525

---

δύναται δὲ κατὰ Ἑλλάδα γλῶσσαν ταῦτα τὰ οὐνόματα, Δαρεῖος ἐρξίης, Ξέρξης ἀρήιος, Ἀρτοξέρξης μέγας ἀρήιος. τούτους μὲν δὴ τοὺς βασιλέας ὧδε ἂν ὀρθῶς κατὰ γλῶσσαν τὴν σφετέρην Ἕλληνες καλέοιεν.

99, 1. οἱ δὲ βάρβαροι ὡς ἀπῆραν ἐκ τῆς Δήλου, προσίσχον πρὸς τὰς νήσους, ἐνθεῦτέν τε στρατιήν τε παρελάμβανον καὶ ὁμήρους τῶν νησιωτέων παῖδας ἐλάμβανον. 2. ὡς δὲ περιπλέοντες τὰς νήσους προσέσχον καὶ ἐς Κάρυστον· οὐ γὰρ δή σφι οἱ Καρύστιοι οὔτε ὁμήρους ἐδίδοσαν οὔτε ἔφασαν ἐπὶ πόλιας ἀστυγείτονας στρατεύεσθαι, λέγοντες Ἐρέτριάν τε καὶ Ἀθήνας· ἐνθαῦτα τούτους ἐπολιόρκεόν τε καὶ τὴν γῆν σφεων ἔκειρον, ἐς ὃ καὶ οἱ Καρύστιοι παρέστησαν ἐς τῶν Περσέων τὴν γνώμην.

100, 1. Ἐρετριέες δὲ πυνθανόμενοι τὴν στρατιὴν τὴν Περσικὴν ἐπὶ σφέας ἐπιπλέουσαν Ἀθηναίων ἐδεήθησαν σφίσι βοηθοὺς γενέσθαι. Ἀθηναῖοι δὲ οὐκ ἀπείπαντο τὴν ἐπικουρίην, ἀλλὰ τοὺς τετρακισχιλίους ⟨τοὺς⟩ κληρουχέοντας τῶν Ἱπποβοτέων Χαλκιδέων τὴν χώρην, τούτους σφι διδοῦσι τιμωρούς. τῶν δὲ Ἐρετριέων ἦν ἄρα οὐδὲν ὑγιὲς βούλευμα, οἳ μετεπέμποντο μὲν Ἀθηναίους, ἐφρόνεον δὲ διφασίας ἰδέας. 2. οἱ μὲν γὰρ αὐτῶν ἐβουλεύοντο ἐκλιπεῖν τὴν πόλιν ἐς τὰ ἄκρα τῆς Εὐβοίης, ἄλλοι δὲ αὐτῶν ἴδια κέρδεα προσδεχόμενοι παρὰ τοῦ Πέρσεω προδοσίην ἐσκευάζοντο. 3. μαθὼν δὲ τούτων ἑκάτερα ὡς εἶχε Αἰσχίνης ὁ Νόθωνος, τῶν Ἐρετριέων τὰ πρῶτα, φράζει τοῖσι ἥκουσι Ἀθηναίων πάντα τὰ παρεόντα σφι πρήγματα, προσεδέετό τε ἀπαλλάσσεσθαι σφέας ἐς

In lingua greca questi nomi significano: Dario il «bellicoso», Serse il «guerriero», Artaserse il «gran guerriero»; così i Greci nella loro lingua potrebbero chiamare con esattezza questi re.

99, 1. Come salparono da Delo, i barbari approdavano nelle isole e di lì ricevevano contingenti militari e prendevano come ostaggi i figli degli isolani. 2. Come poi, facendo il giro delle isole, giunsero anche a Caristo, i Caristi non dettero loro ostaggi e si rifiutarono di combattere contro città vicine, alludendo a Eretria e ad Atene. Allora li assediavano e devastavano la loro terra, finché anche i Caristi non si arresero alla volontà dei Persiani.

100, 1. Gli Eretriesi, saputo che la spedizione persiana navigava contro di loro, chiesero agli Ateniesi di aiutarli. Gli Ateniesi non rifiutarono l'aiuto, ma dettero loro come difensori i quattromila cleruchi nella terra degli Ippoboti dei Calcidesi. La deliberazione degli Eretriesi però non fu molto sana, poiché mandarono a chiamare gli Ateniesi ma meditavano due diversi progetti. 2. Alcuni di loro infatti volevano lasciare la città per le zone elevate dell'Eubea; altri, nella speranza di ricevere dal Persiano guadagni personali, si preparavano al tradimento. 3. Conoscendo entrambe queste intenzioni, Eschine, figlio di Notone, che era tra i primi di Eretria, raccontò agli Ateniesi che arrivavano tutta la loro situazione e li pregò di ritornare nella loro terra per non essere

---

15-8. δύναται — καλέοιεν secl. Wesseling Schaefer Powell    15-6. Δαρεῖος ἀρήιος, Ξέρξης ἐρξίης Cook: Δαρεῖος ἐρξίης (ἑρξείης A), Ξέρξης ἀρήιος AD    16. μέγας ἐρξίης scripsi: μέγας ἀρήιος A om. D μέγα ἀρήιος Bekker χάρτα ἐρξίης Cook
99, 1. Δήλου D: νήσου A | προσίσχον Aldus: προσίσχοντο A προσίσχοντο D | ἄλλας νήσους Powell | δὲ A Hude: τε D Stein    5. πόλιας D    6. στρατεύεσθαι Dobree Stein | Ἐρέτριαν AD¹    7. ἔκειραν D
100, 4. τοὺς² add. Krueger Stein Hude    4-5. ἱπποβότων D    8. αὐτέων D (item infra)    10. οἴσεσθαι om. D an recte dub. van Herwerden    11. τουτέων D ὁ om. A    12-3. παρόντα D¹    13. σφίσι A

将"古证"和"校勘记"均置于原文之下会造成的拥挤感。如同"比代本","瓦拉本"校勘记的繁简程度也介于"牛津本"和"托伊布纳本"之间。校勘记的体例也接近"比代本":出校之处用传统的分节数及每节另起的行数标示,同一节的校勘记排列成一个段落,下一节的校勘记另起一段以示区别;不过,同一节同一行同一处文字的不同读法一般不再列出正文采用的读法,只列出主要的不同读法(若列出正文采用的读法及其来源,则用冒号隔开其他的不同读法);同一节同一行不同处的校勘记用单行竖线(|)隔开,同一节不同行数的校勘记用宽大的空格隔开。

我们释读上述两个疑难问题的校勘记如下:"(第98节)第12—14行:καὶ 到 ἐοῦσαν 为抄本 A 所略,施坦因、麦坎、勒格朗和鲍威尔将之隔离。"我们注意到,正文及意大利译文里这几行文字并没有特别标示,查阅注文(该卷第250页),校勘者说明了认为这段文字出自希罗多德手笔的理由所在;"第15—18行:δύναται 到 καλέοιεν 被韦塞林、谢弗和鲍威尔隔离";"第15—16行:Δαρεῖος ἀρήιος, Ξέρξης ἐρξίης 为库克[的修正];Δαρεῖος ἐρξίης (ἐρξείης 为抄本 A 的读法),Ξέρξης ἀρήιος 为抄本 A 和 D 的读法";"第16行:我写作 μέγας ἐρξίης;μέγας ἀρήιος 为抄本 A 的读法,抄本 D 省略;μέγα ἀρήιος 为贝克的修正;κάρτα ἐρξίης 为库克的修正",查阅注文(该卷第260页),校勘者也论证了自己如此选择的依据并征引了相关研究书目。

## 二、辑佚本

§1. 以上讨论的校勘本涉及完整传世的古希腊罗马典籍,此外还有一些特殊类型的校勘本。首先,除传世文献,另有针对出土文献进行的校勘工作,这主要是铭文和莎草纸文献的校勘,校勘者需要具备铭文学和莎草纸学的专门知识和技能;其次,许多古代典籍还有注疏传统,后者主要以"古注"(scholia)的形式流传,其校勘工作也有特别之处;再次,古代典籍又可分成完整(或基本完整)传世和已经散佚的两类,对于后者,就需要进行辑佚的工作,并整理出校勘本,我们称这种特殊类型的校勘本为**辑佚本**。①

所谓辑佚,指的是从传世和出土的相关文献中钩沉、辑录出全部散亡的古代典籍的零篇残简,或者部分散亡的古代典籍的佚失篇章。若是原著尚存但有残阙,只需辑录佚文补其阙失;若是原著亡佚,则需辑录残篇断句,重新编次并施以编号,恢复篇目次第,还其书本来面目,这类残篇称作"**原文残篇**"(verbal fragment 或简称 fragment)。此外,有关散佚原著及其作者生平的古人记载,即便是片言只语,也有助于我们了解其人其书,值得广加撷拾,汇编成册,这类残篇称作"**古人评述**"(testimonia),具有资料集的性质,往往与"原文残篇"相得益彰,对于散佚著作的研读不可或缺。

辑佚工作所依凭的传世和出土这两类文献,后者(主要是莎草纸文献)虽然可视作直接传承的文献,但相对来说前者更为重要一些,因为从出土文献重新发现长期佚失的古代典籍,几率毕竟不是很大,即便有所发现,往往篇幅有限,且出土的文本一般非常残破。至于传世的相关文献,对于需要辑录的典籍而言,只能算是间接传承的材料,因为传世的文本对已经散佚的文本的征引、撮述乃至摹仿和戏拟,是依靠传世文本自身的传承而得到传承,散佚文本的零星篇章在其中只是间接地被传承。况且,传世文本保存散佚文本的方式,也不乏各种各样的问题。以相对直接的征引为例,由于古人引书并不力求忠实于原文,大多对原文进行摘引,为我所用,甚至略加改动,对改动之处也不予注明,很少有头有尾、一字不漏地完整征引某个段落,这样的征引习惯会经常带来引书脱文或更改引文等各式问题,给辑佚工作造成一定

---

① 关于这几种校勘本,参见 West 1973, pp. 94-98 的简明介绍。关于辑佚本与辑佚工作,参见 Most (ed.) 1997。

的困难。因此,辑佚者需要对材料审慎取舍,在力求采撷广博、搜罗完备的同时,也要辨伪订讹、去芜存菁,尽量恢复原著的本来面貌。

从经典研读的角度来看,尽管我们侧重完整传世的古代典籍,但仍需关注一部分散佚之作,因为相比于传世典籍,散佚典籍的数量远为巨大,其中不乏堪与前者比肩的经典著作,而这些散佚的经典著作即便留下一鳞半爪,也不容我们忽视。举例而言,希腊古风和古典时期的文史哲典籍当中,文学类的典籍,除荷马、赫西奥德和少数几位抒情诗人(如特奥格尼斯和品达),绝大多数诗人的作品都已散佚,仅有残篇存世,其中的史诗残篇最为完整地辑录于四卷本《古希腊史诗诗人:古人评述及残篇》(**3.4.1**),讽刺体及挽歌体诗歌残篇辑录于两卷本《古希腊讽刺体与对句体诗歌(亚历山大大帝以前)》(**3.4.2**),弦琴诗残篇辑录于五卷本《古希腊弦琴诗》(**3.4.3**);悲剧方面,虽有三大悲剧家的三十余部悲剧完整存世,但这三位悲剧家还有大量其他作品留下残篇,此外另有众多次要悲剧家的作品残篇,都辑录于搜罗全面的五卷本《古希腊悲剧家残篇集成》(**3.4.4**);喜剧的情形与此相仿,除阿里斯托芬完整传世的十三部喜剧,其他所有存世的喜剧残篇都辑录于九卷十一册《古希腊喜剧家残篇集成》(**3.4.5**)。史学方面,除希罗多德、修昔底德及色诺芬等几位史家的著作传世,其余史家的残篇最为完整地辑录于《古希腊历史学家残篇集成》(**3.4.6**)及其续编(**3.4.7**)与新编(**3.4.8**)。哲学方面,柏拉图和亚里士多德的著作基本上完整地保存下来,但生活于他们之前的绝大多数哲学家的著述仅存残篇,较为完备地辑录于两卷本《前苏格拉底哲学家残篇集成》(**3.4.9**)和九卷本《早期希腊哲学》(**3.4.10**)。

由此可见,我们在经典研读的阶段,不能仅限于完整传世的作品,至少要对古代典籍的散佚之作有所了解。① 倘若某部古代典籍已经逸失,学会查找和使用该典籍的"标准辑佚本"(相对于传世典

---

① 进入研究阶段以后,相关的散佚之作应当包含在研究材料的范围之内。

籍的"标准校勘本"而言），也是必备的基本技能。上节对"标准本"的查找做出的说明，也同样适用于"标准辑佚本"的查找，此处不赘。需要指出的是，"标准辑佚本"不一定属于某个知名的校勘本系列丛书（尽管这些丛书也会包含若干"辑佚本"），而往往是单行的版本；并且，多位古代作者的散佚著作很可能编入同一部"标准辑佚本"，而非如传世著作那样，某位古代作者的著述通常单独编订。

§2. 学会使用辑佚本，首先要了解其**类型**。辑佚本大体可分为三类：其一是某位著者所有著述或单部佚书的辑录，比如《赫西奥德残篇辑录》或赫西奥德《〈名媛录〉残篇辑录》；其二是同一文类的多位著者的著述辑录，比如上述《古希腊讽刺体与对句体诗歌（亚历山大大帝以前）》或《古希腊悲剧家残篇集成》；其三是被古人或今人归入同一学派、学科或思潮的多位著者的著述辑录，比如上述《古希腊历史学家残篇集成》或《前苏格拉底哲学家残篇集成》。

其次，要熟悉辑佚本的**体例**。除了与普通校勘本共有的通例（见上节§2），还需注意辑佚本的以下特点：

（一）前言部分：与普通"校勘本"略同。

（二）正文部分：有两种格式，一种与普通校勘本一致，即每页分为上下两部分，原文与校勘记分列；另一种是将校勘记置于每个残篇之后，下一个残篇之前，这种格式更适合篇幅短小的残篇，利于读者就近参照原文的校勘记。无论哪种格式，每个残篇的正文之前皆有**条目**（lemma），包含**编号**（通常用字体较大的加粗阿拉伯数字醒目标示），编号之后准确列出该残篇的**出处**（出处之后还可在括号内给出学界常用旧版的对应残篇编号），便于读者覆核原书；条目之后为正文，先用小号字体给出该残篇在该出处被征引时的**上下文**（这主要指从传世文献辑出的残篇，莎草纸文献上重新发现的残篇很少会有上下文），以便读者了解征引的语境；接着是**残篇文本**，该残篇若为诗体，则按诗体排印；若为散文体，则用大号的字体或以一定间隔排列的字体排印，以与上下文相区别；若某个残篇被两个不同的传世文献征引，且两种征引之间值得比较，可用双栏对照的形式排印。①**校勘记**的格式也是行数、读法和读法来源，但在行数之前还需注明残篇编号（用粗体阿拉伯数字醒目标示，之后还可在括号内给出学界常用旧版的对应残篇编号），随后给出诗行，若残篇为诗体；或给出每页另起的行数，若残篇为散文体。此外，有一些辑佚本不仅辑录残篇，还搜集与该作者和著作相关的各种**"古人评述"**（testimonia），这些古人评述通常按照主题分类置于该作者或著作之前。

（三）索引部分：除传世文献校勘本正文之后常见的各种索引，对于辑佚本不可或缺的一个索引是"**编号转换表**"（comparatio numerorum），这个转换表列出新编的残篇号码与之前学界常用版本的残篇号码之间的对应关系，倘若之前学界常用的版本不止一个，则有必要全部列出。这个索引应当包含新编向常用本以及常用本向新编的双向转换表。当然，对于读者而言，从已经熟识的常用本的残篇编号向新编的转换更为需要。另外，由于辑佚工作经常要用到莎草纸文献，有时也会列出一份"莎草纸索引"（index papyrorum）。

§3. 我们选择两部早期希腊哲学家的残篇辑佚本进行对比，来说明如何使用辑佚本。第一部是古希腊哲学研究领域的划时代之作，由**第尔斯编纂、克朗茨修订增补的《前苏格拉底哲学家残篇集成》**（**3.4.9**，以下简称《集成》）。该书总的编纂旨趣是以前苏格拉底哲学家和他们的著作为中心，通过对征引者和原作者的甄别，尽最大可能恢复这群哲学家著作的原貌，并在此基础上求得其学说的本意和真谛。基于这一编纂旨趣，《集成》对已知所有的前苏格拉底哲学家按时间顺序编号，共计90号，再归入A、B和C三个组别，其中A组为"起源"，包含第1—10号，体现了"前苏格拉底哲学"出

---

① 也有辑佚本为使页面更加整洁，将残篇单独排印，再将出处与上下文列于其下。

现之前古希腊思想的三种最初样式：早期的宇宙创化诗（1—3号）、公元前6世纪的天象诗（4—6号）、早期有关宇宙创化和人生哲理的散文（7—10号）；B组为"公元前6世纪和公元前5世纪哲学家及其弟子的残篇"（11—78号），从米利都的泰勒斯（11号）开始，囊括了这两个世纪里所有存世的哲学家；C组为"早期智术师"（79—90号），将公元前5世纪的智术师单独列出，归为一类。据统计，这90个编号里的78个列出了单个具名的哲学家，其余12个当中有8个编号列出的是两位或多位具名的哲学家（例如第10号的"七哲"），他们通常由于某种原因被归并在一起，有2个编号列出的并非个别的哲学家而是哲学流派（第58号"毕达哥拉斯学派"及第79号的"智术师"），另有2个编号列出的是无名氏的文本（即列在末尾的第89号"杨布里库斯称引的作者"及第90号《双重论证》）。

在这90个编号之下，与每位（或每组）哲学家相关的文献被分别归入三类："古人评述"（testimonia，以字母A标示），"残篇"（ipsissima verba，字面意思为"本人原话"，亦称作fragmenta，以字母B标示）及无法归入A或B的文献（以字母C标示），例如模拟、戏仿、回响、可疑或伪托之作。A类和C类文献仅录原文，不附译文，均用小号字体排印；B类残篇在原文之下附有德译文，用大号字体排印。A类文献的排序方式为：先列第欧根尼·拉尔修《名哲言行录》里的相关篇章及《苏达辞书》里的相关条目，再按生平和学说内容的顺序排列，后者先列综合性的概述，随后分列单个学说，上起宇宙论、宇宙创化论和日月星辰，下至地球（大地与大海）及地球上的生命。B类文献则根据编者从现存残篇及相关古人记载加以恢复的作品原貌进行排序。①

---

① 使用者需注意正确的征引方式：哲学家姓名或哲学家编号+A或B（或C）+编号+DK，例如22B60 DK＝赫拉克利特（在《集成》里的编号为22）残篇第60号（"上去的路和下去的路乃是同一条路"），DK是Diels和Kranz的首字母，代表他们编订的哲学家编号与残篇编号；亦可用哲学家姓名取代编号来征引：Heraclitus, B60 DK，或省略为Heraclitus, Fr. 60（约定俗成地理解为DK版本的B类残篇编号）。

我们具体来看《集成》如何辑录和呈现有史记载的古希腊哲学“第一句话”,即公元前6世纪伊奥尼亚哲学家阿纳克西曼德存世的唯一一句原话,学界也称之为“阿纳克西曼德的箴言”(图五)。

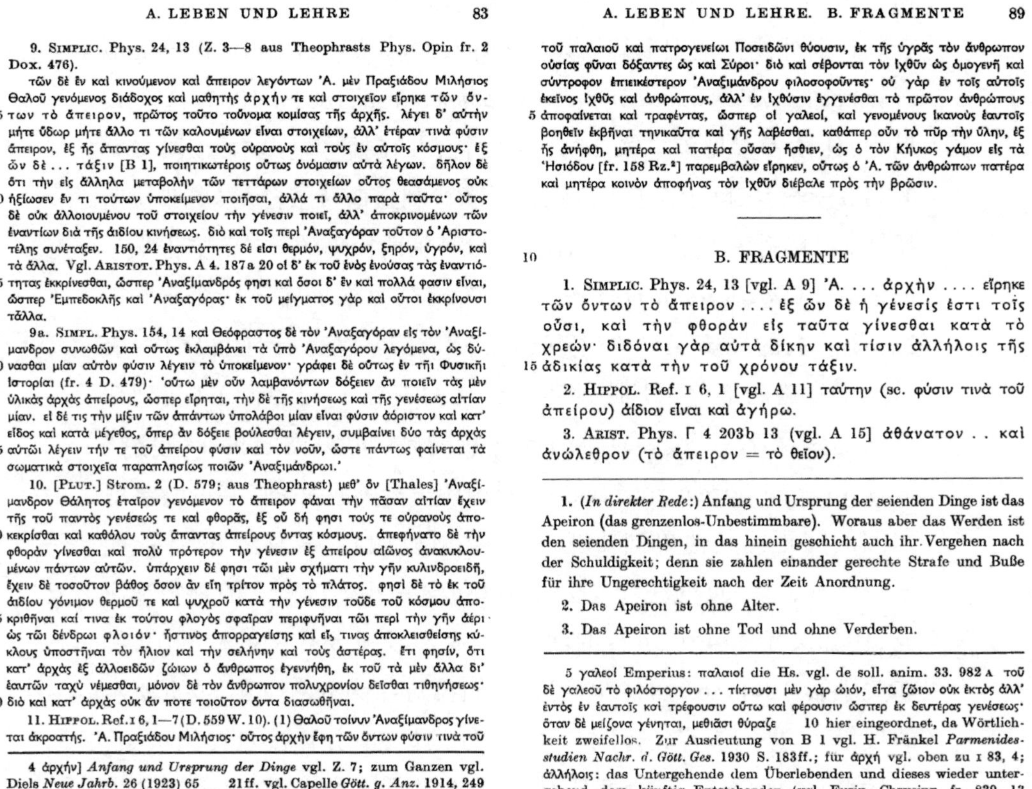
A. LEBEN UND LEHRE　83

9. SIMPLIC. Phys. 24, 13 (Z. 3—8 aus Theophrasts Phys. Opin fr. 2 Dox. 476).
τῶν δὲ ἓν καὶ κινούμενον καὶ ἄπειρον λεγόντων 'Α. μὲν Πραξιάδου Μιλήσιος Θαλοῦ γενόμενος διάδοχος καὶ μαθητὴς ἀρχήν τε καὶ στοιχεῖον εἴρηκε τῶν ὄντων τὸ ἄπειρον, πρῶτος τοῦτο τοὔνομα κομίσας τῆς ἀρχῆς. λέγει δ' αὐτὴν μήτε ὕδωρ μήτε ἄλλο τι τῶν καλουμένων εἶναι στοιχείων, ἀλλ' ἑτέραν τινὰ φύσιν ἄπειρον, ἐξ ἧς ἅπαντας γίνεσθαι τοὺς οὐρανοὺς καὶ τοὺς ἐν αὐτοῖς κόσμους· ἐξ ὧν δὲ ... τάξιν [B 1], ποιητικωτέροις οὕτως ὀνόμασιν αὐτὰ λέγων. δῆλον δὲ ὅτι τὴν εἰς ἄλληλα μεταβολὴν τῶν τεττάρων στοιχείων οὗτος θεασάμενος οὐκ ἠξίωσεν ἕν τι τούτων ὑποκείμενον ποιῆσαι, ἀλλά τι ἄλλο παρὰ ταῦτα· οὗτος δὲ οὐκ ἀλλοιουμένου τοῦ στοιχείου τὴν γένεσιν ποιεῖ, ἀλλ' ἀποκρινομένων τῶν ἐναντίων διὰ τῆς ἀιδίου κινήσεως. διὸ καὶ τοῖς περὶ 'Αναξαγόραν τοῦτον ὁ 'Αριστοτέλης συνέταξεν. 150, 24 ἐναντιότητες δέ εἰσι θερμόν, ψυχρόν, ξηρόν, ὑγρόν, καὶ τὰ ἄλλα. Vgl. ARISTOT. Phys. A 4. 187a 20 οἱ δ' ἐκ τοῦ ἑνὸς ἐνούσας τὰς ἐναντιότητας ἐκκρίνεσθαι, ὥσπερ 'Αναξίμανδρός φησι καὶ ὅσοι δ' ἓν καὶ πολλά φασιν εἶναι, ὥσπερ 'Εμπεδοκλῆς καὶ 'Αναξαγόρας· ἐκ τοῦ μείγματος γὰρ καὶ οὗτοι ἐκκρίνουσι τἆλλα.

9a. SIMPL. Phys. 154, 14 καὶ Θεόφραστος δὲ τὸν 'Αναξαγόραν εἰς τὸν 'Αναξίμανδρον συνωθῶν καὶ οὕτως ἐκλαμβάνει τὰ ὑπὸ 'Αναξαγόρου λεγόμενα, ὡς δύνασθαι μίαν αὐτὸν φύσιν λέγειν τὸ ὑποκείμενον· γράφει δὲ οὕτως ἐν τῆι Φυσικῆι Ἱστορίαι (fr. 4 D. 479)· 'οὕτω μὲν οὖν λαμβανόντων δόξειεν ἂν ποιεῖν τὰς μὲν ὑλικὰς ἀρχὰς ἀπείρους, ὥσπερ εἴρηται, τὴν δὲ τῆς κινήσεως καὶ τῆς γενέσεως αἰτίαν μίαν. εἰ δέ τις τὴν μῖξιν τῶν ἁπάντων ὑπολάβοι μίαν εἶναι φύσιν ἀόριστον καὶ κατ' εἶδος καὶ κατὰ μέγεθος, ὅπερ ἂν δόξειε βούλεσθαι λέγειν, συμβαίνει δύο τὰς ἀρχὰς αὐτῶι λέγειν τήν τε τοῦ ἀπείρου φύσιν καὶ τὸν νοῦν, ὥστε πάντως φαίνεται τὰ σωματικὰ στοιχεῖα παραπλησίως ποιῶν 'Αναξιμάνδρωι.'

10. [PLUT.] Strom. 2 (D. 579; aus Theophrast) μεθ' ὃν [Thales] 'Αναξίμανδρον Θάλητος ἑταῖρον γενόμενον τὸ ἄπειρον φάναι τὴν πᾶσαν αἰτίαν ἔχειν τῆς τοῦ παντὸς γενέσεώς τε καὶ φθορᾶς, ἐξ οὗ δή φησι τούς τε οὐρανοὺς ἀποκεκρίσθαι καὶ καθόλου τοὺς ἅπαντας ἀπείρους ὄντας κόσμους. ἀπεφήνατο δὲ τὴν φθορὰν γίνεσθαι καὶ πολὺ πρότερον τὴν γένεσιν ἐξ ἀπείρου αἰῶνος ἀνακυκλουμένων πάντων αὐτῶν. ὑπάρχειν δέ φησι τῶι μὲν σχήματι τὴν γῆν κυλινδροειδῆ, ἔχειν δὲ τοσοῦτον βάθος ὅσον ἂν εἴη τρίτον πρὸς τὸ πλάτος. φησὶ δὲ τὸ ἐκ τοῦ ἀιδίου γόνιμον θερμοῦ τε καὶ ψυχροῦ κατὰ τὴν γένεσιν τοῦδε τοῦ κόσμου ἀποκριθῆναι καί τινα ἐκ τούτου φλογὸς σφαῖραν περιφυῆναι τῶι περὶ τὴν γῆν ἀέρι ὡς τῶι δένδρωι φλοιόν· ἧστινος ἀπορραγείσης καὶ εἴς τινας ἀποκλεισθείσης κύκλους ὑποστῆναι τὸν ἥλιον καὶ τὴν σελήνην καὶ τοὺς ἀστέρας. ἔτι φησίν, ὅτι κατ' ἀρχὰς ἐξ ἀλλοειδῶν ζώιων ὁ ἄνθρωπος ἐγεννήθη, ἐκ τοῦ τὰ μὲν ἄλλα δι' ἑαυτῶν ταχὺ νέμεσθαι, μόνον δὲ τὸν ἄνθρωπον πολυχρονίου δεῖσθαι τιθηνήσεως· διὸ καὶ κατ' ἀρχὰς οὐκ ἄν ποτε τοιοῦτον ὄντα διασωθῆναι.

11. HIPPOL. Ref. I 6, 1—7 (D. 559 W. 10). (1) Θαλοῦ τοίνυν 'Αναξίμανδρος γίνεται ἀκροατής. 'Α. Πραξιάδου Μιλήσιος· οὗτος ἀρχὴν ἔφη τῶν ὄντων φύσιν τινὰ τοῦ

4 ἀρχήν] *Anfang und Ursprung der Dinge* vgl. Z. 7; zum Ganzen vgl. Diels *Neue Jahrb.* 26 (1923) 65　21ff. vgl. Capelle *Gött. g. Anz.* 1914, 249　32 [πάντων] Heidel *Class. Philol.* VI (1911) 86　34 γόνιμον] vielleicht Ausdruck Anaximanders, jedenfalls Theophrastisch vgl. Porph. d. abst. II 5 35ff. vgl. Diller *Herm.* 67 (1932) 30f.　36 ἧς τινος BO: ἧς A

A. LEBEN UND LEHRE. B. FRAGMENTE　89

τοῦ παλαιοῦ καὶ πατρογενείωι Ποσειδῶνι θύουσιν, ἐκ τῆς ὑγρᾶς τὸν ἄνθρωπον οὐσίας φῦναι δόξαντες ὡς καὶ Σύροι· διὸ καὶ σέβονται τὸν ἰχθῦν ὡς ὁμογενῆ καὶ σύντροφον ἐπιεικέστερον 'Αναξιμάνδρου φιλοσοφοῦντες· οὐ γὰρ ἐν τοῖς αὐτοῖς ἐκεῖνος ἰχθῦς καὶ ἀνθρώπους, ἀλλ' ἐν ἰχθύσιν ἐγγενέσθαι τὸ πρῶτον ἀνθρώπους ἀποφαίνεται καὶ τραφέντας, ὥσπερ οἱ γαλεοί, καὶ γενομένους ἱκανοὺς ἑαυτοῖς βοηθεῖν ἐκβῆναι τηνικαῦτα καὶ γῆς λαβέσθαι. καθάπερ οὖν τὸ πῦρ τὴν ὕλην, ἐξ ἧς ἀνήφθη, μητέρα καὶ πατέρα οὖσαν ἤσθιεν, ὡς ὁ τὸν Κήυκος γάμον εἰς τὰ 'Ησιόδου [fr. 158 Rz.²] παρεμβαλὼν εἴρηκεν, οὕτως ὁ 'Α. τῶν ἀνθρώπων πατέρα καὶ μητέρα κοινὸν ἀποφήνας τὸν ἰχθῦν διέβαλε πρὸς τὴν βρῶσιν.

B. FRAGMENTE

1. SIMPLIC. Phys. 24, 13 [vgl. A 9] 'Α. ... ἀρχὴν .... εἴρηκε τῶν ὄντων τὸ ἄπειρον .... ἐξ ὧν δὲ ἡ γένεσίς ἐστι τοῖς οὖσι, καὶ τὴν φθορὰν εἰς ταῦτα γίνεσθαι κατὰ τὸ χρεών· διδόναι γὰρ αὐτὰ δίκην καὶ τίσιν ἀλλήλοις τῆς ἀδικίας κατὰ τὴν τοῦ χρόνου τάξιν.

2. HIPPOL. Ref. I 6, 1 [vgl. A 11] ταύτην (sc. φύσιν τινὰ τοῦ ἀπείρου) ἀίδιον εἶναι καὶ ἀγήρω.

3. ARIST. Phys. Γ 4 203b 13 (vgl. A 15] ἀθάνατον .. καὶ ἀνώλεθρον (τὸ ἄπειρον = τὸ θεῖον).

1. (*In direkter Rede:*) Anfang und Ursprung der seienden Dinge ist das Apeiron (das grenzenlos-Unbestimmbare). Woraus aber das Werden ist den seienden Dingen, in das hinein geschicht auch ihr Vergehen nach der Schuldigkeit; denn sie zahlen einander gerechte Strafe und Buße für ihre Ungerechtigkeit nach der Zeit Anordnung.

2. Das Apeiron ist ohne Alter.

3. Das Apeiron ist ohne Tod und ohne Verderben.

5 γαλεοί Emperius: παλαιοί die Hs. vgl. de soll. anim. 33. 982 A τοῦ δὲ γαλεοῦ τὸ φιλόστοργον ... τίκτουσι μὲν γὰρ ὠιόν, εἶτα ζῶιον οὐκ ἐκτὸς ἀλλ' ἐντὸς ἐν ἑαυτοῖς καὶ τρέφουσιν οὕτω καὶ φέρουσιν ὥσπερ ἐκ δευτέρας γενέσεως· ὅταν δὲ μείζονα γένηται, μεθιᾶσι θύραζε　10 hier eingeordnet, da Wörtlichkeit zweifellos. Zur Ausdeutung von B 1 vgl. H. Fränkel *Parmenidesstudien Nachr. d. Gött. Ges.* 1930 S. 183ff.; für ἀρχή vgl. oben zu I 83, 4; ἀλλήλοις: das Untergehende dem Überlebenden und dieses wieder untergehend dem künftig Entstehenden (vgl. Eurip. Chrysipp. fr. 839, 13 [59 A 112]). Wichtige weitere Literatur: Rohde *Psyche* II⁹·¹⁰ 119¹. Boll *Neue Jahrb.* 16 (1913) 137. Diels *Der antike Pessimismus* (Berl. 1921) 11. Jaeger *Paideia* I 217ff.

**图五　《前苏格拉底哲学家残篇集成》的版式设计(第一册第83、89页)**

阿那克西曼德(《集成》第一至四版列为第2号前苏格拉底哲学家,第五版及以后各版列为第12号)的文献共辑录“古人评述”(A)30条,“残篇”(B)5条(其中第2—5条都是第尔斯认为出自阿那克西曼德原作的片言只语)及“可疑文献”(C)1条。A类和C类文献主体部分为原文，横线之下为注释和少量校勘记（这部分由克朗茨完成），出注或出校之处以原文左边码即每页另起的行数标示；B类文献在原文和注释/校勘记中间增加了德译文，用横线隔开。

　　图五左面第83页A9的"条目"注明，这段文字出自辛普利丘斯《亚里士多德〈物理学〉评注》，第尔斯使用了他本人整理的《辛普利丘斯评注亚里士多德〈物理学〉前四卷》(*Simplicii in Aristotelis Physicorum libros quattuor priores commentaria*, 1882—1895)这个校勘本，让读者参见该本第24页第13行，并在括号里提示，该段文字的第3—8行实际上源自（也就是说辛普利丘斯转录自）泰奥弗拉斯托斯《自然哲学家学述》，读者可参看第尔斯校理的《古希腊哲学学说汇纂》(*Doxographi Graeci*, 1879)第476页泰奥弗拉斯托斯残篇2。接下去的原文第7—8行 ἐξ ὧν δὲ...τάξιν 之后有[B1]字样，表示这里省略的部分正是阿那克西曼德的残篇1，可参阅B1找到残篇的完整文字。不过，较难引起注意的是，第4—5行的个别字词(ἀρχήν...τῶν ὄντων τὸ ἄπειρον)的排印方式有所不同，字母与字母之间的间距比其他单词要宽一些，之所以如此，需对比B1才能明了。此外，这一页的注释/校勘记既包含一些关键概念的阐释和研究，例如关于第4和34行的注释，也有涉及重要异文的校勘记，例如关于第32和36行的校勘记。我们再对照图五右页第89页所示的残篇1，这一条首先标明与A9同样的出处，并让读者参阅该条，然后节录A9第3—7行辛普利丘斯的那段转述文字，挑选出其中被认定为阿那克西曼德原文的字词（也就是前述A9那里字母间距较宽的几个单词），用省略号标示辛普利丘斯的转述，接着给出A9所省略的残篇，其下是供读者参考的德译文，而德译文之前括号里注明是"直接引语"，译文包括截取出来的原文字词和连续的一段残篇文字。经过这样的比对，我们可以发现，阿那克西曼德的原文被征引者辛普利丘斯的转述文字（及其来源泰奥弗拉斯托斯）所围绕，究竟哪些属于原文，哪些属于转述，其实并非泾渭分明，需要做出精

审的辨析。[①]

总体来说,《集成》的这一编纂体例清晰地区分了辑录的"古人评述"和"残篇原文",让读者能够非常便利地从 B 类文献里直接找到后者;但与此同时,这也会导致"残篇原文"及其被征引的上下文之间的割裂,致使读者忽略后者而偏重前者,甚至孤立地研读"残篇原文"而罔顾其间接传承的历史和思想情境。

§4. 新近面世的《**早期希腊哲学**》(**3.4.10**)的目标是更新、补充并部分地取代《集成》。从书名上看,两位编者法国学者拉克斯(André Laks)和美国学者莫斯特(Glenn W. Most)避免使用"前苏格拉底哲学家"这个饱受争议的称呼,[②] 而代之以较为笼统的"早期希腊哲学"一词,这体现了编纂旨趣上与《集成》在三个重要方面的不同:第一,《早期希腊哲学》把苏格拉底也收罗在内(第 33 章),视其为"智术师"群体里的一员(且辑录文献的篇幅仅次于位列"智术师"第二的高尔吉亚,这意味着,历史上的苏格拉底不再被当作希腊哲学的分水岭,[③] 而相应的,"前苏格拉底哲学家"也不再是具有同质性、可用同一个标签来命名的群体。第二,《早期希腊哲学》对题名里的"早期希腊哲学"有着更为宽泛的理解,不局限于"前苏格拉

---

① 比如,第尔斯自己所做的辨析工作体现于上引三部相关的校勘整理之作:最早出版的《古希腊哲学学说汇纂》(*Doxographi Graeci*, 1879)第 476 页用间距较宽的字母排印泰奥弗拉斯托斯《自然哲学家学述》的残篇原文,以便与用间距正常的字母排印的辛普利丘斯的文字相区分;其次出版的《辛普利丘斯评注亚里士多德〈物理学〉前四卷》(*Simplicii in Aristotelis Physicorum libros quattuor priores commentaria*, 1882—1895)第 24 页虽未做区分,但第 13 行的校勘记让读者参看前书;最后出版的《前苏格拉底哲学家残篇集成》第一版(1903)第 15—16 页则区分了三个不同层次的文本:用较大字体且间距正常的字母排印起首泰奥弗拉斯托斯的文字,用较大字体但间距较宽的字母排印中间的阿那克西曼德原作,再用较小字体且间距正常的字母排印最后辛普利丘斯的文字,如此真可谓用心良苦。

② 参见 Laks 2018: 1-34 的详细讨论。

③ 两位编者认为(Laks & Most 2016, vol. 1: 6-7),从哲学意义上而言,柏拉图才是真正的分水岭,并且从文本传承的角度来看也是如此,因为柏拉图的作品基本完整地流传于世,而柏拉图之前哲学家的作品则悉数(除极个别的例外)以残篇的形式传世。

底哲学家"这一称呼通常所指的"自然哲学家"(phusiologoi,他们主要的哲学兴趣在于"宇宙万物的生成"或"自然",phusis),而同样关注这一时期出现的大量与宗教和人文有关的哲学思考,例如将"早期医学思想"(第29章)和"希腊戏剧里的哲学与哲学家"(第43章)作为相关文献加以裒辑,大大拓展了"早期希腊哲学"这一概念的范畴。第三,也是最重要的,《早期希腊哲学》不再像《集成》那样,以恢复哲学家的著作原貌和学说本意为根本宗旨,而是侧重古代哲学家如何被同时代人和后世古人理解、阅读和阐释;也就是说,把古代世界对早期希腊哲学的接受置于核心位置,将早期哲学更紧密地纳入其所处的文化情境来看待,而不再侧重于哲学概念和哲学学说的发展史。因此,《早期希腊哲学》除了尽可能完整地搜集有关每位哲学家的生平和学说的文献(即P类和D类文献,见下),还系统地呈现了从该哲学家生活的年代到古代晚期(下限设在公元10世纪)的相关接受史(即R类文献,见下)。另外,《早期希腊哲学》的第一章为"古代哲学论述的编集和学术传承",也突出了接受史的视角,因为我们对早期希腊哲学的了解在很大程度上依赖古代的"学说汇纂"(doxography)传统,而这一传统同样属于学术接受史的范畴。

遵循这一编纂理念,两位编者将涉及早期希腊哲学的古代文献按时间、地域和学派分类,归入"早期伊奥尼亚思想家""希腊西部地区思想家""稍晚时期伊奥尼亚与雅典思想家"及"智术师"四个组别,另外还于全书之首辑入有关学说编集、学术传承和思想起源的材料,于全书之末辑入有关"希腊戏剧里的哲学与哲学家"的材料,然后将所有这些材料划分为43章。据统计,这43章里有32章以单个或两个具名的思想家为单位,剩余11章则以一组相关的文本为单位,其中有3章列出的是思想流派(即第17章"不具名的毕达哥拉斯学派学说"、第18章"毕达哥拉斯及其学派的接受"及第42章"智术师的群体特征和面貌"),另有3章列出的是无名氏的文本(即第30章"德尔维尼纸草"、第40章"杨布里库斯称引的作者"及

第 41 章《双重论证》），还有 5 章列出的是按照主题归类的材料（例如第 1—3 章，分别为"古代哲学论述的编集和学术传承""宇宙论玄想"及"关于神和人的思考"，第 29 章"早期医学思想"和第 43 章"希腊戏剧里的哲学与哲学家"）。在属于单个具名的思想家的 31 章里，相关文献被归入三类："生平"（Person，以字母 P 标示），"学说"（Doctrine，以字母 D 标示）及"接受"（Reception，以字母 R 标示）。P 类文献略同于《集成》的 A 类文献前半部分（即"生平"部分），但更为系统地搜集了有关该思想家生平、性格和言论的古代记载及传说。D 类文献略同于《集成》的 B 类文献（即作品残篇，fragmenta）和 A 类文献后半部分（即"学说"部分里的古人评述，testimonia）；一个重要的区别是，《早期希腊哲学》将被引述的原文和引述者的上下文同时刊印，并将确认为真实可信的原文用黑体字排印，这类文献的排序方式与《集成》的 A 类文献后半部分基本相同（见上 §3）。R 类文献包含了《集成》的 C 类文献，但与之相比内容远为丰富，收罗了有关该思想家及其学说最具代表性的接受史材料，涵盖的时段，如前所述，从该思想家的生活时代直至古代晚期。除了这 31 个具名的思想家，其他各章当中，按主题归类的 3 章把相关文献统称为"文本"（Text，以字母 T 标示），按序排列；按思想流派归类的 3 章里有两章（第 18 章和第 42 章）仅列 R 类文献，另一章（第 17 章）仅列 D 类文献；其余 3 章的无名氏文本不做分类，仅给出原文（第 40 章和第 41 章）或整理后的残篇（第 30 章）。①

《早期希腊哲学》的每一章首先用简短的"导言""参考书目"

---

① 使用者需注意正确的征引方式：哲学家姓名缩写或主题编号缩写（参见第一卷第 27—29 页的"缩写表"）+ P 或 D 或 R + 编号 + LM = 对应的 DK 编号，例如 HER. D51 LM = 22 B60 DK，意思是：赫拉克利特（在《早期希腊哲学》里的缩写为 HER.）"学说"第 51 号，LM 是 Laks 和 Most 的首字母，代表他们编订的残篇编号，这个残篇等同于 22 B60 DK，即《集成》赫拉克利特残篇第 60 号（见上第 152 页注①）；亦可用哲学家姓名全拼取代缩写，征引为 Heraclitus, D60 LM；再如，COSM. T1 LM ="宇宙论玄想"（即第 2 章）"文本"1，即《伊利亚特》第十八卷第 483—489 行，"阿基琉斯之盾"的头七行诗，描述了包括日月星辰与大地、环河在内的整个宇宙的构成（因这一条辑录的文献比《集成》第 7 号残篇 2 所包含的相关文献要长，故不能用 = 对应的 DK 编号来标示）。

和"本章纲目"为读者提供阅读指引,随后按上述顺序列出古代文献,所录古希腊罗马作品原文皆依据出处文本的最新标准校勘本,附以简扼的校勘记,①并将所有原文译成英文(而非像《集成》那样仅给出 B 类残篇的译文)。另外,凡是其他语种的原文(如亚美尼亚语、阿拉伯语、希伯来语等)皆以该语种的文字排印(而非像《集成》那样仅给出德语或拉丁语译文)。所录每一条古代文献的编号旁于括号内附有《集成》的编号,如所给出的文献较之更为详细,用"〉"记号标示,如所给出的文献较之更为简省,用"〈"记号标示,如所给出的文献不见于《集成》,则用"≠ DK"来标示,如此系统性的对照极大地方便读者将两部残篇集成配合起来使用。

图六展示了"阿纳克西曼德的箴言"在《早期希腊哲学》里的辑录方式。阿那克西曼德被列为第 6 章,该章纲目对所有辑录的文献进行了分类,计有"生平"(P)12 条,"学说"(D)40 条及"接受"(R)21 条,每一类文献还有进一步的细分。图六上幅左页第 282 页上的 D6,即"阿纳克西曼德的箴言"的原文出处,与 D7 和 D8 一同归入"源自泰奥弗拉斯托斯的三个概述"。左页 D6 原文的条目部分提供了三个信息,首先括号里的"〈A9, B1"字样表明这里所给出的文献比《集成》里的 A9 和 B1 要简省一些,随后注明文献出处是辛普利丘斯《亚里士多德〈物理学〉评注》(即第尔斯校理的《辛普利丘斯评注亚里士多德〈物理学〉前四卷》)第 24 页第 13—25 行 [应为第 13—21 行——作者按],括号里再注明这里所给出的文献比《埃瑞索斯的泰奥弗拉斯托斯:关于其生平、著作、思想及影响的文献辑录》里第 226A 号残篇所给出的要简省,而对应的右页译文的出处部分只提供了前两个信息(且不包含出处的具体章节)。左页原文之下是校勘记,校勘记列在每一条文献之后,用注释编号标示,跨页的

---

① 也就是说,两位编者依据的是众多其他学者完成的校勘工作,并没有进行独立的校勘,最主要的原因在于,大量的校勘工作将会旷日持久,《早期希腊哲学》的面世也会无限期地拖延,当然还因为《娄卜古典丛书》的学术定位并非严格意义上的"校勘本"。

*Terrestrial Map and Celestial Globe (D4–D5)*

**D4** (< A6) Strab. 1.1.11

ὧν τοὺς πρώτους μεθ' Ὅμηρον δύο φησὶν Ἐρατοσθένης [Frag. IB5 Berger], Ἀναξίμανδρόν τε [...= **P6**] καὶ Ἑκαταῖον τὸν Μιλήσιον· τὸν μὲν οὖν ἐκδοῦναι πρῶτον γεωγραφικὸν πίνακα [...].

**D5** (< A1) Diog. Laert. 2.2

καὶ γῆς καὶ θαλάσσης περίμετρον πρῶτος ἔγραψεν, ἀλλὰ καὶ σφαῖραν κατεσκεύασε.

*Three Summaries Ultimately Deriving from Theophrastus (D6–D8)*

**D6** (< A9, B1) Simpl. *In Phys.*, p. 24.13–25 (< Theoph. Frag. 226A FHS&G)

τῶν δὲ ἓν καὶ κινούμενον καὶ ἄπειρον λεγόντων Ἀναξίμανδρος [...= **P5**] ἀρχήν τε καὶ στοιχεῖον εἴρηκε τῶν ὄντων τὸ ἄπειρον, πρῶτος τοῦτο[1] τοὔνομα κομίσας τῆς ἀρχῆς. λέγει δ' αὐτὴν μήτε ὕδωρ μήτε ἄλλο τι τῶν καλουμένων εἶναι στοιχείων, ἀλλ' ἑτέραν τινὰ φύσιν ἄπειρον, ἐξ ἧς ἅπαντας γίνεσθαι τοὺς οὐρανοὺς καὶ τοὺς ἐν αὐτοῖς κόσμους· ἐξ ὧν δὲ ἡ γένεσίς

[1] αὐτὸ coni. Usener

*Terrestrial Map and Celestial Globe (D4–D5)*

**D4** (< A6) Strabo, *Geography*

Eratosthenes says that the first two [scil. geographers] after Homer were Anaximander [...] and Hecataeus of Miletus; and that the former was the first to publish a map of the earth [...].

**D5** (< A1) Diogenes Laertius

And he was the first to draw the outline of the earth and sea, and he also constructed a [scil. celestial] sphere.

*Three Summaries Ultimately Deriving from Theophrastus (D6–D8)*

**D6** (< A9, B1) Simplicius, *Commentary on Aristotle's Physics*

Among those who say that it [i.e. the principle] is one, in movement, and unlimited, Anaximander [...] said that the principle (*arkhê*) and element of beings is the **unlimited** (*to apeiron*); he was the first to call the principle by this term.[1] He says that it is neither water nor any other of what are called elements, but a certain other unlimited nature from which come about all the heavens and the worlds in them. And the things out of which birth comes about for

[1] It is also possible that what Simplicius means is that the term Anaximander was the first to use was not 'unlimited' (*apeiron*) but rather 'principle' (*arkhê*).

ἐστι τοῖς οὖσι, καὶ τὴν φθορὰν εἰς ταῦτα γίνεσθαι κατὰ τὸ χρεών. διδόναι γὰρ αὐτὰ δίκην καὶ τίσιν ἀλλήλοις[2] τῆς ἀδικίας κατὰ τὴν τοῦ χρόνου τάξιν, ποιητικωτέροις οὕτως[3] ὀνόμασιν αὐτὰ λέγων.

[2] ἀλλήλοις om. A    [3] οὕτως om. F

**D7** (< A11, B2) (Ps.-?) Hippol. *Ref.* 1.6.1–7

[1] [...] οὗτος ἀρχὴν ἔφη τῶν ὄντων φύσιν τινὰ τοῦ ἀπείρου, ἐξ ἧς γίνεσθαι τοὺς οὐρανοὺς καὶ τὸν ἐν αὐτοῖς κόσμον.[1] ταύτην δὲ ἀίδιον εἶναι καὶ ἀγήρω, ἣν καὶ πάντας περιέχειν τοὺς κόσμους. λέγει δὲ χρόνον, ὡς ὡρισμένης τῆς γενέσεως καὶ τῆς οὐσίας[2] καὶ τῆς φθορᾶς. [2] οὗτος μὲν οὖν[3] ἀρχὴν καὶ στοιχεῖον εἴρηκεν τῶν ὄντων τὸ ἄπειρον, πρῶτος τοὔνομα[4] καλέσας τῆς ἀρχῆς. πρὸς δὲ τούτῳ κίνησιν ἀίδιον εἶναι, ἐν ᾗ συμβαίνειν[5] γίνεσθαι τοὺς οὐρανούς. [3] τὴν δὲ γῆν εἶναι μετέωρον, ὑπὸ μηδενὸς κρατουμένην, μένουσαν <δὲ>[6] διὰ τὴν ὁμοίαν πάντων ἀπόστασιν. τὸ δὲ σχῆμα αὐτῆς †ὑγρόν†,[7] στρογγύλον, κίονι[8] λίθῳ παραπλήσιον· τῶν δὲ ἐπιπέδων ᾧ[9] μὲν ἐπιβεβήκαμεν, ὃ δὲ ἀντίθετον ὑπάρχει. [4] τὰ δὲ ἄστρα γίνεσθαι κύκλον πυρός, ἀποκριθέντα τοῦ κατὰ τὸν κόσμον πυρός,

[1] τοὺς ... κόσμους Ritter    [2] καὶ τῆς γενέσεως τοῖς οὖσι Marcovich    [3] οὖν T: om. LOB    [4] πρῶτος ⟨τοῦτο⟩ τοὔνομα Kirk    [5] συμβαίνει mss., corr. Roeper    [6] ⟨δὲ⟩ Diels    [7] ὑγρὸν mss.: γυρὸν Roeper    [8] χίονι mss., corr. Gronovius: κίονος Teichmüller    [9] ὃ mss., corr. Gronovius

beings, into these too their destruction happens, **according to obligation: for they pay the penalty** (*dikê*) **and retribution** (*tisis*) **to each other for their injustice** (*adikia*) according to the order of time[2]—this is how he says these things, with rather poetic words.

[2] Precisely where Simplicius' verbatim citation of Anaximander's sentence ends and his paraphrase or interpretation of it begins is uncertain and controversial.

**D7** (< A11, B2) (Ps.-?) Hippolytus, *Refutation of All Heresies*

[1] [...] He said that the principle of beings is a certain nature, that of the **unlimited**, from which the heavens come about and the world that is in them. It is eternal and **unaging** and it surrounds all the worlds. He speaks of time, on the idea that generation, subsistence, and destruction are limited. [2] He said that the principle and element of beings is the **unlimited**; he was the first to use this term for the principle.[1] Besides this, there is an eternal motion, in which the birth of the heavens comes about. [3] The earth is suspended; it is not controlled by anything, but remains where it is because it is at the same distance from all things. Its form is †moist†,[2] round, similar to **a stone column**; of its surfaces, one is that upon which we walk, the other is opposite to it. [4] The stars are a **wheel** of fire; they have been separated from the fire in the world and are surrounded by air. There are certain

[1] See note 1 in **D6**, above.    [2] Most editors correct to "curved."

文献则在该页底部也给出校勘记，因此 D6 第 282 页有一条校勘记，跨页第 283 页的文献之后还有两条校勘记；右页译文之下是注释，出注方式与左页校勘记相同。左页原文第二行省略之处用中括号标示，同时提示可以参见 P5，而被归入"生平"的这一条也与 D6 互引。与《集成》相比，这里的原文只辑录了一半左右，即《集成》A9（加上 B1）的第 3—8 行，并且在这段原文里，哪些是阿那克西曼德原作的字句，哪些是辛普利丘斯的转述，《早期希腊哲学》与《集成》也颇有出入：这里只有 τὸ ἄπειρον 一个单词，以及从 κατὰ τὸ χρεών 到 τῆς ἀδικίας 这段文字排印成黑体，也同样在对应的右页英译文里排印成加粗黑体，表明只有这些字词被编者认定为出自阿那克西曼德的原作。① 这一重要的差别说明，相关问题正是学界的争议所在，《早期希腊哲学》将"阿纳克西曼德的箴言"返归其被征引时的上下文，就尽量避免了《集成》将其单独列为残篇会给研读者带来的错觉，即认为这一残篇的原文字句确定无疑，也会促使研读者回到出处的上下文语境来理解和阐释"阿纳克西曼德的箴言"。②

## 三、评注本

§1. 研读古代经典应当依据传世文本的标准校勘本或散佚文本的标准辑佚本。然而，单单阅读校勘本或辑佚本的白文，对初习者来说过于繁难，且往往事倍而功半，因此需要各种切实可靠的帮助，**评注本**(commentary)便是其中最为重要的一种。**评注的宗旨是**

---

① 《早期希腊哲学》的版式设计上有一个不小的缺陷，就是希腊原文排印成黑体的部分很不明显，读者难以辨识，往往只有对照英译文里相应的黑体加粗部分，才能发现。

② 顺带提及，国内学界知晓"阿那克西曼德的箴言"，更多的是通过海德格尔作于 1946 年的同名长篇论文。有意思的是，海德格尔在文中也讨论了"箴言"始于何处止于何处的关键问题，并倾向于把《早期希腊哲学》而非《集成》所认定的那些文字当作阿那克西曼德的原话，参见氏著《林中路》，孙周兴译，商务印书馆，2018 年，第 363—426 页，尤见第 386—388 页。

注解和阐释经典文本，同时也向读者展示，对于一个经典文本能做些什么，能提出什么样的问题。这些问题和问题背后的现实关怀当然随着时代的改变而改变，因此评注本的不断更新，一方面体现了经典文本历久弥新的价值，另一方面也反映了每个时代阅读经典的不同视角。一般而言，我们这个时代的评注本也就成为研读古代经典的首选。①

　　根据难易程度，评注本可分为三类：初级的语言学习类评注本、中级的语文研读类评注本和高级的专业研究类评注本。以下分别就每一类的体例、注解的形式和层次做出说明，初习者当随着研读的进程按需使用。

　　第一类为**语言学习类评注本**(elementary language commentary)，又称作"学生评注本"(student commentary)或"学校用评注本"(school commentary)，也就是传统上供欧美国家中学生使用的评注本。由于古典语言正逐渐从欧美国家的中学教育里消失，如今这类评注本也更广泛地被大学生和一般读者使用，当他们完成了古典语言初级阶段的学习，达到中级水平，有能力连贯地阅读古典文本之时。"学生评注本"通常会选择语言上较为简易、读者面较广的古代经典，主要从古希腊语或拉丁语语言学习的角度对该文本进行注释，帮助学生扫除语言障碍，能够相对流畅而准确地读通并理解原文。欧美各国针对本国学生的实际情况出版的此类评注本数量庞大，以美国为例，《**布林莫尔评注本丛书**》(3.5.1)和《**迪金森学院评注本丛书**》(3.5.2)是两个较受欢迎的系列。

　　语言学习类评注本基本上采用简注的体例，出注量不大，注释用语简洁明了，讲解直白，让读者一目了然。这一宗旨也体现在形式上，此类评注本通常将原文排印于左页，注释排印于右页，读者左右对照，最为便利。原文大多采用通行的本子（或称"俗本"），而非

---

① 评注本作为古典学术的重要产物，参见 Most (ed.) 1999, Gibson & Kraus (eds.) 2002, Kraus & Stray (eds.) 2016。

校勘本,正文之下也无校勘记。

注释的内容侧重词汇和语法两个层次。就**词汇**而言,有些评注本会给出"同步词汇表"(running vocabulary list),按照文本里单词出现的顺序,给出该词的完整形式和确切释义,这样读者就可以一一对应地找到原文里的词汇,免去翻检词典之苦。另一个做法是把文本里出现的所有单词汇集于书后的"总词汇表"(vocabulary 或 glossary),列出每个单词的完整形式和确切释义,读者按照字母顺序来查找,同样轻而易举。当然,也有一些评注本既不列出"同步词汇表",也不提供"总词汇表",而是希望读者自行查阅词典,从中找到准确的形式与合适的释义,目的是培养读者查阅词典的习惯和使用词典的技能。就**语法**而言,对常见和不常见的语法现象的解释通常构成了评注的主要内容,包括较为复杂的词序(当单词和单词之间的句法关系并非一目了然的时候)、较为罕见的语法结构(初级课程的语法学习涉及不多或尚未涉及的语法结构)以及不能按字面意思理解的习语等。语法解释的方式主要有三种:最直接的方式是照着原文"直译",读者再根据译文回溯到原文来理解有困难的语法现象;第二种方式是贴近原文的"意译"或复述,因为倘若原文难以"直译","意译"或复述也能帮助读者理解语法现象;第三种是对语法进行解释,并注明标准语法书的相关章节,让读者进一步研读。评注者可以采用其中一种或数种方式对语法加以解释。另外还可以征引有相似用法的其他文本段落作为佐证,增加读者对这一语法现象的认识,不过此类引证一般数量不多,且会附上译文。

除词汇和语法,有些评注本也会关注某个篇章或段落的语气(正式的、严肃的、坦率的、幽默的、谐谑的、讽刺的等)和风格特征(比如某个单词、短语或表达方式更常见于散文,还是属于诗歌传统),而这些较难把握的因素往往被初习者彻底忽视。此外,评注者也会对历史事实、典故名物、文学和文化语境略加说明。以上这些方面虽已超出扫除语言障碍的范围,但对于准确理解文本的原义也不可或缺。总之,语言学习类评注本的注释大抵处于解字释词、疏通语法的层次,却也是研读经典必经的阶段。

第二类为**语文研读类评注本**(intermediate philological commentary),它的主要受众是大学生以及普通研究者,这些读者已经达到了中高级的古典语言水平,能够熟练地阅读浅易的古典文本。因此,这类评注本不再局限于选取语言上较为简易的文本,绝大多数的古代典籍都能成为评注的对象,从而也体现出古代典籍的多样性和丰富性。评注者虽然还会顾及古希腊语或拉丁语的语言学习,但更加侧重从古典语文学的角度对文本进行注解和阐释,发人所未发,读出某种新意。欧美各国出版的此类评注本同样众多,其中《**阿里斯和菲利普斯古典丛书**》(3.5.3)、《**剑桥希腊与罗马古典丛书**》(3.5.4)和《**瓦拉古典文本**》(3.5.5)是广为学界称道的规模较大的三个系列。

语文研读类评注本的体例可以是简注,也可以是详注,或介乎两者之间,尤以后者最为常见,以便用详简得当的评注来兼顾较高程度的语言学习和一般程度的学术研究。形式上,这类评注本可以包含原文、译文和注文,通常是先给出原文(有些还加上译文,①通常是将原文排印于左页,译文排印于右页),注文则单独排印于原文之后,其篇幅往往与原文相埒,甚至超出原文。也有一些评注本为方便读者,将原文排印于左页,译文排印于右页,再将注释放在左页和右页的下方,如有些19世纪末、20世纪初的评注本。② 不过这样一来,每页下方的注文容易挤压上方的原文和译文,对阅读的流畅性造成一定的障碍,因此当代语文研读类评注本大多采用了前一种形式。此类评注本的原文一般会选用现有较好的校勘本(或评注者自行校勘的本子),并在正文之下附上简明的校勘记。有一些评注本不提供原文,只有注文,让读者另外配备某个版本的原文,这样虽

---

① 评注本之所以要加上译文,不仅仅是为了方便读者,而且也因为译文本身也是一种特殊形式的评注方式。

② Jebb 的七卷本索福克勒斯悲剧及残篇评注便是著名的例子,参见 Jebb 1883-1990。

然降低了印刷成本,却给读者带来不便。

评注的方式通常是首先对整个文本做出段落划分,然后在这个基础上以每个段落为单元,先就整个段落进行评注,给出本段的内容梗概或细节纲目,指出其中为学界关注的主要问题,并提供最新的相关研究书目;随后再逐行(乃至逐句逐词)评注,就文本中值得关注的细节一一注释,有必要时也针对这些细节问题提供最新的相关研究书目。至于评注的内容,可以涉及古典语文学涵盖的各个层次,其中最主要的是校勘、语言、文学和历史文化这四个层次。首先,**校勘层次**指的是文本考订性质的注释。文字的校正本是文本研读的基础,因此当原文存有异文,而这些异文又足以影响文本的内容或风格,注释者便有必要对之加以讨论,说明取舍的原因。校勘性质的注释一般会联系原文的校勘记向读者解释,在几种异文当中,哪一种较优,原因何在,采用这一读法后原文的含义是什么,其他读法的问题何在,等等。不过,此种性质的注释通常只在最必要的时候才会出现,不是语文研读类评注本的关注重点。其次,**语言层次**的评注处于核心位置。相较于语言学习类评注本,语文研读类评注本对语言层次的评注在难度上有了显著的提高。基本词汇和语法一般都会略过,评注的重点是较难理解的词法、句法和习语(对语法进行解释的方式主要有三种,如前述),并会拓展到词源、方言和风格特征等其他方面。再次,**文学层次**的评注更是重中之重。这一层次的评注会涉及文本的结构和作者的行文布局,比如每一部分在文本整体里的位置,如何构成文本的整体;各种文学手法的运用,比如诗学层面的格律、重复、变体、扩展等,修辞学层面的各种修辞格,甚至晚近盛行的叙述学层面的叙事视角、顺序、节奏和时间等;各种母题(motif)的运用,比如常见的场景、物件、行为和事件等;重要主题(theme)的运用,比如文本包含哪些核心思想,这些核心思想由哪些部分组成,如何体现于具体的人物、情节、语言、意象或论述。最后,**历史文化层次**的评注服务于文本的解读,本身并非重点所在。这个层次的评注提供必要的文化背景信息,包括史实、典故名物、地理知识、风俗习惯等。另外,值得一提的是,凡涉及特殊性质的文本,例如哲学、科技或史地方面的著作,评注还会涉及第五个也就是**特殊文类的层次**,就这些文类所涉及的学科内容加以注释。

第三类为**专业研究类评注本**(advanced scholarly commentary),它面向古典学专业研究者,包含大量专业性极强的内容,通常是该文本最权威的评注本。**《剑桥古典文本与评注丛书》**(3.5.6)和**德古意特《古典文本与评注丛书》**(3.5.7)是较具代表性的两个系列。此类评注本又可分成两类:综合性的研究类评注本与专门性的研究类评注本,剑桥和德古意特的两个系列大多属于前者,后者的例子如历史考据评注本(historical commentary)或新近出现的叙述学评注本(narratological commentary)。①

此类评注本通常采用详注甚至集注的体例。**详注本**(ausführlicher Kommentar)对文本涉及的问题巨细靡遗地加以评注,且往往博稽众说,对相关书证的征引不厌其详,对相关问题充分考辩,且以原始出处为据,附上翔实完备的研究书目。**集注本**(variorum commentary)则备载众说,再加上评注者的按断合为一书,就好比由不同评注者的声音汇集而成的多声部复调音乐,旨在呈显经典文本多样化阐释的可能性,展示文本的丰富含义。专业研究类评注本的形式有三种:除了常见于语文研读类评注本的先给出原文、注释单独排印于原文之后的形式,也有原文与译文分别排印于左页和右页,注释放在每一页下方的形式;另外,还有一种特殊的形式,是将原文和译文列入一卷,注文则单独成卷,例如弗兰克尔(Eduard Fraenkel)的三卷本《阿伽门农》。② 目前仍旧以第一种形式最为常见。

评注的方式大抵与语文研读类相同,而评注的内容,除专门性

---

① 历史评注本例如 Gomme, Andrewes & Dover 1945-1981 和 Walbank 1957-1979;叙事学评注本例如 de Jong 2001。

② Fraenkel 1950。

的评注本只涉及某一专门领域,综合性的评注本同样会涉及校勘、语言、文学和历史文化、特殊文类这些层次(当然评注的程度要广博和深入得多),此处不再重复。

§2. 我们以荷马史诗《伊利亚特》的评注本为例,来比较这三类评注本各自的特点以及它们之间的差别所在。欧美各国出版的语言学习类《伊利亚特》评注本不胜枚举,这里选择英语学界流传甚广的**威尔科克**(M. M. Willcock)**评注本**作为代表。① 这个评注本主要供中级程度的语言学习者使用,评注者假定读者已经掌握了阿提卡方言的基本词汇和语法,但却是初次涉猎荷马史诗,因此特别关注荷马史诗的"雅言"(Kunstsprache)给初读者带来的困难。所以,每卷前 50 行左右的注释都会着重解释史诗词汇和语法的特别之处,点明史诗语言最为显著的特征,以便让读者选读任何一卷都能熟悉这些特征,迅速扫除阅读中的语言障碍。② 除此之外,威尔科克的注释还涉及典故名物和历史文化,但真正的重点是对于史诗的文学阐释,这些文学层次的注释大多用极为精炼的笔法,言简意赅地道出评注者认为最合理的解释。例如,威尔科克为整部《伊利亚特》开篇的第一行诗撰写了半页的评注,就组成这行诗的五个单词分别给出了注释,全部列在阿拉伯数字 1(表示第 1 行)之下,每条注释以该希腊语单词作为条目,但五条注释之间没有分行,而是合并成一大段文字。③ 就注释的内容而言,可以做出如下分析:1)关于 μῆνιν:这是一条文学-主题层次的注释,解释了《伊利亚特》的第一个单词便是其主题(《奥德赛》的第一个单词也是如此)以及该主题的特殊性何在;2)关于 ἄειδε:这是一条历史文化的注释,说明诗

---

① Willcock 1978-1984.

② 为了照顾初习者的接受能力,该评注本还在"前言"第 8—10 节分别就荷马"雅言"的三个主要方面,即"程式化用语和主题""荷马的语言"和"荷马式六音步"做出了简明扼要的总体介绍。

③ 第一行诗的评注之前还有对第 1—7 行的总评,但威尔科克只用了寥寥数语告诉读者,这 7 行诗是整部史诗的"序诗",强调史诗的主题和开端是"阿基琉斯的愤怒"。

人使用该词("歌唱")的原因;3)关于 θεά:这是一条名物典故的注释,点明该词("女神")的所指,以及诗人与"女神"之间的关系;4)关于 Πηληιάδεω:这主要是一条语言-词法层次的注释,解释了该词的词形变化,作为更常见之词的替代词,其用途何在,其词尾(-εω)是荷马语言里的一个现象;随后又对该词所包含的人名(Peleus)做了说明;5)关于 Ἀχιλῆος:这也是一条语言-词法层次的注释,解释了该词的词性变化,以及拼写上与更常见的人名(Achilleus)的差别;最后,关于 Πηληιάδεω Ἀχιλῆος:这是一条语言-格律层次的注释,说明 -εω 为何读作一个长元音,以及两个单词之间存在的元音连续现象(诗歌通常避免这一现象)。从这些注释的性质可以看出,威尔科克评注本之所以广受称道,是因为它并非最初级的刻板的语言学习读本,而是有效地将语言学习和语文研读类的评注结合起来,提升了读者的阅读层次和兴味。

《伊利亚特》的语文研读类评注本以"剑桥绿黄本"(**3.5.4**)最为著称,该系列迄今分别出版了《伊利亚特》第 3、6、18、22、24 卷的评注本。另外,牛津大学出版社的第 1 卷普林(S. Pulleyn)评注本和第 9 卷格里芬(J. Griffin)评注本,虽有所不同,也经常和"剑桥绿黄本"相提并论,属于同一个类型的评注本。由于"剑桥绿黄本"尚未推出《伊利亚特》第一卷的评注本,这里以**普林评注本**为例,[1] 来看一看它如何注释《伊利亚特》第一卷第一行。[2] 普林为这一行的五个单词撰写了近两页的评注,列于阿拉伯数字 1(表示第 1 行)之下,

---

[1] Pulleyn 2000。与"剑桥绿黄本"不同的是,普林评注本除左页的原文,还在右页附上对照的英译文,另外也在注文之后提供了一个"词汇表",便于初学者使用。不过,从导论的篇幅(长达 63 页,详见下节)和内容以及评注的篇幅(共 162 页)和层次来看,这个评注本无疑属于语文研读类,而非语言学习类。

[2] 第一行的评注之前还有对第 1—52 行的总评,长达一页半,分别论述了第 1—52 行这个"序诗"部分的功能,"阿基琉斯的愤怒"这个主题的特殊性,第 1—52 行为何组成一个独立的段落(还提供了对这个段落进行整体解读的三条参考书目),以及如此开篇为何优于古人记载的另一个替代性的开篇。整个总评论述的问题主要涉及文学的层次,对以下的逐行评注起到了提纲挈领的作用。

每条注释以希腊语单词作条目,用黑体印刷,以清眉目,五条注释也各自独立,让读者一目了然。注释的内容具体如下:1)关于 μῆνιν:这是一条语言-语义层次的注释,解释了该词("愤怒")的语义及其不同于其他近义词的特殊含义,此一含义对于理解整部史诗的主题有何意义,最后还给出了一条相关的研究书目;2)关于 ἄειδε:这是一条文学阐释的注释,通过比较荷马史诗其他相似段落里的不同字眼,提出诗人在此处使用该词("歌唱")的可能原因;3)关于 θεά:这条注释分成两个部分,前一部分偏重历史文化层次,解释荷马为何笼统地使用该词("女神")来指代缪斯女神,史诗诗人为何要呼唤缪斯女神,并给出两条相关的研究书目;后一部分是语言-方言层次的注释,讨论该词词尾的方言来源,并征引了两条专业性很强的研究书目(这部分的注释被置于方括号内,表示讨论的内容较为技术性,初习者可略过);4)关于 Πηληιάδεω:这是一条语言-词法层次的注释,解释了该词的词形变化、构词法及其与更常见之词的关系;5)关于 Ἀχιλῆος:这是一条语言层次的注释,首先解释了阿基琉斯(Achilleus)这个名字在发音和拼写上的两种方式,随后引用其他学者的观点,说明史诗传统如何理解这个名字的含义,并以《奥德赛》对奥德修斯之名的理解为佐证。与威尔科克评注本相比,以上的注释所涉及的内容更为深入,不仅在注释里讨论不同学者的观点,而且还援引相关的参考书目。可以说,普林评注本已经为读者从语文学研读的角度进入相关领域的研究提供了初步指引。

不过,更深入的研究指引还需要依靠专业研究类的评注本。《伊利亚特》的此类评注本目前有两套:其一是"剑桥评注本",共六卷,已全部出齐;[1] 其二是"巴塞尔评注本",共二十五卷,尚在陆续出

---

[1] Kirk et al. 1985—1993.

版。① 出于篇幅上的考虑,**"剑桥评注本"**为单纯的评注本,没有给出原文。② 《伊利亚特》每一卷的评注体量,除个别例外,基本上在60页上下,这也就意味着,从评注的数量上看,"剑桥评注本"并不比"剑桥绿黄本"占据优势。不过,这套评注本的读者对象不同"剑桥绿黄本",主要针对《伊利亚特》的"严肃读者"和"研究者",因此评注的专业程度显著提升,被学界誉为荷马研究者案头必备的工具书。比如,关于《伊利亚特》第一卷第一行,柯克(G. S. Kirk)撰写了两页的评注。③ 在这里,讲解基本语法和词汇的语言学习性质的内容完全消失,评注者主要从史诗研究的层次对重要学术问题进行讨论。这条两页的评注共包含四个段落,列于阿拉伯数字1(表示第1行)之下,每个段落并未以相应的希腊语单词作条目,而是对四个相关问题进行分别讨论:第一段讨论的问题是"序诗"里呼唤缪斯女神作为史诗传统的一个成规,表明史诗诗人与缪斯女神之间是何种关系,读者可比较《奥德赛》、赫西奥德《神谱》《劳作与时日》的序诗及其他一些相关段落进行研究;第二段讨论的问题是序诗宣告的"愤怒"主题有何来源,它在《伊利亚特》的整体结构当中如何重要,这个问题本身非常复杂,此处只是点到为止,读者可参看导论和评注的相关部分;第三段讨论的问题是,这首流传最广的"序诗"与《伊利亚特》之间的关系如何,古人记载的其他"序诗"版本为何劣于这首"序诗";第四段讨论的问题是关于这首"序诗",古注提出了许多质问,其中一些至今仍值得参考并予以回应。以上四段虽然不足以穷尽《伊利亚特》"序诗"第一行涉及的所有学术问题,但"剑桥评注本"的专业研究性质,从中可见一斑。

比"剑桥评注本"篇幅更为庞大,评注的内容和层次也更加丰

---

① Latacz et al. 2000.

② 主编 Kirk 建议读者使用1920年 Monro 和 Allen 校理的"牛津古典文本丛书"即 OCT 本作为阅读底本,评注者若采用与此本不同的读法,会通过评注的方式加以讨论。

③ 第一行的注文之前只有一个非常简短的第1—7行总评,提示这个"序诗"段落的主要内容。

富的是"巴塞尔评注本"。这是迄今为止规模最大的《伊利亚特》评注本,也是世纪之交最具雄心的古典学研究项目之一。该评注本由一卷《导论》和二十四卷正文构成,每卷有两个分册,第一分册包含原文校勘本(重印了韦斯特 1998—2000 年的托伊布纳校勘本)和德译文,第二分册包含注文,目前大约已有近半面世。① 根据主编拉塔驰(J. Latacz)的说明,这套评注本旨在综合现代荷马研究的两大传统,即德语传统和英语传统,体现这两大学术传统的主要研究成果,与此同时,也会顾及从文科中学学生到专业研究者各个层次的使用者。② 为了方便不同层次的使用者,评注分册采用了一种新颖的版式设计,将难易程度不同的评注分作四类,并用四种不同的排印方式加以区别:第一类评注用正常大小的字体排印,针对所有使用者,包括不谙古希腊文、只读德译文的读者,这一类评注被比拟为"楼上一层";第二类评注用小一些的字体排印,针对古典学者尤其是古希腊研究者,是这套评注本的主要层次,因此被喻为"地面层";第三类评注用更小的字体排印,针对专治荷马的学者,讨论专门的学术问题,分析不同的学术观点并征引参考书目,这类评注被戏称为"地下一层"。在这栋三层楼房之下,用一条横线隔开的第四类评注可以比作"地基",针对古希腊语的学习者,给出较难理解的语法和词汇方面的解释,以及翻译方面的提示。这样一来,四个类别的评注让读者了然于目,从基础性的研读("楼上一层"和"地基")到一般性的研究("地面层")再到高度专业性的研究("地下一层"),读者可以便捷地自取所需,也可以循序渐进地逐步深入。

《伊利亚特》第一卷的"巴塞尔评注本"于 2009 年刊印了经过修订的第三版。这一版关于第一行的注文共两页半,③ 列于阿拉伯

---

① 二十四卷正文(四十八分册)只是目前的估计,随着研究工作的推进,也可能会做出调整。
② 参见 Latacz 1997,但他在文末坦言:"它[指'巴塞尔评注本'——引者按]意在与《伊利亚特》的剑桥评注本互为补充",换言之,"剑桥评注本"自有其极高的学术价值,尚无法取代。
③ 第一行的注文之前还有近两页的"序诗"(第 1—12a 行)总评,分析这个段落的内容、结构和功能等问题。

数字1（表示第1行）之下，每条注释里的第一类评注用对应的德语单词或短语作条目，第二类评注用希腊原文的单词或短语作条目，第三类评注一般也用希腊原文的单词或短语作条目，这些条目皆用黑体印刷，而第四类评注用横线隔开，处于页下注的位置，用希腊原文的单词或短语作条目，但不用黑体。关于第一行的上述四个类别的评注具体内容如下：

1）关于"愤怒"（用德译文"Groll"标识）：这属于第一类"楼上一层"的评注，分两个部分（中间用短横线隔开），首先讨论《伊利亚特》的基本主题，即"阿基琉斯的愤怒"这个主题如何贯穿整部史诗，其次解释"愤怒"（mēnis）一词的语义。

2）关于 μῆνιν：这属于第二类"地面层"的评注，也有两个部分（中间用短横线隔开），首先从古希腊文（征引古注）进一步深入讨论该词的语义及其与含义相近的词语构成的语义场，具有相似语义的德文（或英文）词语；随后提及荷马研究史上的一段公案，由沃尔夫（F. A. Wolf, 1759—1824）开创的"解析派"从该词宣告的"愤怒"主题推论，现存史诗的后六卷与这个主题无关，是后来添加的，而与之对峙的"统合派"则为后六卷辩护，主张"愤怒"主题贯穿整部现存史诗。

3）关于"请歌唱愤怒"（用德译文"den Groll singe"标识）：这属于第一类评注，讨论史诗诗人将命令式（"请歌唱"）的宾语（"愤怒"，即史诗主题）提前这一文学手法所造成的效果，以及由此奠定的史诗传统（例如《奥德赛》《小伊利亚特》《埃涅阿斯纪》等的"序诗"）；关于"女神"（用德译文"Göttin"标识）：这属于第一类评注，又分成三个部分（分别用短横线隔开），首先解释"女神"即缪斯，使用单数或复数在《伊利亚特》里并无区别，九位缪斯的说法起源稍晚；其次征引了几种论述古典文学里的缪斯女神及诗人呼唤缪斯女神（及其在现代文学里的回响）的重要著作；随后说明缪斯女神（及诗人）的"歌唱"意味着史诗语言不同于日常语言，而是提升到"艺术"的高度;关于"佩琉斯之子阿基琉斯"(用德译文"des Peleïaden Achilleus"标识):也属于第一类评注,也分成三个部分(分别用短横线隔开),首先说明"佩琉斯之子"这一父名以及其他父名在荷马史诗里如何使用;其次解释"佩琉斯之子阿基琉斯"(原文均为属格)这一父名-本名短语乃程式化用语,但在全诗的开篇之处,却有着超出一般程式化用语的特殊涵义;最后征引一部论述阿基琉斯这个形象在欧洲文化中如何演变的专著。

4)关于 Πηληιάδεω Ἀχιλῆος:这属于第二类评注,从程式化用语的层面分析这个饰词-名字短语的构成、格律和使用,以及其他五个近似短语在史诗里的使用;关于 μῆνιν... Ἀχιλῆος:也属于第二类评注,涉及修辞手法,说明诗人对这两个单词使用了"移位法"(hyperbaton),由此得到何种效果。

5)关于 Ἀχιλεύς:这属于第三类"地下一层"的评注,具有词源考证的性质,讨论阿基琉斯这个名字的来源(线性文字B)及其含义。

6)关于第一行五个希腊语单词:这属于第四类的"地基"评注,涉及词法、格律、拼写等方面,让读者具体参考每册评注本都包含的"荷马语言的24条规则"里的相关解释。

上述《伊利亚特》第一卷第一行所包含的四类评注,每一类都会引用相应的参考或研究文献,为使用者提供深入研读的线索,这让"巴塞尔评注本"像"剑桥评注本"一样,成为荷马研究者案头必备的工具书。更值得一提的是,与传统评注本(包括"剑桥评注本"在内)把所有评注堆叠在一起,不区分难易程度和阅读对象的做法相比,"巴塞尔评注本"所做的尝试值得赞赏,它对四类评注的区分,几乎把语言学习、语文研读和专业研究这三个类别的评注本合为一体,使用者能够据此深刻体会到不同类别的评注本的特点,以便从语言学习开始,通过语文研读进入专业研究的境地,而这恰恰是经典研读的必由之路。

## 四、文本细读

§1. 从上节的分析可以得知,不同层次的评注本实际上向我们展示了如何阅读经典文本的门径:从扫除语言障碍的初步阅读直到专业研究的深入阅读,而这其中处于语文研读层次的文本细读,衔联语言学习和专业研究,对于初习者最为关键。本节便依据古代经典的评注本,归纳文本细读的具体步骤,结合上节讨论的几种《伊利亚特》评注本,对这些步骤详加说明。

**"文本细读"**(close reading)**是贴近文本本身,聚焦于文本细节,从中寻求文本精微含义的一种微观阅读方法**。它不同于和文本保持一定距离,不穷究文本细节,而是着眼于文本所要传达的直接的、显豁的含义的宏观阅读方法。从根本上说,后一种阅读方法把文本使用的语言视作直截了当地传达信息的工具,语言本身作为工具旨在传达信息,并无细究的价值;而前一种阅读方法则关注文本如何使用语言,以及文本所要传达的信息与语言的使用之间所构成的无法分割的、绝非直截了当的关系。文本的语言使用和信息传达之间的关系如何,当然要视不同文本的性质而定。仅就古代的经典文本而言,这些文本之所以成为经典,很重要的原因在于它们对语言的使用富于艺术性,这就导致经典文本的语言织体复杂绵密,简单地说就是它们具有很强的文学性。因此,重视文本之文学性的"文本细读"是经典研读的过程中必不可少的一项技能。

为便于讨论,我们把文本细读分作四个步骤。需要说明的是,这四个步骤往往相互夹缠,很难彻底完成一个步骤再进入下一个步骤,而常常需要在不同的步骤之间来回往复。**文本细读的第一个步骤是准备性的工作,对经典文本进行整体性的概览**。这还不属于严格的文本细读,倒是要运用上述的宏观阅读方法。这个步骤的宏观概览可以参照评注本的"导论",对文本的作者和年代、文本的形成背景和阶段、文类归属和特征、基本内容、情节背景和概要、人物、主题、篇章结构、行文风格和主旨大意等各方面进行较为全面的初步了解。

以上节论及的《伊利亚特》四个评注本为例，它们的"导论"分别就上述问题进行了由浅入深的分析。"威尔科克评注本"的"导论"共 21 页，讨论了 12 个基本问题，分别是《伊利亚特》的情节和主题（第 1 节）、史诗创作涉及的两个历史时期，即公元前 12 世纪和公元前 8 世纪（第 2 节）、史诗的神话背景（第 3 节）、人物与人物刻画（第 4 节）、作战方式（第 5 节）、史诗里的众神（第 6 节）、各卷概述（第 7 节）、程式化用语和复现的主题（第 8 节）、荷马的语言（第 9 节）、荷马式六音步（第 10 节）、《伊利亚特》的抄本与校勘（第 11 节）、综合书目（第 12 节）。① 归纳起来，这个"导论"主要对《伊利亚特》的五个方面进行了概览，其中第 1 节和第 7 节涉及这部史诗的基本内容和情节概要，第 2 节和第 3 节涉及史诗的历史和神话背景，第 4 至 6 节涉及史诗的文学特征和手法，第 8 至 10 节涉及荷马语言和诗律的性质与特征，第 11 节涉及文本传承与校勘史。这篇"导论"的内容比较浅显，可用作宏观式阅读的初步指引。

"普林评注本"的"导论"长达 63 页，共有 11 个部分，依次论述了《伊利亚特》的魅力（第 1 部分）、荷马问题（第 2 部分）、《伊利亚特》的创作时间（第 3 部分）、《伊利亚特》与近东（第 4 部分）、史诗的风格（第 5 部分）、史诗里的众神（第 6 部分）、史诗关于人的观念（第 7 部分）、文本传承与校勘者的任务（第 8 部分）、古注（第 9 部分）、荷马方言（第 10 部分）、格律（第 11 部分）。② 其中第 2 至 4 部分是对文本的作者、年代和历史背景的考察，第 5 部分是对史诗这一文类的风格特征的分析，第 6 至 7 部分是对史诗刻画的两个世界（众神世界和凡人世界）的讨论，第 8 至 9 部分是对史诗文本的传承、校勘和古代评注的回顾，最后第 10 至 11 部分是对荷马语言和诗律

---

① Willcock 1978: IX-XXX.

② Pulleyn 2000: 1-63.

上主要特征的归纳。与"威尔科克评注本"的"导论"相比,这个"导论"的学术性显著提高,关于荷马问题、《伊利亚特》与近东和古注的讨论,为前者所无,且凡是涉及相似的问题,后者的分析都要比前者更为深入和全面。因此,"普林评注本"的"导论"(或与之性质类似的"导论",例如"剑桥绿黄本"的"导论")可以当作宏观式阅读最主要的参考。①

这里尤其要强调的是,宏观式阅读的一条重要线索是**文类**(genre)。对经典文本的研读应特别关注该文本的文类特征(经典文本所属的文类,这种文类的特点何在)、该文类的沿革史(经典文本处于该文类沿革史的哪个阶段,如何继承和发扬它所属的文类传统并加以变革)、该文类的表演情境(表演场合、参与者与受众的组成)、该文类的形式和题材,纯正的文类与变体的文类、文类的混杂与融合以及不同文类之间的高低序列等问题。以早期希腊为例,不同的文类有着不同的表演情境,史诗、挽歌体诗、阿提卡悲剧和喜剧的表演情境都不尽相同,往往还有着不同的参与者和受众,因此需要从表演情境来重构某一文类的具体作用和社会功能,进而理解某部经典文本的精微含义。质言之,任何一种文类都有其特定的形式,这一特定的形式承载了特定的内容,而特定的形式和内容又共同蕴含着特定的思维方式和智识传统(参见第五章第三节§2)。就经典文本而言,文类绝不是与文本的实质含义若即若离的外在形式,两者实际上处于相辅相成、相得益彰的关系。

§2. 文本细读的第二和第三个步骤聚焦于文本的织体(texture),

---

① 另外两个评注本,即"剑桥评注本"和"巴塞尔评注本"的"导论"已经具备专著的规模和性质,更适合研究者使用,而非用来指引宏观式的阅读,其中六卷本"剑桥评注本"的每一卷包含不同评注者撰写的近50页的"导论",涉及荷马史诗及《伊利亚特》的方方面面,这些"导论"合在一起,便是一部权威性的专著,具有很高的学术价值;"巴塞尔评注本"则单独出版了由十余位学者共同撰写的一卷《导论》(Prolegomena),虽然篇幅不大(200余页),但撰写者多为当今国际荷马学界最前沿的学者,他们的论述同样具有很高的学术价值。

属于严格意义上的文本细读。**第二个步骤先按照文本的内在结构将之划分成由大及小的单元,然后在这些单元的基础上,进行片段式的微观阅读,从校勘、语言、修辞和观念四个层面做出描述性的分析。与之紧密相连且往往同步进行的是第三个步骤,亦即在第二个步骤的描述性分析的基础上做出解释,阐明该文本片段的精微含义。**

微观阅读包含的四个层面大体上是一个由显及隐的阅读过程,其中校勘和语言处于较为显豁的层面,修辞和观念则属于较为隐蔽的层面。**校勘**(textual)层面主要涉及对理解文本有影响的不同异文,这一层面的细读应当结合正文的校勘记一起进行;**语言**(linguistic)层面主要涉及基本语法和词汇之外的特殊语法、词汇和语言使用,可以细小到字母、音节和拼写的特殊之处,也可以扩展到用词、短语、句子和词序的特殊之处,还可以再扩大到对某种方言、特殊语体或者艺术语言(如史诗语言)的使用,从而延伸到风格学的描述和分析;**修辞**(rhetorical)层面主要涉及各种不同的修辞手法和策略,也就是作者为了取得特殊的表达效果而采取的特殊的表达方式和技巧,这些修辞手法和策略大多可以归纳成各种修辞格或者修辞术语,但其中一些并无定名,需细致地辨识和描述;**观念**(intellectual)层面主要涉及文本当中出现的各种关键词、概念(不仅是抽象概念,也包括各种诗性意象与象征符号)和主题,它们往往还需结合文本所属时代的各种名物典故、典章制度、知识系统和思维方式才能具体描述和分析。

我们以普林评注本为例,来说明如何借助评注细读《伊利亚特》的序诗(第一卷第1—7行)。普林将这段传统意义上的序诗纳入更大的范围,即第1—52行组成的一个独立单元,并称后者为"序诗"。这一划分的依据是文本的内在结构,正如普林所言:"这一卷的前52行看来构成一个独立的单元,以其特别的节奏、叙事和对话的压缩以及场景的急速转换而与此后的篇章有所不同。"[1] 于是,《伊利亚

---

[1] Pulleyn 2000: 116.

特》第一卷第 1—7 行、第 1—52 行以及整个第一卷构成了由小及大的文本单元,而对第 1—7 行的文本细读必须置入这些文本单元的框架内进行。

在这些文本单元的基础上,我们可以根据文本细读的四个层面,利用普林的评注对第 1—7 行进行片段式的微观阅读,通过描述性的分析对文本片段的精微含义做出解释和阐明。如上节所述,普林评注本属于语文研读类评注本,其评注的内容主要包含校勘、语言、文学和历史文化这四个层次。从文本细读的角度来看,评注本的前两个层次即校勘和语言层次正好对应于文本细读的前两个层面,而第三个即文学层次囊括了文本细读的第三和第四两个层面,最后一个即历史文化层次则可纳入文本细读的第四个层面,起到辅助理解的作用。

让我们从普林评注本当中各举数例。首先,关于文本细读的第一个即**校勘层面**:在正文的校勘记当中,第 1—7 行这个文本片段共有两处出校,一处是第 3 行("抄本读作 ψυχάς,罗德岛的阿波罗尼乌斯读作 κεφαλάς"),另一处是第 5 行("抄本读作 πᾶσι,当读作 δαῖτα,参看欧里庇得斯《赫卡柏》第 1077 行、《依翁》第 506 行以及埃斯库罗斯《乞援人》第 801 行")。针对第 3 行,普林给出简短的评注说:"罗德岛的阿波罗尼乌斯写作 κεφαλάς,而非 ψυχάς,不过可以肯定的是,后一种读法在去往冥府的无形的英魂和留给野狗的尸体之间造成了更加鲜明的反差。"[①] 也就是说,罗德岛的阿波罗尼乌斯的读法("头颅")虽然值得考虑,但根据他的读法,这一行当解作"把战士的许多健壮头颅送往冥府",意思虽也显白,却与下一行"使他们的尸体成为野狗和各种飞禽的肉食"稍显参差,不如传世抄本的读法"英魂",语意较为顺遂,且与后者构成鲜明的对比。所以,我们还是应当保留传世抄本的读法,并以该读法为据从其他几个层面细读文本。

---

① Pulleyn 2000: 119.

第 5 行的读法问题更为复杂,普林给出了详细的评注加以辨析:

> 雅典娜乌斯(第一卷第 12 章第 F 节)告诉我们,第 5 行的 πᾶσι,泽诺多特斯读作 δαῖτα。尽管所有抄本都读作 πᾶσι,这并不能保证该读法的真实性,因为这些抄本都来自比泽诺多特斯晚得多的时期,而如果 πᾶσι 为讹误,也可能很早就进入了文本传统。δαῖτα 这一读法极具吸引力,因为看上去以这几行诗为模本的两个悲剧段落也包含该词(欧里庇得斯《赫卡柏》第 1077 行、《依翁》第 506 行)。埃斯库罗斯《乞援人》第 801 行有 ὄρνισι δεῖπνον 这一表述,这也表明该作者熟知的文本读作 δαῖτα,而非 πᾶσι。倘若我们读作 δαῖτα,τεῦχε 便与之组成一个引人注目的意象:为飞禽而准备的宴会。关于《伊利亚特》里是否有任何一处用 δαίς 一词来指称动物进食,对此学界有过一些讨论。……不过,即便荷马在谈及动物之时一般不用 δαίς 一词,仍旧有可能的是,他意图在这里用这个词构成一个引人注目的隐喻。δαῖτα 这一读法提供了一个可与 ἑλώρια 保持平衡的名词,来取代平淡无奇的 πᾶσι,以使整个短语具备交错配列(ABBA)的外形。……针对 πᾶσι 更为有力的反驳理由是,并非所有的飞禽都食用腐肉。①

这里辨析的问题是,第 5 行的传世读法 πᾶσι 与泽诺多特斯的读法 δαῖτα 相比,究竟孰优孰劣。虽然普林的正文给出的也是传世的读法,但在校勘记和评注当中,他极力支持后一种读法并列举其优胜之处。他的论据包含文献和文学两个方面:文献方面征引了欧里庇得斯《赫卡柏》《依翁》以及埃斯库罗斯《乞援人》的相关诗行,文学修辞方面涉及意象、隐喻和修辞格(见下)。因此,与上述第 3 行不同的是,第 5 行的传世读法虽然可以接受,但却很有可能是个讹误,对这一行的文本细读必须顾及泽诺多特斯的读法,建立在该读法与

---

① Pulleyn 2000: 120-121.

传世读法的比较之上。

其次,关于文本细读的第二个即**语言层面**:这一层面的评注数量最多,例如第 1 行关于 μῆνιν 的语义,关于 θεά 的方言来源,关于 Πηληιάδεω 的词形变化和构词法,关于 Ἀχιλῆος 的发音和拼写等。我们仅以整部《伊利亚特》的第一个单词 μῆνιν(主格为 μῆνις)为例。诗人既然宣告史诗的主题为"阿基琉斯的愤怒",那么掌握"愤怒"也即 μῆνις 一词的语义对于理解整部史诗便至关重要。普林就该词的语义出注说:

> (μῆνιν)通常译作"愤怒"。荷马用若干名词来表示"愤怒",例如 χόλος, κότος, θύμος。许多评家已正确指出,荷马用 μῆνις 这一名词专门表示神的愤怒或阿基琉斯的愤怒。不过,μηνίω 这个动词在荷马那里使用得更为宽泛,《伊利亚特》卷一第 247 行用于阿伽门农,卷十三第 460 行用于埃涅阿斯,《奥德赛》卷十七第 14 行用于奥德修斯。①

这条评注先从语义上澄清了 μῆνις 与其近义词 χόλος, κότος, θύμος 之间的差别:前者仅用于众神或阿基琉斯的愤怒(尽管与之同源的动词 μηνίω 并不受此局限)。如何解释这一使用上的独特之处? 那就需要掌握该词用于指称众神的愤怒时的确切语义。普林指出:"确凿无疑的是,μῆνις 一词最常用来描述神明对于那些因违反之举而威胁既定秩序者的愤怒反应"(不过他只列举了卷五第 444 行这一个例子),② 并据此主张:"阿基琉斯的愤怒具有某种神性。他对阿伽门农做出的反应,犹如某位神明感到自己被某个凡人侮慢时那样。"③ 这意味着,μῆνις 一词经过诗人的精心挑选而被置于整部史诗的开篇,用来宣告史诗的主题:阿基琉斯的愤怒不同于常人的气愤,而是具有某种

---

① Pulleyn 2000: 116.

② 同上。

③ 同上。

神性，可以说达到了"惊天地"的程度，能够影响自然和人类秩序的运行。因此，"阿基琉斯的愤怒"这个主题蕴含着非同凡响的广度和深度，可用来探索整个自然和人类秩序的确立或违反。

再次，关于文本细读的第三个即**修辞层面**：这一层面的评注既包括对这几行诗里的修辞格的点明，例如第 4 行 ἡρώων 条评注指出该词处于表示强调的跨行（enjambment）位置，第 7 行评注指出该行的外形为交错配列（chiasmus）；还包括散见于其他评注里的各种评论，例如第 3 行 προΐαψεν 条评论该词实为"一个强有力的意象"，第 5 行评论 δαῖτα 这一读法所造成的"引人注目的意象"。我们仍以第 5 行为例来具体说明。前已述及，普林在辨析 δαῖτα 这一读法的优胜之处时，除了从文献方面，还从文学修辞方面论证。倘若读作 δαῖτα，该词便成为第 4 行的动词 τεῦχε 的直接宾语，与之组成一个非同一般的意象。荷马史诗通常用 δαίς 一词指称人（或神）的宴会，此处转用于动物（飞禽）身上，这便构成一个隐喻，将飞禽享用阵亡将士的尸首比喻成这些将士生前参与和享用的宴会，制造出带有悲怆意蕴的反讽效果。另外，从修辞手法来说，δαῖτα 作为名词也和上一行的 ἑλώρια 更为对称，且在词序排列上恰好形成了所谓的"交错配列"，这在荷马史诗当中也是常见的修辞格之一。以上从文学修辞方面进行的论证，也可视作修辞层面的文本细读，评注者就 δαῖτα 这一读法，对其意象、隐喻和修辞格进行了描述性的分析，读者便能在此基础上进一步做出解释，阐明这个文本片段（第 4 行的 αὐτοὺς 到第 5 行的 πᾶσι，或作 δαῖτα）的精微含义。

最后，关于文本细读的第四个即**观念层面**：这一层面的评注包括第 1 行关于诗人的"缪斯女神观"（θεά 条），第 3 行关于荷马世界里的"灵魂观"（ψυχάς 条）以及同一行关于荷马世界里的"冥府"（Ἄϊδι 条），第 4 行关于"毁损尸体"这一主题（ἑλώρια...κύνεσσι 条）的讨论。我们以第 3 行的 ψυχάς（单数为 ψυχή）为例：这里所谓的"英魂"或"亡魂"究竟何意？荷马世界对此持有何种观念？这是理解 ψυχάς 一词

以及 ἰφθίμους ψυχάς（"健壮的英魂"）这个短语的关键所在。普林所做的评注有助于我们从观念的层面对文本进行细读，他说：

> ψυχή 通常译作"灵魂"。由于该词在不同的宗教传统当中有着不同的含义，对之需稍加阐明。就荷马世界里的人们而言，ψυχή 并非给予一个活着的人其个体性的东西，更确切地说，它是让人活着的那种精气。个体性和思想依恃 φρένες, θυμός, νοῦς 和 μένος，而这些东西的准确位置和功能并不总是明白无疑的，参看 J. Bremmer, *The Early Greek Concept of the Soul* (Princeton, 1983), pp. 53-63 对此所做的颇有助益的概览。当某人晕厥时，ψυχή 暂时离开了他的身体（《伊利亚特》卷五，第696行）。当死亡来临时，人会同时失去 θυμός（卷十三，第654行）和 ψυχή（卷十六，第856行），但只有后者作为个体的代表去到冥府。用 ἰφθίμους 这个词来形容 ψυχάς，让人感到有些意外，因为 ψυχαί 不拥有力量（《奥德赛》卷十一，第29行），这一定是用回顾的眼光，回到了战士们生前的时光。①

根据这条注释的指引，我们得以对荷马史诗里的 ψυχή 这一观念形成初步了解。首先要将其他宗教里的"灵魂观"置于一旁，然后要努力从早期希腊人的观念世界，尤其是与 ψυχή 紧密联系的 φρένες, θυμός, νοῦς 和 μένος 这些观念，来理解 ψυχή 的准确含义。在荷马世界里，ψυχή "是让人活着的那种精气"，一旦离开活着的人，它就不再拥有力量，而是如缥缈的幽魂一般去往冥府。因此，"健壮的亡魂"这一短语，不能从字面意义上理解为，战士的"亡魂"在被"送往冥府"之际仍旧"健壮"，而需从回顾的眼光解读为，让战士们生前"健壮"的"精气"，已成为"亡魂"被"送往冥府"。这一解读更加突显战士们生前和生后遭际的鲜明反差，增添了"阿基琉斯的愤怒"这

---

① Pulleyn 2000: 118-119.

一史诗主题的悲剧色彩。

综合以上所举各例（以及其余评注），我们来进一步阐明序诗第1—7行这个文本片段的精微含义。在这方面，普林为这个文本片段撰写的总评也为我们提供了线索。由于这些总评文字是评注者基于对每一行的微观阅读和细节评注从更为宏观的角度来撰写的，因而往往包含了对该文本片段进行文本细读后得出的阐释性结论。普林的总评首先指出，古典文学当中的"序诗"（或"序言"）的主要功能是宣告主题并明确与所属传统的关系。《伊利亚特》的"序诗"用第一个单词宣告了主题，这个主题的独特之处在于，"阿基琉斯的愤怒"发生于特洛伊战争的第十个年头，史诗的主题并非特洛伊战争的始末，而只是其中的一个插曲，这一别具匠心的主题让《伊利亚特》从其所属的战争史诗传统当中脱颖而出。接着，普林分析了这个主题对史诗情节和结构起到的主导作用，并得出结论说："荷马让他的诗作如此发端，强调的是一个个体（阿基琉斯），而不仅仅是一个历史事件（特洛伊战争）。对个体的这一关注乃《伊利亚特》的核心所在。这些个体受苦受难，而苦难这个主题于起始处（第2行：ἄλγεα）即已点明。因此，《伊利亚特》的素材乃是悲剧的素材。"[①]这个阐释性的结论主要涉及序诗第1—7行这一文本片段，是对其精微含义的概括。从表面上看，这首序诗的功能是宣告主题（第1行）、描述主题（第2—5行）并确定从何处开始进入主题（第6—7行），但就其精微含义而言，"阿基琉斯的愤怒"这个主题聚焦于个体，一方面通过阿基琉斯这个个体触及人类（乃至自然）秩序的运作原则，另一方面通过其他英雄个体的受苦受难来昭示人类生存的悲剧性，并且将两者紧密交织起来，呈现出一种独特的史诗视角。这个结论基于对文本片段的细读，大体上是可以成立的。

需要补充说明的是，我们虽然不必完全赞同普林的分析和解

---

① Pulleyn 2000: 115.

释，但是上述例子已向我们充分展示，文本细读的描述性分析及阐释应该如何具体操作，而在实际的细读过程中，我们需要同时使用若干评注本，相互参照，相互比较，运用自己的批判性思维择善而从，逐步培养起自己进行文本细读的能力。

§3. 完成了针对文本单元的片段式微观阅读之后，文本细读的**第四个步骤是将片段文本的细读所阐明的精微含义缀合成文本的整体涵义，回到对文本的整全理解与阐释**。这一步骤虽已超出了严格意义上的文本细读，但却是文本细读的宗旨所寄。从上述的第二步和第三步骤可以看出，"文本细读"意在尽最大可能地紧贴原文进行片段式的阅读，关注一部作品如何安排其组成部分（从各个章节直到个别字词），如何运用各种修辞和文学手法，将各个部分相互连接起来，形成一个整体。这种紧随作品脉络和思路的微观阅读方法，当然不能止步于文本片段，不能迷失于文本细节的丛林，而是要通过循序渐进的分析，逐步揭示出作品的整体结构和创作主旨，理解作者如何将其观点统合，给予每个观点合适的位置和恰当的强调，形成一个统一的思想整体。

就以上分析的《伊利亚特》"序诗"而论，对第一卷第1—7行的文本细读应当置入第一卷第1—52行、整个第一卷以及整部史诗这些由小及大的文本单元，通过对每个组成部分的文本细读，最终缀合成《伊利亚特》这部史诗的整体含义，达致对文本的整全理解。这无疑是需要经年累月、黾勉从事的一项工作，但经典研读的功夫和乐趣也恰在其中。①

---

① 面对像《伊利亚特》这样篇幅宏大、意蕴丰富的经典，我们时代的古典学者大多局限于文本片段的细读，无意回到文本整体做出总体性的阐释。总体性的阐释当然需要极为开阔的视野，往往只有思想家才能具备。若一定要列举《伊利亚特》的总体性阐释之作，便只能求诸思想家，比如薇依（Simone Weil）发表于1940—1941年之交的名文《〈伊利亚特〉或力量之诗》（参见薇依：《柏拉图对话中的神》，第2—37页）。即此也足以说明，文本细读尚需第四个步骤，方能走出细节的丛林。

# 第四章　研究起步

随着经典研读的深入，初习者对相关的古典研究已经有所涉猎，研究工作在不知不觉中已经起步。当此之时，很有必要对古典学的整体面貌做一番了解，通晓古典学的学科系统及知识体系，例如古典学有哪些分支，自己感兴趣的问题属于哪一分支学科，这一分支学科在整个古典学里占据了怎样的位置，与之相邻的分支学科又有哪些。带着这样的问题对古典学的各个分支进行全局性的鸟瞰，有助于初习者定位自己将要从事的研究，用一种开放的眼光去看待其他分支领域的研究（第一节）。获得了全局视野以后，便可努力掌握自己所选择的研究方向和学术问题的研究现状（第二节）；与此同时，还要将自己的研究所依靠的各种文献分门别类地编制成工作书目（第三节），举例来说，或围绕某个古典文本或针对某个学术问题编制出以自己的研究为导向的工作书目（第四节）。

## 一、学科分支

§1. 作为一门现代学科，古典学形成了枝繁叶茂的众多分支，我们首先对这些分支做一番尽可能全面的概览。前文（第一章）提到，古典学专业一般分为古典语文学、古代史、古代哲学和古典考古学四个方向，这四个方向无疑就是古典学研究最大的四个分支。那么，这四个分支是否足以囊括古典学研究的所有领域，它们之间如何相互关联，在每个分支之下又分别有哪些细目，这都需要进一步了解。

为了审视古典学各个分支学科的整体面貌，我们可倚赖**《古典学年鉴：古希腊与罗马研究分类评价书目》**(4.4.1，以下简称《古典学年鉴》)的详细目录。这部国际古典学界最为齐全的综合性研究书目涵盖了古典研究涉及的几乎所有方面(普及类及教学类的出版物除外)，而这一搜罗全面的特点也充分体现于精心设计的《年鉴》分类主题目录(table des divisions)。该目录首先把整个古典研究领域分成两大部分，第一部分为作家与作品，第二部分为各个研究分支；其次把第二部分划分成十个门类，每个门类再分若干研究分支，每个研究分支又分若干研究方向，个别研究方向甚至还分成若干子方向，这样构成的三到四级分类系统，基本上囊括了古典研究的所有分支及研究方向，把整个古典研究的面貌呈现在我们眼前。我们先从总体上看，第二部分十个门类的编排如下：

Ⅰ. 文学

Ⅱ. 语言学

Ⅲ. 文本流传

Ⅳ. 非文学性原始材料

Ⅴ. 历史与文明

Ⅵ. 法律

Ⅶ. 哲学与思想史

Ⅷ. 科学与技术

Ⅸ. 古典学研究

Ⅹ. 合集与选集

除了最后一个门类"合集与选集"收录会议论文集、纪念文集及个人选集这些不限于某个研究领域的出版物，其他九个门类的具体编排如下：

## I. 文学

A. 通论、文学史
B. 文学理论与分析
    a) 批评方法
    b) 文本的创制
    c) 修辞
    d) 文学主题与题材
C. 文学体裁
    a) 诗歌
    b) 戏剧
    c) 叙事散文与历史散文
    d) 演说术
    e) 哲学散文、科技散文
    f) 其他体裁

## II. 语言学

A. 通论、比较语言学
B. 迈锡尼文字
C. 希腊语
    a) 通论、希腊语史
    b) 语音学、音位学、书写
    c) 语法（词法、句法、文本语言学）
    d) 词汇学、词汇编纂学、词源学
    e) 语义学、语用学
    f) 风格学
    g) 社会语言学、方言学
    h) 翻译
D. 拉丁语

a) 通论、拉丁语史

b) 语音学、音位学、书写

c) 语法（词法、句法、文本语言学）

d) 词汇学、词汇编纂学、词源学

e) 语义学、语用学

f) 风格学

g) 社会语言学、方言学

h) 翻译

E. 其他语言

F. 诗律学

G. 专名学

## III. 文本流传

A. 抄本目录

B. 古书体学、抄本学、书籍史、抄本史、图书馆史

C. 文本传承史、文本校勘法、文本编辑法

## IV. 非文学性的原始材料

A. 考古学

  a. 通论

  b. 考古学方法与技术

  c. 博物馆目录、藏品目录与展览目录

  d. 国家、地区与遗址

  e. 文化区域

    - 通论

    - 爱琴海世界：从公元前 2000 年至公元前 12 世纪

    - 意大利与伊特鲁里亚世界

    - 希腊世界：从远古时期至阿克提姆海战

- 罗马世界：从共和国至塞维鲁斯·亚历山大驾崩
- 晚期古代世界
- 周边文明

B. 碑铭学
  a. 通论
  b. 爱琴海文明碑铭学
  c. 希腊碑铭学
  d. 意大利与伊特鲁里亚碑铭学
  e. 拉丁碑铭学
  f. 基督教碑铭学
  g. 周边文明碑铭学

C. 钱币学
D. 纸草学

## V. 历史与文明

A. 综合史
  a. 通论
  b. 爱琴海世界：从公元前2000年至公元前1200年
  c. 罗马以前的意大利及初期罗马
  d. 希腊世界：从远古时期至阿克提姆海战
  e. 罗马：从共和国至塞维鲁斯·亚历山大驾崩
  f. 古代晚期
  g. 其他民族

B. 社会生活、社会制度
  a. 通论
  b. 爱琴海世界：从公元前2000年至公元前1200年
  c. 罗马以前的意大利及初期罗马
  d. 希腊世界：从远古时期至阿克提姆海战

  e. 罗马：从共和国至塞维鲁斯·亚历山大驾崩

  f. 古代晚期

  g. 其他民族

C. 经济与社会

  a. 通论

  b. 爱琴海世界：从公元前 2000 年至公元前 1200 年

  c. 罗马以前的意大利及初期罗马

  d. 希腊世界：从远古时期至阿克提姆海战

  e. 罗马：从共和国至塞维鲁斯·亚历山大驾崩

  f. 古代晚期

  g. 其他民族

D. 地方史与历史地理学

E. 心态与习俗、日常生活的物质环境与各种形式

  a. 通论

  b. 爱琴海世界：从公元前 2000 年至公元前 1200 年

  c. 罗马以前的意大利及初期罗马

  d. 希腊世界：从远古时期至阿克提姆海战

  e. 罗马：从共和国至塞维鲁斯·亚历山大驾崩

  f. 古代晚期

  g. 其他民族

F. 宗教

  a. 通论、宗教比较

  b. 希腊宗教

  c. 罗马及罗马帝国宗教

  d. 基督教

   - 通论、教会制度与历史

   - 神学与教义

   - 宗教仪式与宗教生活

e. 其他宗教
G. 文化
　　a. 通论、精神生活
　　b. 艺术史
　　　- 通论
　　　- 爱琴海艺术
　　　- 希腊艺术
　　　- 意大利与伊特鲁里亚艺术
　　　- 罗马艺术与希腊－罗马艺术
　　　- 古代晚期艺术与基督教艺术
　　　- 周边文明的艺术
　　c. 音乐、舞蹈与剧场表演

## VI. 法律

A. 通论
B. 希腊法律
C. 罗马法律
D. 其他法律

## VII. 哲学与思想史

## VIII. 科学与技术

A. 通论
B. 数学
C. 自然科学与技术
　　a. 天文学、占星术、时间测量
　　b. 物理学、化学、炼金术
　　c. 计量学

D. 地理科学与技术

    a. 地质学、气象学、气候学

    b. 地理学、地图学、土地丈量

    c. 旅行、探险、航海及其他交通方式

    d. 采矿与采石

E. 生命科学与技术

    a. 生物学、动物学、植物学、生态学

    b. 农艺与畜牧学

    c. 医学

F. 工艺与技术

    a. 工业与手工业

    b. 建筑学

    c. 工程学

    d. 兵法

    e. 其他技术

## IX. 古典学研究

A. 古典学的历史与传统

B. 文献材料与学术研究

    总揽《古典学年鉴》的主题分类目录，古典研究被大致划分出以下若干方向：其一是对传世文献的研究，由文学(I)、语言学(II)和文献学(III)三个分支学科组成；其二是对出土文献和物质材料的研究，由考古学(IV. A)、碑铭学(IV. B)、钱币学(IV. C)和纸草学(IV. D)四个分支学科组成；其三是历史文明研究(V)，由综合史、社会史、经济史、地方史、历史地理学、日常生活史、宗教史、文化史这些分支学科组成；其四是法律研究(VI)；其五为哲学与思想史研究(VII)；其六为科技史研究（VIII）；其七为对古典学术自身的研究（IX）。

§2. 可与《古典学年鉴》的主题目录相互鉴照的是德国古典学术的一座丰碑——《**古典古代学研究手册大系**》(**4.1.6**，以下简称《手册》）的整体设计。《手册》由德国古典语文学者缪勒（Iwan von Müller, 1830—1917）创立于1885年，全名为《系统阐述的古典古代学研究手册》(*Handbuch der klassischen Altertumswissenschaft in systematischer Darstellung*)。缪勒的构想是，对"古典古代学"（klassische Altertumswissenschaft）进行缜密而系统的划分，按照这一划分从最新的研究现状分门别类地加以阐述，由此组成一个庞大且相互关联的古典知识体系。根据缪勒最初提出、此后经由各位继任主编逐步定型的设计，《手册》共分十二编，每编由若干卷册组成，各编的总标题如下：①

第一编　"导引性和辅助性的学科"
第二编　"古希腊与拉丁语言学"
第三编　"古代近东、古希腊史与罗马史"
第四编　"古希腊国家学、希腊与罗马的军队与战争"
第五编　"哲学史、数学与自然科学史、宗教史"
第六编　"艺术与考古"
第七编　"古希腊文学史"
第八编　"古罗马文学史"
第九编　"中世纪拉丁文学史"
第十编　"古代法律史"
第十一编　空缺
第十二编　"拜占庭研究手册"

---

① 为反映最新的学术面貌，以下的简述以晚近出版的各卷为据，新旧各卷的详细信息参见附录二"书目举要"里该著条目（**4.1.6**）。

这个总体设计将古代研究分成十二个分支,除了第九编"中世纪拉丁文学史"和第十二编"拜占庭研究手册"涉及中世纪研究,晚于本书设定的时间断限,余下的各编属于古典学的范围或者与古典学密切相关,我们将之归纳为辅助学科(第一编)、语言学(第二编)、文学(第七、八编)、历史学(第三、四编)、法律(第十编)、哲学、科学与宗教(第五编)及艺术与考古(第六编)七个大类。每个大类之下的分支学科又包含若干细目,从每一编各卷的题名可以得知其详。第一编**"导引性和辅助性的学科"**具体分作以下各卷:

第一卷 《古代学学术史》
第二卷 《古代异教时期和基督教时期的伪书》
第三卷 《批评与阐释(附古代图书概论)》
第四卷 《古希腊语和拉丁语书体学》
第五卷 《古希腊铭文学》
第六卷 《罗马铭文学》
第七卷 《古希腊罗马年代学》
第八卷 《古希腊钱币学》
第九卷　第一册《古代诗律》
　　　　第二册《古代音乐》

第二编**"古希腊与拉丁语言学"**具体分作以下各卷:

第一卷 《古希腊语语法》
第二卷 《拉丁语语法》
第三卷 《古代修辞学:技巧与方法》
第四卷 《希腊诗律学》

第三类"文学"由第七编和第八编组成,第七编**"古希腊文学史"**具体分作以下各卷:

第一卷 《古风与古典时期的文学》

第二卷 《古典与希腊化时期的文学》

第三卷 《罗马帝国时期与古代晚期的希腊文学》

第八编**"古罗马文学史"**具体分成以下各卷：

第一卷 《最古时期的文学：从起源至苏拉去世（前文学时期及公元前240—前78年）》

第四卷 《变革时期的文学：从罗马文学到基督教文学（公元117—284年）》

第五卷 《复古与创新：公元284—374年的拉丁文学》

第四类"历史"包含"古希腊史""古罗马史""国家学""军队与战争史"。第三编**"古代近东、古希腊史与罗马史"**与古典学相关的有以下各卷：

第二卷 《古希腊地理概况》

第三卷 《古罗马地理概况》

第四卷 《从开端至罗马帝国时期的古希腊史及史源学》

第五卷 《罗马史纲要及史源学：罗马共和国与罗马帝国（迄公元284年）》

第六卷 《古代晚期：戴克里先至查士丁尼时期罗马史（公元284—565年）》

第九卷 《罗马农业史》

第四编**"古希腊国家学、希腊与罗马的军队与战争"**具体分作以下各卷：

第一卷 《古希腊的国家、战争与个人生活》

第二卷 《古罗马的国家、战争与个人生活》

第三卷 军队、战争与剧场

第五类"法律"由第十编**"古代法律史"**组成,其中与古典学相关的有以下各卷:

第二卷 《希腊法律史》
第三卷 《罗马法律史》
第四卷 纸草上的法律
第五卷 埃及托勒密王朝时期及罗马元首制时期希腊语纸草上的法律

第六类"哲学、科学与宗教"包含"哲学史""自然科学史""宗教史"。第五编**哲学史、数学与自然科学史、宗教史**具体分作以下各卷:

第一卷 《古代自然科学与哲学史》
第二卷 《古希腊宗教史》
第三卷 《古希腊的宗教仪式及希腊人与罗马人的剧场》
第四卷 《罗马宗教史》
第五卷 《古代星相学、巫术与占卜术》

第七类"艺术与考古学"包含"考古学"与"艺术史"。第六编**"艺术与考古"**与古典学相关的有以下新旧各卷:[①]

第一卷 《考古学手册卷一(概念与历史、原始资料、文物古迹、通论著作、形式问题、石器时代早期、古代近东[埃及与小亚细亚])》
第二卷 《考古学手册卷二(石器时代晚期、迄公元前1000年欧洲及毗邻地区的青铜时期、公元前第一个千年的欧洲边缘地区文化》
第三卷 《古希腊雕塑》
第四卷 《古典时期的绘画》
《考古学基础(概念与方法、历史、形式问题、文字材料)》

---

① 自1969年起出版的新编本(以下所列后五种)不再按照原先的系统编号。

《罗马石棺》

《古代宝石》

《几何陶与古风时期的雕塑》

《古代玻璃制品》

§3. 综合上述《手册》的整体设计以及《古典学年鉴》的主题目录这两种分类法，我们为古典研究归纳出以下十个基本方向：

（一）**辅助学科**：对古典学各个研究领域都有助益的基础性学科，包括针对传世文献的文献学研究，例如文本传承史、文本校勘、辨伪和辑佚、古书体学、抄本目录、抄本学；针对出土文献的纸草学和铭文学；其他辅助性的学科如钱币学和年代学。

（二）**古典语言学**：对古希腊语和拉丁语这两种古典语言的研究，包含比较语言学、语言史、语法学、方言学、风格学、修辞学和诗律学等分支学科。

（三）**古典文学**：对古希腊罗马文学的研究，研究方向可按文学史划分，古希腊文学包含古风、古典、希腊化、罗马帝国四个时段，古罗马文学包含早期罗马共和国、晚期罗马共和国、奥古斯都时期、早期罗马帝国、晚期罗马帝国五个时段；也可按文学体裁划分，包含诗歌、史书、哲学著述、演说辞等。

（四）**古代历史**：对古希腊罗马历史的研究，研究方向可按历史时期划分，古希腊历史包含克里特文明、迈锡尼文明、"黑暗时期"、古风、古典、希腊化、罗马帝国七个时代，古罗马历史包含罗马建城以前、王政时期、早期罗马共和国、晚期罗马共和国、早期罗马帝国、晚期罗马帝国六个时代；也可按各种专门史划分，例如政治史、军事史、社会史、经济史、地方史、历史地理、宗教史、文化史、日常生活史等。

（五）**古代法律**：对古希腊罗马法律的研究，研究方向可按历史时期划分，也可按古代法律的分支划分，例如法典、诉讼法、刑法、民法、宗教法等。

（六）**古典哲学**：对古希腊罗马哲学的研究，研究方向可按哲学史划分，包含前苏格拉底哲学、古典时期哲学、希腊化时期哲学、罗马哲学等，也可按哲学分支划分，例如本体论、知识论、自然哲学、政治哲学、伦理学、美学、诗学等。

（七）**古代科技史**：对古希腊罗马科学与技术的研究，研究方向可按历史时期划分，也可按科学与技术的各门分支划分，例如数学、天文学、物理学、地理学、生物学、医学等各门科学，占星术、兵法、建筑、农艺、手工艺等各门技术。

（八）**古典考古学**：对古希腊罗马物质遗存和物质文化的研究，研究方向可按历史时期划分，也可按物质遗存的种类划分，例如墓葬、公共建筑、私人建筑、艺术品等。

（九）**古典艺术史**：对古希腊罗马艺术的研究，研究方向可按历史时期划分，也可按各种艺术门类划分，例如建筑、雕塑、希腊陶器画、罗马壁画、音乐、舞蹈等。

（十）**古典传统与学术史**：对古典传统以及作为古典传统之组成部分的古典学自身历史的研究，研究方向可按历史时期划分，包含古代、文艺复兴、近现代和当代几个时段，也可按上面所列的古典学的各个分支划分。值得注意的是，近些年来，古典传统的研究已拓展为古典接受研究，将不属于古典传统的其他文明对古希腊罗马的接受也纳入其中（参见第五章第三节§3）。

纵观这十个基本研究方向，"古典语言学"与"古典文学"、"古代法律"与"古代史"、"古代科技史"与"古典哲学"、"古典艺术史"与"古典考古学"、"古典学术史"与"辅助学科"的关系紧密，前者也可分别纳入后者的范畴，最终缩减成最根本的五个研究方向，即古典语文学、古代史、古代哲学与科学、古典考古学与艺术史、辅助学科与学术史。这便是西方高校的古典学系一般设有前四个专业方向的原因，而辅助学科与学术史则被当作这四个方向共同的基础学科，不再单独设立方向。不过，当今古典学界不仅鼓励在不同的古典学分支学科之间建立联系，还进一步提倡跨学科的研究方式，将古典学与人类学、考古学、文学理论等其他学科有机结合起来，以便透过多学科的角度来探究某个古典学术问题。那么，从上述十个基本研究方向里，又可衍生出数不尽的新方向，这里不再一一列举。

## 二、研究现状

§1. 初习者通晓了古典学研究的整体面貌，决定选择其中某个研究方向并着手研究某个具体问题之时，首先要掌握**该学术问题的研究现状**(status quaestionis)，同时也要更广泛地熟悉**该研究方向的研究现状**，因为某个学术问题的研究现状只有置于它所属的研究方向的研究现状当中，才能更加全面且清晰地呈现出来。掌握研究现状，一方面要了解该方向和该问题学界目前的共识，有哪些地方存在争议，有哪些地方尚待进一步研究；另一方面也要了解该方向和该问题近几十年来乃至近百年来研究焦点和方法上的演变。只有从这两方面入手，初习者方能跟上某个研究方向的学术潮流，进而迈向某个学术问题的最前沿。

要掌握研究现状，最便捷的途径莫过于查阅古典研究常用的工具书刊。初习者依赖的工具书刊，需满足以下几个条件：1)对相关学术问题进行层次分明的引导和梳理；2)反映该问题的研究现状，给出脉络清晰的学术综述；3)提供翔实可靠的古代一手证据；4)提供最新且较为全面的研究文献。能够同时满足这几个条件的古典学工具书刊，最重要的是百科全书、专科辞书、专题概述、研究指南和研究综述这几种类型，以下我们就通过这些工具书的使用来说明，如何就具体的学术问题结合其所属的研究方向来掌握研究现状。

**百科全书**尤其是研究型百科全书,是反映学界共识的重要载体。[①]古典学界当下最受称道的百科全书(辞书)有两种,一种是《牛津古典辞书》,另一种是《新保利古代世界百科全书》。**《牛津古典辞书》**(4.1.1)可谓研究与普及兼顾,权威性与实用性并存,是最为出色的单卷本古典百科辞书。最新的第四版于 2012 年面世,[②]这一版(以及此前 1996 年第三版)侧重三个方面:一是强调跨学科的视角,尤其关注考古学、人类学以及文学理论等其他学科的方法如何运用于古典研究;二是涵盖最新的研究领域或此前涵盖不足的领域;三是新增更多主题性和概观性的条目,以帮助读者把握古典研究当中最为重要的学术问题。读者若细心研读第三版的"新增条目表"(第三版第 xi—xiv 页)和第四版的"新增与替补条目表"(第四版第 xiv 页),便可对 1970 年代迄今古典研究的总体趋势和前沿潮流有所领会,例如第三版新增的条目多有涉及"妇女史""性别史""古代近东文明"和"古代犹太文明",而第四版又特别扩充了"人类学"和"接受史"两个领域的条目,这充分体现了上述研究领域在晚近古典研究里的显要位置。**《新保利古代世界百科全书》**(德文版见 **4.1.2**,英文版见 **4.1.3**,以下简称《新保利》)是多卷本古典百科全书里的翘楚,它不仅包含洋洋大观的十二卷"古代世界"系列(英译本分作十五卷),而且还另外开辟了两个系列,一是三卷"接受史与学术史"系列(英文本改称"古典传统"系列,分作五卷),二是近年来开始陆续出版的"补卷"系列,又分作"古典研究工具书"和"接受研究"两个子系列。这三个系列合在一起,构成了目前最为全面的一套大型古典百科全书。

作为研究型百科全书,《牛津古典辞书》和《新保利》针对古典

---

[①] 有别于如今网上流行的各种普及型百科全书,研究型百科全书的词条通常由该领域公认的专家(往往是国际上公认的专家,而不限于某国某地)撰写,且需经过多名同行专家的审定,故而质量上有保障。

[②] 近年来,牛津大学出版社又推出了网络版,称作"第五版"(*OCD5*)。

文明的方方面面综述学界目前的共识，提供相关的古代文献证据以及重要的现代研究参考书目。这两种百科全书收录的条目除涉及事实性的知识，还有大量的主题和专题概览条目，后者对于初习者最有助益。以《牛津古典辞书》第四版增收或替换的条目为例，其中主题条目有"情感"(emotions)、"不朽"(immortality)、"男性气概"(masculinity)、"自然"(nature)等，专题概览条目有"文学理论与古典学"(literary theory and the classics)、"数学"(mathematics)、"前苏格拉底哲学"(Presocratic philosophy)、"希腊悲剧：古代接受"(Greek tragedy: reception in antiquity)、"希腊悲剧：现代接受"(Greek tragedy: modern reception)等。这样的条目能让初习者对自己感兴趣的学术问题及其所属方向的研究现状迅速形成初步的认识。此外，这两部百科全书注重在相关的事实性条目、主题条目和专题概览条目之间建立互引关系，初习者若循其线索通读相关条目，便可在专家的指引下事半功倍地对某一研究方向形成相对全面的认识。

与单卷本《牛津古典辞书》相比，多卷本《新保利》有着篇幅上的优势，因此不局限于文字描述，还大量使用地图、图表及插图更直观地呈现"古代世界"。更为重要的区别是，《新保利》保持其历史悠久的传统特点，那就是特别强调古代文献证据的搜集，这一特点秉承自《新保利》的前身，也就是《大保利》（或称《老保利》）所奠定的传统。《大保利》全名**《大保利古典学百科全书》(4.1.4)**，德文原名 *Pauly's Realencyclopädie der classischen Altertumswissenschaft*，其编纂理念集中体现于书名"Real-"这一前缀当中，侧重的是古代世界的"事实、史实"(realia)，旨在对所有已知的相关古代文献进行穷尽无遗的搜集整理，并通过现代学术的研究分析来确立"事实、史实"，再以百科全书的宏大规模来重现古代世界的"真相"。这种19世纪的理念如今虽显陈旧，但《大保利》作为19世纪至20世纪上半叶德国"古典古代学"(klassische Altertumswissenschaft)的集大成之作，迄今依然是古典学界一座不可逾越的丰碑。举例而言，《古希腊历史学家残篇集成》(**3.4.6**)的编者，伟大的古典学家雅各比(Felix Jacoby, 1876—1959)早年曾为《大保利》撰写了百余条有关古希腊历史学家的条目，其中"希罗多德"一条长达 160 页，巨细靡遗地列出所有与这位历史学家相关的古代文献，时至今日仍被视为"希罗多德研究"得以展开的起点。《大保利》的这一特点由《新保利》继承，为初习者掌握相关的古代文献提供了很大的便利。

简言之，初习者应当同时查阅《牛津古典辞书》和《新保利》（甚至翻检令人生畏的《大保利》），将这两部百科全书的同一个条目相互比照、相互补充，关注各自的特点，以便获得相关问题及其古代文献证据与现代参考书目的初步线索。①

包罗万象的百科全书以外，初习者还可查阅各种古典研究领域的**专科辞书**，弥补百科全书在某一专门领域所收条目有限的不足。比如，关于古典作家和作品，可查阅普及型的《牛津古典文学指南》(**4.2.1**)以及学术性更强的《古希腊罗马作家作品词典》(**4.2.2**)；关于古典修辞学，可查阅学界公认的标准参考书《文学修辞学手册》(**4.2.3**)；关于古代哲学及哲学家，可查阅新近编成的古代思想百科全书《古代哲学家词典》(**4.2.4**)；关于包括古希腊罗马在内的整个古代地中海世界的历史，可查阅《古代史百科全书》(**4.2.5**)；关于古典文明对西方后世的影响，可查阅《古典传统》(**4.2.6**)；如此等等，读者可举一反三。

§2. 初习者查阅百科全书和专科辞书的相关词条，得到初步的线索以后，可进一步依靠研究指南来形成研究现状的大体轮廓。**研究指南**(companion, handbook 或 guide)通常由该册主编首先根据所

---

① 另外还有两套具有研究型百科全书性质的书系，即《古典古代学研究手册大系》(**4.1.6**)和《罗马世界的崛起与没落》(**4.1.7**)，前者囊括了古典研究的各个领域（见本章第一节§2），后者涵盖整个古罗马研究。这两套书系都具有很强的学术性，虽不适合初习者使用，有必要时亦可翻阅。

属指南丛书的编纂理念来设计其总体结构和具体篇目,随后邀请该领域国际公认的多位专家撰写不同的篇章,虽是多人合撰的论文集性质的著作,但也能更加全面地展现该领域的研究现状。研究指南一般以一个特定的研究专题(subject area)为单位,比如某位作者、某部作品、某种文学体裁、某个历史时期、某个历史方面、某种文化现象等。因此,研究指南的涵盖面较广,不局限于某个学术问题,而是由许多相互关联的学术问题组成的研究专题,这对于初习者围绕某个研究方向形成较为全面的认识很有助益。研究指南的指南性质体现在几个方面,包括就某个研究专题给出较为全面而透彻的概括,对研究现状进行批评性的评述,侧重最前沿的研究课题以及相关的学术争论,指明和提示未来研究的方向和课题。

研究指南类型的工具书里,最适合初习者优先研读的是**专题概述**(subject survey),例如"英国古典学会"下属期刊《希腊与罗马》编辑出版的《**古典研究新概览**》(**4.3.1**)丛书,便是较有代表性的一套专题概述丛书。《古典研究新概览》选择的专题通常是最经典的古希腊罗马作家(例如2019年的《索福克勒斯》、2014年的《贺拉斯》、2013年的《荷马》第二版),[①] 某个文学体裁(例如2015年的《早期希腊六音步诗歌》、2010年的《铭体诗》、2008年的《喜剧》、2006年的《罗马演说》),[②] 或某个宽泛的主题(例如2011年的《希腊艺术》第二版、2010年的《罗马风景》、2005年的《第二智术师运动》),[③] 每册篇幅不大,用明畅易懂的语言提纲挈领地勾勒出相关研究的总体面貌,颇可作为指南书籍里的入门读物。[④]

---

① Finglass 2019; Harrison 2014; Rutherford 2013.
② Gainsford 2015; Livingstone 2010; Lowe 2008; Steel 2006.
③ Sparkes 2011; Spencer 2010; Whitemarsh 2005.
④ 适合初习者阅读的"专题概述"系列还有很多,英语学界较为知名的有剑桥大学出版社的《古代史关键主题》系列(**4.3.2**)和《古代哲学关键主题》系列(**4.3.3**),德语、法语、意大利语学界也不断推陈出新,刊行各种反映最新研究的"专题概述"系列丛书,初习者可视自己的语言能力从中选读。

随后，初习者需要查阅专业性更强的**研究指南**。目前英语世界最知名的古典研究指南丛书共有四套，分别是《**剑桥研究指南**》(**4.3.4**，以下简称《剑桥指南》)、《**牛津研究手册**》(**4.3.5**，以下简称《牛津手册》)、《**布莱克维尔古代世界研究指南**》(**4.3.6**，以下简称《布莱克维尔指南》)和《**博睿古典研究指南**》(**4.3.7**，以下简称《博睿指南》)。这四套丛书的编纂理念多有相通之处，但也有各自的特色，其中前三套更多地面向初习者，而第四套《博睿指南》则以研究者为主要读者。值得注意的是，为了呈现近年来风起云涌的接受研究，《剑桥指南》《牛津手册》和《布莱克维尔指南》都在单个古典作家或作品的研究指南里为接受研究辟出不小的篇幅，《布莱克维尔指南》还单独出版了《接受研究指南》和《古典传统指南》两套子系列，而博睿出版社甚至专门设立了一套《**博睿古典接受研究指南**》丛书(**5.5.5**)，与《博睿古典研究指南》相映生辉。

另外，初习者有必要浏览《牛津手册》丛书里近年出版的两种新著，即《牛津古希腊研究手册》和《牛津古罗马研究手册》。① 这两部厚实的手册分别囊括了整个古希腊研究和古罗马研究领域，从整体上呈现了古希腊和古罗马研究的现状，对原始材料、各种辅助学科、各个研究分支及其之间的互动，乃至对影响了古典研究的邻近学科如人类学、心理分析学、性别研究、翻译研究等给出了方方面面的概览，并且还探讨古希腊研究和古罗马研究的当代意义，展望它们的未来发展。通过这两部大全式的研究指南，初习者既可以定位自己的学术兴趣，也可以全方位地把握古典学研究的当代面貌。

除以上相对浅易的研究指南，还有更为专门的研究综述，初习者也要善于利用。**研究综述**(research survey)所讨论的研究方向通常比较狭小，往往针对某个具体的学术问题给出专业性较强的综

---

① Boys-Stones & Graziosi (eds.) 2009; Barchiesi & Scheidel (eds.) 2010.

述。一篇优秀的研究综述一般会包含如下内容:1)界定该学术问题的研究对象及范围;2)梳理所涉及的相关术语;3)罗列相关的古代证据(文献、图像、物质遗存)并分析各类证据自身的问题;4)概述相关的现代学术研究,可以按研究发展的时间顺序、该学术问题所包含的不同主题、不同的研究路径和方法、不同学术论点等方式展开,但最重要的任务是厘清各种学术流别,条理分明地呈现该问题的研究现状;① 5)指出进一步研究的方向;6)提供最新且详尽的研究书目。这种类型的研究综述需要初习者细心地寻找和收集,有的是以单篇论文的形式发表于专业期刊,也有的是形成专书的综述,还有的是学术专著或论文(尤其是博士论文)里的学术史回顾。另外,欧美学术出版社也开始推出专门的研究综述系列出版物或期刊,例如博睿出版社新近(2018年)推出的《**博睿古代史研究视角**》(**4.3.8**),是古代史研究现状综述类的专门期刊,每年四期,每期为一篇长文(也作为单行本出版),综述某个古代史专题的研究现状,例如2018年第2期题名《斯巴达的寡民》(*Spartan Oliganthropia*),共106页,是一篇关于古典和希腊化时期斯巴达人口锐减这一历史现象的最新研究现状综述,讨论这一现象的历史原因及后果;2019年第1期题名《皇帝崇拜》(*Imperial Cult*),共88页,是一篇关于罗马帝国皇帝及皇帝家族崇拜的最新研究现状综述,涉及宗教、政治、经济和社会等多个层面。②

通过仔细研读上述百科全书和专科辞书里的条目、相关的专题概述、研究指南和研究综述,初习者便能对某个具体学术问题及其所属研究方向的研究现状形成大体的轮廓。就学术问题的研究现

---

① 有价值的学术史回顾,应当特别重视该学术问题目前通行的**分析框架**,解释这一框架最先何时出现(出现时的学术史语境及时代思潮),何以长期存在(为何各种不同甚至对立的论点都同样受到此一分析框架的制约),又如何规定了目前的学术研究(当下主流的各种论点为何未能突破此一分析框架,突破的可能性是否存在)。

② 分别见 Doran 2018 和 McIntyre 2019。

状而言,需要重视以下九个方面:

1) 界定该学术问题的性质与范围;
2) 厘清该问题涉及的重要术语;
3) 掌握该问题的古代证据即相关原始材料,包括文献(传世或出土)、图像、物质材料;
4) 认识每种材料自身的特点,学会有效地使用和解释该种材料;
5) 按照时间顺序梳理该问题的现代学术研究演变史;
6) 辨识针对该问题现代学术研究最重要的争论议题;
7) 了解针对该问题现代学术研究的主要路径、方法和论点,区分其流别;
8) 掌握最新的研究动态和学术动向,知晓进一步研究的方向;
9) 熟悉该问题的研究书目。

从这九个方面入手,初习者便能迈向某个感兴趣的问题及其所属的研究方向的学术前沿,为自己将要展开的研究做好准备。

## 三、工作书目

§1. 初步掌握了某个具体学术问题及其所属研究方向的研究现状以后,初习者还应当根据自己的研究角度与重心,动手搜集、整理并研读相关的参考文献。学术研究的参考文献一般分成一手参考文献和二手参考文献,初习者需要分门别类地搜集整理,编制成以自己的研究工作为导向的**工作书目**(working bibliography)。我们要编制的是根据某个学术问题的内在逻辑及其研究路径来加以分类并带有评述的书目,而非按作者姓氏拼音或字母顺序排列的书目,因为在研究起步阶段,前一种书目会给研究者自己提供帮助,而后一种书目主要是在研究完成以后为读者提供帮助。工作书目的编制应该是一个动态的滚雪球般的过程，也就是说，先从最核心的现代论著甚至从核心论著的核心章节开始向外铺展，逐步形成一份适合自己研究的问题的较为全面但又个性化的书目。所谓个性化，指的是这份书目按照自己研究该问题的角度与重心，脉络分明地呈现出研究现状并对之做出批评性的审视。

上章已经讨论了古代典籍的校勘本、辑佚本和评注本等一手文献的搜集和研读，① 这里主要讨论二手参考文献。搜集二手参考文献的目的，是对该学术问题形成一个相对全面、但也有所侧重的研究角度；换言之，初习者要能够甄别哪些论著是目前所有相关研究的共同起点，哪些论著属于某一特定研究路径或学术派别，哪些论著与自己的研究直接相关，哪些论著提出的观点有进一步研究的空间，其中哪些是自己赞同并要推进和阐发的，哪些是自己反对并要与之辩驳的。为完成这一工作，最有效的办法是编制一份二手文献的工作书目，此时可兹利用的工具书刊还有研究书目、学术书评和论文选萃。

起手编制工作书目之际，首先可利用上节讨论的百科全书、专科辞书和各种类型的研究指南所附的参考书目。与此同时，还有必要查阅专门的研究书目，对相关的研究论著做出通盘审视。**研究书目**(research bibliography)有综合书目与专题书目两类。综合性的古典学研究书目以享誉学界的《古典学年鉴》最为重要。如前所述，《**古典学年鉴**》(**4.4.1**)是研究文献索引性质的系列出版物，每一卷全面清点最近若干年内问世的古典学论著，将浩如烟海的相关论著分成两大单元，第一单元为"作家与作品"，主要按古代作家的姓氏字母排序，把围绕古代作品的研究论著归入"研究书目""参考书籍（如词典、百科全书）""索引""逐词索引和词汇表""文本（校勘本、译本、评注本）""传承和接受"及"各种专题研究"这些不同

---

① 一手文献还包括出土文献，如铭文和纸草，但这两类文献的使用和研读比较专门，需纳入铭文学和纸草学这两门辅助学科的范畴加以讨论，并非本书所能涵盖。

的类别;第二单元为"材料与学科",也就是古典学的"研究材料"和"分支学科",这个单元分成十个门类,每个门类再分成若干细类(详见本章第一节 §1),相关论著根据其内容与性质也被归入各自所属的类别。对于每一种收录的论著,《古典学年鉴》都会列出简要的书目信息,凡论文皆提供内容摘要,凡个人专著皆附最重要的书评信息,凡多人论文的合集则提供内容目录,以便读者对该论著做出初步的判断。因此,《古典学年鉴》的学术价值体现于对专书和论文的全面搜罗、精细分类和简要评述当中,被学界公认为最具代表性的综合性研究书目。①

另外一种类型是专题研究书目,也就是就某个时间段内某个专题的研究成果,整理出较为全面且附简要评论的分类书目。此类研究书目还可分成两种,一种是偏重最新研究成果而带有研究指引功能的书目,另一种是偏重全面搜罗某个时段内出版的研究成果而带有通盘清点功能的书目。前一种书目可以《牛津古典学在线书目》为代表,后一种书目可以《普查》为代表。**《牛津古典学在线书目》**(**4.4.3**)利用网络出版便于更新的优势,通过研究书目的形式跟踪和反映最新的研究成果,有效地解决了纸质版研究书目时间相对滞后的难题。这套书目有如一条条附带评论的研究书目组成的百科全书,将古典学的研究方向分为考古、艺术与建筑、历史与经济、语言与语言学、文学、哲学、接受、宗教、科学与技术、社会与文化和文本传承十一个大类,每类之下的研究书目如同百科全书的条目按字母顺序排列。每一篇研究书目由相关专家撰写,一般分成"导言"和分类书目两部分,分类书目里的每类书目之前另有概述,而每一条书目之下还附有简明扼要的评论。撰写书目的相关专家会紧跟学术新动向,定期更新书目,使之保持最新面貌,因此每一篇书目可视作

---

① 德国学界另外推出了《日暮书目数据库》(**4.4.2**),这个数据库搜集的古典学论著虽不及《古典学年鉴》全面和完整,但其长处是紧跟最新研究,且搜索方式也更为系统。

该学术主题的最新指南。①

《普查》(**4.4.4**)副题为《国际古典学术研究成果报告》，乃德国学术界出版的最为重要的专题研究书目系列出版物，迄今共出版60卷，近年问世的如2018年第60卷仅有一个主题，即罗马早期讽刺诗人路基利乌斯1969—2016年研究书目；2017年第59卷由两个主题组成，其一是古希腊与罗马的"修辞学初阶训练"(Progymnasmata)及其现代接受研究书目，而这一主题的研究书目此前从未被整理过，其二是伪托昆体良的《宣讲辞》(Declamations)1986—2014年研究书目，这份书目延续了《罗马世界的崛起与没落》(**4.1.7**)第二编第三十二卷第四册里稍早的同一主题研究书目；2014年第56卷也包含两个主题，其一是荷马史诗语言1977—2000年研究书目，这份书目延续了此前另一位学者终止于1976年的同一主题研究书目，其二是罗马诗人瓦莱利乌斯·弗拉库斯的史诗《阿尔戈英雄远征记》1982—2012年研究书目。由以上的例子可见，《普查》里的专题研究书目会保持很强的连续性，每一份研究书目所设定的时间段的上限，通常为同一主题前一份重要的研究书目的终止年份，而其下限则往往与出版年份相近。这样的前后衔联是专题研究书目的通行做法，对初习者了解相关学术研究的历史和现状都极为便利。当然，除了以上介绍的系列出版物，还有各种单独出版的研究书目，凡是与研究主题相关的研究书目，都应该尽量找来翻检。

§2. 初习者要从各种研究指南和研究书目当中遴选出对自己最重要和最有价值的论著，一种不可或缺的工具书刊是**学术书评**(book review)。古典学期刊大多有书评专栏，综合性的期刊如英国的《希腊研究》(*The Journal of Hellenic Studies*)、《罗马研究》(*The Journal of Roman Studies*)、法国的《古典世界》(*L'Antiquité*

---

① 对《牛津古典学在线书目》的举例说明，参见下节§2。

Classique)、《希腊研究》(Revue des Études Grecques)、《罗马研究》(Revue des Études Latines)、《古典语文学》(Revue de Philologie)以及瑞士的《赫尔维提亚缪斯神庙》(Museum Helveticum)的书评专栏比较知名。此外,还有几种专门的书评期刊,例如英国的《古典书评》(**4.5.1**)、美国的《布林莫尔古典书评》(**4.5.2**)及德国的《日晷》(**4.5.3**)是最为重要的书评阵地,初习者当定期翻阅这些刊物上的相关书评(还可浏览待评书目),关注学界对相关论著的评价,追踪最新的研究成果和动态。①

一篇标准的学术书评通常包含四个方面:首先简括论著的主要论点和基本内容,其次讨论论著的论点及其论证过程和所用论据,再次评价论著的得失,最后罗列细节问题包括各种舛误乃至手民误植。透过这四个方面,初习者应关注的具体信息是:

1)这部论著的主题、问题(提问方式)、研究角度和研究方法分别是什么,这部论著所处的学术位置,即它是否属于某种新兴学术流派、思潮还是较为传统?作者是否受到其他人文学科的影响并借鉴其方法?

2)这部论著的主要观点是什么,作者如何在论著的每一个部分发展、深入或调整这一主要观点,论著的每一个部分如何运用作者采取的研究方法,使主要观点一步步更为明确;

3)这部论著的学术价值,对所研究的学术问题有无贡献,贡献何在。

从这些关注点出发,多读不同专家针对同一论著撰写的学术书评,相互参照,便可做出初步判断,该论著对自己的研究是否有价值,是否必须纳入自己的工作书目。此外,多读书评也有助于初习者为自己的参考书目撰写简明扼要的评论。

---

① 最方便使用的是开放电子期刊《布林莫尔古典书评》(**4.5.2**),读者可通过电子邮箱免费订阅。

§3. 除了专著，还有数量更加庞大的学术论文，如何从中精选出最具代表性、最有学术价值和影响力的篇什纳入工作书目，也往往令初习者难以措手。此时，还有**论文选萃**(selection of articles)这一类型的工具书可兹利用。初习者不仅可以从论文选萃中发现许多必读篇目，而且还可以学习编者遴选论文的视野和角度（这通常会在编者撰写的导论里加以说明）。相比于形形色色的研究指南，论文选萃的系列丛书尚在少数，英语学界目前最知名的是《**牛津古典研究论文选萃**》(**4.6.1**)，这套丛书里的每种皆由编者精心遴选近几十年来发表的重要论文（个别问世于百年前但有持久影响力的经典论文也会入选），论文的选择标准注重兼收并蓄，以便呈现研究方法的多样性，同时也会尽量收入不易获取的重要论文，或专门组织翻译非英语的重要论文。编者还会邀请在世的学者更新、修订和增补入选的论文，将最新的研究成果纳入考量。此外，编者自己还会针对相关研究撰写高屋建瓴、层次分明的导言，综述当代研究的现状，对不同的研究路径加以评论，并将入选的论文置于各自所属的学术脉络和历史情境，从当代学术的视角勾勒出这些论文之间的相互关系。有些论文选萃的书末还附有详尽的分类参考书目。这样，导言、参考书目和论文精选相辅相成，共同将这些论文纳入其所属的学术传统和脉络当中，极便于初习者了解这些论文的学术价值和学术史位置，进而举一反三，对其他论文做出合理的判断。①

## 四、示例两则

§1. 结合上述的百科全书、专科辞书、研究指南、研究书目、学术书评以及论文选萃这些工具书刊，我们再来举例说明，带有评述

---

① 此外，《劳特里奇古典作家研究论文选》(**4.6.2**)里的《荷马卷》与《维吉尔卷》为一时名选，仍值得参考；阅读德语的初习者还可翻阅《研究路径》丛书(**4.6.3**)。

的分类工作书目如何编制。百科全书和专科辞书词条后的参考书目一般比较简略，只可说规模初具，从这一雏形扩展到更为全面更有针对性的工作书目，需要使用研究指南、研究书目及论文选萃里的参考书目作为工作书目的基本骨架。

这里我们举两个例子。第一个例子是2007年出版的《剑桥研究指南：柏拉图〈理想国〉》所附参考书目。[①] 这份书目向我们展示，**围绕某个古典文本进行研究的工作书目**如何编制。由于《理想国》在柏拉图的全部著作乃至整个古希腊文化和西方文化里占据的核心地位，相关的研究斗量车载，这份书目的体量也十分庞大。整个书目共计627条，按主题分类，是一份供研究者使用的工作书目，而非全书征引文献的汇总书目。关于这份书目的性质，编者做了如下说明："这份当代工作书目（working bibliography）为有志于专攻《理想国》并以英语为主要学术语言的研究者准备，因此书目的重心落在了用英语撰写的晚近学术文献上，但更早时期的研究以及非英语的研究也占据了相当的分量。"[②] 这一说明同时也为我们要编制的工作书目提出明确的标准：一份以当代英语学术文献为主体，兼顾最重要的早期研究和非英语研究的书目。[③] 根据这一标准，编者将这份包含英、德、法、意四种语言论著的书目分作四个部分，前两个部分属于一手文献，第一部分为"版本、评注本"，这又分成三类：1)整个文本的版本与评注本，列出《理想国》最重要的原文校勘本以及英、意、德语的全本评注本；2)部分文本的版本与评注本，列出《理想国》精选或单卷最重要的英语评注本；3)古代评注本，列出两种重要的古人注疏；第二部分为"译本"，列出主要的英、法、德、意译本。显而易见，对于围绕文本进行的研究，这前两个部分至关重要。后

---

① Ferrari (ed.) 2007: 474-510.

② 同上书，第474页。

③ 必须强调的是，尽管英语是目前国际学界的通用语言，也是国内学子最熟悉的一门外语，但初习者还是要尽力掌握其他重要语种里的权威论著。

两个部分属于二手文献,第三部分为"整体性研究",又分成两类:1)专著、专著里的章节、论文,列出《理想国》最重要的综合性研究;2)论文集,列出法、德、英语最具代表性的《理想国》最新研究论文集或经典论文选萃。这部分包含的整体性的、综合性的研究引向第四部分的"个别主题研究",该部分又分成十二个细目,亦即十二个主题,罗列如下:1)作为文学对话录的《理想国》;2)《理想国》的政治情境;3)正义、幸福与人的善好;4)灵魂论;5)政治学;6)哲人王;7)形而上学、认识论、理型说;8)日喻、线喻及洞喻;9)数学与科学;10)诗歌、文化与艺术;11)神话与宗教;12)《理想国》的接受史。书目的每个部分都有简短的按语,第一和第二部分的按语穿插在书目中间,第三和第四部分的按语放在书目之首或末尾。如此一来,由四个大类、每类的细目和每个大类或细目的按语组成了一份围绕《理想国》文本的翔实可靠的工作书目。

不过,这份书目的缺憾在于,所收论著主要以作者姓氏字母顺序编排,初习者还需进一步分类整理,方能将之转换为自己的工作书目的骨架。我们以第四部分第 11 个主题为例,假设初习者欲**围绕"《理想国》里的神话问题"展开研究**。书目前两个部分的一手文献大多应予保留,这些校勘本、评注本和译本是这项研究所依据的原始文献,初习者当仔细研读,尤其是论及神话的第二、三和十卷。第三部分"整体性研究"里的论著也当择要保留,以便掌握《理想国》研究的整体现状,了解其中最具代表性的几个学派,比如"分析哲学派""文学解释派""图宾根学派"和"施特劳斯学派"等。当然,最重要的是第四部分第 11 个主题下的 41 条书目(第 572 条至第 613 条),初习者还要对之做出精细的分类。进行分类的过程实际上也正是逐步掌握"《理想国》里的神话"这个学术问题的研究现状的过程。

首先,需要整理出综合研究柏拉图与神话的论著:

"柏拉图与神话综论": 第 575 条 (Brisson, L. *Plato the Myth Maker*. 1998), 第 579 条 (Ceri, G. *Platone Sociologo della Comunicazione*, Ch. 3, "Platone inventore di miti: persuadere narrando". 1991), 第 586 条 (Frutiger, P. *Les mythes de Platon*. 1930), 第 590 条 (Janka, M. & C. Schäfer, eds. *Platon als Mythologe: Neue Interpretationen zu den Mythen in Platons Dialogen*. 2002), 第 607 条 (Smith, J. "Plato's Uses of Myth in the Education of the Philosophic Man." 1986), 第 608 条 (Stewart, J. A. *The Myths of Plato*. 1905)。

对以上论著的简要评述:第 586 条和第 608 条是两种年代较远的综论著作,但仍有一定参考价值。第 575 条为晚近最重要的综论著作,第 590 条是最重要的研究论文集,这两种论著可以视作目前学界研究的起点。

虽然这些论著多少都已涉及《理想国》里的神话,还需单独列出综合讨论《理想国》神话的论著:

"《理想国》神话综论": 第 592 条 (Lear, J. "Myth and Allegory in Plato's *Republic*." 2006), 第 597 条 (Moors, K. "Muthologia and the Limits of Opinion: Presented Myths in Plato's *Republic*." 1988), 第 606 条 (Segal, C. " 'The myth was saved': Reflections on Homer and the Mythology of Plato's *Republic*." 1978)

对以上论著的简要评述:第 592 和 597 条分析《理想国》对神话这种特殊的言说方式的使用,第 606 条讨论柏拉图作为《理想国》里的神话的创作者与荷马之间的继承与竞争关系。结合"柏拉图与神话综论"和"《理想国》与神话综论"里的各种论著,便能对"《理想国》里的神话"这个学术问题形成整体上的认识。

随后，再列出关于《理想国》三则主要神话的研究论著，这三组神话分别是：

**一、"第二卷'居格斯的戒指神话'"**：包括第 577 条（Calabi, F. "Gige." 1998），第 581 条（Couloubaritsis, L. "Le statut du mythe de Gygès chez Platon." 1990），第 589 条（Howland, J. "Raconter une histoire et philosopher: l'anneau de Gygès." 2005），第 604 条（Schubert, P. "L'anneau de Gygès: réponse de Platon à Hérodote." 1987），第 605 条（Schuhl, P.-M. *La Fabulation Platonicienne*. Ch. 3, sec. 1, 1968）

对以上论著的简要评述：第 577、581 和 605 条综论"居格斯的戒指神话"，第 604 条专门讨论这则神话与希罗多德以及哲学神话和历史叙事之间的关系。

**二、"第三卷'高贵的假话'：'土生神话'或称'四种金属的神话'"**：第 587 条（Hall, R. W. "On the Myth of Metals in the *Republic*." 1967），第 588 条（Hartman, M. "The Hesiodic Roots of Plato's Myth of Metals." 1988），第 595 条（Mattéi, J.-F. "Du mythe hésiodique des races au mythe homérique des Muses dans la *République*: une interprétation 'économique' de la politique platonicienne." 1991）

对以上论著的简要评述：第 587 条综论"四种金属的神话"，其余两条分析这则神话与赫西奥德《劳作与时日》里叙述的"五个种族的神话"以及哲学神话与传统神话之间的关系。

**三、"第十卷'埃尔的神话'"**：第 572 条（Albinus, L. "The *katabasis* of Er." 1998），第 573 条（Annas J. "Plato's Myths of Judgement." 1982），第 574 条（Bouvier, D. "Ulysse et le personnage du lecteur dans la *République*: réflexions sur l'importance du mythe d'Er pour la théorie de la *mimēsis*." 2001), 第 580 条(Chatelain, F. "'Le récit est terminé,' Platon, *République* 612b." 1987), 第 583 条(Druet, F.-X. "Les niveaux de récit dans le mythe d'Er: Platon *Rép*. 10.613e-621d." 1998), 第 585 条(Ferrari, G. R. F. "Glaucon's Reward, Philosophy's Debt: The Myth of Er." 2008), 第 591 条(Johnson, R. R. "Does Plato's Myth of Er Contribute to the Argument of the *Republic*?" 1999), 第 593 条(Lieb, I. C. "Philosophy as Spiritual Formation: Plato's Myth of Er." 1963), 第 594 条(Lincoln, B. "Waters of Memory, Waters of Forgetfulness." 1982), 第 598 条(Moors, K. "Named Life Selections in Plato's Myth of Er." 1988), 第 599 条(Morgan, K. A. *Myth and Philosophy from the Presocratics to Plato*. Ch. 7, "Plato: Myth and the Soul." 2000), 第 601 条(Morrison, J. S. "Parmenides and Er." 1955), 第 602 条(Richardson, H. "The Myth of Er [Plato, *Republic* 616b]." 1926), 第 603 条(Schils, G. "Plato's Myth of Er: The Light and the Spindle." 1993), 第 605 条(Schuhl, P.-M. *La Fabulation Platonicienne*. Ch. 3, sec. 2, 1968), 第 609 条(Thayer, H. S. "The Myth of Er." 1988), 第 610 条(Vegetti, M. "*Katabasis*." 1998), 第 612 条(Vernant, J.-P. *Myth and Thought among the Greeks*. Ch. V, "The River of *Amelēs* and the *Meletē Thanatou*." 1983), 第 613 条(Villani, A. "Le fuseau et le peson. Note sur la colonne lumineuse de *République* 616b." 2001)[①]

对以上论著的简要评述:"埃尔的神话"是《理想国》里最重要的一则神话,相关的研究论著最为丰富。以上整理出来的书目里,第 572、574、583、585、591、593、599、605、609、610 条综论"埃尔

---

① 这部分略去了个别价值不大的非英语书目。

的神话";第 573 和 599 条将"埃尔的神话"与柏拉图其他几则重要的"灵魂神话"联系起来讨论;第 580、594、598、602、603、612 和 613 条讨论"埃尔的神话"里的局部问题,例如第 598 条专门讨论"生活模式"的选择,第 594 和 612 条专门讨论冥府里的忘川与人类记忆和遗忘的问题,第 602、603 和 613 条专门讨论亡魂所见到的光柱和"必然"之纺锤;第 601 条分析如何从巴门尼德的诗篇来解释"埃尔的神话"。

最后,《理想国》对神话的批评和使用与柏拉图所要确立的哲学－宗教观及其对传统宗教观的批评密不可分,以下这些论著有助于理解这一关系:

> **"《理想国》里的宗教"**,包括第 576 条(Brisson, L. "La critique de la tradition religieuse par Platon et son usage dans la *République* et dans les *Lois*." 2005),第 584 条(Ferrari, F. "*Theologia*." 1998),第 578 条(Campese, S. & S. Gastaldi. "Bendidie e Panatenee." 1998),第 596 条(McPherran, M. "The Gods and Piety of Plato's *Republic*." 2006),第 600 条(Morgan, M. L. *Platonic Piety: Philosophy and Ritual in Fourth Century Athens*. Ch. 5, "Education, Philosophy, and History in the *Republic*." 1990)

通过上述的分类整理,初习者厘清了研究现状的脉络,若循此脉络,对《理想国》里的三则主要神话做出新的解释,或就《理想国》对神话的批评和使用提出新的观点,便可根据自己的想法和角度,以上述书目为基础,着手编制自己的工作书目,同时利用综合或专题研究书目和学术书评等资源,增补最新的国内外相关论著以及与自己的观点相呼应的前人论著。①

---

① 2000 年以来柏拉图研究专题书目可在"国际柏拉图学会"(International Plato Society)的官网(www.platosociety.org)上查阅,该书目每年一辑,由 Luc Brisson 主持编纂。

§2. 第二个例子是2014年出版的《牛津古典学在线书目：梭伦》。① 这份书目向我们展示，**针对某个专题进行研究的参考书目如何编制**。梭伦是古希腊尤其是雅典早期思想史、政治史和社会史上举足轻重的人物，他既是哲人，也是诗人，还是政治改革家，为后世留下了各种改革措施和制度、法律和诗歌，研究梭伦也就意味着对一系列相互关联的专题进行研究。当然，梭伦研究的数量无法与柏拉图《理想国》相提并论，这份书目仅有95条，却包含了英语、德语、法语和意大利语学界最重要的论著，将目前梭伦研究的整体面貌充分展示了出来，非常值得初习者编制自己的工作书目时仿效。

　　书目编者在引言里提纲挈领地勾画出梭伦的三重身份，然后斩截地指出："贯穿整个现代学术争论的根本问题是，古代文学传统里的梭伦形象[指梭伦的三重身份——引者按]是他在公元前6世纪雅典的历史角色的反映，还是公元前5世纪和4世纪话语里的一个典范人物。"据此，书目编者将当代梭伦研究分成八个部分，前四个部分为基础性研究，其中第一部分为"通论"，列出了最重要的几种综合性研究专著和论文集；第二部分为"历史情境"，列出有关梭伦所处的思想、政治、社会等历史情境的论著；第三部分为"综合书目"，列出两种古典学研究最常用的综合类书目索引；第四部分为"原始材料"，列出梭伦诗歌的重要校勘本、评注本、译本与相关论著、有关梭伦的古人评述辑录，以及其中最重要的两种（亚里士多德的《雅典政制》和普鲁塔克的《梭伦传》）的评注本与相关论著。这份书目的后四个部分为专题研究，其中第一个专题（第五部分）是"年代学"，列出梭伦担任执政官和进行改革的年代学考证论著；第二个专题（第六部分）是"各种改革"，这个专题又分成三个次级专题，分别是"土地改革"（再分出"六一汉""解负令与界石""财产等级"这三个小专题）、"立法""政体改革"（再分出"正义"和"良

---

① Schubert 2014.

序"这两个小专题),是整份书目里分量最重的部分;第三个专题(第七部分)是"智者梭伦",列出有关梭伦作为"七哲"之一及作为古代"智慧文学"里的重要人物的论著;第四个专题(第八部分)是"民主派梭伦",列出辩析梭伦是民主派还是更近于僭主的论著。这四个专题及次级专题的分类,将当代梭伦研究的各个方面脉络分明地呈现了出来。此外,书目的每个部分及每个次级专题的开头都有引言,总揽并评述其下所列的各种论著,编者有时还扼要归纳这些论著所讨论的根本问题,并在每一条书目之下都撰有按语,概括该论著的主要内容和价值。这些引言和按语大多提要钩玄,值得初习者细心揣摩和摹仿。以"通论"部分为例,编者的"引言"如下:

> 自 Linforth 1971 [*Solon the Athenian*, 1971 年重印, 初版于 1919 年——引者按,下同 ] 以来,有数种强调传记角度的梭伦专著问世,包括 Freeman 1926 (*The Work and Life of Solon*)、Oliva 1988 (*Solon: Legende und Wirklichkeit*)、Lewis 2006 (*Solon the Thinker: Political Thought in Archaic Athens*)、Owens 2010 (*Solon of Athens: Poet, Philosopher, Soldier, Statesman*) 以及 Schubert 2012 (*Solon*)。有关梭伦的晚近研究甚少以论文集的形式出版, 不过 Blok et al. 2006 (*Solon of Athens: New Historical and Philological Approaches*) 极为出色,涉及面很广,勾勒出学术讨论的主要问题所在。

针对"引言"提及的每一种论著,编者另加"按语"给出评述:

> Linforth 1971:有关梭伦的传记类著作,比较老旧(初版于 1919 年),但其中讨论古代文献材料之历史可靠性的部分仍有价值;Freeman 1926:有关梭伦的传记类著作,比较老旧,包含所有提及梭伦的古代文献目录(第 219—226 页);Oliva 1988:解释梭伦如何演变为传奇,勾勒梭伦的职业生涯与政治策略,侧

重以梭伦诗歌残篇为主要证据；Lewis 2006：涉及梭伦思想的多个方面，将梭伦与其他前苏格拉底思想家如泰勒斯和塞诺芬尼进行比较；Owens 2010：把梭伦的各种改革纳入当时的历史、社会和政治情境进行描述，包含对现存残篇的详细评注；Schubert 2012：用德语撰写的简短导论，包含最重要的原始材料摘录，适合作为本科生的入门读物；Blok et al. 2006：有关梭伦的十八篇论文结集，极有价值，分成三个部分（诗人梭伦、立法者梭伦和雅典人梭伦）涵盖了近年来学术讨论的各个核心问题，也反映出历史上的梭伦在公元前6世纪的雅典进行的各种活动。

由上可见，与第一个例子相比，这份书目的"引言"和"按语"都更加充分，更便于初习者循其指引步入相关研究的大门。就"通论"部分而言，初习者若以 Linforth 1971 [1919] 和 Freeman 1926 这两种早期的传记类著作为背景，以 Schubert 2012 为入门读物，从 Owens 2010 入手了解历史上的梭伦及其改革，从 Lewis 2006 入手了解梭伦的思想，从 Oliva 1988 入手了解梭伦的早期接受史，最后从 Blok et al. 2006 通盘审视当今梭伦研究的各个方面，便会对梭伦研究的现状了然于胸。

让我们进一步假设，初习者欲**针对"梭伦的正义(dike)观念"展开研究**，准备编制相关的工作书目，那么以上这份书目便可成为最重要的参照。首先，前四个部分的基础性研究大多应予保留，特别是第四部分"原始材料"里的9条，包含梭伦诗歌的重要校勘本、评注本、译本及相关论著、有关梭伦的古人评述辑录，以及亚里士多德的《雅典政制》和普鲁塔克的《梭伦传》的评注本与相关论著，都是这项研究所依据的原始文献，初习者当仔细研读，尤其是论及"正义"的梭伦残篇四与残篇十三。其次，第六部分里的"立法"和"政体改革"这两个专题之下的书目也当择要保留，因为梭伦的"正义"观与其政治改革和立法实践有着紧密的联系，也是这项研究的历史背景;另外,与梭伦的"正义"观密切关联的还有"良序"观(eunomia),这部分的书目也需保留。最后,"正义"这个专题之下所列书目当然是重中之重,初习者当细心揣摩。编者针对这一部分撰有非常精辟的引言,她写道:

> 两种观点主导了相关讨论:其一是由 Jaeger 1926 ("Solons Eunomie")最先提出的论点,主张"正义"(dike)在梭伦的诗篇里被呈现为一种自然的、自我调节的秩序;其二是源于"新考古学"(参见 Snodgrass 1980 [*Archaic Greece: The age of experiment*] 和 Morris 1987 [*Burial and ancient society: The rise of the Greek city-state*])的新解释,集中体现于 Almeida 2003 (*Justice as an aspect of the polis idea in Solon's political poems: A reading of the fragments in light of the researches of new classical archaeology*),认为梭伦所理解的 dike 是政治行为的一种客观标准,其实质内容反映了"城邦"这一观念的基本特征。Manuwald 1989 ("Zu Solons Gedankenwelt [frr. 3 u. 1 G.-P. = 4 u. 13 W."])和 Lewis 2006 (*Solon the Thinker: Political Thought in Archaic Athens*)受惠于 Jaeger;另外,Vlastos 1946 ("Solonian Justice")关注梭伦 dike 观的政治维度。[1]

这段引言总揽下面开列的 6 种关键论著,归纳出目前主导学界的两种观点("自然法则说"和"城邦观念说"),并提示每种观点的代表性论著及其学术源头,令人对研究现状的脉络一清二楚。初习者循此脉络,如能对"自然法则说"和"城邦观念说"有所修正,或提出第三种不同的观点,便可根据自己的想法和角度,以上述书目(即第一至第四部分、第六部分里的"立法"和"政治改革"部分,特别是"政治改革"部分之下的"正义"和"良序"两个主题)为基础,着手

---

[1] Schubert 2014.

编制自己的工作书目，同时利用其他研究指南、研究书目和学术书评等资源，增补最新的国内外相关论著以及与自己的观点相呼应的前人论著。

§3. 归纳而言，编制工作书目的具体方法是，**首先翻阅百科全书和专科辞书里的参考书目作为雏形；其次使用研究指南里的参考书目作为骨架，并查看综合或专题研究书目对相关论著做一番通盘审视，最后于仔细研读之时，辅之以学术书评和论文选萃对专著和论文做出评判，决定去取**。当然，除此以外，还有许多其他的方法和技巧可以使用，例如跟踪相关论著注释里的内容，关注不同的学者都经常引用的权威性论著，仔细揣摩他们对这些论著的评价文字；再如注释里称引的古代文献，尤其是鲜为人知或鲜少称引的文献，也值得进一步追踪。这些信息都可以收入工作书目的一手或二手文献。

总之，编制带有评述的分类工作书目对于研究起步至关重要，因为只有以此为基础，我们才能做出判断，自己要研究的学术问题还有没有创新的余地，自己能否就该问题提出不同于前人的观点和结论，或是站在某种既有的观点和结论一边，从自己研究所得的新论点和新论据或自己发现的新材料和新证据，来驳斥其他的观点和结论。如果答案是肯定的，那么我们便可满怀热情地投入研究；如果是否定的，那么我们也要毫不犹豫地更换研究课题。

# 第五章　研究方法

　　初习者大体掌握了某个学术方向及其中某个学术问题的研究现状,编制出细致分类的工作书目以后,便可展开具体的研究了。研究过程当中,特别需要注重研究方法的习得。能够熟练运用一种或数种研究方法,方可胜任真正意义上的古典学术。古典学的研究方法种类繁多,本章无法面面俱到,为便于讨论,姑且将这些方法分成最基本的三大类,从每一类当中择其要者,稍加评介,为初习者略做指引。鉴于本书的宗旨是经由古典学术特别是古典文本的学术研究通达古典精神,我们需要运用语文研究的方法来细读和解释古典文本,掌握文本的语文含义(第一节),同时运用历史研究的方法来辅助语文研究,重构古典文本所属的文化世界(第二节),最后还要运用思想研究的方法来引领语文研究和历史研究,体认并阐发古典文本的思想意义,力求接契古典精神(第三节)。

## 一、语文研究法

　　§1. 古典学的研究方法之所以种类繁多,一个重要的原因是,当下的古典学术借鉴和采纳了各种人文、社会学科乃至自然科学的研究方法。这一趋势自现代古典学创建伊始便已显露,到了20世纪尤其是20世纪下半叶更是达到了蔚为大观的程度。面对形形色色的理论和方法,初习者难免眼花缭乱、无所适从。若要走出选择的困境,首先有必要认清当下的古典学术在整个古典学术史上的位置。从学术史的大脉络来看,亚历山大里亚时期的古代古典学术和 18 世纪末及整个 19 世纪的现代古典学术是最重要的两端。因此,我们需要大致了解这两个时期,比方说通读普法伊费尔的《古典学术史》(**5.1.1**)上卷和桑兹的《西方古典学术史》(**5.1.3**)第一卷的相关部分来认识古代古典学术,通读普法伊费尔的《古典学术史》(**5.1.1**)下卷的相关部分以及维拉莫维茨的《古典学术史》(**5.1.2**)和桑兹的《西方古典学术史》(**5.1.3**)第三卷来认识现代古典学术。这些学术史著能帮助我们领会这两个时期古典学术之所以诞生和繁盛的历史条件和思想原因,进一步反思当下的古典学术所处的历史位置。①

对古典学术史的了解让我们知晓,在古典学的所有研究方法当中,语文学研究实乃发端最早,历史最为悠久,也是最具代表性的一类方法。**语文学**(philology)**旨在保存、整理和复原古典文献,并以此为基础,从语言文字和文学评鉴的角度去理解和诠释这些文献。**相应的研究方法可分为"文本校勘"(textual criticism)和"文本阐释"(textual interpretation)两类。纵观亚历山大里亚时期的古代古典学术,从泽诺多托斯(Zenodotus)、卡利马科斯(Callimachus)、埃拉托斯泰奈斯(Eratosthenes)到拜占庭的阿里斯托芬(Aristophanes of Byzantium),再到阿里斯塔科斯(Aristarchus)这五代学者,其主要成就正在于收集、整理、编纂、甄别、考订和诠释古典文献。②许多传统的语文学研究方法肇端于这一时期,当时的古典学者开创了诸如校勘学、文法学、修辞学及文学评论的研

---

① 除上述三种经典的学术史著,最新的古代古典学术概览,参见 Montanari, Matthaios & Rengakos (eds.) 2015 以及 Montanari (ed.) 2020;近现代古典学术史概览,参见 Hentschke & Muhlack 1972, Latacz 1996, Schmitz 1996, Kulmann & Schneider 2014。

② 此外,亚历山大里亚的学者还创建了独立的词汇学(lexicography)和文法学(grammar),这两门独立的学问也属于广义的语文学研究的范畴,参见 Montanari, Matthaios & Rengakos (eds.) 2015。

究方法,运用于荷马史诗、抒情诗、悲剧、喜剧、演说辞、史书、哲学著作等古典文本的校理和诠释。他们的研究成果大多以典籍的校勘本(ekdoseis)、单独成书的评注本(hypomnemata)、疑难字词的词语汇编(lexica 或 glossai)以及相关问题的专题论著(syngrammata)等形式保存,内容涵盖了异文考订、音义训诂、名物典章、史实考据、修辞分析、文学评鉴和义理阐发等各方面,构成了一整套古代典籍的章句注疏之学,尚部分保存于中世纪抄本空白处的页边注(scholia)。① 仅就修辞分析和文学评鉴而言,虽然各式各样的具体方法并没有被系统化,形成一套有条贯的方法论,其中的内容却异常丰富,精彩纷呈。根据该领域某专家的统计,以亚历山大里亚学术为主要成就的古代学术涉及的诗学和文学评鉴的概念和原则不下九十种,例如"暗指""模棱两可""传记批评""性格刻画""文类""作者意图"等,这些当代古典语文学研究经常使用的概念和原则早已为古代的研究者所知晓并熟练运用。② 尤为关键的是,亚历山大里亚语文学者对古典文本的分析和评鉴,坚定秉持从作者本身出发来解释作者的准则,也就是说,从作品内部探求作者的原意(而不是借助外在的理论或概念),此即所谓的"用荷马解释荷马"的准则,这一准则影响深远,为传统的古典语文学奉行至今。③

正如公元前 3 世纪的古代古典学术,18 世纪后期以降的现代古典学术也同样以"古典语文学"为其嚆矢。④ 沃尔夫(Friedrich August Wolf, 1759—1824)发表于 1795 年的《荷马导论》

---

① 参见雷诺兹、威尔逊著,苏杰译:《抄工与学者》(5.2.1)第一章;Dickey 2007, Schironi 2012;Hunt, Smith & Stok 2017第二章以及 Montanari, Matthaios & Rengakos (eds.) 2015,尤见第二部分第三章,另见新版 Montanari (ed.) 2020第二章。

② 参见 Nünlist 2015,另见 Nünlist 2009。

③ 参见普法伊费尔《古典学术史》(上卷),第 279 页及以下。

④ 参见普法伊费尔《古典学术史》(下卷),第 227 页及以下,另见 Kuhlmann & Schneider 2014: xxvii-xxxi。

(*Prolegomena ad Homerum*)奠立了现代意义上的古典语文学，也是对发轫于亚历山大里亚时期的传统语文学的系统化和科学化。[①] 这部著作以现代方式重新提出了"荷马问题"，彻底突破了传统文学评鉴的框架，首次用科学分析的方法对荷马史诗的起源和创作过程进行研究，将论证建立在坚实的证据（尤其是校勘与历史证据）之上，引领了现代古典学术的批判性和历史性的研究精神。沃尔夫的另一大贡献是发明了 Altertumswissenschaft（"古代学"），以之替代狭义的语文学（Philologie）。他对该词所给出的界说是，Altertum（"古代"）指称作为整体的古希腊罗马文明，这个文明必须被视作历史上的文明，必须从历史的维度加以研究。于是，整个古典学术被历史化，首当其冲的便是古典语文学，决定性地转变为"历史语文学"（historical philology），这对学术界产生的影响至深且钜；该词的另一半，即 Wissenschaft，强调的是古典学术的科学性，也就是说，古典研究应当效仿自然科学（尤其是数学化的物理学）的严格性，只有首先穷尽一切细枝末节，经过缜密而精确的论证，才能证明关于古代世界的历史性真理，获得如科学知识一般牢靠的真知。这就将古典学术引向严格精密的分析性论证，古典语文学也随之成为"分析语文学"（analytical philology），或称"考辩语文学"（critical philology）。"分析（或考辩）语文学"和"历史语文学"乃一体之两面，是现代古典语文学的主要特征。[②]

从中衍生出来的语文学研究方法种类繁多，此处姑举数例。首先，关乎文本校勘的有"谱系法"（stemmatics），特别是由拉赫曼（Karl Lachmann, 1793—1851）加以系统化的"拉赫曼方法"。这

---

[①] 参见 Wolf 1985（英译本及导言）。此前虽有温克尔曼（《古代艺术史》，1764 年）致力于古典艺术史和考古学，点燃了"新希腊精神"，但真正让古典学术步入现代形态的核心人物还是沃尔夫。

[②] 德语学界将这两个面向统合起来称之为 'historisch-kritische philologie'，即"历史的、考辩的语文学"。

种方法通过辨识和分析传世抄本之间的关系，建立起它们之间的谱系，以此为基础，系统地对文本进行严格的校勘和改定。① 其次，关乎古典语言的有"比较历史语言学"(comparative historical linguistics)，由鲍普(Franz Bopp, 1791—1867)创建的这门学科，对最古老的印欧语言特别是梵语、古希腊语和拉丁语进行科学的比较，建立起这些语言之间的亲缘关系，极大地加深了对两门古典语言的语法和词汇的理解。再次，关乎文本考订的有"来源研究"(Quellenforschung)，也就是针对一个文本的资料来源以及所受影响的研究。这种研究方法首先要在一个传世文本当中发现异常之处（诸如前后不一致、自相背戾、语言或风格上的差异、时代误植），据此认定这个文本乃是由不同的部分组合而成，随后将文本拆解成这些组成部分，以便分析其来源，并进一步重构文本源自于的一个或数个已佚文本。②

19世纪最重要的语文学研究方法无疑是关乎文本阐释的"**语文学诠释法**"(philological hermeneutics)。"语文学诠释法"与诠释学的另一脉，即施莱尔马赫创立的、经由狄尔泰再到海德格尔和伽达默尔的"哲学诠释学"(philosophical hermeneutics)一样，都始于《圣经》诠释学，但前者更注重从文本诠释的具体实践当中归纳出一套规则与方法（而非像后者那样探究"诠释"这一认知活动的哲学根基），来建立作为人文学科的普遍基础的"诠释学"。古典学范围内的"语文学诠释法"，起先由沃尔夫的《古代学百科知识讲演录》(*Vorlesung über die Enzyklopädie der Alterthumswissenschaft*)发其端绪，继而由阿斯特(Friedrich Ast, 1778—1841)的《语法学、诠释学与批评学要义》(*Grundlinien der Grammatik, Hermeneutik und Kritik*)系统阐发，最后由博克(August Boeckh, 1785—1867)的《语文学

---

① 参见 Timpanaro 2006 及英译本导言，以及苏杰编译《西方校勘学论著选》。
② 有关19世纪"来源研究"的兴衰，参见 Most 2016。

诸学科的百科知识与方法论》(*Encyclopädie und Methodologie der philologischen Wissenschaften*)集其大成。① 沃尔夫和阿斯特都坚称，"语文学诠释法"是通达古典文本之准确意义的最佳方法，这种方法主要有三个层次，分别为"语法解释"(interpretatio grammatica 或 grammatisches Verständnis)、"历史解释"(interpretatio historica 或 historisches Verständnis)和"哲学解释"或"精神解释"(interpretatio philosophica 或 geistiges Verständnis)。② "语法解释"从文本诠释的角度来处理文本所使用的语言的方方面面，"历史解释"涉及文本所属时代的史实和历史知识，以及作者的生平和经历，"哲学解释"（或"精神解释"）则从作者的思想整体和时代精神出发，对前两个层次的解释进行提炼和升华。博克更进一步主张，语文学为所有的人文学科构筑了诠释学地基，他总结的"语文学诠释法"需要经过四个阶段，分别为"语法解释"(grammatische Interpretation)、"历史解释"(historische Interpretation)、"个体解释"(individuelle Interpretation)、"文类解释"(generische Interpretation)。③ 后两个阶段的解释旨在从文本作者的"个性"和文本的类别更具体地深入文本的观念和思想。

　　沃尔夫、阿斯特和博克等人的相关论述，确立了"语文学诠释法"的传统地位，使之成为古典语文学最正统、最主流的研究方法。概略地说，这一方法基于三条相互关联的根本原则。第一条原则是，古典文本的阐释旨在探究文本作者有意识地置入文本、研究者可以客观地确定的意义，也就是由作者意图指向的一个正确的阐释，而不是由研究者参与建构的、连作者自己也未能觉察到的潜在

---

① 分别见 Wolf 1831（此书为沃尔夫生前多种古典学课程讲义的结集，作为遗著由其弟子整理出版），Ast 1808（此书与同一年面世的《语文学概要》[*Grundriß der Philologie*] 由作者从自己的古典学课程讲义当中编纂而成）及 Boeckh 1877（此书为博克开设于柏林大学逾半个世纪的古典学入门课程讲义结集，作为遗著由其弟子整理出版）。

② Wolf 1831: 271-302 及 Ast 1808: 165-214 尤见 177。

③ Boeckh 1877: 79-168。

内涵或言外之意。第二条原则是，古典文本的阐释必须以经验为依据，也就是从古典文本所使用的语言文字入手，从这些语言文字在古代的本来含义（通常是最贴近原文的"字面"含义）来理解，从文本自身的细节和局部来推导出整体的解释，而非运用外在于文本的某种理论来笼罩整个文本。第三条原则是，古典文本的阐释必须是历史性的，也就是要历史地接近文本的意义，必须以文本所属的历史世界为主导，而不能以研究者所处世界的现实关怀（往往体现为某种理论）为主导。约言之，古典文本的阐释必须是**客观的**（objective）、**经验的**（empirical）和**历史的**（historical）。

尽管19世纪的现代古典语文学发明了上文列举的各种"历史的、分析的"研究方法，古代古典语文学奠定的根本格局并没有被改变，这就是文本校勘、语言文字和文本阐释三者之间的紧密关联：**文本阐释必须建立在精审可靠的校勘之上（校勘学），经由细致入微的语言文字读解（文法学），才能通过历史考据、修辞分析和文学评鉴等方法（文学评论）最终完成**，这便是包括古代和现代在内的传统古典语文学的研究之路。这一研究路径与古典学术息息相关，可以说一直维系着整个古典学的生命力。

§2. 然而，进入20世纪，这一格局开始动摇。以迅猛之势勃兴的各种**文学理论**（literary theory）被广泛运用到包括古典文本在内的各个时期的文本研究当中，这对传统的古典语文学造成了前所未有的冲击。[①] 相比于传统语文学所熟谙的局部的、经验式的研究方法，文学理论有着很强的系统性和概念性，与之适成对照，也往往弥

---

[①] 耐人寻味的是，一些功成名就的文学理论家反倒提出了"回归语文学"的口号，例如 Paul de Man 和 Edward W. Said（见沈卫荣、姚霜编《何谓语文学》，第323—347页），这当然得到了包括古典语文学者在内的语文学者们的热烈响应（参阅沈卫荣《回归语文学》）。然而，抛开文学理论（或其他理论）"回归古典学"，这不过意味着，摒弃所有其他理论，回到语文学自己的理论，也就是19世纪的实证历史主义，而这一理论的种种弊端早已有目共睹。

补了前者的不足。时至今日,各种文学理论主导的研究已与传统的语文学研究一样,在古典学界随处可见,其中一些理论甚至已成为当下古典学界的显学,比如"叙述学""互文性""对话理论""狂欢理论""读者反应理论""口传与书写理论"和"话语分析"等。①常见的情形是,一位或几位开拓者率先将某种文学理论运用于某个古典文本的解读,取得了令人瞩目的成功,众人便纷纷效法,将这种方法扩展到其他文本或相同文本的不同方面,直至穷尽所有适合的文本以及所有值得探讨的方面。

借鉴当代文学理论,有助于我们突破传统语文学的某些局限,更加深入文本当中,关注此前鲜少关注的层面,进行更为细密的解读,做出令人耳目一新的阐释。当然,运用某种文学理论来阐释古典文本,必须与具体的文本细读方法(见第三章第四节)相结合,也就是说,我们要化用一种或数种文学理论作为文本细读的方法,并将之与文本细读的其他方法有效结合起来。要之,文本细读与文学理论不应彼此排斥,而应互为奥援。

因此,我们须从当代文学理论当中选取与文本细读相契合、能够促进文本细读的类型,而非那些诱使我们与文本细读渐渐疏离、蹈虚于理论本身的类型。肇兴于20世纪60年代的(结构主义)**叙述学**(narratology),便是契合文本细读的一种文学理论。80年代中叶,一些古典学者开始尝试将叙述学运用于古典文本的研究。起初,史诗和小说这两种最具代表性的叙事文类顺理成章地成为首选,譬如荷兰学者德荣(Irene de Jong)针对荷马史诗、意大利学者富西洛(Massimo Fusillo)针对罗德岛的阿波罗尼乌斯的史诗《阿尔戈英雄远征记》、美国学者温克勒(John Winkler)针对阿普雷乌斯的小说《金驴记》所做的叙述学研究。② 此后,相关研究又拓展到历

---

① 参见 Schmitz 2007 (**5.2.3**)罗列的各种理论及相关介绍。
② De Jong 1987 (此书被视为将叙述学理论运用于古典文本的奠基之作);Fusillo 1985;Winkler 1985。

史叙事(史书)、抒情诗里的叙事、戏剧(悲剧和喜剧)里的叙事等领域,[①]现如今几乎涵盖了古代典籍的各个门类,涉及各个门类里的众多作品,就连演说辞和哲学著作这些通常看来不属于叙事文本的作品也受到了叙述学的关注。[②]

叙述学对于古典文本的语文研究主要集中于以下几个维度。[③]首先,"**叙述者和受述者**"(narrators and narratees)的维度,包括叙事文本的讲述者及其接受者以及叙事文本里的讲述者及其受述者。叙述者可以有各种各样的类型:首要的和次要的、故事内的和故事外的、转述的、第二人称的叙述者。叙述者的功能可以是显性的或隐性的、无所不知的或所知有限的、可靠的或不可靠的、对叙述有自觉意识的或无自觉意识的等。相应地,受述者也会有首要的、次要的、故事内的和故事外的等类型。这个维度最为重要的一个原则是,叙事文本的叙述者不同于历史上的作者,而是文本塑造出来的一个形象或一种声音。一个叙事文本采用何种类型和功能的叙述者(及其受述者),制造何种"**叙述声音**"(narrative voice),很大程度上昭示了所要传达的信息的性质,尤其是古典叙事文本,往往采用

---

① 史书:例如 de Jong 1999(希罗多德的叙事技巧)、Baragwanath 2008(希罗多德作为叙事者对人类行为的动机的溯因)、Hornblower 1994(修昔底德的叙事技巧)以及 Rood 1998(修昔底德如何使用各种叙事技巧对伯罗奔尼撒战争做出解释);抒情诗:例如 Felson-Rubin 1978(品达《皮托凯歌之九》的叙事结构,这是最早运用叙述学理论研究古典文本的论文)和 Felson-Rubin 1984(品达《奥林匹亚凯歌之一》诗人形象的叙述学分类);戏剧:例如 de Jong 1991(欧里庇得斯悲剧里的传信者演说的叙事技巧和功能)、Markantonatos 2002(索福克勒斯《俄狄浦斯在克罗诺斯》的叙述学研究)以及 Barrett 2002(多部古希腊悲剧里的传信者演说的综合性叙事学研究)。详尽的研究书目(包含希腊和罗马),参见 Rengakos & Tsitsiou-Chelidoni 2012。

② 参见《古希腊叙述研究》(**5.2.4**)所包含的各种文类及作品。这套多卷本的系列研究呈现了相关文类和作品的叙述学研究现状,初习者可多加参考。

③ 以下概述主要依据 De Jong 2014,该书出自叙述学古典研究大家 De Jong 的手笔,提供大量的研究个例,强调实用性和文本细读,旨在向读者展示如何将叙述学理论运用于古典文本的解读和研究,无疑是目前所见的最佳入门书。另可参阅 Schmitz 2007(**5.2.3**)第3章。叙述学术语的译名参考了普林斯《叙述学词典》(修订版)以及巴尔《叙述学:叙事理论导论》的中译本。

具备精神力量或思想权威的叙述者,这对于构建叙述者作为诗人、哲人或史家的形象起到了关键作用,叙述学的研究有助于对此做出更为深入的分析。①

其次,与叙述者的维度息息相关的是"**聚焦**"(focalization),或称"**叙述视角**"(point of view)的维度,也就是叙述者进行叙述时所采用的视角,透过这个视角,被叙述的事件得到选择和安排,被赋予时间序列,被染上情感色彩,事件发生的空间被描画成场景,事件里出现的人被塑造成人物。聚焦的作用因此处于叙事文本的核心地位,是叙述学分析的重点。聚焦者通常是显性的或隐性的首要叙述者,但也可以是次要叙述者,如若叙事采用直接引语(独白或对话)的形式,还可以是人物,如若叙事采用嵌套式或故事套故事的形式。这最后一种聚焦方式称作"嵌入式聚焦"(embedded focalization),也就是说首要叙述者在叙述中嵌入了人物的聚焦。嵌入的方式可以是明显的,也可以是隐含的,有时候首要叙述者的聚焦与嵌入的人物的聚焦之间的界限是模糊不清的,有时候叙述者甚至故意侵入人物的聚焦。故事外的首要叙述者作为聚焦者通常"无所不知",而故事内的聚焦者则往往"所知有限",当叙事文本让这两者发生某种意义上的交集,比较两者之间的差异,对于我们领会文本的含义大有助益。面对古典叙事文本,区分其各个组成部分从谁的视角出发进行叙述并表达观点,是细读和研究的关键步骤。②

再次,"**时间**"的维度,这主要指叙述和被叙述的事件之间的时间关系。一个叙事文本根据"素材"(fabula)安排成"故事"(story)加以叙述,在安排的过程中会改变"素材"里的事件发生的时间顺

---

① 例如,Stoddard 2004 从"叙述者"的角度对《神谱》里赫西奥德的诗人形象所做的研究;Finkelberg 2018 关于柏拉图对话录里的"叙述声音"与柏拉图这位对话录写作者的哲人形象的研究。参见《古希腊叙述研究》(**5.2.4**)第一卷(de Jong, Nünlist & Bowie, eds. 2004)。另见 Morrison 2007 对古风至希腊化时期诗歌里"叙述声音"的概览。

② 例如,de Jong 1987 关于《伊利亚特》如何透过"聚焦"来呈现故事的经典研究。

序,以符合"故事"的需要。叙事文本不会从头至尾按照事件的原本顺序原封不动地叙述,一旦做出任何时间关系上的变动,便有其用意,值得关注。这里有四个方面最为关键:第一,叙事的开始和结束尤为重要,它们有别于"素材"里的最初和最后事件,是叙述者精心选择的能为叙述预示意图的开端(譬如"直入正题"[in medias res],便是从事件发展的中间开始叙述)以及能为叙述带来完成感的结尾(譬如化解故事里所有紧张情势的"完结"[closure])。第二,在叙事过程中,故事的时序和素材的时序(即事件原本发生的时间顺序)也会有所不同,由叙事中的"此时"来追溯过去的叙述称为"倒叙"(analepsis),又称作"闪回"(flashback)或"回溯"(retrospection);由叙事中的"此时"来前瞻未来的叙述称为"预叙"(prolepsis),又称作"闪进"(flashforward)或"预观"(prospection);此外,取决于"倒叙"或"预叙"是由"叙述者"还是由人物所做,是关于故事内还是故事外发生的事件,"预叙"是真实的还是虚假的等,可以做出进一步的分类,进而分析每一类的不同功能。第三,故事采用不同的"速度"(speed)来叙述素材里事件的时长,偶尔与之大致相等(即事件实际发生的时长),但通常会采用与之不同的叙述速度,譬如小于事件时长的概述(summary)和加速(accelaration),大于事件时长的延缓(retardation),以及脱离对应的事件时长的省略(ellipsis)和停顿(pause)。第四,素材里的某个事件与其被故事叙述的次数之间的关系构成了叙述"频次"(freqency),默认的频次是"同次叙述"(sigulative narrative),即素材里的事件发生多少次就被故事叙述多少次,但也会经常出现"重复叙述"(repetition),即素材里的事件只发生一次但被故事叙述多次,或者"单次叙述"(iterative narrative),即素材里的事件重复发生多次但只被故事叙述一次。古典叙事文本大量使用了以上四个方面的叙述技巧,从叙述学角度加以研究,有助于我们分析叙述者为各个被述事件构筑的相互关系,如何赋予这些事件各自不同的重要性,并从这个角度洞察文本的谋篇和立意。①

最后,"**空间**"的维度,这主要指叙事里出现的场景和地点,以及占据空间的物件。一个叙事文本一般包含三重空间:叙述者空间,也就是故事的叙述者自己所处的空间;素材空间,也就是从理论上来说,素材里的事件所发生的地点的总和(可与"时间"维度里的素材时间相对应);故事空间,这又包括素材被安排成故事后,故事里的行动所发生的场景(setting),以及故事人物的思想、梦境、记忆或者传闻和报道里出现的场景,称作空间"框架"(frame)。在这三重空间里,作为"道具"出现的物件与空间的叙述功能密不可分,故而也被纳入空间的维度加以分析。此类分析可以围绕空间如何被呈现,是通过叙述者、聚焦者抑或人物;也可以围绕空间叙事的视角,是采用了全景视角、场景视角还是特写视角;还可以围绕空间叙事的功能,是本身即为叙述的主题,是处于嵌套结构而映射文本的整体,是语义丰富而形成了一种象征意义,还是反映了人物的情感或性格特征而具有心理分析或性格刻画的作用。此外,若是叙事文本里出现对某个物件尤其是艺术品的详细描画,即所谓的"造像描述"(ekphrasis),也值得从空间维度进行叙述学分析。②

叙述学对以上几个维度的关注,将此前关于叙事文本的许多零散的见解加以系统化和理论化,从而为文本分析提供了大量更加精致敏锐的新手段。③ 质言之,叙述学擅长的是**辨识叙事文本里的各种叙述技巧,按照叙述学的理论框架,对这些技巧分门别类地进行形式分析,并考察不同叙述技巧的不同功能**,再结合具体的叙事文

---

① 参见《古希腊叙述研究》(**5.2.4**)第二卷(de Jong & Nünlist, eds. 2007)。

② 除了古典叙事文本里常见的"造像描述",悲剧里的叙事对于空间的呈现和利用,也是叙述学研究较多的一个方面,例如 Rehm 2002。参见《古希腊叙述研究》(**5.2.4**)第三卷(de Jong, ed. 2012)。

③ 叙述学研究不止于这四个维度,还可以从"性格刻画"和"言说"等方面展开,参见《古希腊叙述研究》(**5.2.4**)第四卷(de Temmerman & van Emde Boas, eds. 2017)和第五卷(de Bakker & de Jong, eds. 2021)。

**本从不同叙述技巧的功能出发,对文本做出解释**。

自从叙述学被运用到古典文本的细读和解释以来,已经做出了不少具体的贡献,叙述学古典研究大家德荣归纳出如下五个方面:

> 其一,有别于真实作者的"叙述者"这个概念,对于古代文本(例如赫西奥德或奥维德)太过传记式的解读倾向,是一种纠正,值得肯定;其二,叙述学在"叙述者－文本"和"人物－文本"之间做出的关键区分,催生了关于叙述者和人物不同语汇(例如在荷马或罗德岛的阿波罗尼乌斯的史诗当中)的风格研究;其三,"聚焦"或"视点"的概念,在揭示文本(例如维吉尔或普罗佩提乌斯)的意识形态方面,被证明颇有助益;其四,"时间"这个概念是个有用的手段,可用来明确指出文类特征(例如古风希腊合唱歌或罗马爱情哀歌);其五,总体而言,叙述学丰富了文本细读的手段和工具。①

迄今为止,叙述学是在古典学术领域里取得丰硕成果的文学理论之一。不过,叙述学本身有着很强的技术性,尤其是构建了一整套令人目眩的术语系统。对于古典文本的语文研究而言,依赖这套术语系统的叙述学分析不应该成为目的,而应该当作"文本细读的手段和工具",从文本的各种叙述维度当中寻找文本的含义,服务于文本的解释。

§3. 另外一种有效推进文本细读的文学理论是**互文性**(intertextuality)。这种理论兴起于 20 世纪 70 年代的巴黎,古典学者从 80 年代开始将之运用于古典文本的研究。② 最先做出尝试的是古罗马文学领域的学者,因为古罗马文学在很大程度上受到了古希

---

① De Jong 2014: 10.
② 对古典学与"互文性"的概览,参见 Schmitz 2007 (**5.2.3**)第 5 章。

腊文学的影响，以后者为参照和范型，对之做出回应、加以改造。针对古罗马文学和古希腊文学之间存在的大量互文现象，学者们突破了传统的"影响研究"的模式，运用互文性理论对两者之间的关系进行更为细致深入的研究，其中以维吉尔、奥维德诗作的互文研究最为突出。[①] 不久，古希腊文学领域的学者也运用这一方法，比较突出的有荷马、赫西奥德以及柏拉图的互文研究。[②]

互文研究的基本概念是"互文性"。简单说来，它是指**一个文本（或文本片段）与另一个文本（或文本片段）之间存在着有意义的关联**。此种关联的前提预设是，任何一个文本都不构成一个封闭自足的系统，它的意义是由它与其他文本之间的关系所决定并从中生成的。因此，互文性并不仅仅关注一个文本（或文本片段）如何源自另一个文本（或文本片段）且受其影响，或者一个文本（或文本片段）如何由其他文本（或文本片段）所组成；换言之，互文性并不止步于追溯文本来源及其组成部分的来源，而关注更为根本的意义生成问题。出于这个目的，文本之间的互文关系可以分为以下三种：其一，必不可少的互文性，即此种互文关系乃文本故意为之，研读者倘若无视或忽视，就会有损于对文本的理解；其二，可有可无的互文性，即此种互文关系虽有可能，但并非必须，对文本的理解或有助益，却并非必要；其三，纯属偶然的互文性，即此种互文关系并不存在于文本当中，而是由研读者随意建立，无助于甚至有损于对文本的理解（这里指的是学术意义上的理解）。互文性的研究方法，主要涉及第

---

[①] 维吉尔：参见 Conte 1986（《埃涅阿斯纪》里的"诗性记忆"与"暗指艺术"；这部论文集里的意大利语论文原文发表于 1974 至 1984 年），Lyne 1987（隐含于《埃涅阿斯纪》的互文性里的多种其他声音），Thomas 1999（《农事诗》互文性的类型划分；这部论文集里的数篇重要文章最初发表于 80 年代），Farrell 1991（《农事诗》与荷马、赫西奥德、卡里马库斯、阿拉图斯及卢克莱修的互文关系），Nelis 2001（《埃涅阿斯纪》与《阿尔戈英雄远征记》的互文关系）。奥维德：参见 Barchiesi (ed.) 2001（《女杰书简》及《变形记》的互文性），Casali 2009（奥维德作品互文性研究综述）。古罗马诗歌互文研究的详尽书目，参见 Coffee 2013。

[②] 例如：Pucci 1987（荷马史诗），Clay 2003（赫西奥德），Nightingale 1995（柏拉图）。

一种关系,间或涉及第二种。不过,要在这三种不同程度的互文关系之间做出明确的判断,并非易事:在一位研读者眼里,毫无疑问是必不可少的互文性,对另一位研读者而言,也许只能算作可有可无,甚至纯属偶然。因此,互文性研究的关键问题,就在于如何区分有意为之的和纯属偶然的互文关系。这就需要为有意为之的互文关系确立标准。

古典时期的希腊人已经注意到,某位作者对另一位作者或者某部作品对另一部作品产生了直接的影响,但他们基本上还是停留于作品和作品之间关系的整体性讨论,并未深入文本内部。到了亚历山大里亚时期,学者们开始聚焦于更加细微的层面,找寻一个文本存在于另一个文本当中的标识,譬如彼此相似或者相互呼应的措辞,但他们认为这属于一种摹仿或者竞争关系。无疑,古人关注的影响、摹仿和竞争都是互文性的体现,但当代的互文性理论依据更为具体的文学手法,来确立不同的互文关系的标准,并进行分类和分析。以下就从这个角度来解释最为常见的三大类互文关系,同时以古典文本举例说明。

第一类也是最显白的互文关系是**引文**(quotation),即一个文本直接引用另一个文本里的词句,以此来建立互文关系,透过被引用的文本(并不限于被引用的词句)来生成文本的意义。例如,古希腊演说家的演说辞或者柏拉图的对话录经常会引用荷马史诗里的诗句,对于当时的演说辞听众和对话录读者而言,这些诗句早就烂熟于心,它们出现于荷马史诗里的语境及其文化含义与它们被引用时的语境构成了直接的互文关系,对文本意义的生成不可或缺。

第二类互文关系是**暗指**(allusion),即对另一个文本(或文本片段)或某类文本的间接指涉,以此来建立互文关系,透过被指涉的文本(或文本片段)来生成文本的意义。间接指涉的方式涉及措辞、套式、主题等层面:措辞(diction)是指相似且对应的字词;套式(topos)是指某类文本常见的情节或题材;主题(theme)是指某个文本特定的或某类文本常见的观念和观点。例如,《奥德赛》与《伊利亚特》在以上几个层面都形成强烈的互文关系,赫西奥德《劳作与时日》同样与《神谱》存在措辞和主题上紧密的互文关系,互文性的研究让我们更深入地理解,这些史诗如何凭借各种暗指的方式来生成意义。[①] 有必要指出的是,要确立一个文本对另一个文本的暗指,最好依赖一连串的措辞、套式、主题和其他层面的互文关系,或至少存在于两个层面的互文关系;否则,孤立的单个措辞、套式或主题的暗指,很可能纯属偶然,并不具备内在于文本的意义生成的功能。

第三类互文关系我们统称为**摹仿**(imitation),是指一个文本(或文本片段)从另一个文本(或文本片段)衍生而来,衍生文本和原生文本建立了互文关系并透过这一关系来生成文本的意义。由于具有衍生性质的摹仿包含了许多不同的种类,这类互文关系最为复杂多样。当代法国文学理论家热奈特(Gérard Genette)提出,我们可以根据两个标准,即摹仿的对象是另一个文本(或文本片段)还是一类文本(或一种文类)特有的风格,以及摹仿的方式是游戏的、嘲讽的还是严肃的,做出分类:倘若摹仿的对象是另一个文本(或文本片段),游戏的摹仿属于"戏拟"(parody);嘲讽的摹仿属于"曲拟"(travesty);严肃的摹仿属于"移置"(transpositon)。倘若摹仿的对象是一类文本(或一种文类)特有的风格,游戏的摹仿属于"混成"(pastiche);嘲讽的摹仿属于"漫画"(caricature);严肃的摹仿属于"仿制"(forgery)。[②] 当然,此番分类只为方便起见,各种类型之间的界限并非泾渭分明,特别是在游戏和嘲讽之间,往往难以截然两分。

---

[①] 详见 Pucci 1987和 Clay 2003。

[②] Genette 1997 [1982]: 24-30,尤见第28页。注意:Genette 区分 "变形"(transformation)和 "摹仿"(imitation),用前者指代一个文本对另一个文本的互文,后者指代一个文本对某类文本风格的互文。有时他也将摹仿称作"复杂的变形"(第7页),此处我们予以简化,遵循古典研究的惯例,一概称之为摹仿。

具体说来，针对另一个文本（或文本片段），**戏拟**（parody）使用相同或相近的风格进行游戏性质的摹仿，产生风趣诙谐的效果。例如，托名赫西奥德的微型史诗《赫拉克勒斯之盾》的核心部分（即题名里的"赫拉克勒斯之盾"部分）是对《伊利亚特》第十六卷里的著名段落"阿基琉斯之盾"的戏拟，诗人详细描述了赫拉克勒斯盾牌上的图案，其宇宙图景的设计与规模超越"阿基琉斯之盾"，诗人用这种戏拟的关系勾连起赫西奥德与荷马两大史诗传统。其次，**移置**（transpositon）也使用相同或相近的风格进行摹仿，但却是严肃的摹仿，包括对另一个文本的改写、改编和翻译这些方式。改写的移置方式可以是从一种文类转化成另一种文类，例如公元前5世纪早期有一位名叫皮格瑞斯（Pigres）的希腊诗人，据说在《伊利亚特》的每一行六音步诗行后面添加了一行自己创作的五音步诗行，从而把整部荷马史诗从史诗体改写成挽歌体。改写还可以是对另一个文本的某个主题或部分内容进行再次处理，例如阿提卡悲剧经常对属于特洛伊诗系或忒拜诗系的某部诗作里的某个主题进行重新编排和加工；再如罗马诗人奥维德《变形记》第十三和十四卷叙述埃涅阿斯的经历，是对维吉尔《埃涅阿斯纪》主题和内容的再处理。改编和翻译的移置方式在古典文本当中往往同时发生，例如罗马喜剧诗人和悲剧诗人对希腊作品的改编和翻译，特别是普劳图斯改编新喜剧家如米南德、斐勒蒙和狄菲洛斯的作品就包含不少翻译的成分，而塞涅卡改编自阿提卡同名悲剧的作品亦不乏翻译手笔。最后，**曲拟**（travesty）使用低等的甚至粗俗的风格对另一个文本（或文本片段）进行嘲讽性质的摹仿，通过歪曲原作起到挖苦讽刺的效果，例如阿里斯托芬的喜剧《地母节妇女》对欧里庇得斯《海伦》和《安德洛美达》这两部悲剧片段的曲拟，可谓极尽嘲讽之能事。

针对一类文本（或一种文类）的风格，**混成**（pastiche）使用相同或相近的风格进行游戏性质的摹仿，同样是为了造成风趣诙谐的效果。例如，托名荷马、很可能创作于希腊化时期的微型史诗《蛙鼠之战》(Batrachomyomachia)，便使用了与《伊利亚特》一致的崇高风格和庄重语言对英雄史诗这类文本，特别是史诗里的战斗叙事进行了摹仿，但却用于题名所指的琐细主题。一般认为，这部作品是一种笔墨游戏，并非对英雄史诗及其风格的嘲弄。其次，**仿制 (forgery)** 也使用相同或相近的风格进行摹仿，但却是严肃的摹仿。例如柏拉图有一篇题名《梅内克赛诺斯》(Menexenos) 的对话录，其主体部分为一篇特殊性质的演说辞，是对伯利克里的葬礼演说辞（见修昔底德《伯罗奔尼撒战争史》第二卷）以及吕西阿斯的葬礼演说辞（《吕西阿斯集》第二篇）等所代表的演说辞及其风格的一种严肃的摹仿，以证明哲学家比演说家更擅长创作此类演说辞。再如，对另一个文本的续作也是严肃的摹仿，比较知名的有士麦那的昆图斯的荷马史诗续作，叙述《伊利亚特》和《奥德赛》之间故事的《后荷马史诗》(Posthomerica)。最后，**漫画** (caricature) 使用低级的甚至粗俗的风格进行嘲讽性质的摹仿。例如，阿里斯托芬的喜剧对欧里庇得斯为代表的阿提卡悲剧那种庄严崇高风格的摹仿，充满了讥刺和嘲弄之意；再如，路吉阿诺斯撰写的许多对话录，摹仿史诗里众神或英雄之间的严肃对话或者柏拉图对话录里的哲学对话，却洋溢着挖苦和奚弄的非圣无法精神。

　　以上列举的三大类互文关系，为我们确立了互文研究的概念框架。要实际着手研究，**首先需辨识互文关系**，也就是说从字词、段落、篇章乃至整个文本的层面，辨别出属于另一个文本或文类的元素，这些元素可以是引文、一系列的暗指或者某种类型的摹仿；然后要证明这种互文关系必不可少，通过具体的分析，说明文本的意义如何从互文关系当中生成，生成此种意义的互文关系又具备何种功能。通过互文关系而生成的意义，当然要依赖具体的文本才能确定，就互文关系的功能而言，可以归纳出最重要的四种。其一，**互补的功能**：文本和另一个文本之间构成了双重视角，两者之间相互补充才能圆融具足，例如赫西奥德的两部诗作《神谱》和《劳作与时日》之间的互文关系，主要体现了神的视角和人的视角这一互补的功能。① 其二，**竞比的功能**：文本和另一个文本之间展开角逐，与之争胜来生成自身的意义，例如《奥德赛》与《伊利亚特》之间的互文关系，主要体现了奥德修斯和阿基琉斯所代表的两种英雄主义之间竞比的功能。② 其三，**界划的功能**：文本与另一个文本或文类之间形成对立，与之构成对比的关系并做出区划，例如柏拉图对话录与各类其他文本的互文关系，主要体现了哲学家面对史诗、悲剧、喜剧和演说辞界划哲学的疆域的功能。其四，**复调的功能**：文本和另一个文本之间形成对话，两者保持各自独立而不相融合的声音，例如柏拉图对话录与各类其他文本的互文关系（尤其是暗指的关系），让其他文本及其所属文类的声音发出回响，与哲学对话录的声音相互对话而不失其独立性，交织成一种多声部的复调对话录。③

时至今日，互文研究已被证明是有效的文本细读手段，它从文本与另一个文本的关联当中寻找文本的含义，服务于文本的解释。然而，需要再次强调的是，确立两个文本之间存在着必不可少的互文关系（尤其是依靠暗指的关系），恰恰是互文研究的难点所在，因为如若没有不可动摇的证据，那么所谓的互文关系只不过纯属偶然，只存在于读者的幻觉里而已。

## 二、历史研究法

§1. 就古典学术而言，历史研究是逐步从语文学研究当中脱离，发展出自己的研究方法的。尽管早在亚历山大里亚时期，已有一部分学者就古典文本撰写了历史主题的论文或著作，文艺复兴以

---

① 参见 Clay 2003。
② 参见 Pucci 1987。
③ 以上两重功能均参见 Nightingale 1995。

及17、18世纪也有一批好古之士致力于古希腊罗马的史实探究和历史撰述,只是到了19世纪上半叶,古典历史研究才形成一个独立的研究领域。因为正是在那个时期,主流的古典语文学进入了经验的、实证的历史主义形态,古典世界的方方面面都成为"古代学"(Altertumswissenschaft)的研究对象,都必须从历史的维度加以分析。这就催生了不再从属于古典文本的研读,也不再仅仅以古典文本为史料的纯历史研究,即所谓的"科学古史研究"。

彼时两位著名的德国古典学者,博克(August Boeckh, 1785—1867)和尼布尔(Barthold Georg Niebuhr, 1776—1831)分别被誉为科学意义上的希腊史和罗马史研究的奠基人,前者首版于1817年的《雅典的国民经济》(Staatshaushaltung der Athener)与后者首版于1811—1812年的《罗马史》(Römische Geschichte)被视为上述两个研究领域的奠基之作。博克的《雅典的国民经济》关注一个较为冷僻的主题,开创了独立的古代经济史研究。从方法论上来说,博克有意识地摆脱对古典文本的依赖,更多地使用非文学性的实用材料(主要为铭文),这不仅弥补了古典文本所涉题材的局限性,并且也可与文本相互印证、相互制约。尼布尔的《罗马史》虽然仍属历史叙述性质的史书,但作者不再简单地采信古人的历史著述,而是用一种系统性的批判眼光,重新稽核、考证这些史料,同时还致力于寻找其他种类的原始材料,来拓展史料的范围。博克和尼布尔为古典世界的历史研究指引了方向,随后的"科学古史研究"便在这两位学者开辟的道路上蓬勃发展起来。①

"科学古史研究"之所以成为独立的研究领域,概言之,有三个方面的原因:其一,对传统史料进行缜密的考证,并在此基础上做出

---

① 参见普法伊费尔《古典学术史》(下卷),第236页及以下,另见 Kuhlmann & Schneider 2014:xxxi-xxxiv。中文学界关于古典历史研究史的详细介绍,参见晏绍祥《古典历史研究史》(上下卷),尤见上卷第三章"科学古史学的建立";关于尼布尔对罗马史的贡献,另见刘津瑜《罗马史研究入门》(**1.1.2**),第2版,第163—166页。

严格的推演,得出令人信服的解释;其二,广泛搜辑非传统史料,包括铭文、纸草、钱币、物质遗存等,穷尽所有的材料,再以科学的方法对之加以整理和研究,并与传统史料相互印证;其三,不断开辟新的研究领域,从传统史学著述关注的政治、军事和名人,转向社会、经济、法律、宗教、人口、妇女、性别等领域,进行独立的、纯粹的历史研究。于是,作为独立的研究领域,古典历史研究不再依恃古典文本,而是囊括了各种材料,视古典文本为其中的一种,并不具备任何优先地位。即便是围绕传世的古典文本,也旨在重构历史本身,语文研究只是服务于这一宗旨的一种手段。

实证主义的"科学古史研究"以及此后形成的各种以重构历史为宗旨的研究方法,有其自身的意义和价值,构成了现代古典学术的两个重要研究领域,即古希腊史研究和古罗马史研究。[①] 不过,本书所关注的是与经典文本的研读密切相关,也就是为重构经典文本所属的文化世界而展开的历史研究及其方法。这个意义上的历史研究,其目的不在历史本身,而在经典文本的阐释。我们的取径与"通过文本的语文研究来重构历史"刚好相反,旨在**通过历史研究来重构古典文本置身其中的文化世界,包括历史、政治、社会、宗教、思想、神话和艺术等,因为这个文化世界里的各种元素恰恰被文本用来构成其"意义系统",而文化情境**(context)**的历史研究和文本本身**(text)**的语文研究应该相得益彰、相互制衡。**只有建立在语文研究和历史研究共同的基础上,我们才能最终阐发古典文本的思想意义。

此种意义的历史研究,传统上最具影响力的是"**历史－传记研究法**"(historical-biographical study),它与"科学古史研究"一脉相通,盛行于19世纪至20世纪上半叶。"历史－传记研究法"之所以要重构古典文本的文化世界,是因为它强调**历史情境(特别是**

---

[①] 古代史研究在古典学术里的位置及其所包含的主要研究领域,参见本书第四章第一节。中文学界的研究入门,参见黄洋、晏绍祥《希腊史研究入门》(**1.1.8**)和刘津瑜《罗马史研究入门》(**1.1.9**)。

文本的时代背景以及作者的个人生平)对于文本阐释的首要意义。一方面,古典文本被看成作者所处时代的反映,研究者首先要重构时代的大背景,从政治、经济、社会、宗教、习俗和道德等层面来把握时代的历史特征;另一方面,古典文本又被视为作者个性的表达,研究者还要重构作者的生活经历这个小背景,借助传记式的研究来揭示作者的个性,从而更好地理解其作品。因此,研究者须从文本当中择取时代的历史信息和作者的生平素材,重构文本所属的历史背景以及作者在其中的个人经历。

事实上,此种研究方法古已有之,现代的"历史-传记研究法"受到古代"传记传统"(biographical tradition)的深刻影响。据传,亚里士多德的一众弟子就对古代诗人的生平兴味盎然,极力从诗人的作品当中搜寻各种生活经历、兴趣爱好、性格特征等方面的信息,作为逍遥学派大量资料整理工作中的一种,以供进一步研究。此后,这些传记信息又被古代评论家们采信,反过来用于作品的分析和阐释。[1] 逍遥学派的整理工作延续了古风时期便已流传的诗人生平传说,使得这个逐步累积而成的传记传统在希腊化时期集其大成。从古风到希腊化时期的诗人传记传统,主要由叙事体传记(但其中绝大部分已经散佚,现今多以梗概和辞书条目的形式留存)组成,记述了诗人的出生年代、家谱、父母、家乡、早年所受影响、从师学艺、重要诗作、亡故的地点和情形等内容。现代学者的相关研究指出,这些传记大体出于虚构,其材料主要源于诗人的作品本身,以之为基础再根据此类传记的成规,运用程式化的主题创作而成。[2]

譬如赫西奥德的传记传统,便主要依据《神谱》和《劳作与时日》里的第一人称陈述铺展成形。[3] 现代的"历史-传记研究法"

---

[1] Kennedy (ed.) 1989: 205.

[2] 参见 Fairweather 1974, Lekfkowitz 2012(初版于 1981 年), Kivilo 2010。

[3] 参见 Lekfkowitz 2012: 6-13 对赫西奥德文本里的"传记"段落和古代传记传统的概说;另见 Most 2006: xi-xxv。

虽然不再依恃古代传记传统,却秉承其精神实质,转而运用"科学古史"的考证方法对赫西奥德文本里的第一人陈述展开历史性的研究,试图重构赫西奥德的时代背景和个人生平。举例而言,《劳作与时日》塑造了一个生活于特定的社会经济背景中的家庭,主要成员是赫西奥德和佩尔塞斯两兄弟及他们的父亲。有关这个家庭,"历史-传记研究"关注的一个问题是其所属的社会阶层:赫西奥德出身于一个"没落贵族"抑或"普通平民"家庭?这个诗人生平的问题需要结合赫西奥德生活的时代背景来考察,而《劳作与时日》有两个段落可以作为考察的出发点。首先,诗人在第299行称呼弟弟佩尔塞斯之际,使用了一个引人注目的短语:dion genos。这个短语直译为"神的后裔",意译为"出身高贵的",当它出现于其他早期诗歌里,指的都是神明,而凡人能享有这个称号的必定是贵族出身的英雄。那么,"出身高贵的佩尔塞斯"便意味着赫西奥德的父亲属于贵族。其次,根据《劳作与时日》第633—640行的叙述,赫西奥德的父亲来自小亚细亚爱奥利斯(Aeolis)地区的城市库迈(Kyme),在当地从事海上贸易维持生计。不幸的是,海上贸易风险过大,无法使其摆脱贫穷,他便移居希腊本土比奥提亚(Boeotia)境内位于赫利孔山(Helicon)东麓的小村庄阿斯克拉(Ascra)。众所周知,公元前8世纪下半叶,希腊人发起了一次规模庞大的移民运动,从希腊本土向小亚细亚、意大利南部乃至更远的地区大规模移民,但是令人讶异的是,赫西奥德的父亲却从更为富庶的小亚细亚返回希腊大陆,定居于阿斯克拉这座在诗人眼里一无可取的贫苦村庄。① 为什么他会"反向移民",从更加富庶的小亚细亚返回希腊大陆,靠着垦荒种地勉强糊口?古代传记传统对此做出了解释。库迈城历史上最著名的市民,生活于公元前4世纪的历史学家埃坡罗斯(Ephorus)声称,赫西奥德的父亲离开故乡的真正原因是犯了凶杀罪而不得已亡

---

① 《劳作与时日》第639—640行。

命他乡。① 现代"历史－传记"研究者不再揣测赫西奥德的父亲"反向移民"的个人原因，而主要从这段叙述里探析他所属的社会阶层。例如，维拉莫维兹曾经推测，赫西奥德的父亲出身于非贵族阶层，但在定居阿斯克拉之时却佯装成贵族并蒙骗了当地居民，诗人使用"出身高贵的佩尔塞斯"这一称呼，目的是提醒弟弟他们的父亲所宣称的贵族出身，并借此予以激励。② 美国学者斯塔尔（Chester Starr）赞同非贵族出身的说法，但却认为赫西奥德的父亲通过自己的辛勤劳动成了所谓的"半贵族"，这是斯塔尔假想中的一个由中产农民组成的社会阶层，其成员的社会等级可上可下。③ 意大利学者布拉沃（Benedetto Bravo）基于对古风早期海上贸易的细致研究，试图证明在当时的社会，贵族是唯一从事这项活动的阶层，因此赫西奥德的父亲实际上是一位没落贵族，参与了职业性的海上贸易活动，而他的两个儿子也相应地属于没落贵族阶层。布拉沃推论，《劳作与时日》针对的是一个特殊的社会群体（即没落贵族），教导他们如何凭借诚实无欺的农业劳动而非充满风险的海上贸易，重新使自己的社会地位稳步上升。④

上述各种历史性的研究，尽管有助于重构《劳作与时日》的社会经济背景，却都基于一个共同前提，那就是文本里的第一人称等同于历史上的作者，第一人称陈述等同于作者本人的自传，这些第一人称陈述因此可以在字面意义上被采信，进而探究这位历史上的作者的生活世界。对于这个前提，有必要加以检视和反思，避免陷入所谓的"自传谬误"。研究者能够从这些第一人称陈述里重构文本的时代背景，但不应轻易视之为作者的个人传记，因为这些陈述实质上是服务其诗歌体式与表演场合的传统文学手法，出于不同语

---

① *FgrHist* 70F100.

② Wilamowitz-Möllendorff 1928: 76.

③ Starr 1977: 125-127.

④ Bravo 1985: 707-65. 另见 Bravo 1977: 1-59; Bravo 1984: 99-160。

境的需要,实现不同语境的修辞目的和诗学目的。①

"历史－传记研究法"曾经备受推崇,被认为是重构古典文本所属文化世界的最佳路径。不过,这种方法的弊端也逐步显现:它过于偏重文本的背景和成因,忽视对文本自身的分析,很容易落入背景决定论的窠臼。背景决定论者主张,古典文本尽管被后世奉为经典,也如同其他所有的文本,是其所处的历史条件和文化情境的产物并受其制约和决定,必须从古典文本的文化历史背景出发,来解读和阐释其中一切有意义的内容。与之对立的另一种立场则认为,古典文本属于西方的文化经典,享有独立自足的地位,可与其所处的历史情境脱离,无须从历史情境当中获取有助于解读和阐释的信息,也能领悟其中蕴含的永恒真理。针对这两种极端的立场,本书倡导两者之间的相互制约:既要对古典文本置身其中的文化世界进行历史研究,又要让这种历史研究服务于古典文本之所以为经典的解释和阐发,而非夷平甚至消解其经典性。

§2. 传统的"历史－传记研究法"实践了19世纪的历史主义,这种实证性的历史主义视历史为文本的背景,文本为历史的反映,文本由历史造就,对于造就它的历史主要有反映的功能。如此界说的文本和历史之间的关系在20世纪七八十年代遭到了学界的多方质疑,其中尤为突出的是80年代兴起的"**新历史主义**"(New Historicism)。"新历史主义"发端于英国文艺复兴文学研究,这一概念由该领域的美国学者发明。② 90年代初,便有古典学者将之运用于古典文化及古典文本的研究,比如关于希腊古风时期的文化,题名为《古风时期的文化建构》的论文集集中展示了新历史主义的研

---

① 相关的具体分析,参见拙著《希腊古风诗教考论》第四章第二节。
② "新历史主义"又被称作"文化建构论"(the poetics of culture),与某些英国学者提倡的"文化唯物论"(cultural materialism)多有契合之处。

究路径，颇具代表性。① 再如，品达的竞技凯歌、希罗多德的历史著述、阿里斯托芬的喜剧、阿提卡演说辞和伊索寓言等古典文本也受到新历史主义学者的青睐，从这一视角进行分析，提出的观点引起学界瞩目。②

"新历史主义"以一"新"字标榜与实证历史主义的区别，这体现于理论框架和研究旨趣两个方面。理论框架上最根本的差异源自新历史主义对文本和历史之关系的反思和重新界说。新历史主义同时强调文本的历史性和历史的文本性，主张两者乃一体之两面：首先，新历史主义者坚信，如其所是的历史事实本身，从根本上说，是无法通达的，所谓"历史现实"只能是同时代的人对历史事实及其意义的解释，也就是一种"表述"，这通常是以文本（取其广义，也包含被赋予意义的物质遗存）的形式流传于世，受到文本最初得以形成的社会－文化情境的规范，这便是历史的文本性；其次，文本与文本最初得以形成的社会－文化情境，也就是历史之间有着紧密的联系，这个社会－文化情境组成了一个网络，其中包含各种模式和类型的话语，而文本是这个话语系统的一部分，并与其他种类的话语一样，实现其自身的社会功能，这便是文本的历史性；再次，文本与历史（也就是社会－文化情境及其话语系统）之间有着交互影响的关系，文本既产生于历史，又作用于历史，文本乃是一个社会－文化网络里的各种话语进行博弈、交锋和协商的场所，积极主动地参与各种观念的交换和流通，以此成为创造历史的一种动力。至于

---

① Dougherty & Kurke (eds.) 1993. 十年后，这两位学者又编辑了题名为《古希腊文化里的诸种文化》的论文集，将这一研究路径推展到希腊古典时期的文化，见 Dougherty & Kurke (eds.) 2003。

② Kurke 1991, Kurke 1999, Kurke 2011 以及 Dougherty & Kurke (eds.) 1993 和 Dougherty & Kurke (eds.) 2003 里的部分论文。有关"新历史主义"古典研究的概说，参见 Schmitz 2007 (**6.2.3**) 第 10 章。库尔克 (Leslie Kurke) 被视为将"新历史主义"方法运用于古希腊研究的代表性人物，她的一系列著述从整体上反思了古希腊文学与社会的关系，例如关于古风希腊诗歌与社会的关系，参看 Kurke 1991, Kurke 2000 及 Kurke 2007。

新历史主义的研究旨趣，由于深受法国思想家福柯的影响，将"权力"（各种政治权力的结构和关系）视作一切文本的宗旨所寄，文本被当成权力展示自身的多种文化形式里的一种，文本的社会功能也主要体现于权力的展演、交锋和协商，在在都表现出鲜明的"泛政治主义"特点，我们有必要谨慎对待。

与实证历史主义不同，新历史主义之所以要重构古典文本的文化世界，是因为它强调**文本不仅是历史的造物，更是历史的参与者和创造者，必须从文本所处的具体历史情境来分析其社会功能，才能正确地阐释文本**。因此，古典文本的新历史主义研究，首先需要考察文本最初得以形成并发挥功能的社会－文化网络及其运行机制。研究者往往借用人种志及文化人类学的理论和概念来完成这一任务，特别是希腊古风和古典早期的文本，文化人类学对于重构并解释它们所属的社会－文化网络极有助益。个中原因，一方面在于这一时期留存下来的材料相对稀少，研究者有必要获取一切可能有用的证据，其中也包含来自其他传统社会的有用证据；另一方面也在于当时的希腊社会还保有许多古朴的特征，与其他原初社会更为相似，所以能够借用相关的人类学理论和概念框架。[①]

我们以希腊古风时期和古典早期的大诗人品达为例，具体说明新历史主义如何重构文本所属的文化世界，并比较新历史主义和"历史传记批评"所代表的实证历史主义的根本差别。品达（约前518—约前446）被后世尊为古希腊九大弦琴诗人之首，一生创作了大量诗歌，大体上完整留存于世的是四大竞技赛会的庆胜凯歌（epinikia），分作四卷，共计四十五首。由于这些凯歌与历史上特定的竞技赛会、赛会获胜者的世家和城邦及诗人的赞助者、凯歌的具体表演场景等方面有着紧密的关联，重构凯歌所属的文化世界对于

---

[①] 新历史主义者特别服膺美国人类学家格尔茨（Clifford Geertz）的"解释人类学"及其"厚描"方法，以及另一位美国人类学家萨林斯（Marshall Sahlins）的"结构历史人类学"，参见 Dougherty & Kurke (eds.) 1993: 1-5。

准确把握文本的历史性,显得尤为关键。19世纪的历史主义古典学者便运用"历史传记批评"的方法,着手这一工作,最后集大成于维拉莫维茨1922年出版的专著《品达》一书。① 这部五百余页的巨著详细讨论了品达活动于其中的希腊世界的地理环境,与品达诗歌相关的各种希腊文化现象(宗教、政治、音乐、体育、竞技等),品达年青时代的生活经历(他如何受到诗的召唤,到雅典游历和求学,对雅典所代表的伊奥尼亚文化的反感等),每首凯歌被委托创作的具体情境及表演的地点和方式,每位竞赛优胜者的家族历史和政治倾向等。② 如前所述,包括维拉莫维茨在内的历史主义者所运用的"历史传记批评"研究法,专注于从品达凯歌(以及相关古注)当中找寻有关诗人的个人经历、诗人的赞助者及其他各种史实的指涉,然后进行实证性的考据,重构诗人的个性、生活经历和时代的历史特征,最终服务于凯歌的阐释。此种阐释路径的前提预设是,品达凯歌里出现的大量晦涩难懂之处,实际上是一时一地的历史指涉,只有诉诸实证性的历史考据,方能辨别这些历史指涉的真正对象和意涵。需要说明的是,"历史传记批评"对品达所属文化世界的重构,与同时期的语文学研究是紧密关联的,后者主要围绕品达凯歌的根本问题,即"一致性"问题展开,而"历史传记批评"的宗旨也是要解答这一根本问题。③

20世纪60年代初,美国学者邦迪(Elroy Bundy)的开创性研究彻底扭转了品达研究的方向。④ 他主张,凯歌属于一种特殊的文类(genre),其主要(即便不是唯一的)功能在于"赞美",为此品达

---

① Wilamowitz-Möllendorff 1922. 维拉莫维茨之前的"历史传记批评"研究,主要有对凯歌所含神话的"历史寓意阐释法"与品达生平的"三阶段说",参阅 Young 1970,第 9—11 页及第 20—21 页的评论。

② Wilamowitz-Möllendorff 1922,参阅 Young 1970,第 52—56 页的评论。

③ 参阅 Young 1970,另见 Heath 1986(中译文见张巍主编:《赫尔墨斯颂诗》,《西方古典学辑刊》第一辑,第 231—261 页)对 Young 1970 的批评。

④ Bundy 1962.

遵从一整套传统的修辞和文学成规,熟练地运用这些成规,服务于这一功能。质言之,品达凯歌是一种"赞颂修辞术"(the rhetoric of praise),一种将"赞颂"的诗人和"受赞"的优胜者维系起来的诗歌艺术。所以,研究者应当关注品达凯歌的文类特征、传统形式以及诗人如何驾驭这一形式来实现自己的目的。嗣后,另一位美国学者扬(David Young)对邦迪的观点进行了重要的修正和拓展。① 他们共同倡导的这一研究路径被称作"修辞学解释",由此带来的转向被称作"形式主义"转向。经过了这一场形式主义的洗礼,当代品达研究基本上抛弃了19世纪的实证历史主义,② 主流学者多致力于运用"修辞学解释"来证明品达凯歌的"一致性",分析诗人所使用的各种修辞策略,来阐明凯歌里频现的貌似离题之处、第一人称陈述、神话叙事、箴言隽语等都各有其特定的功能,最终服务于诗人"赞颂"优胜者的主旨。

这一时期的品达研究几乎被凯歌文本的文学分析和阐释所独占,文本的历史性显得无关紧要而被置诸脑后。90年代初,部分学者试图纠正"形式主义"转向的偏颇,力主重新从文化和历史语境来解释文本,开创了"新历史主义"研究的新路径。后来长期执教于伯克利加州大学(该校正是"新历史主义"在美国的发源地和大本营)的库尔克(Leslie Kurke)于1991年发表的《赞颂的交易——品达与社会经济的诗学》,便属于引领风气之作。③ 库尔克同样关注品达凯歌的文类,不过更强调这一文类的表演场景及社会情境。她主张,这一文类如同阿提卡悲剧,具有极强的表演性和当下性,将优胜者

---

① Young 1968, Young 1971.

② 也有个别学者仍旧抱持传统"历史主义",坚信只有对每一首品达凯歌的特定历史细节(包括凯歌所赞颂的来自于特定共同体的特定优胜者、他所参加的特定的竞技赛会及特定的比赛项目、凯歌表演的特定时间和特定观众等)仔细考证,才能做出正确的理解和阐释,参看 Pfeijffer 1999,尤见第 11 页。

③ Kurke 1991. 另外,还有学者开始借助考古学研究来重构品达凯歌的历史文化背景,例如 Krummen 1990。

与其所属的贵族世家、优胜者的贵族世家与其他贵族世家,这些贵族世家与整个城邦的全体公民,通过戏剧化的凯歌表演紧密地联结起来,宛如一出"共同体戏剧"。就表演的角度而言,品达凯歌深深地植根于其所属的古风社会,尤其是古风贵族社会的社会实践和观念系统。因此,要理解品达凯歌的"诗学",必须从凯歌的社会情境和社会功能两方面来考察文本的历史性,这也就意味着,首先必须重构古风贵族的文化世界。

库尔克选择古风贵族的"经济观"作为重构文化世界的重点。她借用人种志和经济人类学的概念框架和分析工具,强调与品达凯歌休戚相关的古风贵族生活于一个关键的转型时期,亦即以"礼物交换"为核心的传统"嵌入型"经济向着以货币和市场为核心的"脱离型"经济的转变,他们所信仰的"礼物交换经济"的意识形态与新兴的"货币经济"的意识形态处于相互冲突的紧张关系。品达凯歌所赞颂的"荣光"(kleos)正属于贵族信仰的"礼物交换经济"的意识形态,乃是一种"象征性资本",其社会功能恰恰在于缓和上述的紧张关系,达致社会和谐。基于这样的理解,库尔克将关注的焦点放在品达凯歌所使用的特定用语、比喻和意象及其他相关的文学手法之上,分析这些文学手法如何作为古风文化世界里的象征符号,来发挥社会功能。品达凯歌里众多的比喻和意象被分成三个维度:仅限于优胜者的贵族世家(oikos)、优胜者的贵族世家与其他贵族世家组成的贵族集团(genos)以及各个贵族世家与其他公民组成的城邦(polis)。在第一个维度,品达凯歌经常使用的意象包括"离家与归家"、家内仪式例如新生儿的诞生仪式和葬礼仪式的意象;第二个维度常见的意象主要围绕贵族世家之间的"礼物交换",例如"赎金""彩礼""嫁妆"和"客谊"的意象;第三个维度的意象集中在贵族世家对整个城邦的"慷慨"或"豪爽",体现于建筑、供奉、敬献诸种意象。透过这些意象,我们得以窥见,品达凯歌如何实现相互交织的三重社会功能:一是将优胜者重新纳入所属的贵族世家,二是在获胜的贵族世家和其他贵族世家之间周转"荣光"以消弭妒忌之情,三是缓和贵族世家与整个城邦之间的紧张关系。她从中得出的结论是:"凯歌乃'象征性资本'进行谈判的市场。"①

无论我们赞同库尔克的结论与否,重要的是,她强调品达凯歌的历史性,不仅包括其所处的社会情境和文化世界这个面向,而且还包括它所实现的社会功能以及由此而参与和创造历史的这个面向,正是对这两个面向的共同揭示,体现了鲜明的新历史主义特征。此外,库尔克的具体研究方法也值得关注,尤其是面对**品达文本所使用的特定用语和意象**,不再拘泥于文学观念和技巧层面的分析,而是扩展到这些用语和意象所属的观念系统以及相关的社会经济情境来考察和理解,这乃是重构文本的文化世界的一个重要方式。

品达文本以外,库尔克的研究还涉及希罗多德的历史著述和伊索寓言,②从中也可以提炼出其他一些行之有效的"新历史主义"研究方法。比如,**选取同一个古典文本当中看似不协调甚至自相矛盾之处,进行对比分析;或者选取几个古典文本对同一个主题的不同叙述,进行对比分析**。之所以要关注同一文本的自相矛盾或不同文本的彼此矛盾之处,是因为这些不协调或者矛盾之处让文本充满张力,其中很可能隐含某些外在观念的影响,研究者可从文本的张力窥见文本所属的历史情境里的张力,尤其是当时各种话语系统(或意识形态)之间的博弈和交锋。③

---

① Kurke 1991, p. 8: "epinikion was the marketplace for the negotiation of symbolic capital."
② Kurke 1999 和 Kurke 2011。
③ 以 Kurke 1999 和 Kurke 2011 为例,前者将此前围绕品达凯歌的研究推展到其他数位古风诗人以及希罗多德《历史》所记述的古风世界,提出当时存在着一场有关货币的意识形态之争,即贵族精英所秉持的经济社会观念与新兴的城邦公民的经济社会观念之间的冲突,这是我们重构古风诗歌与希罗多德《历史》所属的文化世界的重要线索。后者主张,伊索传说和伊索寓言的历史性同样现于一场平等主义和精英主义之间的意识形态之争。

## 三、思想研究法

§1. 以上两节讨论的语文研究法和历史研究法各有得失：语文研究法偏重文本的文学性及其文学功能，其得在于深入文本的细读，对文本的肌理做出透彻的检视，以便准确地把握文本的语文含义，而其失则在于轻视文本的历史性和思想性，往往停留于文学技巧与手法的工具性层面，所给出的诠释也囿于文本自身的含义而对其思想意义鲜有体认和阐发；历史研究法关注文本的历史性，即文本的社会－文化情境与功能，其得在于重构文本所属的文化世界，有助于对文本展开同情的理解，其失在于往往会沦为历史相对主义或泛政治主义，消解文本内在的文学性与思想性。有鉴于此，我们还有必要掌握思想研究法，用古典文本的思想性来涵容和引领其文学性与历史性。我们所谓的**"思想研究"，基于语文研究和历史研究，从古典文本的语文含义出发，进一步深入文本的思想内涵，体认文本的思想意义，最终对之加以阐发。**

古希腊人很早就发明了一些具体的方法来阐发经典文本的思想意义，其中最引人瞩目的是"**寓意阐释法**"（allegoresis 或 allegorism）。前已述及（第一节 §1），亚历山大里亚的学者主要奉行"用荷马解释荷马"也就是从作品内部探求作者原意的阐释原则，他们的"语文学研究"居于古代古典学术的正统地位。不过，稍后兴起的另一个学术流派与亚历山大里亚的"语文学派"正相对峙，它复兴并发扬了"寓意阐释法"，借助某种外在的理论（主要是廊下派学说）来阐发经典作品尤其是荷马史诗的思想内涵，这便是以克拉泰斯（Crates of Mallus）为核心人物的帕伽蒙"理论学派"。① 所谓"寓意阐释法"，是指用某种预设的理论来揭示一个文本字面意义下的隐秘意义（古希腊人称之为 huponoia，"表面之下的意思"），这种方

---

① 参见普法伊费尔《古典学术史》（上卷），第 295 页及以下；Montanari (ed.) 2020: 217-227。

法基于但又不同于"寓言"(allegory)。包括隐喻、抽象概念的拟人化和意象化、动物寓言等在内的"寓言",是常见的文学和修辞手法,被用于文本的局部和细处来表达某种深层的思想内涵,其字面含义 all-ēgoria "言在此而意在彼"正是这个意思;而"寓意阐释法"则是一种整体性的文本阐释法,将整个文本(或文本里的一大段篇章)的字面意义看作隐晦之义(即所预设的理论)的"寓言",于是字面意义的"言在此"无一例外地总是"意在彼"——预设的理论。

据载,"寓意阐释法"由泰阿格内斯(Theagenes of Rhegium)首创于公元前6世纪下半叶,本意是为荷马与赫西奥德史诗中的神话故事做出辩护,比如他运用当时的自然哲学理论将《伊利亚特》第二十卷里的"众神之战"解释成自然界各种元素之间的冲突,还运用心理学理论将雅典娜等同于"智力",阿瑞斯等同于"疯狂",阿芙洛狄特等同于"欲望",并据此阐释相关的篇章。公元前5世纪,著名的哲学家阿那克萨戈拉(Anaxagoras)运用善恶观念来解释荷马诸神,他的弟子麦特洛多鲁斯(Metrodorus of Lampsacus)声称,《伊利亚特》里的众神和英雄有着各自的寓意,英雄寓指各种自然现象,譬如阿基琉斯是太阳,赫克托尔是月亮,阿伽门农是以太,而众神则寓指人体部位,譬如阿波罗是胆汁,狄奥尼索斯是脾脏等,借此来证明整部史诗实质上展示了他自己的宇宙论和科学理论。经由自然哲学家、智术师和犬儒学派,早期"寓意阐释法"主要发展出"物理""心理""伦理"和"政治"这几个层面,到了公元前4世纪至前3世纪廊下派哲学家如基提昂的芝诺(Zeno of Citium)、科莱昂泰斯(Cleanthes)和克吕西普斯(Chrysippus)手中,这些层面被统合成一套完整的经典文本解释法。"文法家"赫拉克利特(活跃于1世纪末或2世纪初)所撰的《荷马问题》是此前荷马"寓意阐释"的集大成之作。后来的新柏拉图主义和新毕达哥拉斯主义者,例如3世纪的波菲力(Porphyry)和5世纪的普罗克鲁斯(Proclus),又进一步将"寓意阐释法"哲学化和宗教化,强调"形而上学"和"神秘主义"的层面,与之前的物理、心理、伦理和政治层面共同构成了可供选择的各种"寓意"。①

　　无论上述哪个哲学学派,经典文本(尤其是荷马与赫西奥德)都被用来印证该学派的正确性,或者反过来说,经典文本隐含了该学派的哲学真理,只需诉诸"寓意阐释法"便可使之了然。活跃于公元前2世纪的帕伽蒙"理论派"掌门人克拉泰斯,正是作为廊下派哲学家来阐发荷马史诗的思想内涵的。传世最为著名的例子是他对"阿基琉斯之盾"的寓意诠释。《伊利亚特》第十八卷第478—608行是一个篇幅较大且相对独立的段落,详细描述了赫淮斯托斯为阿基琉斯锻造的神盾上的图案,图案由五个同心圆环里的十个场景组成,这些场景不仅包含宇宙天体和自然现象,也展现了人类城市生活和乡村生活的种种景象,意蕴极为丰富。克拉泰斯却运用廊下派的宇宙论学说来解读整个篇章,将这十个场景阐释为"十周天",将盾面的图案说成是对"宇宙的模拟"。他的"寓意阐释法"罔顾文本丰富的字面意义和文本所处的具体语境,将荷马史诗的思想内涵拘限于廊下派的宇宙论"真理",显然扭曲了文本的含义,为世人所诟病。

　　对于服膺"寓意阐释法"的研究者来说,只需掌握破解文本的密码即某种预设的理论,就能够抉发文本表面意义之下的隐晦意义,即所谓"隐秘的真理",而这一真理又恰恰符合此前所预设的理论。此种令人怡然自乐的思想研究法,时至今日仍不乏追随者,其中之一便是圈内别传的"**隐微论**"(esotericism)。由当代政治哲学家列奥·施特劳斯(Leo Strauss, 1899—1973)为宗主的这一思想流派,从根本上反对现代性,旨在重振古典政治传统,回归古典政治哲学,其主要手段便是研读和解释古典政治哲学经典,阐发其中的思想内涵。"隐微论"是他复兴并倡导的一条解读原则,该原则可分为

---

① 关于"寓意阐释法"的早期历史,参见 Brisson 2004 [1996],尤见 pp. 31-38;关于荷马史诗的"寓意阐释法"解读,参见 Lamberton 1986, Lamberton & Keaney (eds.) 1992, Schironi 2012: 433-436。

"隐微写作"和"隐微阅读"两个方面。一方面,经典作家(从古代到18世纪)使用两种不同的写作艺术:一种是面对普通大众言说的"显白写作"(exoteric writing),言说的内容浅显明了,甚或带有蒙蔽性而无关乎真理;另一种是"隐微写作"(esoteric writing),或曰"字里行间的写作方式"(writing between the lines),用隐晦的方式制造多种或多层含义,针对小部分精英读者言说"真理",大部分不需要或不适合领悟"真理"的普通读者根本无法看透重重含义的迷雾,因此也就被排除在掌握"真理"的少数人之外,这更利于少数精英对多数民众的领导和宰制;另一方面,鉴于经典作家运用了"隐微写作",现代读者必须运用相应的"隐微阅读"策略,从经典文本的文学性和修辞性入手,分析文本的多种或多层含义,通过"字里行间的阅读方式"(reading between the lines)通达"隐秘的真理"。概括而言,"隐微论"的根本洞见是:

> 一本显白的著作因此就含有两种教诲:一种是具有教化性质的大众教诲,处于显著的位置;另一种是关于最重要问题的哲学教诲,仅仅透过字里行间暗示出来。①

根据"隐微写作"原则,古希腊罗马经典(以及中世纪以降至18世纪的经典)被划分成两类:一类维护社会正统观念,另一类质疑甚而反对正统观念,这类经典才是施特劳斯认为值得关注的,因为它们会采用"显白"和"隐微"写作,对大多数读者制造出一个符合正统观念的表面义,而在表面义之下为少数读者暗藏一个质疑、反对正统的"真实义"。当然,经典的"真实义"必定应和施特劳斯所主张的"政治哲学",这就要求任何一位"合格的"研究者,必须首先是施氏"政治哲学"的信徒,然后才能从后一类古代经典当中读出

---

① Strauss 1988a, pp. 22-37, 引文见 p. 36(此文最初发表于1941年,中译文见施特劳斯《迫害与写作艺术》,第17—33页,引文见第32页,略有改动)。

"真实义",也就是符合施氏"政治哲学"的"隐秘的真理"。① 经典文本的字面意义纵然千变万化,其思想内涵概无例外地总在言说施氏"政治哲学"的"真理"。这就意味着,对于施氏"政治哲学"的信仰居于首位,任何一个值得关注的古典文本都不可能越出此一信仰的雷池,任何一个值得关注的古典文本无非在一遍又一遍地宣扬此一信仰。于是我们发现,举凡荷马、赫西奥德、三大悲剧家、阿里斯托芬、修昔底德、色诺芬、柏拉图、维吉尔、塔西佗等古典作家,他们创作的所有作品的思想内涵总是大同小异,因为他们总是在言说同一个"真理"。

毋庸置疑,无论古代还是现代,作为一种写作策略和写作艺术的"隐微写作"都不罕见。古希腊人就已声称,"隐微写作"最早见于荷马史诗。犬儒派哲人安提斯梯尼(Antisthenes)首先区分了"诗人(尤其是荷马)的意见之说和真理之说",廊下派哲人基提昂的芝诺又将这一区分系统地运用于他的五卷专著《荷马问题》,主张"荷马时而用大众能够理解的方式言说,时而用只有小部分人(主要是哲学家)能够理解的方式言说",于是他便作为那小部分的能够真正理解荷马的哲学家,套用廊下派的理论来诠释荷马。然而,当"隐微论"将"隐微写作"奉为一条普遍适用(或适用于某位经典作家的所有作品)的解释原则时,就如同古代"寓意阐释法"将"寓言"这一常见的文学和修辞手法奉为整体性的文本阐释法一样问题重重了。事实上,"隐微论"的操作方式与"寓意阐释法"如出一辙。缘于现代"隐微论"的复兴者施特劳斯本人强烈的政治哲学兴趣,他总是关注古典文本的政治维度及其微妙之处,而对各种其他维度要么视而不见,要么将之统统臣属于政治维度,进而消解于无形。古典文本的文学性虽然被强调并被当作"隐微阅读"的开端,但它至多是一个

---

① 施氏"政治哲学"的根本信条,参见 Strauss 1988b,尤见 pp. 9-55(中译本见施特劳斯《什么是政治哲学》,尤见第 1—46 页)。

踏板,以供研读者上升到思想的高度,而这思想的高度最终只能停留于政治哲学的层面。因此我们认为,"隐微论"其实是古代"寓意阐释法"的一个现代变体,它预设了施氏"政治哲学"的"真理",将之施用于所有经过遴选的古代经典文本(施氏所谓"值得关注的古典文本"),得出符合预设理论的结论。研读者只需掌握这套预设了施氏"政治哲学"的"寓意诠释法",就能将整个古典文本(或其中的一大段篇章)的字面意义解释成隐晦之义,也就是施氏"政治哲学"的一个"寓言"。① 作为一种思想研究法,"隐微论"的根本错谬如同古代"寓意阐释法"一样昭然若揭。

§2. 尽管如此,关于古典文本的思想研究,施特劳斯的"隐微论"倒是无意间触及了问题的关键,此即"历史主义"和"当下主义"之间如何保持张力与平衡。古典文本在彼时彼地,也就是文本生成的时空内的思想意义,可称之为"原本意义",而在此时此地,也就是当下的时空内产生的思想意义,可称之为"当下意义"。**思想研究的宗旨究竟是坚持"历史主义"的立场来回溯并止步于文本的"原本意义",还是采取"当下主义"的立场来重塑并生发文本的"当下意义"?** 施特劳斯的"隐微论"无疑站在后一种立场上,坚信古典文本的思想意义实现于当下,但同时也宣称,只有"隐微阅读"才能发现的文本的"原本意义"恰恰是其"当下意义"。这无疑是平衡"当下意义"和"原本意义"的一个巧妙策略,但具体实施中的"隐微阅读"却百弊丛生,既忽略古典文本的思想意义在彼时彼地的丰富性和多样性,也漠视其在此时此地的丰富性和多样性,而仅用单一的、排他的"原本意义"来实现其单一的、排他的"当下意义",以至于"当下意义"和"原本意义"之间的平衡关系难以真正地维持,前者往往毫

---

① 这个"寓言"总是在道德和政治层面上施展其寓意,主要包括"德性""古典心性""共同的善""好公民""贵族政制""古典思想的自然特性"之类的说辞,参见 Strauss 1988b,尤见 pp. 9-55(中译本见施特劳斯《什么是政治哲学》,尤见第1—46页)。

不掩饰地遮蔽了后者。

我们同样坚信,古典文本的思想意义实现于当下,但其"当下意义"不是某种预设的理论及其"真理",而是通过与古典文本的"原本意义"的思想对话实现的,这番对话以彼时彼地作者思索的问题为框架,在这个设定的框架内,对话要求我们就问题本身为此时此地阐发出当下的思想意义,而这个"当下意义"必须与"原本意义"保持在同一个思想水平上,有着相似的思想活力,同样源于问题本身对我们的激荡,正如它曾经激荡过古典文本的作者。一言以蔽之,只有当这两种思想意义——"当下意义"和"原本意义"——之间的对话发生在问题本身的层面,而非书本知识的层面,古典学术才有可能通达古典精神。

为了展开与古典文本的"原本意义"之间的思想对话,从而阐发出新的"当下意义",首先必须对文本进行思想研究,全面且充分地体认彼时彼地作者赋予文本的思想意义。作者赋予文本的思想意义不能等同于文本的字面含义,但是只有当文本的字面含义被准确地领会以后,我们才能探究其思想意义。这就意味着,文本的思想意义不必在文本的字里行间即作者无所言说之处寻索,而恰恰要在文本的字面当中,只不过进入字面的深处,亦即作者所从言说之处探求,这便是攸关作者的生命体验的问题本身。如何回到这个问题本身来抉发字面涵义之下的深层思想意义,是思想研究的首要任务。

为此,我们主张以"问题"为导向的思想研究法,从思想的传达方式、深层结构及内在理路等方面来体认作者赋予文本的思想意义,进而回到作者于彼时彼地思索的"问题"本身。具体而言有以下三个方面:首先,思想的传达方式往往与古典文本所属的文类密切相关,因为古典文本所属的文类,不仅关乎其文学形式(参见第三章第四节§1),而且还规定了它所属的智识传统及其思维方式。从文类出发,能够深入分析文本如何在特定的智识传统内部针对特定的受众传达思想;其次,思想的深层结构每每体现于古典文本所使用的意象、观念和概念，它们可以是抽象的，也可以是具象的，无论抽象还是具象，它们都将文本的思想深深地烙刻于某个智识传统及其思维方式当中，彰显出该智识传统及其思维方式的深层结构；再次，思想的内在理路常常隐伏于文本的主题，包括贯穿始末的主导性主题和围绕此一主题的各个次要主题，从这些主题当中清理出文本的内在理路，可以引领我们直面作者思索的"问题"本身。概言之，只有从思想的传达方式和深层结构出发，深刻理解文本所属的智识传统及其思维方式，我们才能更加准确地掌握文本的内在理路，领会文本的"原本意义"，回到作者思索的"问题"本身。

让我们以希罗多德《历史》序言为例，对上述思想研究法的运用略加提示。通行的《历史》古希腊文校勘本里，有一段文字没有标注卷数和行数，被视为独立于正文的"卷首语"，其辞曰：

> Ἡροδότου Ἁλικαρνησσέος ἱστορίης ἀπόδεξις ἥδε, ὡς μήτε τὰ γενόμενα ἐξ ἀνθρώπων τῷ χρόνῳ ἐξίτηλα γένηται, μήτε ἔργα μεγάλα τε καὶ θωμαστά, τὰ μὲν Ἕλλησι, τὰ δὲ βαρβάροισι ἀποδεχθέντα, ἀκλεᾶ γένηται, τά τε ἄλλα καὶ δι' ἣν αἰτίην ἐπολέμησαν ἀλλήλοισι.

> 哈利卡纳索斯人希罗多德的探究（historiē）展示（apodexis）于此，目的是让人类的所作所为（ta genomena ex anthrōpōn）不致因时光流逝而黯然失色（exitēla），让一部分由希腊人、另一部分由异族人展示的令人惊异的伟大功业（erga megala te kai thōmasta）不致失去荣耀（aklea），〈探究涉及的〉除了其他，特别是他们之间发生战争的原因（aitiē）。

上引原文是一个复杂的长句，结构精致，意蕴绵密，开宗明义地宣告了作者的名字和籍贯以及作品的主题和目的，对于我们领会整部《历史》的旨趣至关重要。

如何体认序言的"原本意义",进而回到希罗多德于彼时彼地思索的问题本身?首先,我们可从"序言"(proem)这一子文类的思想功能来研究希罗多德如何传达其思想。自荷马史诗以降的古希腊文学作品,包括诗体和散文体,往往以某种形式的序言开篇。① 在希罗多德生活的年代,诗体作品最经典的序言是荷马史诗与赫西奥德史诗的序诗,尤其是《伊利亚特》的序诗,而部分散文体作品的序言,例如早期思想家赫拉克利特《论自然》的序言以及谱系家、地理志和人种志者赫卡泰乌斯《谱系》的序言也著称于世。就后起的散文体作品而言,其序言的思想功能是对作者进行自我形塑,一方面呈现他的自我认知,他的智识来源及其真理性和权威性,另一方面确立他在自己所属的智识传统里的位置,以及/或者协调他与其他相关智识传统(特别是史诗传统)之间复杂微妙的关系。

《历史》序言同样实现了这样的思想功能。这段序言与《伊利亚特》序诗的结构和主题非常相似。史诗序诗一般具有三重功能:向神祈求、宣告主题和展开主题,而"展开主题"的部分往往又起到向正文过渡的作用。譬如《伊利亚特》第一卷的第1行,诗人向给他带来灵感的神明即缪斯女神祈求,歌唱一个特定的主题("阿基琉斯的愤怒");接下去的第2—7行描述了"愤怒"带来的后果用以展开主题,而第8行则通过一个问句过渡到正文。②《历史》的序言采用了相似的句法结构:希罗多德的名字和籍贯取代了史诗诗人对缪斯女神的祈求,概括作品总体性质的一个短语("探究展示于此")等同于史诗的主题宣告;接下去的两个否定目的从句进一步说明了作品的主题和宗旨;最后展开主题("〈探究涉及的〉除了其他,特别是他们之间发生战争的原因"),又回应了作品的总体性质("探究的展示"),与之首尾相接。另外,此处翻译成"原因"的名词(aitiē)还

---

① 参见 Dunn & Cole 1992 对多种古希腊罗马经典文本开篇的分析。
② 对《伊利亚特》序言的"文本细读",参见第三章第四节。

巧妙地将这段序言与正文第一卷第 1 至 5 小节衔接起来,因为紧接下去的第一句话里恰好使用了该词的形容词形式 aitios:"有学识的波斯人说,对争端负有责任的(aitious)是腓尼基人。"(第一卷第 1 节)。① 不过,序言既将《历史》置放于荷马史诗的智识传统,又与之做出了区分。诗人在史诗序诗里祈求缪斯女神,是为了助其"记忆"而"亲临"往昔世界的现场,而序言里的希罗多德则完全依赖自己对传闻的"探究"(historiē),"探究"成为其智识来源,也确保这一来源的真理性和权威性。"探究"作为新的认知方式取代了传统的史诗诗人向缪斯女神祈求的"记忆"这一古老的认知方式。总而言之,《历史》序言从其所属文类特有的思想功能规定了其所属的智识传统及思想的传达方式。

其次,我们可以通过序言里的核心意象、观念和概念来探究其思想的深层结构。序言里的重要概念和词组包括 historiē[探究]、apodexis[展示]、ta genomena ex anthrōpōn[人类的所作所为]、exitēla[黯然失色]、erga megala te kai thōmasta[令人惊异的伟大功业]、aklea[失去荣耀]和 aitiē[责任、原因]。根据序言的句法,historiē 与 apodexis 及 aitiē 构成一个关系紧密的概念组,ta genomena ex anthrōpōn, exitēla, erga megala te kai thōmasta 和 aklea 构成另一个概念组。前一个概念组更多地体现了前苏格拉底的自然哲学家以及智术师的智识传统,② 而后一个概念组则体现了荷马史诗、早期弦琴诗以及史学萌芽时期的谱系学智识传统。③ 以

---

① 参见 Nagy 1987 及 Bakker 2002(中译文参见张巍主编:《希罗多德的序言》,《西方古典学辑刊》第四辑,第 3—13 页及第 69—102 页)。

② 具体分析参见 Węcowski 2004(前苏格拉底哲学家如赫拉克利特和德谟克利特;中译文参见《希罗多德的序言》,第 103—141 页);Thomas 2000(智术师、早期科学如希波克拉底学派医学文集;该书第 8 章中译文参见《希罗多德的序言》,第 43—68 页)。

③ 具体分析参见 Nagy 1987(荷马史诗和早期弦琴诗如品达和伊比克斯;中译文参见《希罗多德的序言》,第 3—13 页);Pellicia 1992 和 Węcowski 2004(史学萌芽时期的谱系学、地理学和民族志如赫卡泰乌斯;中译文参见《希罗多德的序言》,第 14—42 页及第 103—141 页)。

上种种智识传统共同确立了序言里的重要概念的语义,规定了其思想所属的深层结构。

最后,我们试图从序言的各个主题理清其内在理路。序言的主题是希罗多德所撰《历史》的性质和目的,也就是"探究的展示"(historiēs apodexis)要实现的宗旨。围绕这个主要主题,各个次要主题被一层层编织起来:"人类的所作所为"会"因时光流逝而黯淡失色",特别是其中"令人惊异的伟大功业"会"失去荣耀",这些功业不仅由希腊人而且也由异族人展示,都是"探究"所要"展示"的对象,这些功业里最值得"探究"并加以"展示"的是希腊人和异族人之间"发生战争的原因",希腊人和异族人对"令人惊异的伟大功业"的"展示"好比希罗多德对"探究的展示"等。透过这些次要主题和主要主题交织而成的内在理路,再结合对其思想的传达方式和深层结构的领会,我们尝试回到希罗多德于彼时彼地思索的问题本身。

希罗多德开创了一种新型智慧(sophia),也就是"史"(historiē)的智慧,他是一位与其他智识传统竞比的"智慧之士"(sophos)。他的 historiē 远远超越其他早期史家(如赫卡泰乌斯),对智慧有着包罗无遗、圆融一体的诉求,正如早期哲学家开创的"思"的智慧,也要与"诗"的智慧比肩而立。为此希罗多德面对的首要问题是:如果说"诗"的智慧在于呈现和颂扬神话里的英雄的伟业,赋予他们"不朽的荣光"(kleos aphthiton),那么历史中的人能否以及如何像神话英雄那样成就伟大的功业?历史中的人的伟大功业又该如何被呈现和颂扬?对历史中的人的伟大功业的呈现和颂扬又如何配得上他们的伟大功业,使之垂诸久远而"不致暗淡失色""不致失去荣耀",恰如"诗"赋予神话英雄的"不朽的荣光"?在希罗多德生活的年代,主要有两种方式来呈现和颂扬神话英雄的伟大功业:荷马史诗和阿提卡悲剧。希罗多德如同所有希腊人,自幼便浸淫于荷马史诗,可以说是由荷马史诗哺育成人,而当他壮年之际来到雅典,又感受到独树一帜的阿提卡悲剧的震撼。与他同时代的杰出诗人品达,则仍旧在诗歌传统内部,以神话里的英雄比喻历史中的人(竞技赛会的优胜者),呈现和颂扬他们的伟大功业。"史"(historiē)的智慧要与这些方式争衡,不仅仰赖 historiē 开拓出的历史中的人的伟大功业这一新的领域,更要仰赖 apodexis [展示]:对伟大功业的展示本身必要成为伟大的功业;只有如此,historiēs apodexis [探究的展示]才能作为"伟大的功业"配得上历史中的人的伟大功业,也才足以蕴含托付生命的至高价值。这便是著史者希罗多德的生命体验,《历史》作为 historiēs apodexis [探究的展示]充溢着昂扬的古典精神。希罗多德于彼时彼地思索的问题本身,凝聚于序言,铺展于整部《历史》文本。这也是一个悬而未决的恒久问题,值得我们在此时此地诉诸自己的生命体验,阐发出新的"当下意义"。

§3. 为了从古典文本的"原本意义"阐发出新的"当下意义",还有必要观照和反思"当下意义"的生成方式。我们应当纵览并审视后世(包括西方传统与非西方传统)对古典文本的思想意义的各种接受方式,比较其有效性与生命力。研究古典文本的思想意义如何为后世所接受,近几十年来兴起的"接受研究"值得借鉴。"接受研究"是一种视角和方法,适用于西方文化(以及其他文化)的不同历史阶段,这里仅限于讨论对古典文化的接受研究,也就是"古典接受"研究。**"古典接受"**(Classical Receptions)**研究是对古希腊罗马文化的各个方面,尤其是文本、观念和思想,制度、仪式和习俗,图像、艺术品和物质遗存如何被后来者所使用和利用的研究。**①

"古典接受"研究的前身为"古典传统"(Classical Tradition)研究,后者本属于古典学术的一个边缘部分,主要关注古典文化如何被后来的西方文化继承和传播。譬如,学者们在研究古希腊罗马经

---

① 参见 Hardwick 2003, Martindale & Thomas (eds.) 2006, Hardwick & Stray (eds.) 2008.

典之际,也会兼及这些经典对后世西方文化的持久影响,学界通称为"后续生命"(Nachleben)研究。以"后续生命"为主线的"古典传统"研究发端于19世纪,直至20世纪中叶仍十分流行。[①] 不过,20世纪60年代后期兴起的"接受理论"(或称"接受美学",由德国学者耀斯和伊泽尔提倡)从两个方面根本改变了"古典传统"研究的内涵。

第一,"古典传统"研究专注于古典之后的西方文化,视域通常局限于后古典的西方文化内部,例如海厄特的名著《古典传统》一书便起自中世纪英、法文学,经由文艺复兴、巴洛克、启蒙运动和浪漫主义,止于20世纪初的欧洲文学,严格遵守副标题里"西方文学"的界限。这个意义上的"古典传统"畛域分明,贯穿着一条由古及今的清晰线索。"古典接受"研究的范围则不限于此,而是一方面延伸到古典传统影响所及的西方文化边缘地区(例如加勒比海和北非地区这样的西方国家前殖民地),甚至拓展到不属于西方文化、但与之发生过接触的其他文化区域(例如东亚,包括中国、日本和韩国);另一方面,"古典接受"又扩展到古典文明的所有时期,而非像"古典传统"那样,始于希腊化时期但重点落在古典之后的西方文化,考察后一个文化时段对前一个文化时段的接受,而是上溯到古典世界内部,尤其是希腊古风和古典这两个被后世奉为典范的时期,考察古典世界内部同一个文化时段之内的各种接受方式。概言之,"古典接受"研究涵盖了西方"古典世界"内部、西方"后古典世界"以及西方之外的"非古典世界"这三个领域,囊括的范围十分广泛,也更为多元,远远超出了"古典传统"的视域。

第二,主导"古典传统"研究的是"单线影响"模式,这个模式倾向于把古典文化的传承者和利用者看成被动的接纳者,他们继承了

---

[①] 此类研究的代表作包括海厄特:《古典传统:希腊—罗马对西方文学的影响》(王晨译,原书出版于1949年)、芬利主编:《希腊的遗产》(张强译,原书出版于1981年)以及詹金斯:《罗马的遗产》(晏绍祥、吴舒屏译,原书出版于1992年)。

古典文明的"遗产",深刻地受其"影响"而难以越其藩篱。于是,研究的重心就摆在了古人对今人的单线影响之上,例如《希腊的遗产》和《罗马的遗产》两书分门别类地从文学、政治、教育、哲学、科学、法律、宗教、神话、建筑、艺术和城市规划等领域,介绍现代西方文化继承自古希腊罗马的精神和物质财富,突出后者巨大而深远的影响力。与此相对,受"接受理论"滋养的"接受研究"主张,意义并非一劳永逸地完成于被接受者那里,而恰恰实现于接受者的一端;接受者对于古典文化不是被动地继承,而是与之处于"双向交流"的关系。因此,接受研究的重心从"古典传统"所侧重的被接受者及其文化历史情境转向接受者及其文化历史情境,强调接受发生时刻的优先地位,力求在接受者和被接受者之间形成更为平衡的关系。以古希腊罗马经典为例,接受研究者坚信,意义并非内在于经典文本当中固定不变,等待被后世的某位读者客观地发现,然后原封不动地传承下去,而是在不同的读者与文本,或者说不同的接受者与被接受的文本之间的对话当中生成;经典文本的意义是随着接受者的不同历史文化情境而流动的,但也绝非随意的,因为上述对话的有效性规定和制约了文本意义的流动性。因此,接受研究着重考察接受者对原文本进行了何种创造性的改变,这种改变一方面在接受者所属的特定的文化历史情境当中服务于何种目的,产生何种效用,另一方面又如何开掘出原文本此前未受关注的层面,进一步丰富其含义。

就古希腊罗马经典而言,各种各样的接受方式可以分成两类:学术研究和文化利用。前者就是古典学术,后者包括经典文本的翻译、改编、改写、重写和表演等。与文化利用相比,古典学术作为接受方式有其特别之处,必须把古典文本化作学术活动的对象,进行纯知识的研究。古典学术对文本的"当下意义"的生成有着严格的要求,但其要求也是随着学术史的进程而改变的,因此需要加以反思。"古典接受"研究能以更为开阔的视域反思古典学术本身。通常,古典学的自我反思被交付给"古典学术史"(History of Classical

Scholarship），另一个如同"古典传统"那样的边缘领域，其视域也同样受到局限，拘囿于古典学术内部。① 相比之下，"古典接受"的视域有助于跳脱古典学术史，从更广阔的历史文化情境来审视古典学术的理论基础，每个时代的古典学术与其时代的复杂关系，不同时代的古典学术对研究对象的选取及其背后隐含的理论预设、时代思潮和意识形态。把古希腊罗马看成具有典范意义的文化，对之进行纯知识的探究，是18世纪末以降的现代古典学的根本信念，仿佛理所当然且无可置疑。可是，从"古典接受"的视角来看，现代古典学本身也是古典文化的一种接受方式，恰恰因为现代古典学声称自己在各种接受方式当中享有不可动摇的统领地位，就更有必要反思这一信念的合理性：它究竟缘何而起？它诉诸何种19世纪的时代思潮来确证自身？它的19世纪理论基础还能否成立？它面对其他各种接受方式所自我标榜的统领地位是否早已动摇？

早在当代"古典接受"研究兴起百年前，青年古典学者尼采就已经从这个角度反思当时如日中天的现代古典学。② 尼采对现代古典学的批判性反思以"荷马问题"发端，这绝非偶然。一方面是由于"荷马问题"实乃现代古典学最具代表性、意义最为重大的问题，这个问题既奠定了现代古典学，又是其命脉所系；③ 另一方面，《伊利亚特》与《奥德赛》这两部冠以荷马之名的史诗是整个古希腊罗马文化的基石，也是古典精神的根源。现代古典学对荷马史诗的思想意义的接受，规定了严格的要求，首先要把两部史诗化作学术研究的对象，确立所谓的"荷马问题"。"荷马问题"，简单地说，关乎《伊利亚特》与《奥德赛》的作者、真伪、创作方式、创作年代以及传播和

---

① 参见第四章第一节 §3。
② 尼采的古典学反思和批判集中于19世纪60年代末至70年代初，参看《荷马与古典语文学》(1869)、《论我们教育机构的未来》(1872)、《历史学对于人生的利弊》(1874)及《我们古典语文学者》(1875，未完成)诸文。
③ 参见 Wolf 1985，尤见该书导言。

传承方式。① 具体而言，"荷马问题"主要由相互交织的两组问题构成，一组为"作者问题"：荷马史诗乃是长篇叙事诗，各自有着首尾一贯的主题、主角和情节，那么两部史诗的作者究竟是同一位诗人即荷马，或是两位不同的诗人，抑或是一种或两种漫长的口诵传统，而"荷马"之名只是一个符号，用来指称口诵传统本身或者口诵传统里的最后编订者？另一组问题为"作品问题"，围绕荷马史诗的创作方式展开，每一部史诗究竟是一个统一的整体还是由不同篇什拼缀而成，史诗整体构成或片段拼缀的具体过程如何发生。尼采生活的年代，针对"荷马问题"形成了两个学派，即"解析派"与"统合派"，双方争论正酣。由现代古典学之父沃尔夫开创并影响了整个19世纪的流派被世人称作"解析派"（Analysts），荷马文本对他们而言好比可以辨别"地层"的"考古"现场，解析者的工作是分离文本形成过程中累积起来的"地层"，也就是辨识并剔除后来某位或数位"平庸的编订者"阑入的篇章段落，彰显处于"最底层"的"真正的荷马"。"解析派"主要通过重构史诗文本演进的诸阶段来"去伪存真"，将文本拆解开来并确定哪些部分为独立创作，以及各部分的创作顺序。持反对意见的学派主张，《伊利亚特》与《奥德赛》展现出高度艺术性的结构设计，这只可能源于一位天才的诗人，这位诗人很可能在史诗发展的后期阶段对其最终成形起到了决定性的作用。他们断定，两部史诗各自具有很强的"统一性"，分别出自一位诗人之手（但未必是同一位诗人），这些学者因而被称作"统合派"（Unitarians）。至于"解析派"学者所诟病的史诗里的前后矛盾和不一致之处，对"统合派"而言只是貌似如此而已，大多能用更精微的方式来加以解释。

尼采以"荷马问题"为例证，从接受的视角深入反思了当时的古典学术。他提出，"解析派"和"统合派"之争已使"荷马问题"

---

① 当代学界对"荷马问题"的扼要讨论，参见 Fowler (ed.) 2002: 220-232（口头创作还是书面创作）以及 Morris & Powell (eds.) 2011: 123-145（"荷马问题"作为带有鲜明19世纪特征的学术问题及其与同时期《圣经》研究的关联）。

陷入困境,导致问题的原旨暗而不彰。因此,有必要反观两派学者各自的"义理动机"、为这一动机服务的"价值判断"及其所蕴含的"审美趣味"。究其实质,推动"解析派"与"统合派"持久交锋的是19世纪德国古典语文学的两大主流:历史科学精神主导的"古代学"(Altertumswissenschaft)和人文艺术精神主导的古典主义(Humanistischer Klassismus)。"古代学"(Altertumswissenschaft)主张对过去的史实进行全面而客观的考辩,借此达到对古代文化的客观了解,而归根结蒂这一目标背后的"义理动机"是用"古代研究"来印证主流的现代价值观念,也就是当时盛行的实证历史主义。秉持"古代学"的"解析派"学者用19世纪的文学原则乃至个人的审美趣味来评判荷马史诗,他们的一个实用法则是:凡是"好的"部分都归功于原初的诗人,凡是"坏的"部分都来自后来的诗人,而所谓"好""坏"的衡量标准往往非常主观随意,因人而异。"统合派"的"义理动机"则源于温克尔曼、歌德和席勒等人宣扬的"新古典主义",他们把荷马构拟成古典主义的理想形象,荷马体现了崇高之美,乃是自然而又朴素的天才诗人。从"价值判断"的角度来看,"统合派"与"解析派"这两种解答"荷马问题"的路径分享了一个重要的共通性,那就是有某种"审美趣味"在其背后产生重要作用,因为无论是"统合派"所推崇的"天才诗人",还是"解析派"所鄙视的"平庸的编订者",两派均凭靠某种当代价值观念来证明各自"审美趣味"的合理性,因而本质上是一种"审美判断"。[①]

根据尼采的批判,我们可以得出如下结论:无论"解析派"还是"统合派",作为当时古典学术两大主流的代表,都受制并服务于当下主导的价值观念(尽管这些观念表面上相互对立),而无法真正地回到荷马的精神世界。现代古典学确立的"荷马问题",虽然用严格的学术要求从学术研究上生成了荷马文本的"当下意义",却遮蔽了

---

① 详见拙文《尼采重估荷马问题》的论述与分析。

更为根本的、更具活力的"荷马问题"。只有重估"荷马问题",提出新的"荷马问题",才能体认荷马史诗于彼时彼地思索的问题本身,从而为此时此地阐发出新的"当下意义"。

　　这一结论不仅适用于尼采的年代,也适用于今日。当今之世,我们亟需反思古典学术与时代思潮的关系,明辨古典学术这种接受方式如何在此时此地生成古典文本的"当下意义"。对于我们来说,至为关键的是,**"当下意义"生成于其中的"此时此地",不但意味着当代西方,更意味着今日中国**。"古典接受"对古典学术的反思,有助于我们重新审视西方古典文化进入我国的接受史。这段接受史不能止步于西方古典学被正式引入的晚近四十年,而须一路回溯,直到西方古典文化进入中国的四百年前,也就是耶稣会传教士最初译介古希腊罗马神话和文学的晚明。① 对这四百年的西方古典文化在我国的接受研究,同样要跳脱"古典学术史"和"古典传统"的范围,一方面不能以现代古典学术为准绳来衡量,视之为初级的已被取代的阶段,另一方面也不能以辨识被接受的西方古典文化对中国文化的"影响"为宗旨,而要从不同时期的接受者及其文化历史情境出发,挖掘各种接受方式的丰富内涵,权衡其利弊。只有立足于今日中国的"此时此地",全盘审视四百年来中国文化对西方古典文化的接受,我们才能擘画西方古典文化以及古典学术在中国的未来。

---

① 参看李奭学《中国晚明与欧洲文学》。

# 附录一 《娄卜古典文库》（迄2021年）分类总目

【说明】

一、本总目收录《娄卜古典文库》迄2021年出版的所有卷册（不包含已被取代的老旧版本），共计210余位作者，约550册。

二、本总目以古希腊罗马典籍为主体（犹太基督教作家列入附录），分作"文学""史学""哲学"和"演说"四部，每部再分若干子类（子类可随新出版的典籍进行必要的增加和调整），同一子类的典籍大致按年代顺序排列。古希腊语和拉丁语典籍用星号区隔。

三、若同一位作家的作品可归入不同子类或不同部类，一般择其主要成就归入所属部类，并对其个别作品的确切归类给出互见指引。

四、主条目列出典籍的中、英文标题、册数及编订者姓名。为便于读者理解与查询，典籍的外文标题一律采用《娄卜古典文库》的译名，其中大多为英译名，但也有少量约定俗成的拉丁文译名。

五、主条目之下列出每一册的具体内容，作者列出原名的英语习惯拼写形式，作品标题的原文名因数量庞大不及备录，读者如需知晓，可径直翻阅"娄卜"文本，按序检索即可得之。

六、古希腊罗马典籍条目里凡楷体文字皆为本总目编者所加提要（附录里的犹太基督教作家条目未加提要），对书名异名、篇幅卷数（凡未注明者即为单卷）、真伪、存佚（完整传世的作品不另注明）或互见指引等事项略加说明，谨供读者参考。

七、典籍的中译名参酌现有各家译本，择善而从，编者在此谨向各位译者一并致谢。部分典籍尚无可取的现成译名，由编者自行迻译。

八、对四个部类的总述、各个子类的分述以及每个子类所属典籍的简述，详见正文第二章第二至五节。

## 一、文学部

### 1. 史诗类

《荷马集》(*Homer*)四册(A. T. Murray)：

 第一册《伊利亚特》卷1—12；

 第二册《伊利亚特》卷13—24；

 第三册《奥德赛》卷1—12；

 第四册《奥德赛》卷13—24。

《赫西奥德集》(*Hesiod*)两册(G.W. Most)：

 第一册《神谱》；《劳作与时日》；古人评述；

 第二册《赫拉克勒斯之盾》(疑伪)、《名媛录》(凡五卷,仅存残篇,作者存疑)、其他残篇包括《大名媛录》《凯乌克斯的婚礼》、《梅朗普斯之歌》《佩里图斯下冥界》《伊达山巧匠》《克戎的训诲》《大农作》《天文》或称《星相》、赫西奥德或克尔寇普斯(Cercops)所作《埃吉弥奥斯》、作品归属未定残篇(以上皆为托名之作,可视为赫西奥德一派的诗歌总集)。

《荷马颂诗、荷马外典、荷马传记》(*Homeric Hymns. Homeric Apocrypha. Lives of Homer*)一册(M. L. West)：

 《荷马颂诗》(凡三十三首,其中第二至第五首为长篇)；

 《荷马外典》：《马吉特斯》(谐拟史诗,仅存残篇)、《凯尔寇普斯兄弟》(谐拟史诗,仅存残篇)、《鸫》(谐拟史诗,仅存残篇)、《鼬鼠之战》(谐拟史诗,仅存残篇)、《蛙鼠之战》(谐拟史诗,共计303行)；

 《荷马传记》(凡十篇,第一篇为《荷马与赫西奥德的竞赛》)。

《希腊史诗残篇辑选(公元前7至前5世纪)》(*Greek Epic Fragments*)一册(M. L. West)：

《忒拜诗系》:《俄狄浦斯之歌》《忒拜之歌》《后辈英雄之歌》《阿尔克梅翁之歌》;

《特洛伊诗系》:《库普里亚》(又译《塞浦路斯之歌》)、《埃塞俄比亚之歌》《小伊利亚特》《伊利昂的沦陷》《归家》《特勒格诺斯之歌》又名《特斯普罗提亚之歌》;

有关赫拉克勒斯和忒修斯的史诗:科瑞奥菲洛斯(Creophylus)《攻占奥依卡里亚》、皮珊德(Pisander)《赫拉克勒斯之歌》、帕尼阿西斯(Panyassis)《赫拉克勒斯之歌》、无名氏《忒修斯之歌》;

谱系史诗与博古史诗:欧梅洛斯(Eumelus)《提坦之战》《科林斯之歌》《欧罗巴之歌》;基奈同(Cinaethon)、阿西奥斯(Asius)、黑格西努斯(Hegesinous)、克尔西阿斯(Chersias)诸史诗诗人残篇及《达那奥斯之歌》《明尼阿斯》《瑙帕克托斯之歌》《福洛纽斯之歌》诸史诗作品残篇;

佚名史诗残篇(大多托名"荷马")。

《罗德岛的阿波罗尼乌斯集》(*Apollonius Rhodius*)一册(W. H. Race):

《阿尔戈英雄远征记》(凡四卷)、其他残篇。

《士麦那的昆图斯集》(*Quintus Smyrnaeus*)一册(N. Hopkinson):

《后荷马史诗》(十四卷)。

《农诺斯集》(*Nonnos*)三册(W. H. D. Rouse):

第一册《狄奥尼索斯纪》(或译《酒神纪事》)卷1—15;

第二册《狄奥尼索斯纪》卷16—35;

第三册《狄奥尼索斯纪》卷36—48。

《晚期希腊史诗三家集》(*Oppian, Colluthus, Tryphiodorus*)一册(A. W. Mair):

《奥皮安集》:《狩猎记》(四卷)、《捕鱼记》(五卷);

《克鲁图斯集》:《海伦被劫记》(微型英雄史诗);

《特吕斐奥多鲁斯集》:《特洛伊沦陷记》(微型英雄史诗)。

\*\*\*\*\*\*\*\*\*\*\*\*\*\*\*\*\*\*\*\*\*\*\*\*\*\*\*\*\*\*\*\*\*\*\*\*\*\*\*\*\*\*\*\*\*\*\*\*\*\*\*\*\*\*\*

《上古拉丁遗作辑选》(*Remains of Old Latin*) 第二册 (E. H. Warmington)(第二册另见"悲剧类"及"喜剧类",第三册见"各体诗类",第四册见"史学部史料类"):

《李维乌斯·安德罗尼库斯 (Livius Andronicus) 史诗残篇辑选》;

《奈维乌斯 (Naevius) 史诗残篇辑选》。

《罗马共和国遗作辑选》(*Fragmentary Republican Latin*) 第一册(第二册见"悲剧类"及"喜剧类",第三至五册见"演说部演说辞类")(S. M. Goldberg & G. Manuwald):

《恩尼乌斯 (Ennius):古人评述及史诗残篇》。

《维吉尔集》(*Virgil*) 两册 (H. R. Fairclough):

第一册《牧歌》(十首,此作当归入各体诗类)、《农事诗》(四卷)、《埃涅阿斯纪》卷1—6;

第二册《埃涅阿斯纪》卷7—12;《维吉尔外集》(八首,皆为伪作),包括《诅咒》《莉迪亚》《蚊》(微型史诗)、《垆女》《海鸥》(微型史诗)《小诗集》《青酱》《普里阿普斯之歌》。

《奥维德集》(*Ovid*) 第三至四册 (F. J. Miller)(第一、二册及第五、六册见"各体诗类"):

第三册《变形记》卷1—8;

第四册《变形记》卷9—15。

《卢坎集》(*Lucan*) 一册 (J. D. Duff):

《法萨路斯之歌》(又名《内战记》)(十卷,未竟之作)。

《瓦莱利乌斯·弗拉库斯集》(*Valerius Flaccus*) 一册 (J. H. Mozley):

《阿尔戈英雄远征记》(存世八卷,未竟之作)。

《斯塔提乌斯集》(*Statius*) 三册 (D. R. Shackleton-Bailey & C. A. Parrott):

第一册《诗草集》(五卷,凡三十一首,大多用史诗格律);

第二册《忒拜战记》卷1—7；

第三册《忒拜战记》卷8—12；《阿基琉斯之歌》（存世不足两卷，未竟之作）。

《西利乌斯集》(Silius Italicus)两册(J. D. Duff)：

第一册《布匿战记》卷1—8；

第二册《布匿战记》卷9—17。

## 2. 各体诗类

《希腊讽刺体诗集（公元前7至前5世纪）》(Greek Iambic Poetry)一册(D. E. Gerber)：

阿尔基洛科斯(Archilochus)、塞门尼德斯(Semonides)、希波纳克斯(Hipponax)、阿纳尼奥斯(Ananius)、苏萨里翁(Susarion)、赫尔米坡斯(Hermippus)、斯基提诺斯(Scythinus)、狄菲洛斯(Diphilus)、帕那尔克斯(Panarces)、作者不明残篇。

《希腊挽歌体诗集（公元前7至前5世纪）》(Greek Elegiac Poetry)一册(D. E. Gerber)：

卡利诺斯(Callinus)、提尔泰奥斯(Tyrtaeus)、弥木奈墨斯(Mimnermus)、梭伦(Solon)、特奥格尼斯(Theognis)、菲力阿达斯(Philiadas)、福居利德斯(Phocylides)、德墨多克斯(Demodocus)、塞诺芬尼(Xenophanes)、阿西奥斯(Asius)、卡尔基斯的狄奥尼修斯(Dionysius Chalcus)、欧埃诺斯(Euenus)、克里提阿斯(Critias)、作者不明残篇。

《希腊弦琴体诗集（公元前7至前5世纪）》(Greek Lyric)五册(D. A. Campbell)：

第一册《萨福与阿尔凯奥斯》：萨福(Sappho)、阿尔凯奥斯(Alcaeus)、萨福或阿尔凯奥斯；

第二册《阿纳克瑞翁、阿纳克瑞翁诗派、从奥林珀斯到阿尔克曼的早期合唱歌》：阿纳克瑞翁(Anacreon)、阿纳克瑞翁诗派(Anacreontea)、早期合唱歌，包括奥林珀斯(Olympus)、欧梅洛斯(Eumelos)、特尔潘德(Terpander)、萨雷塔斯(Thaletas)、坡吕姆涅斯托斯(Polymnestus)、阿尔克曼(Alcman)；

第三册《斯忒西科洛斯、伊比克斯、西蒙尼德斯及其他诗人》：阿里翁(Arion)、克珊托斯(Xanthus)、斯忒西科洛斯(Stesichorus)、埃坎布洛托斯(Echembrotus)、萨卡达斯(Sacadas)、伊比克斯(Ibycus)、阿波罗多洛斯(Apollodorus)、拉索斯(Lasus)、图尼克斯(Tynnichus)、朗普洛斯(Lamprus)、普拉提纳斯(Pratinas)、居狄阿斯(Cydias)、西蒙尼德斯(Simonides)；

第四册《巴居利德斯、柯丽娜及其他诗人》：蜜尔提丝(Myrtis)、柯丽娜(Corinna)、苔莱茜拉(Telesilla)、提摩克瑞翁(Timocreon)、卡莉克赛娜(Charixena)、巴居利德斯(Bacchylides)、朗普罗克勒斯(Lamprocles)、柯戴德斯(Cedeides)、索福克勒斯(Sophocles)、狄阿戈拉斯(Diagoras)、基奥斯的依翁(Ion of Chios)、普拉克茜拉(Praxilla)、欧里庇得斯(Euripides)。

第五册《新诗派及无名氏所作歌与颂诗》：梅朗尼庇德斯(Melanippides)、普罗诺莫斯(Pronomus)、里居姆尼奥斯(Licymnius)、基内西亚斯(Cinesias)、弗律尼斯(Phrynis)、提摩泰乌斯(Timotheus)、泰莱斯特斯(Telestes)、阿里弗荣(Ariphron)、居特拉的菲洛克塞诺斯(Philoxenus of Cythera)、琉卡斯的菲洛克塞诺斯(Philoxenus of Leucas)、珀吕依多斯(Polyidus)、克莱奥梅内斯(Cleomenes)、拉明提奥斯(Lamynthius)、奥依尼阿德斯(Oeniades)、另一位斯忒西科洛斯(Stesichorus II)、亚里士多德(Aristotle)、吕克弗洛尼德斯(Lycophronides)、卡斯托里翁(Castorion)、赫尔墨罗科斯（Hermolochus）、民歌、会饮歌（scolia）、无名氏诗歌残篇。

《品达集》(*Pindar*)两册(W. H. Race)：

第一册《奥林匹亚凯歌》（十四首）、《皮托凯歌》（十二首）；

第二册《尼米亚凯歌》（十一首）、《地峡凯歌》（九首）；

残篇辑选:《地峡凯歌》《颂歌》《阿波罗颂》《狄奥尼索斯颂》《行进歌》《少女歌》《分离自少女歌的其他诗歌》《舞蹈歌》《赞歌》《悲歌》及作品归属未定残篇。

《卡利马科斯集》(*Callimachus*)两册(C. A. Trypanis et al.)：

第一册《起源》（挽歌体，原作四卷，残篇辑录）、《讽刺诗》（讽刺体，十三首，残篇辑录）、《弦琴诗》（弦琴体，四首，残篇辑录）、《赫卡勒》（微型史诗，原诗约一千行，残篇辑录）、《次要史诗体及挽歌体诗作》（残篇辑录）、《铭体诗残篇辑录》《作品归属未定残篇辑录》,另含：**缪塞奥斯**(Musaeus)《赫萝与莱安德》（微型浪漫史诗）；

第二册《颂诗》（六首）、《铭体诗》（六十四首）、《残篇辑录》,另含：**阿拉托斯**(Aratus)《天象》（教谕史诗）、**吕科弗荣**(Lycophron)《亚历山德拉》（三音步短长格,长篇戏剧独白）。

《希腊牧歌三家集》(*Theocritus, Moschus, Bion*)一册(N. Hopkinson)：

《忒奥克里托斯集》(Theocritus)：《牧歌》（凡三十首,其中第8, 9, 19-21, 23, 25, 27首为伪作）、《残篇辑录》《铭体诗》（凡二十四首）；

《墨斯克斯集》(Moschus)：《逃跑的爱若斯》《欧罗巴》（微型神话史诗）、《哀比翁》（伪作）、《麦伽拉》《残篇辑录》；

《比翁集》(Bion)：《哀阿多尼斯》《阿基琉斯与戴达米娅的婚礼歌》（作者存疑）、《残篇辑录》。

《希腊化时期诗文集》(*Hellenistic Collection. Philitas. Alexander of*

Aetolia. Hermesianax. Euphorion. Parthenius)一册(J. L. Lightfoot):

《科斯的菲力塔斯集》(Philitas of Cos):《诗歌作品残篇辑录》《语法著作残篇辑录》;

《埃托里亚的亚历山大集》(Alexander of Aetolia):《残篇辑录》;

《克勒丰的赫尔墨西阿纳克斯集》(Hermesianax of Colophon):《残篇辑录》;

《卡尔基斯的欧佛里翁集》(Euphorion of Chalcis):《诗歌作品残篇辑录》《散文作品残篇辑录》;

《尼凯亚的帕忒尼奥斯集》(Parthenius of Nicaea):《诗歌作品残篇辑录》《爱的痛楚》(散文体神话集,凡三十六篇,此作当归入"杂纂类")。

《海罗达斯集》(Herodas)(I. C. Cunningham)(见"哲学部哲学类"之《泰奥弗拉斯托斯集》第六册《角色丛谈》):

《拟曲》(第1—7篇相对完整,第8篇大部分残缺,第9—11篇断章)。

《寓言两家集》(Fables. Babrius and Phaedrus)一册(B. E. Perry):

巴布里乌斯《寓言集》(原书两卷,共143篇);

费德若斯《寓言集》(见下古罗马"各体诗类")。

《希腊诗选》(又译《希腊英华集》《掇英集》)(Greek Anthology)五册(W. R. Paton & M. A. Tueller):

第一册《诗选》卷一:基督教铭体诗;《诗选》卷二:忒拜科普托斯的克里斯托多鲁斯(Christodorus of Theban Coptus)《咏宙克西坡斯健身馆里的雕塑》;《诗选》卷三:居兹科斯城阿波罗尼丝庙里的铭体诗;《诗选》卷四:各种诗选序言数篇;《诗选》卷五:艳情铭体诗;《诗选》卷六:献纳铭体诗;

第二册《诗选》卷七:墓志铭体诗;《诗选》卷八:神学家圣格里高利(Saint Gregory the Theologian)所作铭体诗;

第三册《诗选》卷九:演说铭体诗;

第四册《诗选》卷十：劝勉铭体诗与训诫铭体诗；《诗选》卷十一：宴饮铭体诗与讽刺铭体诗；《诗选》卷十二：斯特拉托(Strato)《稚气的缪斯》(艳情铭体诗集)；

第五册《诗选》卷十三：各种格律(非挽歌对句)铭体诗；《诗选》卷十四：算术问题铭体诗、谜语铭体诗、神谕铭体诗；《诗选》卷十五：杂题铭体诗；《诗选》卷十六：普拉努德斯选本所收而帕拉蒂努斯抄本未录的铭体诗。

**************************************************

《上古拉丁遗作辑选》(Remains of Old Latin)第三册(E. H. Warmington)(第二册见"史诗类""悲剧类""喜剧类"，第四册见"史学部史料类")：

《路基利乌斯(Lucilius)讽刺诗残篇辑选》(三十卷，仅存残篇)；

《十二铜表法》(见"史学部史料类")。

《两诗人集》(Catullus, Tibullus, Pervigilium Veneris)一册(F. W. Cornish et al.)：

卡图卢斯《诗集》(一卷，共116首)；

提布鲁斯《诗集》(四卷，第一卷10首，第二卷6首，第三卷20首，文艺复兴时期第三卷被一分为二，后14首组成第四卷，第三、四卷多为伪作)；

《维纳斯节守夜歌》(共93行，作者不详)。

《贺拉斯集》(Horace)两册(N. Rudd & H. R. Fairclough)：

第一册《颂歌集》(四卷，第一卷38首，第二卷20首，第三卷30首，第四卷15首)；《世纪之歌》(合唱颂歌，共76行)；《短长格集》(一卷，共17首)；

第二册《讽刺诗集》(两卷，第一卷10首，第二卷8首)；《书札集》(两卷，第一卷20首，第二卷3首，其中第二卷第3首《诗艺》见下"文论类")。

《普罗佩提乌斯集》(*Propertius*)一册(G. P. Goold):

  《哀歌集》四卷(第一卷22首,第二卷34首,第三卷25首,第四卷11首)。

《奥维德集》(*Ovid*)第一、二、五、六册(Grant Showerman et al.)(第三、四册见"史诗类"):

  第一册《拟情书》(又译《女杰书简》,共21首);《恋歌》(三卷,共49首);

  第二册《爱的艺术》(又译《爱经》,三卷)、《论容饰》(未竟之作)、《情伤良方》、《伊比斯》、《核桃树》(伪作)、《捕鱼经》(伪作)、《劝慰李维娅》(伪作);

  第五册《岁时记》(未竟之作,原拟十二卷,仅完成前六卷);

  第六册《哀怨集》(五卷)、《黑海书简》(四卷)。

《寓言两家集》(*Fables. Babrius and Phaedrus*)一册(B. E. Perry):

  巴布里乌斯《寓言集》(见上古希腊"各体诗类");

  费德若斯《寓言集》(五卷,共95篇)。

《讽刺诗两家集》(*Juvenal & Persius*)一册(S. M. Braund):

  佩尔西乌斯《讽刺诗集》(一卷,共6首);

  尤维纳利斯(旧译"玉外纳")《讽刺诗集》(五卷,第一卷包含第1—5首,第二卷包含第6首,第三卷包含第7—9首,第四卷包含第10—12首,第五卷包含第13—16首,第16首为未竟之作)。

《马尔提阿利斯集》(*Martial*)三册(D. R. Shackleton Bailey):

  第一册《铭体诗集》卷一:《斗兽场表演记》(一卷,共33首)、《铭体诗集》卷1—5;

  第二册《铭体诗集》卷二:《铭体诗集》卷6—10;

  第三册《铭体诗集》卷三:《铭体诗集》卷11—14(第13卷又名《酬赠集》,第14卷又名《礼品集》);

《拉丁小诗家合集》(*Minor Latin Poets*)两册(D. J. Duff & A. M. Duff):

第一册普布里乌斯·绪鲁斯(Publius Syrus)《警句集》(按字母顺序排列,共730余行)、佚名《梅克纳斯挽歌》(两首,第一首144行,第二首34行)、格拉提乌斯(Grattius)《狩猎》(存世约540行,微型教谕史诗)、西西里的卡普尼乌斯(Calpurnius Siculus)《牧歌》(七首)、无名氏《皮索颂》(约260行,史诗体颂歌)、佚名《艾恩西德尔牧歌》(两首,残篇)、佚名《颂祷大地母亲》及《颂祷天下草木》(短篇颂祷诗)、佚名《埃特纳火山》(共645行,微型教谕史诗);

第二册弗洛鲁斯(Florus)《短诗》(14首)、哈德良(Hadrian)《短诗》(4首)、内梅西阿努斯(Nemesianus)《牧歌》(4首)及《狩猎》(存世325行,微型教谕史诗)、雷坡西阿努斯(Reposianus)《玛尔斯与维纳斯共枕记》(共182行,微型神话史诗)、墨德斯提努斯(Modestinus)《熟睡的丘比特》(存世11行,史诗体)、佚名《恋爱中的丘比特》(存世16行,史诗体)、彭塔狄乌斯(Pentadius)《挽歌对句集》(六首)、提比里阿努斯(Tiberianus)《短诗》(四首)、塞尔瓦西乌斯(Servasius)《短诗》(两首)、佚名《加图嘉言集》(其中《加图双行诗》四卷)、佚名《长生鸟》(共170行,挽歌对句体)、阿维阿努斯(Avianus)《寓言集》(共42首,挽歌对句体)、路提利乌斯·纳马提阿努斯(Rutilius Namatianus)《返乡记》(两卷,第一卷共644行,第二卷存世68行,挽歌对句体)(以上两册《合集》包含微型史诗数种,当归入"史诗类")。

《奥索尼乌斯集》(*Ausonius*)两册(H. G. Evelyn-White):

第一册《小作品集》卷1—17:第1卷《小序诗》(共3首),第2卷《日志》(共8首),第3卷《私人诗》(共6首),第4卷《致亲人亡灵》(共30首),第5卷《纪念波尔多诸师长》(共26首),第6卷《特洛伊战争众英雄墓志铭》(共35

首），第 7 卷《牧歌》（共 26 首），第 8 卷《被折磨的丘比特》（共 103 行），第 9 卷《彼苏拉》（共 6 首），第 10 卷《莫塞拉河》（微型史诗，共 483 行，当归入"史诗类"），第 11 卷《名城榜》（共 20 首），第 12 卷《诗艺游戏》（共 14 首），第 13 卷《七哲的登场》（共 10 首），第 14 卷《咏苏维托尼乌斯〈十二帝王传〉》（共 24 首），第 15 卷《编年史跋诗》（今存 4 首），第 16 卷《数字三的谜语》（共 90 行），第 17 卷《婚礼布头诗》（共 8 首，诗体与散文体混杂）；

第二册《小作品集》卷 18—20：第 18 卷《书信集》（今存 33 封，诗体与散文体混杂），第 19 卷《铭诗》（共 112 首），第 20 卷《为担任执政官而向格拉提安皇帝致谢》（演说辞，当归入"演说辞类"），《奥索尼乌斯别集》（共 10 首）；佩拉的保利努斯（Paulinus Pellaeus）《感恩》（共 616 行）。

《克劳狄安集》（*Claudian*）两册（M. Platnauer）：

第一册：《执政官普罗比努斯与奥吕布利乌斯颂》《反卢菲努斯卷一》《反卢菲努斯卷二》《吉尔多战记》（微型战争史诗，一卷，共 526 行，当归入"史诗类"）、《反欧特罗皮乌斯》（两卷）、《何诺利乌斯皇帝婚礼艳诗》《何诺利乌斯与马丽娅婚礼歌》《何诺利乌斯皇帝第三任执政官颂诗》《何诺利乌斯皇帝第四任执政官颂诗》《曼利乌斯·泰奥多鲁斯担任执政官颂诗》《斯提利克担任执政官》卷一；

第二册：《斯提利克担任执政官》卷二、卷三、《何诺利乌斯第六任执政官颂诗》《哥特战记》（微型战争史诗，一卷，共 647 行，当归入"史诗类"）、《短诗集》（共 52 首）、《普罗塞尔皮娜被劫记》（神话史诗，共四卷，存世约 1000 行，当归入"史诗类"）。

《西多尼乌斯集》（*Sidonius*）两册（W. B. Anderson）：

第一册《诗集》（共 24 首）、《书信集》卷 1—2；

第二册《书信集》卷3—9（共147封，当归入"书信类"）。

### 3. 悲剧类

《埃斯库罗斯集》(Aeschylus)三册(A. H. Sommerstein)：

第一册《波斯人》《七雄攻忒拜》《乞援人》《被缚的普罗米修斯》（作者有争议）；

第二册《阿伽门农》《奠酒人》《复仇女神》（合称"奥瑞斯提亚"三部曲）(以上共七部悲剧完整存世)；

第三册《悲剧残篇》。

《索福克勒斯集》(Sophocles)三册(H. Lloyd-Jones)：

第一册《埃阿斯》《厄勒克特拉》《俄狄浦斯王》；

第二册《安提戈涅》《特拉基斯妇女》《菲罗克忒忒斯》《俄狄浦斯在克罗诺斯》(以上共七部悲剧完整存世)；

第三册《悲剧残篇》。

《欧里庇得斯集》(Euripides)八册(D. Kovacs)：

第一册《圆目巨人》（萨提尔剧）、《阿尔刻斯提丝》《美狄亚》；

第二册《赫拉克勒斯的儿女》《希波吕托斯》《安德洛玛克》《赫卡柏》；

第三册《请愿的妇女》《厄勒克特拉》《疯狂的赫拉克勒斯》；

第四册《特洛亚妇女》《伊菲革涅亚在陶洛人里》《依翁》；

第五册《海伦》《腓尼基妇女》《奥瑞斯忒斯》；

第六册《酒神女伴侣》《伊菲革涅亚在奥利斯》《雷索斯》（伪作）(以上共十九部戏剧完整存世，其中十七部悲剧、一部萨提尔剧及一部伪作)；

第七册《悲剧残篇》：《埃勾斯》-《梅勒阿格洛斯》；

第八册《悲剧残篇》：《俄狄浦斯》-《克律西波斯》及其他残篇。

\*\*\*\*\*\*\*\*\*\*\*\*\*\*\*\*\*\*\*\*\*\*\*\*\*\*\*\*\*\*\*\*\*\*\*\*\*\*\*\*\*\*\*\*\*\*\*\*\*\*

《上古拉丁遗作辑选》(*Remains of Old Latin*)第二册(E. H. Warmington)（第二册另见"史诗类""喜剧类",第三册见"各体诗类",第四册见"史学部史料类"）:

  《李维乌斯·安德罗尼库斯(Livius Andronicus)悲剧残篇辑选》；

  《奈维乌斯(Naevius)悲剧残篇辑选》；

  《帕库维乌斯(Pacuvius)悲剧残篇辑选》；

  《阿克基乌斯(Accius)悲剧残篇辑选》。

《罗马共和国遗作辑选》(*Fragmentary Republican Latin*)第二册(S. M. Goldberg & G. Manuwald)（第一册见"史诗类",第二册另见"喜剧类",第三至五册见"演说部演说辞类"）:

  《恩尼乌斯(Ennius):戏剧残篇及次要作品》。

《塞涅卡集》(*Seneca*)第八、九册(J. G. Fitch)（第一至七册、第十册见"哲学部哲学类",第四至六册另见"书信类",另见"小说类"《佩特罗尼乌斯集》）:

  第八册《悲剧集卷一》:《赫拉克勒斯》《特洛伊妇女》《腓尼基妇女》《美狄亚》《菲德拉》；

  第九册《悲剧集卷二》:《俄狄浦斯》《阿伽门农》《提厄斯忒斯》《奥伊塔山上的赫拉克勒斯》（以上共九部悲剧存世）、《奥克塔维娅》（伪作）。

## 4. 喜剧类

《阿里斯托芬喜剧集》(*Aristophanes*)五册(J. Henderson):

  第一册《阿卡奈人》《骑士》；

  第二册《云》《马蜂》《和平》；

  第三册《鸟》《吕西斯忒拉塔》《地母节妇女》；

  第四册《蛙》《公民大会妇女》《财神》（以上共十一部喜剧完整存世）；

  第五册《喜剧残篇》。

《古喜剧残篇辑选》(Fragments of Old Comedy)三册(I. C. Storey)：

第一册《阿尔凯奥斯(Alcaeus)至狄奥克勒斯(Diocles)》；

第二册《狄奥佩忒斯(Diopeithes)至菲瑞克拉特斯(Pherecrates)》；

第三册《菲洛尼克斯(Philonicus)至色诺芬(Xenophon)、作者不明残篇》。

《米南德集》(Menander)三册(W. G. Arnott)：

第一册《盾牌》(存世近半)、《农夫》(残篇)、《两次欺骗》(残篇)、《乖戾者》(基本完整)、《短剑》(残篇)、《公断》(存世近半)；

第二册《守护神》(残篇)、《神灵凭附的女子》(残篇)、《迦太基人》(残篇)、《竖琴女》(残篇)、《谄媚者》(残篇)、《饮毒芹汁的女人们》(残篇)、《琉卡斯岛女子》(残篇)、《受憎恶的男人》(残篇)、《割发的女子》(存世近半)、《佩林托斯女子》(残篇)；

第三册《萨摩斯岛女子》(存世大半)、《西库昂人》(存世近半)、《共进午餐的女人们》(残篇)、《幻影》(残篇)(以上共二十部喜剧，一部基本完整存世，五部存世近半，其余仅存残篇)、《佚名剧本残篇》。

\*\*\*\*\*\*\*\*\*\*\*\*\*\*\*\*\*\*\*\*\*\*\*\*\*\*\*\*\*\*\*\*\*\*\*\*\*\*\*\*\*\*\*\*\*\*\*\*

《上古拉丁遗作辑选》(Remains of Old Latin)第二册(E. H. Warmington)(第二册另见"史诗类""悲剧类"，第三册见"各体诗类"，第四册见"史学部史料类")：

《李维乌斯·安德罗尼库斯(Livius Andronicus)喜剧残篇辑选》；

《奈维乌斯(Naevius)喜剧残篇辑选》。

《罗马共和国遗作辑选》(Fragmentary Republican Latin)第二册(S. M. Goldberg & G. Manuwald)(第一册见"史诗类"，第二册另见"悲

剧类",第三至五册见"演说部演说辞类"):

《恩尼乌斯(Ennius):戏剧残篇及次要作品》。

《普劳图斯集》(Plautus)五册(W. de Melo):

第一册:《安菲特律翁》《赶驴》《一坛金子》《巴克基斯姊妹》《俘虏》;

第二册:《卡西娜》《提匣》《库尔库里欧》《埃皮狄库斯》《孪生兄弟》;

第三册:《商人》《吹法螺的军人》《凶宅》《波斯人》;

第四册:《小迦太基人》《普塞多鲁斯》《绳子》;

第五册:《斯提库斯》《三文钱》《粗鲁汉》《行囊》(此剧仅存一百余行)(以上共二十部喜剧完整存世、一部喜剧部分存世)、《喜剧残篇》。

《特伦提乌斯集》(Terence)两册(J. Barsby):

第一册:《安德罗斯女子》《自罚者》《阉奴》;

第二册:《福尔弥欧》《婆母》《两兄弟》(以上共六部喜剧完整存世)。

### 5. 小说类

《卡里同集》(Chariton)一册(G. P. Goold):

《凯瑞阿斯与卡莉若爱》(8卷);

《阿基琉斯·塔提乌斯集》(Achilles Tatius)一册(S. Gaselee):

《留基佩与克莱托丰》(8卷);

《朗古斯集》(Longus)一册(J. Henderson):

《达芙妮与克罗埃》(4卷);

另含:以弗所的色诺芬(Xenophon of Ephesus)《安提雅与哈布罗克梅斯》(5卷)。

\*\*\*\*\*\*\*\*\*\*\*\*\*\*\*\*\*\*\*\*\*\*\*\*\*\*\*\*\*\*\*\*\*\*\*\*\*\*\*\*\*\*\*\*\*\*\*\*\*\*\*

《佩特罗尼乌斯集》(Petronius)一册(M. Heseltine & H. W. D. Rouse)：

《萨提尔故事》(又名《讽世故事》,原作卷数不详,今存第 15 卷、第 14 和 16 卷的一部分),

另含:**塞涅卡**《神圣的克劳狄乌斯变瓜记》。

《阿普列乌斯集》(Apuleius)第一、二册(J. A. Hanson)(第三册见"演说部演说辞类"):

第一册《变形记》(又名《金驴记》)卷 1—6;

第二册《变形记》卷 7—11。

### 6. 书信类

《拟代体书信三家集》(Alciphron, Aelian, Philostratus)一册(A. R. Benner & F. H. Fobes)：

《阿尔基弗荣书信集》:《渔人书信》(22 封)、《农夫书信》(39 封)、

《食客书信》(42 封)、《妓女书信》(19 封及 1 封残篇);

《埃利安书信集》:《农夫书信》(20 封);

《菲罗斯特拉托斯书信集》:《情爱书信》(73 封)。

\*\*\*\*\*\*\*\*\*\*\*\*\*\*\*\*\*\*\*\*\*\*\*\*\*\*\*\*\*\*\*\*\*\*\*\*\*\*\*\*\*\*\*\*\*\*\*

《西塞罗集》(Cicero)第二十二至二十九册《书信集》(D. R. Shackleton Bailey)(第一至五册见"演说部修辞术类";第六至十五册下册见"演说部演说辞类";第十六至二十一册见"哲学部哲学类"):

第二十二册《致阿提库斯》卷 I;

第二十三册《致阿提库斯》卷 II;

第二十四册《致阿提库斯》卷 III;

第二十九册《致阿提库斯》卷 IV;

第二十五册《致亲友》卷 I;

第二十六册《致亲友》卷 II；

第二十七册《致亲友》卷 III；

第二十八册《致昆图斯》《致布鲁图斯》《书信残篇》《致屋大维》《撒鲁斯特抨击西塞罗》及《西塞罗抨击撒鲁斯特》（伪作）、《竞选拉票手册》。

《塞涅卡集》(Seneca)第四至六册(R. M. Gummere)（第一至七册、第十册见"哲学部哲学类"，第八至九册见"文学部悲剧类"；另见"文学部小说类"《佩特罗尼乌斯集》）：

第四册《道德书简》第 1—65 封；

第五册《道德书简》第 66—92 封；

第六册《道德书简》第 93—124 封（凡二十卷）；

《小普林尼集》(Pliny the Younger)两册(B. Radice)：

第一册《书信集》卷 1—7；

第二册《书信集》卷 8—10、《图拉真颂》（演说辞）。

《弗隆托集》(Fronto)两册(C. R. Haines)（另见"演说部演说辞类"）：

第一册《书信集》；

第二册《书信集》。

### 7. 杂纂类

《泰奥弗拉斯托斯集》(Theophrastus)第六册(J. Rusten & I. C. Cunningham)（第一至五册见"哲学部哲学类"）：

《品性丛谈》（又译《人物素描》，凡三十篇）；

另含：海罗达斯(Herodas)《拟曲》（见"各体诗类"）、索弗荣(Sophron)《拟曲》及其他拟曲残篇。

《路吉阿诺斯集》(Lucian)八册(A. M. Harmon)：

第一册：《法拉里斯》（演说辞）、《希庇亚斯》又名《洗澡》（演说辞）、《狄奥尼索斯》（演说辞）、《赫拉克勒斯》（演说辞）、《关于琥珀或天鹅》（演说辞）、《苍蝇赞》（演说辞）、

《尼格里努斯》(对话)、《德摩纳克斯的生平》(传记)、《礼堂》(演说辞)、《故乡赞》(演说辞)、《长寿者名录》(杂文,伪作)、《真实的故事》(又译《信史》;小说,两卷)、《论切莫轻易听信诽谤》(杂文)、《辅音争讼》(演说辞)、《喧闹的酒宴(会饮)》又名《拉皮忒人》(对话);

第二册:《下冥界》又名《僭主》(对话)、《宙斯被盘问》(对话)、《宙斯唱悲剧》(对话)、《梦》又名《公鸡》(对话)、《普罗米修斯》(对话)、《伊卡洛墨尼坡斯》又名《云上人》(对话)、《提蒙》又名《憎人者》(对话)、《卡戎》又名《观察者们》(对话)、《拍卖学派》(对话);

第三册:《复活的人们》又名《渔夫》(对话)、《双重起诉》(对话)、《关于祭祀》(杂文)、《无知的藏书家》(杂文)、《关于梦中所见》又名《路吉阿诺斯的生平》(演说辞)、《食客》(对话)、《爱说诳的人》又名《不信者》(对话)、《女神们被评判》(对话)、《论门客》(杂文);

第四册:《阿纳卡西斯》又名《论体育运动》(对话)、《墨尼坡斯》又名《死人占卜》(对话)、《关于丧事》(杂文)、《公众讲演教师》(杂文)、《亚历山大——伪先知》(传记)、《图像集》(对话)、《为〈图像集〉一辩》(对话)、《关于叙利亚的女神》(杂文,伪作)。

第五册:《佩雷基诺斯之死》(书信)、《逃跑者》(对话)、《托克萨里斯》又名《论友谊》(对话)、《论舞蹈》(对话)、《莱克西法内斯》(对话)、《阉人》(对话)、《占星术》(杂文,伪作)、《出错的批评者》(杂文)、《众神的会议》(对话)、《僭主刺杀者》(演说辞)、《断绝关系的儿子》(演说辞);

第六册:《如何著史》(论文,另见"史学部史评类")、《论纵饮者》(演说辞)、《农神节》(对话、书信)、《希罗多德》又名《画家埃提翁》(演说辞)、《宙克西斯》又名《安条克一世》(演说辞)、《关于见面问候时的口误》(杂文)、《为〈论门客〉一辩》(杂文)、《笛师哈摩尼德斯》(杂文)、《与赫西奥德对谈》(对话)、《斯基太人》又名《执政官》(杂文)、《赫尔墨提摩斯》又名《论哲学派别》(对话)、《回应"你是文字里的普罗米修斯"的说法》(杂文)、《轮船》又名《愿望》(对话);

第七册:《死人对话》(小对话三十则);《海神对话》(小对话十五则);《诸神对话》(小对话二十六则);《妓女对话》(小对话十五则);

第八册《语法错误》(对话)、《卢基乌斯变驴记》(小说)、《情爱》(对话,伪作)、《德摩斯梯尼赞》(对话,伪作)、《翡翠鸟》(对话,伪作)、《痛风》(谐拟悲剧,伪作)、《捷足》(谐拟悲剧,伪作)、《犬儒》(对话,伪作)、《爱国者》(对话,伪作)、《卡利德摩斯》(对话,伪作)、《尼禄》又名《论地峡的开掘》(对话,伪作)(以上存世著作共八十二篇,其中约十二篇伪作)。

《阿波罗多洛斯集》(*Apollodorus*)两册(J. G. Frazer):

第一册《神话全书》(又译《希腊神话》《书藏》《书库》《群书集缀》等)卷1—3.9;

第二册《神话全书》卷3.10—卷3结尾、节本(凡七卷,今存第一至三卷原本,其余各卷节本)。

《雅典娜乌斯集》(*Athenaeus*)八册:

第一册《哲人燕谈录》(又译《智者之宴》)卷1—3.106e;

第二册《哲人燕谈录》卷3.106e—5;

第三册《哲人燕谈录》卷6—7;

第四册《哲人燕谈录》卷8—10.420e;

第五册《哲人燕谈录》卷10.420e—11;

第六册《哲人燕谈录》卷12—13.594b;

第七册《哲人燕谈录》卷 13.594b—14；

第八册《哲人燕谈录》卷 15（凡十五卷，第一至三卷略有残缺）。

《埃利安集》(*Aelian*) 四册 (N. G. Wilson & A. F. Scholfield)（另见"书信类"《拟代体书信三家集》）：

第一册《历史杂记》(14 卷)；

第二册《论动物的本性》卷 1—5；

第三册《论动物的本性》卷 6—11；

第四册《论动物的本性》卷 12—17。

《老菲罗斯特拉托斯集》(*Philostratus the Elder*) 一册 (A. Fairbanks)：

《图像集》（两卷，第一卷凡三十一篇，第二卷凡三十四篇）；

另含：小菲罗斯特拉托斯 (Philostratus the Younger)《图像集》（一卷，凡十七篇）；卡利斯特拉托斯 (Callistratus)《描绘集》（一卷，凡十四篇）。

《菲罗斯特拉托斯集》(*Philostratus*) 第五册 (J. Rusten & J. König)（第一至四册见"史学部传记类"）：

《论英雄》《论竞技》《演说辞一》《演说辞二》。

\*\*\*\*\*\*\*\*\*\*\*\*\*\*\*\*\*\*\*\*\*\*\*\*\*\*\*\*\*\*\*\*\*\*\*\*\*\*\*\*\*\*\*\*\*\*\*\*\*\*

《瓦莱利乌斯·马克西穆斯集》(*Valerius Maximus*) 两册 (D. R. Shackleton Bailey)：

第一册《名事名言录》（又译《嘉言懿行录》）卷 1—5；

第二册《名事名言录》卷 6—9。

《革利乌斯集》(*Gellius*) 三册 (J. C. Rolfe)：

第一册《阿提卡之夜》卷 1—5；

第二册《阿提卡之夜》卷 6—13；

第三册《阿提卡之夜》卷 14—20（凡二十卷，除序言的开头部分及第八卷外，完整存世）。

《马克罗比乌斯集》(*Macrobius*) 三册 (R. A. Kaster)：

第一册:《农神节》卷1—2;
第二册:《农神节》卷3—5;
第三册:《农神节》卷6—7。

### 8. 文论类

《亚里士多德集》(*Aristotle*)第二十三册(S. Halliwell):

 《诗学》:见"哲学部哲学类"之"《亚里士多德集》第二十三册《诗学》"(第一卷存世,第二卷《论喜剧》佚失)。

《德米特里乌斯》(*Demetrius of Phalerum*)(W. R. Roberts & D. C. Innes)

 《论风格》:见"哲学部哲学类"之"亚里士多德集第二十三册《诗学》"。

《朗吉努斯》(*Longinus*)(W. H. Fyfe & D. Russell):

 《论崇高》:见"哲学部哲学类"之"亚里士多德集第二十三册《诗学》"(约三分之二存世)。

\*\*\*\*\*\*\*\*\*\*\*\*\*\*\*\*\*\*\*\*\*\*\*\*\*\*\*\*\*\*\*\*\*\*\*\*\*\*\*\*\*\*\*\*\*\*\*\*\*

《贺拉斯集》(*Horace*)第二册(N. Rudd):

 《诗艺》(即《书札集》第二卷第三首)

附:《瓦罗集》(*Varro*)两册(R. G. Kent)(另见"哲学部技术类"之《农书两家集》):

 第一册《论拉丁语》卷5—7;

 第二册《论拉丁语》卷8—10及其余各卷残篇(全书凡二十五卷,今存第五至十卷,其中有不少残缺之处)。

## 二、史学部

### 1. 史书类

《希罗多德集》(*Herodotus*)共四册(A. D. Godley)：

  第一册《历史》(又名《希波战争史》)卷1—2；

  第二册《历史》卷3—4；

  第三册《历史》卷5—7；

  第四册《历史》卷8—9。

《修昔底德集》(*Thucydides*)共四册(C. F. Smith)：

  第一册《伯罗奔尼撒战争史》卷1—2；

  第二册《伯罗奔尼撒战争史》卷3—4；

  第三册《伯罗奔尼撒战争史》卷5—6；

  第四册《伯罗奔尼撒战争史》卷7—8(今存8卷，未竟之作)。

《色诺芬集》(*Xenophon*)第一至三册(C. L. Brownson & J. Dillery)(第四至七册见"哲学部哲学类")：

  第一册《希腊史》卷1—4；

  第二册《希腊史》卷5—7；

  第三册《长征记》(7卷)。

《波利比乌斯集》(*Polybius*)六册(W. R. Paton, F. W. Walbank & C. Habicht)：

  第一册《历史》卷1—2；

  第二册《历史》卷3—4；

  第三册《历史》卷5—8；

  第四册《历史》卷9—15；

  第五册《历史》卷16—27；

  第六册《历史》卷28—39及残篇(凡39卷，今存第1—5卷、其余各卷残篇及摘录)。

《哈利卡那索斯的狄奥尼修斯集》(*Dionysius of Halicarnassus*)第一至七册(E. Cary)(第八至九册见"演说部修辞学类"):

  第一册《罗马古史》卷1—2;

  第二册《罗马古史》卷3—4;

  第三册《罗马古史》卷5—6.48;

  第四册《罗马古史》卷6.49—7;

  第五册《罗马古史》卷8—9.24;

  第六册《罗马古史》卷9.25—10;

  第七册《罗马古史》卷11—20(凡20卷,今存第1—9卷,第10—11卷大部分及其余各卷摘录)。

《西西里的狄奥多鲁斯集》(*Diodorus Siculus*)十二册(C. H. Oldfather et al.):

  第一册《历史书藏》(又译《史丛》)卷1—2.34;

  第二册《历史书藏》卷2.35—4.58;

  第三册《历史书藏》卷4.59—8;

  第四册《历史书藏》卷9—12.40;

  第五册《历史书藏》卷12.41—13;

  第六册《历史书藏》卷14—15.19;

  第七册《历史书藏》卷15.20—16.65;

  第八册《历史书藏》卷16.66—17;

  第九册《历史书藏》卷18—19.65;

  第十册《历史书藏》卷19.66—20;

  第十一册《历史书藏》卷21—32残篇;

  第十二册《历史书藏》卷33—40残篇(凡40卷,今存第1—5、11—20卷及其余各卷残篇)。

《曼涅托集》(*Manetho*)一册(W. G. Waddell):

  《埃及史》(3卷,仅存摘要与残篇)及其他著作。

《阿里安集》(*Arrian*)两册(P. A. Brunt):

第一册《亚历山大远征记》卷 1—4；

第二册《亚历山大远征记》卷 5—7、卷 8《印度史》。

《阿庇安集》(*Appian*)六册(B. McGing)：

第一册《罗马史》卷 1—7；

第二册《罗马史》卷 8—10；

第三册《罗马史》卷 11—12；

第四册《罗马史》卷 13—14;《内战》卷 1—2；

第五册《罗马史》卷 15—16;《内战》卷 3—4；

第六册《罗马史》卷 17:《内战》卷 5、残篇（凡 24 卷,今存序言、第 6—9 卷、第 11—17 卷及第 1—5 卷残篇）。

《狄奥·卡西乌斯集》(*Dio Cassius*)九册(E. Cary)：

第一册《罗马史》卷 1—11；

第二册《罗马史》卷 12—35；

第三册《罗马史》卷 36—40；

第四册《罗马史》卷 41—45；

第五册《罗马史》卷 46—50；

第六册《罗马史》卷 51—55；

第七册《罗马史》卷 56—60；

第八册《罗马史》卷 61—70；

第九册《罗马史》卷 71—80（凡 80 卷,今存第 36—60 卷,其余各卷节录及纲要）。

《赫洛狄安集》(*Herodian*)两册(C. R. Whittaker)：

第一册《罗马帝国史》（全名《马可·奥勒留以来的罗马帝国史》）卷 1—4；

第二册《罗马帝国史》卷 5—8。

\*\*\*\*\*\*\*\*\*\*\*\*\*\*\*\*\*\*\*\*\*\*\*\*\*\*\*\*\*\*\*\*\*\*\*\*\*\*\*\*\*\*\*\*

《凯撒集》(*Caesar*)三册(H. J. Edwards, C. Damon & A. G. Way)：

第一册《高卢战记》(8卷,第八卷系凯撒部下续写);

第二册《内战记》(3卷,未竟之作);

第三册《亚历山大里亚战记》《非洲战记》《西班牙战记》(此三篇为凯撒部下所撰)。

《撒鲁斯特集》(*Sallust*)两册(J. C. Rolfe & J. T. Ramsey):

第一册《喀提林阴谋》《朱古达战争》;

第二册《〈历史〉残篇辑选》《致凯撒书信集》(伪作)。

《李维集》(*Livy*)十四册(J. C. Yardley et al.):

第一册《自建城以来》(又译《建城以来史》《罗马史》)卷1—2;

第二册《自建城以来》卷3—4;

第三册《自建城以来》卷5—7;

第四册《自建城以来》卷8—10;

第五册《自建城以来》卷21—22;

第六册《自建城以来》卷23—25;

第七册《自建城以来》卷26—27;

第八册《自建城以来》卷28—30;

第九册《自建城以来》卷31—34;

第十册《自建城以来》卷35—37;

第十一册《自建城以来》卷38—40;

第十二册《自建城以来》卷40—42;

第十三册《自建城以来》卷43—45;

第十四册《自建城以来》梗概、残篇、尤里乌斯·奥布西昆斯(Julius Obsequens)《论异象》(凡142卷,今存第1至10卷、第20至45卷共计35卷,以及其余各卷梗概与残篇)。

《塔西佗集》(*Tacitus*)五册(M. Hutton et al.):

第一册《阿格里古拉传》(此篇见下"传记类")、《日耳曼尼亚志》《关于演说家的对话》(此篇见"演说部修辞学类")

第二册《历史》卷1—3；

第三册《历史》卷4—5（凡12卷或14卷，今存第1—4卷、第5卷部分及其余各卷残篇）、《编年史》（又名《自封神的奥古斯都以来》）卷1—3；

第四册《编年史》卷4—6,11—12；

第五册《编年史》卷13—16（凡16卷或18卷，今存第1—4卷、第5卷小部分、第6卷部分、第11卷部分、第12—15卷及第16卷部分）。

《维勒乌斯·帕特尔库鲁斯集》(Velleius Paterculus) 一册 (F. D. Shipley)：

《罗马史纲》(2卷，部分残缺)；另含：《神圣的奥古斯都功德录》。

《弗罗鲁斯集》(Florus) 一册 (E. S. Forster)：

《罗马史纲》（全名《李维〈自建城以来〉七百年战争全史纲要》）(2卷)。

《昆图斯·库尔提乌斯集》(Quintus Curtius) 两册 (J. C. Rolfe)：

第一册《亚历山大史》卷1—5；

第二册《亚历山大史》卷6—10（凡10卷，第1—2卷已佚，仅存梗概，其余各卷有脱漏）。

《阿弥阿努斯·马尔克利努斯集》(Ammianus Marcellinus) 三册 (J. C. Rolfe)：

第一册《历史》卷14—19；

第二册《历史》卷20—26；

第三册《历史》卷27—31及《瓦莱西乌斯节要》（凡31卷，今存第14—31卷）。

2. 史评类

《哈利卡那索斯的狄奥尼修斯集》(Dionysius of Halicarnassus) (S.

Usher)(第一至七册见"史学部史书类",第八至九册见"演说部修辞学类"):

  第八册《论文上》:《论修昔底德》。

《普鲁塔克集》(*Plutarch*)之《道德论丛》(L. Pearson, F. H. Sandbach & E. N. O'Neil)(《普鲁塔克集》之《道德论丛》十六册见"哲学部哲学类";《普鲁塔克集》之《平行列传》十一册见下"传记类"):

  第十一册《论希罗多德之恶意》。

《路吉阿诺斯集》(*Lucian*)(A. M. Harmon)(全八册见"文学部杂纂类"):

  第六册:《如何著史》。

### 3. 传记类

《普鲁塔克集》(*Plutarch*)之《平行列传》(又译《希腊罗马名人传》)十一册(B. Perrin)(《普鲁塔克集》之《道德论丛》十六册见"哲学部哲学类"):

  第一册《忒休斯传》《罗慕路斯传》《忒休斯与罗慕路斯对比》《吕库古传》《努玛传》《吕库古与努玛对比》《梭伦传》《普布里库拉传》《梭伦与普布里库拉对比》;

  第二册《地米斯托克勒斯传》《卡米鲁斯传》《阿里斯提德传》《老加图传》《阿里斯提德与老加图对比》《基蒙传》《卢库鲁斯传》《基蒙与卢库鲁斯对比》;

  第三册《伯里克利传》《法比乌斯·马克西穆斯传》《伯里克利与法比乌斯·马克西穆斯对比》《尼基亚斯传》《克拉苏传》《尼基亚斯与克拉苏对比》;

  第四册《亚西比得传》《克里奥兰传》《亚西比得与克里奥兰对比》《莱山德传》《苏拉传》《莱山德与苏拉对比》;

  第五册《阿格西劳斯传》《庞培传》《阿格西劳斯与庞培对比》《佩洛皮达斯传》《马凯鲁斯传》《佩洛皮达斯与马凯鲁斯

对比》；

第六册《狄翁传》《布鲁图斯传》《狄翁与布鲁图斯对比》《提莫莱翁传》《埃米利乌斯·泡鲁斯传》《提莫莱翁与埃米利乌斯·泡鲁斯对比》；

第七册《德摩斯梯尼传》《西塞罗传》《德摩斯梯尼与西塞罗对比》《亚历山大传》《凯撒传》；

第八册《塞托流斯传》《欧迈涅斯传》《塞托流斯与欧迈涅斯对比》《弗基翁传》《小加图传》；

第九册《德米特里乌斯传》《安东尼传》《德米特里乌斯与安东尼对比》《皮洛斯传》《盖乌斯·马略传》；

第十册《阿基斯与克勒奥美涅斯合传》《提比略·格拉古与盖乌斯·格拉古合传》《阿基斯与克勒奥美涅斯和格拉古兄弟对比》《斐洛培蒙传》《弗拉米尼乌斯传》《斐洛培蒙与弗拉米尼乌斯对比》；

第十一册《阿拉图斯传》《阿尔塔薛西斯传》《伽尔巴传》《奥托传》。

《菲罗斯特拉托斯集》(*Philostratus*)第一至四册(C. P. Jones & W. C. Wright)（第五册见"文学部杂纂类"）：

第一册《提亚纳的阿波罗尼乌斯传》卷1—4；

第二册《提亚纳的阿波罗尼乌斯传》卷5—8；

第三册《阿波罗尼乌斯书信集》《古人评述》《尤西比乌斯回复希艾罗克勒斯》；

第四册《智术师传》(2卷)，另含：**欧纳皮乌斯**(Eunapius)《哲学家与智术师传》。

\*\*\*\*\*\*\*\*\*\*\*\*\*\*\*\*\*\*\*\*\*\*\*\*\*\*\*\*\*\*\*\*\*\*\*\*\*\*\*\*\*\*\*\*\*\*\*\*\*\*

《涅坡斯集》(*Cornelius Nepos*)一册(J. C. Rolfe)：

《著名外族将领传》（一卷，凡二十三篇）、《历史学家传》（摘

录两篇）

《塔西佗集》(*Tacitus*)第一册(M. Hutton et al.)（全五册见上"史书类"）：

《阿格里古拉传》。

《苏维托尼乌斯集》(*Suetonius*)两册(J. C. Rolfe)：

第一册《罗马十二帝王传》(8卷,原文名《论诸凯撒的生平》)：卷一《凯撒传》、卷二《奥古斯都传》、卷三《提比略传》、卷四《盖乌斯（即卡利古拉）传》；

第二册《罗马十二帝王传》:卷五《克劳狄乌斯传》、卷六《尼禄传》、卷七《伽尔巴传》《奥托传》《维特里乌斯传》、卷八《维斯帕芗传》《提图斯传》《图密善传》；

《名人传》：《文法学家传》《修辞学家传》《诗人传》（特伦提乌斯、维吉尔、贺拉斯、提布鲁斯、佩尔修斯、卢坎）；《老普林尼传》；《帕西埃努斯·克里斯普斯传》。

《皇史六家集》(*Historia Augusta*)三册(D. Magie)：

第一册:《哈德良传》《埃利乌斯传》《安东尼乌斯·庇乌斯传》《马可·奥勒留传》《韦尔苏斯传》《阿维狄乌斯·卡西乌斯传》《康茂德传》（以上为安东尼努斯王朝诸君主）；《佩蒂纳克斯传》《狄丢斯·尤利安传》《塞普蒂米乌斯·塞维鲁传》《佩斯肯尼乌斯·尼格尔传》《克洛狄乌斯·阿尔比努斯传》（以上为"五帝之年"诸君主）；

第二册:《卡拉卡拉斯传》《盖塔传》《奥佩利乌斯·马克利努斯传》《狄阿杜美尼阿努斯传》《埃拉伽巴鲁斯传》《塞维鲁·亚历山大传》（以上为塞维鲁王朝诸君主）；《两位马克西米努斯合传》《三位戈尔狄安合传》《马克西姆斯与巴尔比努斯合传》；

第三册:《两位瓦莱良合传》《两位伽利埃努斯合传》《三十伪王合传》《被封神的克劳狄乌斯传》《被封神的奥勒良传》

《塔西佗传》《普罗布斯传》《菲尔姆斯、萨图尔尼乌斯、普罗库鲁斯、伯诺苏斯合传》《卡鲁斯、卡里努斯、努美良合传》(以上为"三世纪危机"诸君主)。

### 4. 地理类

《斯特拉波集》(*Strabo*)八册(H. L. Jones):

第一册《地理学》卷1—2(绪论);

第二册《地理学》卷3—5(伊比利亚、凯尔特、不列颠与阿尔卑斯、意大利);

第三册《地理学》卷6—7(意大利南部、西西里、伊斯特河、日耳曼尼亚、托罗斯山区、西徐亚、残篇);

第四册《地理学》卷8—9(伯罗奔尼撒半岛、阿提卡、麦加拉、福基斯、洛克里斯、特萨利);

第五册《地理学》卷10—12(埃维亚、埃托利亚、阿卡纳尼亚、克里特岛、高加索、希尔卡尼亚、帕提亚、巴克特里亚、米底亚、亚美尼亚、卡帕多西亚、本都、比西尼亚、卡拉提亚、米西亚、弗里吉亚);

第六册《地理学》卷13—14(特洛阿德、莱斯博斯、帕加马、伊奥尼亚、卡里亚、潘菲利亚、西里西亚);

第七册《地理学》卷15—16(印度、阿利亚纳、波斯、亚述、巴比伦、美索不达米亚、叙利亚、腓尼基、朱迪亚、阿拉伯);

第八册《地理学》卷17(埃及、埃塞俄比亚、利比亚)。

《保萨尼阿斯集》(*Pausanias*)五册(W. H. S. Jones, H. A. Ormerod & R. E. Wycherley):

第一册《希腊游记》卷1—2(阿提卡与科林斯);

第二册《希腊游记》卷3—5(拉科尼亚、梅西尼亚、埃利斯之一);

第三册《希腊游记》卷6—8.21(埃利斯之二、阿凯亚、阿卡狄亚之一）；

第四册《希腊游记》卷 8.22—10（阿卡狄亚之二、比奥提亚、弗基斯、奥佐利亚·洛克里斯）；

第五册《希腊游记》地图、图表、插图及索引。

### 5. 史料类

《希腊纸草文献辑选》(Select Papyri)三册(A. S. Hunt, C. C. Edgar & D. L. Page)：

第一册《私人文书》（契约、收据、遗嘱、私人书信、协议备忘录、账目清单及其他）；

第二册《官方文书》（规章制度、法令法规、公告、会议纪要、官方案件、司法文件、请愿申诉、声明书、合同、公共收据、账目清单、公函及其他）；

第三册《诗歌》（此册内容分属"文学部"各诗体类）。

\*\*\*\*\*\*\*\*\*\*\*\*\*\*\*\*\*\*\*\*\*\*\*\*\*\*\*\*\*\*\*\*\*\*\*\*\*\*\*\*\*\*\*\*\*\*\*\*\*\*\*\*\*

《上古拉丁遗作辑选》(Remains of Old Latin)第三、四册(E. H. Warmington)（第二册见"文学部悲剧类"，第三册另见"文学部各体诗类"）：

第三册：《卢基利乌斯讽刺诗残篇辑选》（见"文学部各体诗类"）《十二铜表法》；

第四册：《上古拉丁铭文辑选》（墓志铭、献词、公共建筑上的铭文、物品上的铭文、钱币上的铭文、法律铭文、其他官方铭文）。

## 三、哲学部

### 1. 哲学类

《**早期希腊哲学**》(*Early Greek Philosophy*)共九册(A. Laks & G. W. Most)：

第一册《导论》《参考材料》；

第二册《起源与早期伊奥尼亚思想家第一部分》：学说汇纂与学术师承、宇宙论猜想、关于神与人的思索、菲瑞居德斯、泰勒斯、阿那克西曼德、阿那克西美尼；

第三册《早期伊奥尼亚思想家第二部分》：塞诺芬尼、赫拉克利特；

第四册《希腊西部地区思想家第一部分》：毕达哥拉斯及毕达哥拉斯学派；

第五册《希腊西部地区思想家第二部分》：巴门尼德、芝诺、麦里梭、恩培多克勒、阿克麦翁、希波；

第六册《稍晚时期伊奥尼亚与雅典思想家第一部分》：阿那克萨戈拉、阿凯劳斯、阿波罗尼亚的第欧根尼、早期希腊医学、德尔维尼纸草；

第七册《稍晚时期伊奥尼亚与雅典思想家第二部分》：原子论者：留基伯与德谟克利特；

第八册《智术师第一部分》：普罗塔哥拉、高尔吉亚、苏格拉底、普罗狄科、色拉叙马库斯、希庇亚斯；

第九册《智术师第二部分》：安提丰、吕克弗荣、塞尼阿德斯、杨布里库斯称引的作者、《双重论证》、"智术师"与"智术"综论及附录"古希腊喜剧与悲剧里的哲学与哲学家"。

《**柏拉图集**》(*Plato*)共十二册(C. Emlyn-Jones et al.)：

第一册《游叙弗伦》《苏格拉底的申辩》《克里同》《费多》；

第二册《拉克斯》《普罗塔哥拉》《美诺》《游叙德摩斯》；

第三册《吕西斯》《会饮》《高尔吉亚》；

第四册《克拉底鲁》《巴门尼德》《大希庇亚斯》(作者存疑)、《小希庇亚斯》(作者存疑)；

第五册《理想国》卷1—5；

第六册《理想国》卷6—10；

第七册《泰阿泰德》《智术师》；

第八册《政治家》《菲莱布》《依翁》；

第九册《蒂迈欧》《克里提亚》《克莱托芬》(作者存疑)、《梅内克赛诺斯》《信札》(作者存疑)；

第十册《礼法》卷1—6；

第十一册《礼法》卷7—12；

第十二册《卡米德斯》《大亚西比得》(作者存疑)、《小亚西比得》(伪作)、《希帕克斯》(伪作)、《情人》(伪作)、《泰阿格斯》(伪作)、《米诺斯》(伪作)、《埃庇诺米斯》(伪作)。

**《色诺芬集》**(*Xenophon*)第四至七册(F. C. Marchant, O. J. Todd, J. Henderson, W. Miller & W. G. Bowersock)(第一至三册见"史学部史书类")：

第四册《回忆苏格拉底》(四卷)、《家政》《会饮》《申辩》；

第五册《居鲁士的教育》卷1—4(此书或可归入"文学部小说类")；

第六册《居鲁士的教育》卷5—8(此书或可归入"文学部小说类")；

第七册：《希耶罗》《阿格西劳斯传》《斯巴达人的政体》《财源论》《骑兵队长》《马术》《论狩猎》《雅典人的政体》(作者存疑)(此册内容驳杂,姑且归入政治哲学之属)。

**《亚里士多德集》**(*Aristotle*)共二十三册(H. Tredennick et al.)：

第一册《范畴篇》《解释篇》《前分析篇》（两卷）；

第二册《后分析篇》（两卷）、《论题篇》（八卷）；

第三册《辨谬篇》《论生灭》（两卷）、《论宇宙》（伪作）；

第四册《物理学》卷1—4；

第五册《物理学》卷5—8；

第六册《论天》（四卷）；

第七册《天象学》（四卷）；

第八册《论灵魂》（三卷）、《论自然诸短篇》（包括《论感觉及其对象》《论记忆》《论睡眠》《论梦》《论睡眠中的征兆》《论生命的长短》《论青年与老年暨论生与死》《论气息》）、《论呼吸》（伪作）；

第九册《动物志》卷1—3；

第十册《动物志》卷4—6；

第十一册《动物志》卷7—10（第10卷伪作）；

第十二册《动物之构造》《动物之运动》《动物之行进》；

第十三册《动物之生殖》（五卷）；

第十四册《物理学诸短篇》：《论颜色》（伪作）、《论声音》（伪作）、《体相学》（伪作）、《论植物》（伪作）、《奇闻集》（伪作）、《机械学》（伪作）、《论不可分割的线》（伪作）、《论风的方位和名称》（伪作）、《论麦里梭、塞诺芬尼和高尔吉亚》（伪作）；

第十五册《问题集》（作者存疑）卷1—19；

第十六册《问题集》（作者存疑）卷20—38、《亚历山大修辞学》（伪作，此书当归入"演说部修辞学类"）；

第十七册《形而上学》卷1—9；

第十八册《形而上学》卷10—14（第11卷作者存疑）、《家政学》（三卷，作者存疑）、《大伦理学》（两卷，作者存疑）；

第十九册《尼各马可伦理学》（十卷）；

第二十册《雅典政制》(作者存疑)《欧德谟伦理学》(第 1—3、7—8 卷)、《论诸善与诸恶》(伪作);

第二十一册《政治学》(八卷);

第二十二册《修辞学》(三卷)(此书当归入"演说部修辞学类");

第二十三册《诗学》;另含**朗吉努斯**《论崇高》及**德米特里乌斯**《论风格》(此书当归入"文学部文论类")。

《**泰奥弗拉斯托斯集**》(*Theophrastus*)第一至五册(A. F. Hort, B. Einarson & J. K. K. Link)(第六册见"文学部杂纂类"):

第一册《植物研究》卷 1—5;

第二册《植物研究》卷 6—9、《论气味》《论气象预兆》;

第三册《论植物的生长》卷 1—2;

第四册《论植物的生长》卷 3—4;

第五册《论植物的生长》卷 5—6。

《**普鲁塔克集**》(*Plutarch*)之《道德论丛》十六册(L. Pearson, F. H. Sandbach & E. N. O'Neil)(普鲁塔克之《平行列传》十一册见"史学部传记类"):

第一册《子女的教育》《年轻人应当如何学诗》《论课堂的听讲》《如何从友人当中分辨阿谀之徒》《人如何能自觉于德行的精进》;

第二册《如何从政敌那里获得好处》《论知交满天下》《机遇》《善与恶》《致阿波罗尼奥斯的吊慰信》《养生之道》《对新婚夫妇的劝告》《七哲宴集》《迷信》;

第三册《国王和将领的嘉言隽语》《罗马人的嘉言隽语》《斯巴达人的嘉言隽语》《斯巴达的古俗》《斯巴达妇女的嘉言隽语》《妇女之勇》;

第四册《罗马掌故》《希腊掌故》《希腊和罗马的相似故事》《论命运女神眷顾罗马人》《论亚历山大的命运或德行》

《雅典人于战争抑或智慧更为著称？》；

第五册《伊西丝与奥西里斯》《德尔斐的 E 字母》《德尔斐的神谕不再使用诗体》《神谕的式微》；

第六册《德行能否学而致之？》《论伦理德行》《论制怒》《论心灵的宁静》《论手足之情》《论子女之爱》《恶德是否足以引起不幸》《灵魂之爱是否不如肉体之爱》《论言多必失》《论多管闲事之人》；

第七册《论爱财》《论顺从》《论嫉妒与憎恨》《论不会得罪人的自夸》《论天网恢恢之迟延》《论命运》《论苏格拉底的灵兆》《论放逐》《慰妻书》；

第八册《筵宴闲谈录》卷1—6；

第九册《筵宴闲谈录》卷7—9、《爱的对话》；

第十册《爱的故事》《哲学家应尤其与掌权者交谈》《致未受教育的统治者》《花甲老人是否应该忙于公事》《为政之道的准则》《论君主政体、民主政体和寡头政体》《何以吾人不应借贷》《十位演说家的传记》《阿里斯托芬与米南德异同概要》；

第十一册《论希罗多德之恶意》（此文另见"史学部史评类"）《自然现象的成因》；

第十二册《论月球的表面》《论寒冷的原则》《火与水，孰能发挥更大的效用》《陆生动物与海生动物，何者更为聪慧》《野兽都有理性》《论肉食》；

第十三册上《柏拉图学派的论题》（包括《论柏拉图〈蒂迈欧〉有关"灵魂的出生"》《论柏拉图〈蒂迈欧〉有关"灵魂的出生"的概述》）；

第十三册下《画廊学派的论题》（包括《论画廊学派的自相抵牾》《画廊学派的言论较之诗人更为荒谬悖理》《对画廊学派一般概念的驳斥》）；

第十四册《伊壁鸠鲁不可能过快乐的生活》《答复科洛忒斯：为其他哲学家辩护》《"隐居而生"的准则是否明智？》《论音乐》（以上共78篇）；

第十五册《残篇》；

第十六册《索引》。

《爱比克泰德集》（*Epictetus*）两册（W. A. Oldfather）：

第一册《论说集》卷1—2；

第二册《论说集》卷3—4、残篇及《手册》。

《马可·奥勒留集》（*Marcus Aurelius*）一册（C. R. Haines）：

《沉思录》（十二卷）、《演说辞》《隽语录》。

《塞克斯都·恩披里克集》（*Sextus Empiricus*）四册（R. G. Bury）：

第一册《皮浪学说概要》（三卷）；

第二册《驳逻辑学家》（两卷）；

第三册《驳自然哲学家》（两卷）、《驳伦理学家》；

第四册《驳教师》（六卷）。

《第欧根尼·拉尔修集》（*Diogenes Laertius*）两册（R. D. Hicks）：

第一册《名哲言行录》卷1—5；

第二册《名哲言行录》卷6—10。

《普罗提诺集》（*Plotinus*）七册（A. H. Armstrong）：

第一册《波菲力〈普罗提诺的生平〉》及《九章集》卷1；

第二册《九章集》卷2；

第三册《九章集》卷3；

第四册《九章集》卷4；

第五册《九章集》卷5；

第六册《九章集》卷6.1—5；

第七册《九章集》卷6.6—9。

\*\*\*\*\*\*\*\*\*\*\*\*\*\*\*\*\*\*\*\*\*\*\*\*\*\*\*\*\*\*\*\*\*\*\*\*\*\*\*\*\*\*\*\*

《卢克莱修集》(*Lucretius*)一册(W. H. D. Rouse):

《物性论》(六卷,史诗体)。

《西塞罗集》(*Cicero*)第十六至二十一册(《哲学著作集》)(C. W. Keyes et al.)(第一至五册见"演说部修辞术类";第六至十五册下见"演说部演说辞类";第二十二至二十九册见"文学部书信类"):

第十六册《论共和国》(六卷,今存前三卷、后三卷残篇)、《论法律》(三卷);

第十七册《论至善与极恶》(五卷);

第十八册《图斯库卢姆论辩集》(五卷);

第十九册《论神性》(三卷)、《学院派哲学》(六卷,今存两卷);

第二十册《论老年》《论友谊》《论占卜》;

第二十一册《论义务》(三卷)。

《曼尼利乌斯集》(*Manilius*)一册(G. P. Goold):

《天文学》(五卷,未竟之作,史诗体)。

《塞涅卡集》(*Seneca*)第一至七册、第十册(R. M. Gummere)(第四至六册另见"文学部书信类",第八、九册见"文学部悲剧类";另见"文学部小说类"《佩特罗尼乌斯集》):

第一册《道德论说集》:《论神恩》《论刚毅》《论愤怒》(三卷)、《论仁慈》(三卷,今存第一卷、第二卷开篇);

第二册《道德论说集》:《劝慰辞——致马尔基娅》《论幸福生活》《论闲暇》《论灵魂的安宁》《论人生的短暂》《劝慰辞——致波利比乌斯》《劝慰辞——致母亲赫尔维娅》;

第三册《道德论说集》:《论恩惠》(七卷);

第四册《道德书简》第1—65封;

第五册《道德书简》第66—92封;

第六册《道德书简》第93—124封(凡二十卷,书信体,另见"文学部书信类");

第七册《自然问题》卷 1—3；

第十册《自然问题》卷 4—7。

《普林尼集》(*Pliny*)十册(H. Rackham, W. H. S. Jones & D. E. Eichholz)：

第一册《博物志》(又译《自然史》)卷 1—2；

第二册《博物志》卷 3—7；

第三册《博物志》卷 8—11；

第四册《博物志》卷 12—16；

第五册《博物志》卷 17—19；

第六册《博物志》卷 20—23；

第七册《博物志》卷 24—27、植物种类索引；

第八册《博物志》卷 28—32、鱼类索引；

第九册《博物志》卷 33—35；

第十册《博物志》卷 36—37。

2. 科学类

《希腊数学著作辑选》(*Greek Mathematical Works*)两册(I. Thomas)：

第一册《泰勒斯(Thales)至欧几里得(Euclid)》；

第二册《阿里斯塔库斯(Aristarchus)至帕坡斯(Pappus)》。

《托勒密集》(*Ptolemy*)一册(F. E. Robbins)：

《占星术》(四卷，又名《四卷集》)。

3. 技术类

《兵法三家集》(*Aeneas Tacticus, Asclepiodotus, Onasander*)一册(Illinois Greek Club)：

"战术家"埃涅阿斯《守城术》(原文名《被敌军围城者当如何抵御》)；

阿斯克莱皮奥多托斯《战术》；

奥纳桑德《将领术》。

《弗伦提努斯集》(Frontinus)一册(C. E. Bennett):

《战略》(凡四卷,第四卷真实性存疑)。

\*\*\*\*\*\*\*\*\*\*\*\*\*\*\*\*\*\*\*\*\*\*\*\*\*\*\*\*\*\*\*\*\*\*\*\*\*\*\*\*\*\*\*\*\*\*\*\*\*\*

《农书两家集》(Cato & Varro)一册(W. D. Hooper & H. B. Ash):

老加图《农艺论》;

瓦罗《农艺论》(凡三卷,对话体)。

《科鲁麦拉集》(Columella)三册(H. B. Ash, E. S. Forster & E. H. Heffner):

第一册《农艺论》卷1—4;

第二册《农艺论》卷5—9;

第三册《农艺论》卷10—12、《树艺论》。

《维特鲁威集》(Vitruvius)两册(F. Granger):

第一册《建筑论》(又译《建筑十书》)卷1—5;

第二册《建筑论》卷6—10。

《弗伦提努斯集》(Frontinus)一册(C. E. Bennett):

《论罗马水渠》两卷。

### 4. 医学类

《希波克拉底集》(Hippocrates)十一册(W. H. S. Jones, E. T. Withington, P. Potter & W. D. Smith):

第一册《古代医学论》《气候水土论》《流行病论一》《流行病论三》《誓言》《法则》《营养论》;

第二册《预后论》《急性病摄生论》《神圣病论》《医学艺术论》《呼吸论》《法论》《礼仪论》《医师论(第一章)》《生齿期论》;

第三册《头部外伤论》《外科论》《骨折论》《关节论》《整复论》;

第四册《人性论》《健康摄生论》《体液论》《格言集》《摄生论一》《摄生论二》《摄生论三》《梦论》《赫拉克利特或论宇宙》；

第五册《疾患论》《疾病论一》《疾病论二》；

第六册《疾病论三》《体内感染论》《急性病摄生论》（附论）；

第七册《流行病论二》《流行病论四》《流行病论五》《流行病论六》《流行病论七》；

第八册《人体部位论》《腺论》《肌肉论》《预断论一》《预断论二》《医师论》《液体用途论》《溃疡论》《痔论》《瘘论》；

第九册《解剖论》《骨之本性论》《心脏论》《八月胎儿论》《科斯预后格言集》《病情的突转》《病情突转的日期》《异期复孕论》《处女论》《胎儿的切除》《视力论》；

第十册《生长论》《儿童本性论》《疾病论四》《妇女本性论及不育论》；

第十一册《妇科疾病论一》《妇科疾病论二》。

《盖伦集》(Galen)八册(I. Johnston, G. H. R. Horsley & A. J. Brock)：

第一册《医学方法》卷1—4；

第二册《医学方法》卷5—9；

第三册《医学方法》卷10—14；

第四册《论身体各部器官的功能》（三卷）；

第五册《论医术的组成》《医术》《致格劳孔的医学方法》（两卷）；

第六册《卫生学》卷1—4；

第七册《卫生学》卷5—6、《特拉绪布鲁斯》《论使用小球健身》；

第八册《论气质》（三卷）、《论气质的失衡》《论灵魂特征依恃身体气质》、附录《论身体的最佳构造》及《论良好的身体状态》。

*********************************************************

《凯尔苏斯集》(*Celsus*)三册(W. G. Spenser)：

第一册《医术》卷1—4；

第二册《医术》卷5—6；

第一册《医术》卷7—8。

## 四、演说部

### 1. 演说辞类

《阿提卡小演说家合集》(*Minor Attic Orators*)共两册((K. J. Maidment & J. O. Burtt)

第一册:《安提丰集》(Antiphon)（共六篇演说辞）:第一篇《以毒杀罪诉继母》；第二篇《关于谋杀案的不具名控告辞》（第一组四联篇）；第三篇《关于过失杀人案的控告辞》(第二组四联篇)；第四篇《关于正当防卫致人死亡的控告辞》（第三组四联篇）；第五篇《关于希罗德斯被谋杀》；第六篇《关于合唱队男童》；残篇(《关于寡头政变》)；《安多基德斯集》(Andocides)（共四篇演说辞）:第一篇《论密仪》；第二篇《论归家》；第三篇《论和平》；第四篇《诉亚西比得》(伪作)；

第二册:《吕库古集》(*Lycurgus*)（共一篇演说辞）:《诉莱奥克拉底》；其他残篇；《狄那库斯集》(Dinarchus)（共三篇演说辞）:第一篇《诉德摩斯梯尼》；第二篇《诉阿里斯托基同》；第三篇《诉菲罗克勒斯》；其他残篇；《得玛德斯集》(Demades)（共一篇演说辞）:《论前十二年》（疑伪）；《徐佩利德斯集》(Hyperides)（共六篇演说辞）:第一篇《吕

库弗荣辩护辞》；第二篇《诉菲力庇德斯》；第三篇《诉阿特诺格尼斯》；第四篇《欧萨尼普斯辩护辞》；第五篇《诉德摩斯梯尼》；第六篇《葬礼演说》；其他残篇。

《吕西阿斯集》(*Lysias*) 一册（共三十四篇演说辞）(W. R. M. Lamb)：

第一篇《论埃拉托色尼之被谋杀》；第二篇《葬礼演说》；第三篇《诉西蒙》；第四篇《论蓄意伤害》；第五篇《为卡利阿斯辩护》；第六篇《诉安多基德斯》；第七篇《为橄榄树墩事件辩护》；第八篇《控告诽谤》；第九篇《为士兵辩护》；第十篇《诉忒奥姆涅斯托斯之一》；第十一篇《诉忒奥姆涅斯托斯之二》；第十二篇《诉埃拉托色尼》；第十三篇《诉阿格拉图斯》；第十四篇《诉亚西比得之一》；第十五篇《诉亚西比得之二》；第十六篇《曼提泰乌斯辩护辞》；第十七篇《论埃拉同的财产》；第十八篇《论尼西亚斯兄弟的财产》；第十九篇《论阿里斯托芬的财产》；第二十篇《为坡吕斯特拉托斯辩护》；第二十一篇《为收受贿赂的指控辩护》；第二十二篇《诉谷物经销商》；第二十三篇《诉潘克莱翁》；第二十四篇《论拒收抚恤金》；第二十五篇《关于推翻民主政治的指控》；第二十六篇《论欧安得洛斯的任职资格审查》；第二十七篇《诉埃皮克拉特斯及其使团成员》；第二十八篇《诉埃尔格克勒斯》；第二十九篇《诉菲罗可拉特斯》；第三十篇《诉尼科马库斯》；第三十一篇《诉菲隆》；第三十二篇《诉狄奥格同》；第三十三篇《奥林匹亚演说辞》；第三十四篇《反对推翻祖制》。

《伊赛奥斯集》(*Isaeus*) 一册（共十一篇演说辞）(E. S. Forster)：

第一篇《关于克莱奥尼慕斯的财产》；第二篇《关于梅内克雷斯的财产》；第三篇《关于皮洛斯的财产》；第四篇《关于尼克斯特拉托斯的财产》；第五篇《关于狄凯奥根尼斯的财产》；第六篇《关于菲罗忒蒙的财产》；第七篇《关于阿波罗多洛斯的财产》；第八篇《关于吉隆的财产》；第九篇《关于阿斯杜菲洛斯

的财产》;第十篇《关于阿里斯塔科斯的财产》;第十一篇《关于哈格尼阿斯的财产》。

《伊索克拉底集》(Isocrates)共三册(共二十一篇演说辞及九封书信)(G. Norlin & La Rue van Hook):

第一册《致德墨尼库斯》(演说辞一)、《致尼科克勒斯》(演说辞二)、《尼科克勒斯或塞浦路斯人》(演说辞三)、《泛希腊集会辞》(演说辞四)、《致菲利普》(演说辞五)、《阿基达摩斯》(演说辞六);

第二册《论和平》(演说辞八)、《战神山议事会辞》(演说辞七)、《驳智术师》(演说辞十三)、《论财产交换》(演说辞十五)、《泛雅典娜节演说辞》(演说辞十二);

第三册《埃瓦戈拉斯》(演说辞九)、《海伦颂》(演说辞十)、《布西里斯》(演说辞十一)、《普拉提亚演说辞》(演说辞十四)、《论马队》(演说辞十六)、《论银钱商》(演说辞十七)、《驳卡利马库斯特别辩护辞》(演说辞七)、《关于遗产纠纷》(演说辞十九)、《诉罗基特斯》(演说辞二十)、《诉欧提诺斯》(演说辞二十一)、《书信》(九封)。

《德摩斯梯尼集》(Demosthenes)共七册(共六十一篇演说辞及六封书信)(J. H. Vince, C. A. Vince, A. T. Murray, N. W. Dewitt & N. J. Dewitt):

第一册《演说辞一至十七及二十:奥林图斯辞、反腓力辞及次要公共演说辞》:《第一篇奥林图斯辞》(演说辞一)、《第二篇奥林图斯辞》(演说辞二)、《第三篇奥林图斯辞》(演说辞三)、《第一篇反腓力辞》(演说辞四)、《论和平》(演说辞五)、《第二篇反腓力辞》(演说辞六)、《关于哈罗内索斯岛》(演说辞七)、《关于半岛》(演说辞八)《第三篇反腓力辞》(演说辞九)、《第四篇反腓力辞》(演说辞十)、《回复腓力来信》(演说辞十一)、《腓力来信》(演说辞十二)、《论组织》(演说辞十三)、《关于海军委员会》(演说辞十三)、《为罗德岛人民的自由辩护》(演说辞十五)、《为美伽罗坡利斯人民辩护》(演说辞十六)、《论与亚历山大缔结的条约》(演说辞十七)、《反莱普提内斯》(演说辞二十);

第二册《演说辞十八及十九》:《金冠辞》(演说辞十八)、《使团辞》(演说辞十九);

第三册《演说辞二十一至二十六》:《诉美狄亚斯》(演说辞二十一)、《诉安德罗提翁》(演说辞二十二)、《诉阿里斯托克拉特》(演说辞二十三)、《诉提摩克拉特》(演说辞二十四)、《诉阿里斯托格同之一》(演说辞二十五)、《诉阿里斯托格同之二》(演说辞二十六);

第四册《演说辞二十七至四十:私人诉讼》:《诉阿弗波斯之一》(演说辞二十七)、《诉阿弗波斯之二》(演说辞二十八)、《诉阿弗波斯之三》(演说辞二十九)、《诉奥内托尔之一》(演说辞三十)、《诉奥内托尔之二》(演说辞三十一)、《诉芝诺特米斯》(演说辞三十二)、《诉阿帕图里奥斯》(演说辞三十三)、《诉佛米欧》(演说辞三十四)、《诉拉克里托斯》(演说辞三十五)、《为佛米欧辩护》(演说辞三十六)、《诉潘泰内托斯》(演说辞三十七)、《诉瑙西马克斯》(演说辞三十八)、《诉伯伊奥托斯之一》(演说辞三十九)、《诉伯伊奥托斯之二》(演说辞四十);

第五册《演说辞四十一至四十九:私人诉讼》:《诉斯普狄阿斯》(演说辞四十一)、《诉菲尼坡斯》(演说辞四十二)、《诉马卡塔托斯》(演说辞四十三)、《诉莱奥卡瑞斯》(演说辞四十四)、《诉斯泰法诺斯之一》(演说辞四十五)、《诉斯泰法诺斯之二》(演说辞四十六)、《诉欧埃戈斯》(演说辞四十七)、《诉奥林匹奥多罗斯》(演说辞四十八)、《诉提摩透斯》（演说辞四十九）；

第六册《演说辞五十至五十九：私人诉讼》：《诉坡吕克勒斯》（演说辞五十）、《关于战舰捐助者之冠》（演说辞五十一）、《诉卡利坡斯》（演说辞五十二）、《诉尼克斯特拉托斯》（演说辞五十三）、《诉克农》（演说辞五十四）、《诉卡利克雷斯》（演说辞五十五）、《诉狄奥尼索多洛斯》（演说辞五十六）、《诉欧布利德斯》（演说辞五十七）、《诉泰奥克里内斯》（演说辞五十八）、《诉内埃拉》（演说辞五十九）；

第七册《演说辞六十至六十一》：《葬礼演说》（演说辞六十）、《情爱论》（演说辞六十一）、《演说辞引言集》《书信集》。

《埃斯基涅斯集》(Aeschines)一册（共三篇演说辞）(C. D. Adams)：

第一篇《诉提马库斯》；第二篇《使团辞》；第三篇《诉克忒西丰》。

《金嘴迪翁集》(Dio Chrysostom)共五册(J. W. Cohoon & H. Lamar Crosby)：

第一册《演说辞》1—11；

第二册《演说辞》12—30；

第三册《演说辞》31—36；

第四册《演说辞》37—60；

第五册《演说辞》61—80、残篇、书信。

《埃利乌斯·阿里斯提德斯集》(Aelius Aristides)一册(M. Trapp)：

《演说辞》卷一。

《尤利安集》(Julian)共三册(W. C. Wright)：

第一册《演说辞》1—5（演说辞一《君士坦提乌斯赞》、演说辞二《君士坦提乌斯的英雄伟绩》、演说辞三《欧西比亚赞》、演说辞四《赫利奥斯王颂》、演说辞五《诸神之母颂》）；

第二册《演说辞》6—8（演说辞六《致未蒙教化的犬儒们》、演说辞七《致犬儒赫拉克雷奥斯》、演说辞八《因撒鲁斯特的离去而告慰自己》)、《致特弥斯提乌斯的信函》《致雅典元老院与人民的信函》《致某祭司信函》残篇、《诸凯撒》(讽刺短文集)、《厌胡者》(讽刺文);

第三册《书信集》《铭诗集》《反加利利人》《残篇》。

《里巴尼乌斯集》(*Libanius*)共四册(A. F. Norman):

《演说辞选》第一册《尤利安演说辞》;

《演说辞选》第二册《演说辞》2, 19—23, 30, 33, 45, 47—50;

《自传与书信选》第一册《自传》《书信》1—50;

《自传与书信选》第二册《书信》51—193。

\*\*\*\*\*\*\*\*\*\*\*\*\*\*\*\*\*\*\*\*\*\*\*\*\*\*\*\*\*\*\*\*\*\*\*\*\*\*\*\*\*\*\*\*\*\*\*\*\*\*

《罗马共和国遗作辑选》(*Fragmentary Republican Latin*)第三至五册(G. Manuwald)(第一册见"文学部史诗类",第二册见"文学部悲剧类"):

第三册《演说辞》第一部分:1. "瞽者克劳狄乌斯"(Ap. Claudius Caecus)至 69. 多弥提乌斯·阿赫诺巴布斯(Cn. Domitius Ahenobarbus);

第四册《演说辞》第二部分:70. 马基乌斯·菲利普斯(L. Marcius Philippus)至 125. 梅米乌斯(C. Memmius);

第五册《演说辞》第三部分:126. 小加图(M. Porcius Cato minor)至 176. 瓦莱利乌斯·梅萨拉·科尔维努斯(M. Valerius Messalla Corvinus)。

《西塞罗集》(*Cicero*)第六至十五册下册(《演说集》)(J. H. Freese et al.)(第一至五册见"演说部修辞术类";第十六至二十一册见"哲学部哲学类";第二十二册至二十九册见"文学部书信类"):

第六册《为昆克提乌斯辩护》《为阿梅利亚的罗斯基乌斯辩护》《为喜剧演员罗斯基乌斯辩护》《论土地法案》第1—3篇;

第七册《维勒斯诸演说之一》:《诉凯基利乌斯》《诉维勒斯:第一部分》《诉维勒斯:第二部分,卷1—2》;

第八册《维勒斯诸演说之二》:《诉维勒斯:第二部分,卷3—5》;

第九册《为曼尼利乌斯法案辩护》(又名《关于任命庞培的演说》)、《为凯基纳辩护》《为克鲁恩提乌斯辩护》《为被控叛国的拉比利乌斯辩护》;

第十册《反喀提林》第1—4篇、《为穆瑞纳辩护》《为苏拉辩护》《为弗拉库斯辩护》;

第十一册《为诗人阿尔基亚斯辩护》《归来后在元老院的演说》《归来后对人民的演说》《论他的家宅》《论脏卜官的回答》《为普兰基乌斯辩护》;

第十二册《为塞斯提乌斯辩护》《对证人瓦提尼乌斯的盘问》;

第十三册《为凯利乌斯辩护》《关于给卸任执政官指派任职行省》《为巴尔布斯辩护》;

第十四册《为米罗辩护》《反庇索》《为斯考鲁斯辩护》《为丰泰乌斯辩护》《为"遗腹子"拉比利乌斯辩护》《为马凯鲁斯辩护》《为利伽里乌斯辩护》《为国王戴奥塔洛斯辩护》;

第十五册上《反腓力辞》第1—6篇;

第十五册下《反腓力辞》第7—14篇。

《老塞涅卡集》(*Seneca the Elder*)两册(M. Winterbottom):

第一册《演说辞》卷一:《辩驳辞》卷1—6;

第二册《演说辞》卷二:《辩驳辞》卷7—10(第1—2, 7, 9—10卷完整传世,其余各卷仅存残篇)、《劝喻辞》(一卷,凡七篇)、《残篇》。

《昆体良集》(*Quintilian*)第六、七册(D. R. Shackleton-Bailey)(第一至五册见下"修辞学类"):

第六册《短篇宣讲集一》(作者存疑);

第七册《短篇宣讲集二》(作者存疑)。

《阿普列乌斯集》(*Apuleius*)第三册(C. P. Jones)(前两册见"文学部小说类"):

《申辩》《英华集》(凡二十三篇演说辞)、《论苏格拉底的神灵》。

《弗隆托集》(*Fronto*)两册(C. R. Haines)(另见"文学部书信类"):

第一册《书信集》;

第二册《书信集》。

## 2. 修辞学类

《亚里士多德集》(*Aristotle*)第二十二册(J. H. Freese):

《修辞学》:见"哲学部哲学类"之"《亚里士多德集》第二十二册《修辞学》"(三卷)。

《哈利卡那索斯的狄奥尼修斯集》(*Dionysius of Halicarnassus*)第八、九册(S. Usher)(第一至七册见"史学部史书类"):

第八册《论文上》:《论古代演说家:吕西亚斯、伊索克拉底、伊赛奥斯与德摩斯梯尼》《论修昔底德》(此著另见"史学部史评类");

第九册《论文下》:《论词语的铺排》《论狄那库斯》《致阿迈乌斯信札第一通》《致格奈乌斯·庞贝乌斯信札》《致阿迈乌斯信札第二通》。

《演说家米南德、哈利卡那索斯的狄奥尼修斯〈演说术〉》(*Menander Rhetor. Dionysius of Halicarnassus, Ars Rhetorica*)一册(W. H. Race):

演说家米南德《论展示类演说辞》《论展示类演说辞的分类》;哈利卡那索斯的狄奥尼修斯《修辞术》(伪托)。

\*\*\*\*\*\*\*\*\*\*\*\*\*\*\*\*\*\*\*\*\*\*\*\*\*\*\*\*\*\*\*\*\*\*\*\*\*\*\*\*\*\*\*\*\*\*\*\*

《西塞罗集》(*Cicero*)第一至五册(《修辞学著作集》)(H. Caplan, E.

W. Sutton, H. Rackham, G. L. Hendrickson & H. M. Hubbell)（第六至十五册下见"演说部演说辞类"；第十六至二十一册见"哲学部哲学类"；第二十二至二十九册见"文学部书信类"）：

第一册《赫伦尼乌斯修辞学》（伪托）；

第二册《论取材》《论最优秀的演说家类型》《论题篇》；

第三册《论演说家》卷1—2；

第四册《论演说家》卷3、《论命运》（残缺，当归入"哲学部哲学类"）、《画廊派悖论集》（当归入"哲学部哲学类"）、《演说辞各部分》；

第五册《布鲁图斯》《演说家》。

《昆体良集》(Quintilian) 七册 (D. A. Russell)（第六至七册见上"演说辞类"）：

第一册《演说家的教育》（又译《演说术原理》）卷1—2；

第二册《演说家的教育》卷3—5；

第三册《演说家的教育》卷6—8；

第四册《演说家的教育》卷9—10；

第五册《演说家的教育》卷11—12。

《塔西佗集》(Tacitus) 第一册 (M. Hutton & W. Peterson)：

《关于演说家的对话》。

## 附：犹太基督教部

### 1. 希腊语犹太作者类

《斐洛集》(*Philo*)十二册(F. H. Colson, G. H. Whitaker & R. Marcus)：

第一册《论世界的创造》《〈创世记〉第二和第三章寓意诠解》；

第二册《论小天使》《论亚伯和该隐的献祭》《较恶之人惯于攻击较善之人》《论该隐的后裔与流亡》《论巨人》；

第三册《论上帝的不变》《论务农》《论种植》《论醉酒》《论酒醒》；

第四册《论言语的变乱》《论亚伯拉罕的迁徙》《谁是神圣事物的继承者？》《论预修课程的研习》；

第五册《论逃亡与寻找》《论改名》《论梦》；

第六册《论亚伯拉罕》《论约瑟夫》《论摩西》；

第七册《论摩西十诫》《论特别法》卷1—3；

第八册《论特别法》卷4、《论美德》《论赏罚》；

第九册《论善人必定自由》《论沉思的生活》《论世界的永恒》《驳弗拉库斯》《为犹太人一辩》《论神佑》；

第十册《卡里古拉宫廷出使记》；

补编第一册《〈创世记〉问答录》；

补编第二册《〈出埃及记〉问答录》。

《约瑟夫斯集》(*Josephus*)十三册(H. St. J. Thackeray, R. Marcus, L. H. Feldman & A. Wikgren)：

第一册《自传》《驳阿比翁》；

第二册《犹太战争》卷1—2；

第三册《犹太战争》卷3—4；

第四册《犹太战争》卷5—7；

第五册《犹太古史》卷1—3；

第六册《犹太古史》卷4—6；

第七册《犹太古史》卷7—8；

第八册《犹太古史》卷9—11；

第九册《犹太古史》卷12—13；

第十册《犹太古史》卷14—15；

第十一册《犹太古史》卷16—17；

第十二册《犹太古史》卷18—19；

第十三册《犹太古史》卷20。

### 2. 希腊语基督教作者类

《使徒教父集》(*Apostolic Fathers*)两册(B. D. Ehrman)：

第一册《克雷芒前书》《克雷芒后书》《依纳爵书信》《波利卡普书信》《波利卡普殉教记》《十二使徒遗训》；

第二册《巴拿巴书信》《帕皮亚与夸德拉都》《致丢格那妥书》《赫马牧人书》。

《亚历山大里亚的克雷芒集》(*Clement of Alexandria*)一册(G. W. Butterworth)：

《劝告希腊人》《富人之得救》《致新受洗者》。

《巴西尔集》(*Basil*)四册(R. J. Defferari)：

第一册《书信集》第1—58封；

第二册《书信集》第59—185封；

第三册《书信集》第186—248封；

第四册《书信集》第249—368封、《论年轻人如何从希腊文学中获益》。

《尤西比乌斯集》(*Eusebius*)两册(K. Lake & J. E. L. Oulton)：

第一册《教会史》卷1—5；

第二册《教会史》卷6—10。

《普罗柯比集》(*Procopius*)七册(H. B. Dewing)：

第一册《战史》卷1—2（波斯战争）；

第二册《战史》卷3—4（汪达尔战争）；

第三册《战史》卷5—6.15（哥特战争）；

第四册《战史》卷6.16—7.35（哥特战争）；

第五册《战史》卷7.36—8（哥特战争）；

第六册《秘史》；

第七册《论建筑物》(6卷)。

《大马士革的约翰集》(*John Damascene*)一册(G. R. Woodward, H. Mattingly & D. M. Lang)：

《贝尔拉姆与约瑟法特》。

### 3. 拉丁语基督教作者类

《德尔图良集》(*Tertullian*)一册(T. R. Glover & G. H. Rendall)：

《护教篇》《论观演》；

另含：弥努基乌斯·菲利克斯(Minucius Felix)《屋大维乌斯》。

《哲罗姆集》(*Jerome*)一册(F. A. Wright)：

《书信选》。

《普鲁登提乌斯集》(*Prudentius*)两册(H. J. Thomson)：

第一册《前言》《十二时咏》《基督的神格》《罪之源》《灵魂之战》《驳叙马库斯》卷1；

第二册《驳叙马库斯》卷2、《殉教者颂》《历史场景》《尾声》。

《奥古斯丁集》(*Augustine*)十册(G. E. McCracken et al.)：

《上帝之城》第一册：卷1—3；

《上帝之城》第二册：卷4—7；

《上帝之城》第三册：卷8—11；

《上帝之城》第四册：卷12—15；

《上帝之城》第五册：卷16—18.35；

《上帝之城》第六册：卷18.36—20；

《上帝之城》第七册：卷 21—22；

《忏悔录》第一册：卷 1—8；

《忏悔录》第二册：卷 9—13；

《书信选》。

《波爱修斯集》(*Boethius*) 一册 (H. F. Stewart, E. K. Rand & S. J. Tester)：

《神学论文集》《哲学的慰藉》。

《比德集》(*Bede*) 两册 (J. E. King)：

第一册《英吉利教会史》卷 1—3；

第二册《英吉利教会史》卷 4—5、《修道院院长列传》《致埃格伯特信函》。

# 附录二　学术书目举要

【说明】

　　一、本书目将古典学工具及参考要籍与本书正文各章内容对应，分为"专业培养""典籍博览""经典研读""研究起步"和"研究方法"五个大类，每大类再分若干小类，分类撮举。

　　二、本书目为古典学工具书及参考书之举要，并不奢求完备，但力图兼顾古希腊研究与古罗马研究（部分内容仍偏重前者）。

　　三、本书目的选取以英语出版物为主，兼及古典学界广泛使用的现代学术语言特别是德语和法语出版物。

　　四、每条书目皆施以编号，随后罗列中文书名、学界通行的简称或缩写（附括号内，无简称或缩写者从略）、西文书名、出版信息及内容提要，部分要籍另附"编纂史略"。

　　五、书目的中文译名除中文学界已有通行译名者，皆为编者自拟。

　　六、本书目的排列顺序大体按照正文相关章节的讨论，由浅及深，读者若与正文对读，可得治学津逮。

# 一、专业培养

## (一)入门手册

### 1.1.1 《古典学研究手册》
(David M. Schaps, *Handbook for Classical Research*. London: Routledge, 2011)

【内容提要】英语学界为数不多的一部供初习者使用的研究入门手册。作者对古典学研究的各个领域做了最基本的介绍,侧重实用性和操作性,旨在为初习者提供相对全面而又切实可靠的指引。全书共三十章,分七个部分,第一部分"基础"(第1—5章),介绍古典学研究的基本情况;第二部分"语言"(第6—9章),涉及词典、语法、语言学和校勘本的使用;第三部分"传统的研究领域"(第10—13章),涉及文学、演说与修辞术、哲学、史学;第四部分"物质遗存"(第14—16章),涉及考古学、迈锡尼文明研究及钱币学;第五部分"文字材料"(第17—20章),涉及铭文学、纸草学、古字体学及校勘本的编订;第六部分"古典学与相邻学科"(第21—26章),涉及艺术、音乐和舞蹈、科学与技术、宗教和神话、法律、古代文明的社会学、人类学、经济学和心理学研究;第七部分"古代以降的古典传统和古典学术"(第27—30章),涉及古典传统和接受、古典学术史、古代世界的重构、翻译。每章末尾附有"主要资源",较为全面地概述相关研究资源,对初习者颇有助益。从实用角度而言,本书最有价值的部分除"主要资源"外,还包括第2—5章(分别介绍了古典学研究过程中的不同阶段、参考书目的收集、原始材料的整理,如何阅读书评)、第9章(具体展示如何使用和研读校勘本)、第17章(具体展示如何研读学术性的铭文出版物)、第18章(具体展示如何研读学术性的纸草出版物)。

### 1.1.2 《古希腊语文学学习入门》
(Peter Riemer, Michael Weißenberger & Bernhard Zimmermann, *Einfürung in das Studium der Gräzistik*. München: C.H.Beck, 2000)

### 1.1.3 《拉丁语文学学习入门》
(Peter Riemer, Michael Weißenberger & Bernhard Zimmermann, *Einfürung in das Studium der Latinistik*. 2. Auflage. München: C.H.Beck, 2008)

【内容提要】德语学界较为知名的两种古典语文学学习入门,针对的读者群体为古典学专业的本科生和初习者。这两部书的编纂体例基本相同,每一章由三位编者中的一位撰写,简明扼要地介绍该领域的基本知识。以《拉丁语文学学习指南》为例,第一章题作"引论:拉丁语文学专业的界定与对象";第二章题作"古典语文学的历史",分为"古希腊起源""古罗马语文学""西欧中世纪"及"近现代"四节;第三章题作"语言史",概述拉丁语的历史;第四章题作"从手稿到现代版本",分为"文本传承史"和"文本校勘"两节;第五章题作"辅助学科",分为"铭文学"和"纸草学"两节;第六章题作"诗律",分为"定义及基本概念"和"最重要的诗歌格律及其使用";第七章题作"演说(修辞)",分为"综论"和"风格学"两节;第八章题作"拉丁文学的各个阶段",分为"综论"和"拉丁文学各阶段分论";第九章题作"拉丁文学的各种文体",分为"诗歌"和"散文"两节;第十章题作"作家与作品",分为"古典以前""古典时期""古典以后"和"古代晚期"四节;第十一章题作"学习",介绍了德国大学拉丁语文学专业学习的主要内容和学习步骤(余下四章应视作附录,包括第十二章"校勘记常用缩写表"、第十三章"分类参考书目"、第十四章"术语词汇表及索引"、第十五章"拉丁作家人名索引")。《古希腊语文学学习指引》各章的标题与此完全相同,只是在第七章"演说(修辞)"后面插入了题为"哲学"的一章,共十二章。这两部入门的书名里出现了富于德国特色的 Gräzistik 和 Latinistik 的提法，很适合初习者了解传统古典语文学的概貌，以及在德语国家接受古典语文学训练的大致过程。

### 1.1.4《古希腊语文学研究入门》
（Hans-Georg Nesselrath, hg., *Einleitung in die griechische Philologie*. Stuttgart: Teubner, 1997）

### 1.1.5《拉丁语文学研究入门》
（Fritz Graf, hg., *Einleitung in die lateinische Philologie*. Stuttgart: Teubner, 1997）

【内容提要】德语学界较为知名的两种古典语文学研究入门，针对的读者群体为古典学专业研究生、文科中学的古典学教师及其他相邻专业的师生。两书的编纂体例基本相同，共分八章，每章若干节，由不同的学者撰写，提纲挈领地介绍该领域的研究现状，并开列进一步的阅读书目。以《古希腊语文学研究入门》为例，第一章题作"文本的历史"，分为"古代的文本传承与书籍"（第一节）、"中世纪与近代早期的抄本流传及古字体学"（第二节）、"文本校勘"（第三节）、"纸草学"（第四节）和"铭文学"（第五节）；第二章题作"希腊语文学的历史"，分为"古代的希腊语文学"（第一节）、"拜占庭的希腊语文学"（第二节）和"近现代的希腊语文学"（第三节）；第三章题作"希腊语的历史"，分为"迈锡尼时期至古典时期的希腊语"（第一节）和"共通希腊语至现代希腊语的开端"（第二节）；第四章题作"希腊文学的历史"，分为"至公元前300年的希腊文学"（第一节）、"希腊化时期"（第二节）、"罗马帝国时期"（第三节）、"古代晚期"（第四节）、"拜占庭文学纲要"（第五节）和"希腊诗律学"（第六节）；第五章题作"希腊世界的历史"，分为"古风与古典时期"（第一节）、"希腊化时期"（第二节）、"罗马帝国时期"（第三节）和

"古代晚期"(第四节);第六章题作"希腊宗教",不分节;第七章题作"希腊哲学和科学",分为"哲学"(第一节)和"科学"(第二节);第八章题作"希腊艺术",分为"古风时期"(第一节)、"古典时期"(第二节)、"希腊化时期"(第三节)、"罗马帝国时期"(第四节)、"古代晚期"(第五节)和"希腊钱币学"(第六节)。可见,本书对"古典语文学"的理解承续了19世纪以降的德国传统,在十分宽泛的意义上涵盖古典文明的各个方面,除狭义的语言和文学及其辅助学科,也顾及历史、宗教、哲学、科学和艺术。因此,这两部研究入门很适合研究起步者了解传统古典学研究的基本面貌。

### 1.1.6 《古典考古学入门》
(Ralf von den Hoff, *Einfürung in die klassische Archäologie*. München: C.H.Beck, 2019)

【内容提要】德语学界较新的古典考古学学习入门,针对的读者群体为古典学专业的本科生和初习者。这部指南共分四章,第一章题作"古典考古学作为历史性的文化学科",分为"古典考古学的研究对象和基本原理"以及"古典考古学领域里图像阐释和人工制品阐释的基本原理"两节;第二章题作"个案研究",是本部指南的重点所在,作者从古希腊和古罗马的遗迹以及艺术品当中,挑选出十二个不同类型的个案,向初习者展示如何处理和阐释古希腊罗马的物质遗存,特别是物质遗存上的图像,如何针对具体个案使用古典考古学的不同研究方法,既包括图像志和图像学这样的基本方法,也包括晚近兴起的"话语分析"和"接受分析"等新方法;第三章题作"辅助工具和网络资源";第四章为"附录"。从以上的内容介绍来看,这是一部通过具体的个案研究,引导初习者掌握古典考古学最重要的研究方法的实用指南。

### 1.1.7 《古代史学习入门》

(Rosmarie Günther, *Einfürung in das Studium der Alten Geschichte*. Paderborn: Verlag Ferdinand Schöningh, 3. Auflage, 2009)

【内容提要】德语学界较为知名的古代史学习入门,针对的读者群体为古典学专业的本科生和初习者。这部入门共分六章,第一章题作"概观",分为"古代史作为专业领域"和"古代史作为教育的组成部分"两节;第二章题作"文字材料",分为"古典语言"和"传世文献"两节;第三章是本部指南的重点所在,题作"古代史的辅助学科与相邻学科",分为"术语问题""考古学""年代学""地理学""铭文学""钱币学""纸草学"和"人物志"八节;第四章题作"古代史的方方面面",分为"古代的国家政权""法律史参考文献""军事史参考文献""宗教史和哲学史参考文献""经济史和社会史参考文献"和"日常生活史参考文献"六节;第五章题作"古代史学习的实践经验",分为"大学课程""学习活动的各种类型及其效果"和"学习方法与技能"三节;第六章题作"展望",分为"咒语:'合格证书'""学术简历的设计""职业方面"和"古代史与教学领域"四节。从以上的内容介绍来看,这是一部比较全面且注重实用的古代史学习入门。

**1.1.8《希腊史研究入门》**
(黄洋、晏绍祥著,北京大学出版社,2009年第1版,2021年第2版)

**1.1.9《罗马史研究入门》**
(刘津瑜著,北京大学出版社,2014年第1版,2021年第2版)
【内容提要】汉语学界流传较广的两种古代史研究入门。两书的编纂体例相同,都包含"历史概述""史料概述""研究史概述""重点学术问题"以及"关键词""学术资源"和"推荐阅读书目"七个部分,是侧重实用的工具性指南。对于初习者来说,两书提供了汉语学界迄今最为全面、最能体现当代学术研究现状的古希腊罗马史研究指引。修订增补后的第二版进一步吸收了最新的研究动态和成果。

## (二)综合语言词典:古希腊语

### 1.2.1 《希英词典》(LSJ9)

(*A Greek English Lexicon*, ninth edition with revised supplement, ed. H. G. Liddell & R. Scott, ninth edition revised by H. S. Jones & R. McKenzie, supplement ed. P. G. W. Glare, Oxford: Clarendon Press, 1996)

【内容提要】一卷,词典正文2042页,补卷正文320页。《希英词典》第九版(附修订补卷)是**目前流传最广的大型古希腊语词典**,也是在词典编纂进入"网络时代"以前,涵盖时间跨度最长(约公元前1200年—公元600年)、收词最为宏富的古希腊语词典。词典正文囊括了所有存世及部分出土(至1940年)的古希腊语作品,从荷马史诗到希腊化时期及《旧约》的希腊语版和《新约圣经》,而"修订补卷"又增添了三类条目,包括用线形文字B书写的迈锡尼希腊语词汇、迄1990年代新发现的纸草和碑铭上的希腊语词汇,以及对词典正文条目的补订,因此读者在查阅时需同时参酌正文和补卷。值得注意的是,词典第 xvi—xxxviii 页**"作家与作品缩写表"乃国际学界目前公认的古希腊作家作品的标准缩写格式**,搜集的面很广,可补充《牛津古典辞书》第四版(5.1.1)"作家与作品缩写表"里未收的较为冷僻的作家和作品。

【编纂史略】《希英词典》的前身是德国学者帕索(Franz Passow)编纂的《希腊语德语词典》(*Handwörterbuch der griechischen Sprache*,1831年第四版,该书初版于1824年,本身又基于1798年面世的 Johann Gottlob Schneider 编纂的 *Griechisch-deutsches Wörterbuch*),两位牛津古典学者,利德尔(George Liddell)与斯科特(Robert Scott)

以此为参照,经过了十多年的精心准备,于 1843 年将《希英词典》付梓。从帕索那里,他们踵袭并更为彻底地贯彻了一条重要的词典编纂原则:为单词的各项释义所援引的例证必须按照年代顺序来排列,以体现该单词及其不同义项的历史。他们以这条原则为线索对早期史诗词汇进行了专门的研究,尤其对荷马史诗的词汇进行了系统的处理。词典问世以后,利德尔与斯科特每隔数年便推出新的修订本,1897 年的第八版是利德尔本人于有生之年完成的最后一个修订版。利氏殁后,词典的修订工作由琼斯(Henry Stuart Jones)负责,琼斯着重对晚期希腊哲学的术语、技术类的词汇(如医学、植物学、数学、军事与工程等)以及新发现的纸草和铭文上的词汇进行增补。1940 年出版了《希英词典》的第九版,是迄今为止该词典正文的最后一版,因此学界以三位历任主编的姓氏首字母简称大词典为 LSJ。此后,随着新发现的抄本、纸草本和铭文文献的增多,尤其是 20 世纪 50 年代对迈锡尼泥板文书上的线形文字 B 的破译,学者们一直对《希英词典》进行罅漏补阙的工作,在词典正文之外又于 1968 年另行出版了《补卷》(Supplement),1996 年修订后的《补卷》(Revised Supplement)附在正文之后合为一卷出版,此版一直重印至今。

### 1.2.2 《〈希英词典〉中型本》(《中型本》)

(*An Intermediate Greek-English Lexicon*, Founded upon the Seventh Edition of Liddell and Scott's *Greek-English Lexicon*, Oxford: Clarendon Press, 1889)(北京大学出版社 2015 年影印本,题作《〈希英词典〉中型本》)

【内容提要】一卷,词典正文 910 页。长期以来,《中型本》一直是**最受欢迎的古希腊语学习词典**。本词典收词精当,囊括了荷马以降至古典末期古希腊文、史、哲等各类作品里出现的几乎所有单词,同时还在希腊化时期的文学中精选了读者较多的作品,例如历史学家波里比乌斯、地理学家斯特拉波、传记家普鲁塔克、讽刺家路吉阿诺斯以及《新约圣经》里出现的语汇。对于绝大多数初习者而言，上述从古风至希腊化时期的作品是研习希腊文学过程中最常诵读的文本，其中出现的词汇《中型本》基本上网罗无遗，很令读者称便。其次，本词典所列词条繁简适中，每个词条包括词目、词性、屈折变化形式（尤其是不规则变化形式）、方言形式、释义、例证和词源等多种信息。词源信息或以括号里小写体印刷的词干示之，或以大写体印刷的词目表明该单词本身即为词干形式。释义为初习者计，径直以英语单词或短语迻译，偶或用当时习见的拉丁语单词或短语对译。例证则按年代顺序排列，力求给出每个义项的最早出处，但为简便起见，只给出作者姓名而未提供作品及章节信息（有需要的研究者可参考大词典）。

【编纂史略】《希英词典》的第一个缩编本《缩编自利德尔与斯科特〈希英词典〉的小词典》（简称《希英小词典》）(*A Lexicon Abridged from Liddell and Scott's Greek-English Lexicon*, Oxford: Clarendon Press)于1891年面世。为利于初习者检索，小词典所收词条务求简明扼要，援引的例证删繁就简，故而便捷有余，却不免失之简略。此缩编本至今虽仍在重印，但使用者多未称善。1889年主编利德尔有感于小词典的不足，又在第七版（1882年）的基础上推出了第二个缩编本，此即《中型本》。与第一个缩编本相比，《中型本》更为翔实，既增添了单词的释义、相关的短语和例句以及英译，还为不同的用法征引出处，并且更全面地给出了不规则动词的变位形式。因此，《中型本》弥补了《小词典》的不足，读者一册在手，便可迅速从中查找所需单词的义项及各种最基本的相关信息，广受初习者的欢迎。

### 1.2.3 《剑桥古希腊语词典》（*CGL*）
(***The Cambridge Greek Lexicon**, Cambridge: Cambridge University Press, 2021*)

【内容提要】两卷，词典正文共1529页，共计约37000词条。《剑桥古希腊语词典》（以下简称《剑桥词典》，定位为中型本，有望成为**取代《〈希英词典〉中型本》的最新古希腊语学习词典**。《剑桥词典》囊括的古代作家和作品略同于《〈希英词典〉中型本》（即目前欧美大中学校里读者最多的七十逾位古希腊语作家），但编者从原始语料入手，以最新的校勘本为基础，重新系统地梳理词汇，尽量避免把释义建立在已经过时且遭废弃的读法之上（这在《〈希英词典〉中型本》里并不罕见）。词条的设计简单明瞭，以每个单词的多个含义（而非按时间顺序或语法规则）来编排，不同含义以黑体示之，如含义较多则先予说明，将不同的义项归类。释义采用当代英语表达方式，力求清晰易懂。与《〈希英词典〉中型本》相比，《剑桥词典》在术语的现代化和精确化、释义的分类和描述以及对19世纪末以来新发现的语言材料的甄别和遴选等方面都有很大提升。不过，有所欠缺的是，《剑桥词典》少有原文例句，所给出的文献例证也并无篇目和章节数，这对于读者求索原文出处颇为不便。好在这部新修词典也会同时在"佩耳修斯电子书库"（Perseus Digital Library）推出网络版，或可设法弥补这一缺陷。

【编纂史略】牛津《希英词典》（及其副产品《小词典》和《中型本》）面世以来，对其编撰理念和方法的诟病一直不绝于耳。最激烈的批评者莫过于和文特里斯（Michael Ventris）一同破译线形文字B的剑桥古典学家查德威克（John Chadwick），他认为《希英词典》的问题已无法依靠修订来解决，必须新修一部词典取而代之。在他的倡议之下，剑桥大学于1998年启动了"古希腊语词典计划"（Ancient

Greek Lexicon Project),由欧里庇得斯名家狄格尔(James Diggle)主持这部剑桥《古希腊语英语词典》,迄今已历二十余载,2021年终于面世,同时推出了纸质版和网络版。

### 1.2.4 《博睿古希腊语词典》(*BDAG*)

(Franco Montanari, *The Brill Dictionary of Ancient Greek. English Edition edited by Madeleine Goh and Chad Shroeder, under the auspices of the Center for Hellenic Studies, Harvard University.* **Leiden: Brill, 2015**)

【内容提要】一卷,词典正文共2433页,共计132884词条。冠以博睿之名的这部词典基本上是意大利学者Franco Montanari主持编订的 *Vocabolario della Lingua Greca*(2013年第三版)的英译本,但同时也更新和增添了部分条目与内容。相较于《希英词典》,这部大型词典采用了当代的词典编纂理念和方法,比如使用了《希腊语作品库》(**3.3.1**)为代表的古希腊文本数据库,因而对原始语料的检索更加系统和深入;此外,还收入了前者排除在外的人名地名(尤其是见载于古代文献的人名地名),同时也比前者更广泛而全面地收入古典和希腊化时期以后(尤其是《旧约》和《新约圣经》与早期希腊教父作品)以及非文学类文献里所见的词汇(尤其是科学术语)。《博睿古希腊语词典(以下简称《博睿词典》)的收词下限设在公元6世纪(但也偶尔收入更晚时期的词汇),虽然这与《希英词典》声称的相仿,但学界早已察觉,《希英词典》对公元2世纪以后的文献和词汇的处理相当薄弱,因此英国学者G.W.H.Lampe还编纂了一部《教父希腊语词典》(*A Patristic Greek Lexicon*, Oxford: Clarendon, 1961),来弥补这一不足。此外,据主编Franco Montanari所言(见"Preface",第 vii 页),这部词典还有几个重要的特色:其一,卷首的"作家作品名录"十分齐全,提供了最新的版本信息;其二,列出将近15000个动词的主要形式;其三,例证的来源更为丰富,特别使用了最新校勘的诗文残篇；其四，条目的设计更加直观和形象，例如图形符号的使用，或者对仅见于非文学类文本里的词汇添加的特殊标志，这些都有助于读者更便利地了解相关信息。总之，**这部大型词典会是《希英词典》的有力竞争对手**。

### 1.2.5 《古希腊语西班牙语词典》(*DGE*)
(*Diccionario Griego-Español*. **Francisco R. Adrados (Dir.), Madrid, CSIC, 1980—**)

【内容提要】多卷，迄今为止仅出版七个分册，所收单词为 α—ἔξαυος，逾60000词条。这些内容已全部纳入网络试用版 DGE Online (dge.cchs.csic.es/xdge/)，供读者无偿使用。与牛津版《希英词典》相比，这部新修词典有几个重要的长处：首先，收词更为齐全，囊括迈锡尼希腊语和希腊教父使用的词汇，全面涵盖了希腊语最早时期到古代晚期的整个历史，还特别包含《希英词典》不予收入的人名和地名；其次，编纂时使用的原始语料是最新校订的更为可靠的文本；复次，采用了当代的词典编纂理念和方法，以语义（而非时间顺序或逻辑关系）为标准来编排词条；最后，融入了当代语言学的最新研究成果，尤其是20世纪以来印欧语言学对古希腊语词源的全新研究。

【编纂史略】这是旨在取代牛津《希英词典》的更为庞大也更为全面的词典编纂项目。据估计，最终的篇幅将会达到《希英词典》的三倍，从而成为**全世界规模最大的古希腊语详解词典**。该项目目前正在西班牙马德里的"高等科学研究委员会"(CSIC)的主持下进行，由 Francisco R. Adrados 担任主编，从1980年开始推出第一个分册，迄今已逾四十年，仅出版了从希腊字母 α 到单词 ἔξαυος 的七个分册，但其中已包含6万个词条，共37万条古代文本的征引，可见这部词典的规模之大，但正因此也让人难以预见最终告竣之日。

### 1.2.6 《古希腊语汉语词典》
(罗念生、水建馥编,商务印书馆,2004年)

【内容提要】一卷,词典正文共1023页,近50000词条。这部**汉语世界仅见的古希腊语词典**编写于1978—1984年,二十年后终于由商务印书馆付梓。据编者说:"这本字典收单字或词汇力求简赅,重点放在基本单字和重要复合词上,以能满足读者阅读古希腊文史哲著作的一般需要为度,总共收入近50000词条。"("前言",第3页)不过,《古希腊语汉语词典》收入的词条总数虽然不少,编者提供的释义和例句却过于简略,绝大多数条目仅罗列不同义项而鲜有例证。就规模而言,这本词典介于《希英小词典》和《中型本》之间,无论收词量还是例证的数量与涵盖面都有不足。对于中文读者来说,这本词典最有价值之处在于提供了古希腊语词汇的汉语译名或对应词,特别是专门术语和罕见语汇的汉译,以及附录"重要专名词一览表"提供的专有名词的译名,这些对汉语世界统一和规范相关译名或有裨益。

### (三)综合语言词典:拉丁语

### 1.3.1 《牛津拉丁语词典》第二版(*OLD2*)
(*Oxford Latin Dictionary*, edited by P. G. W. Glare, Oxford: Clarendon Press, 2nd edition, 2012)

【内容提要】两卷,第一卷包含字母A—L,第二卷包含字母M—Z,词典正文共2344页,共计约40000词条。这是**目前流传最广的大型古典拉丁语词典**,涵盖的时间跨度从最早时期(约公元前3世纪)至公元200年,收词4万余条,并从700余种古代文献征引逾40万条例证。值得注意的是,词典第一卷第xviii—xxix页(重印于第二卷第vi—xvii页)的"**作家与作品缩写表**"乃国际学界目前公认的**罗马作家作品的标准缩写格式**,搜集的面很广,可补充《牛津古典辞书》第四版(**4.1.1**)"作家与作品缩写表"里未收录的较为冷僻的作家作品。"缩写表"的最后一栏"版本"（edition）列出了词典编纂者所使用的该作家作品的标准校勘本，初习者可兹参考。

【编纂史略】由于刘易斯和肖特的《拉丁语词典》(**1.3.2**)并未从原始语料入手，而是建立在对现有词典的补苴罅漏之上，牛津大学出版社早在19世纪末就已计划另起炉灶，重修一部拉丁语大词典取而代之。大词典编纂的准备工作在苏特（Alexander Souter）的主持下始于1933年，历经几任主编的更迭后，于1968年始以分册的形式陆续出版，此后以每两年推出一个分册的速度，到1982年全部八个分册出齐后，合并成单卷本面世，2012年又分作两卷推出第二版。关于这部词典的主要特色，"出版者的话"做了简明扼要的概括："《牛津拉丁语词典》完全从拉丁文献的原始语料入手，编纂原则大体上遵循《牛津英语词典》(*Oxford English Dictionary*)，词条的格式设计也与之相似。词条的每一小节里，例证都以年代顺序排列，只要可能，第一个例证给出该义项或该用法现存最早的例子。"（第 viii 页）可见，《牛津拉丁语词典》和《牛津英语词典》(1989年第二版，共二十卷)一样，同属描述性、历史性词典(descriptive, historical dictionary)，侧重按照年代顺序呈现并解释拉丁语词汇涵义的演变，这与"刘易斯和肖特"所属的传统的分析性词典有着根本差别。

## 1.3.2 《拉丁语词典》（Lewis & Short）

(*A Latin Dictionary founded on Andrews' Edition of Freund's Latin Dictionary*, revised, enlarged and in great part rewritten by Charlton T. Lewis and Charles Short, Oxford: Clarendon Press, 1879)

【内容提要】一卷，词典正文共2019页。这部词典俗称"刘易斯和肖特"，是《牛津拉丁语词典》(**1.3.1**)问世以前，英美学界流传最广的拉英大词典。词典涵盖的时间跨度很长，从最早时期直至公元6世纪，因此除了古典拉丁语词汇，还包含了帝国晚期、教父时期以及早期中世纪拉丁语词汇，后几个时期的收词虽不完整，但与时间下限定于公元后2世纪末3世纪初的《牛津拉丁语词典》(1.3.1)相比，无疑是"刘易斯和肖特"现今仍无法被完全替代的主要原因。

【编纂史略】如同《希英词典》(1.2.1)，《拉丁语词典》的前身也是当时最流行的拉德词典，即德国学者弗罗因德(Wilhelm Freund)编纂的四卷本《拉丁语德语词典》(*Wörterbuch der lateinischen Sprache*, 1834—1845)。该词典由美国人安德鲁斯(Ethan A. Andrews)翻译编辑，于1850年出版英译本，尔后两位美国古典学者刘易斯(Charlton T. Lewis)和肖特(Charles Short)以英译本为参照，修改增补成这部《拉丁语词典》。个中情形在书名的副题上也得到如实反映("以弗罗因德词典的安德鲁斯译本为基础，经过刘易斯和肖特的修订、增补和大幅重写")。这部词典由美国纽约哈勃兄弟初版于1879年，题作《哈勃拉丁语词典》(*Harpers' Latin Dictionary*)，并同时由牛津大学出版社在英国出版，书名改作《拉丁语词典》(*A Latin Dictionary*)。"刘易斯和肖特"虽重印至今，但历经一个多世纪后应该说已年久失修、风华不再，在古典拉丁语界的位置被后起之秀《牛津拉丁语词典》所取代（但如上述，帝国晚期、教父时期以及早期中世纪拉丁语的词汇仍可查阅"刘易斯和肖特"），不过由于版权期限已过，读者可以在"佩耳修斯电子书库"(Perseus Digital Library)上免费使用全文并进行检索，也十分便利。

### 1.3.3 《〈拉英词典〉初级本》(《初级本》)

(*An Elementary Latin Dictionary*, by Charlton T. Lewis, Oxford: Oxford University Press, 1891)（北京大学出版社2015年影印本，题作《〈拉英词典〉初级本》）

【内容提要】一卷，词典正文共934页。刘易斯在完成了《拉丁语词典》之后，又应邀编纂了一部《学生拉丁语词典》(*Latin Dictionary for Schools*, Clarendon Press, 1889)，并以此为基础缩编而成本部《初级本》。这部词典以古典拉丁语初习者为阅读对象，收录了当时学校课程里常见的经典罗马作品的全部词汇。为便于初习者使用，词典正文前附有关于罗马纪年、历法、度量衡、币制、方言、官制以及选举制度等基本常识的简要说明，正文后附有拉丁语词根一览表。这部词典排版美观、格式清晰，加之收词丰富、释义简赅，堪称**最受欢迎的拉丁语学习词典**。

### 1.3.4 《拉丁语宝库》(又译《拉丁语辞海》)(*TLL*)
(*Thesaurus Linguae Latinae, editus iussu et auctoritate consilii ab academiis societatibusque diversarum nationum electi*, Hrsg. v. Internationale Thesaurus-Kommission, Berlin & New York: Walter de Gruyter, 1900— )

【内容提要】**最权威的超大型古代拉丁语单语词典**。这部卷帙浩繁的词典涵盖的时间跨度从最早时期直至公元600年，囊括了这个时间跨度内所有存世文献的词汇，也就是说，除了古典拉丁语，还包含帝国晚期、教父时期以及早期中世纪拉丁语的所有词汇；此外，《宝库》涉及的文献也包罗万象，不仅有经典文本，还有技术文献例如医学或法律手册，各个种类的铭文（甚至不合文法的随意涂写）等（可参考单独出版的《作家作品及铭文征引索引》[*Index librorum scriptorum inscriptionum ex quibus exempla afferuntur*]，1990年第二版）。《宝库》完全从拉丁文献的原始语料入手，在上述时间跨度和文献种类的范围内，对每一个拉丁语单词进行穷尽式的研究，举凡拼写、屈折变化、含义、用法、韵律结构、词源、派生词、复合词等各个方面无不搜罗净尽，因此几乎每个重要拉丁语词汇的词条便是一部小型的语言百科全书。使用者需细心研读单独出版的《体例说明及使用手册》(*Praemonenda de rationibus et usu operis*, 1990年，原文为德文，另有拉丁、英、法、意、西及俄译文）。作为一部拉丁语词典，《宝库》最大的特点是不同于任何现代语种的双语词典，完全用拉丁语来编纂，编者们奉行的理念是用拉丁文，而不是通过（或多或少）失真的翻译来解释拉丁文。迄今为止，《宝库》已出版十一卷：第一卷(a — Amyzon)共九分册；第二卷(an — Byzeres)共十分册；第三卷(c — comus)共九分册；第四卷(con — cyulus)共七分册；第五卷分两部分，第一部分(d — dze)共十一分册，第二部分(e — ezoani)共十三分册；第六卷分三部分，第一部分(f — gemo)共八分册，第二部分(gemo — gytus)共四分册，第三部分(h — hystrix)共五分册；第七卷分两部分，第一部分(i — intervulsus)共十五分册，第二部分(intestabilis — lyxipyretos)共十二分册；第八卷(m — myzon)共十一分册；第九卷分两部分，第一部分已出两分册(n — nebel)，第二部分(o — ozynosus)共八分册；第十卷分两部分，第一部分(p — porrum)共十七分册，第二部分(porta — pyxis)共十七分册；第十一卷已出第二部分共四分册(r — refocilo)。另已出版《专有人名词典》(Onomasticon)三卷：第一卷(A — B，此卷并未单独出版，而是包含在相应的正文条目里）；第二卷(C — Cyzistra)共四分册；第三卷(D — Dzoni)共两分册。

【编纂史略】以所有现存拉丁文献为语料来编纂一部大型《拉丁语宝库》的理想，首先由16世纪的人文主义者提出，但是直至19世纪末才真正付诸实现。德国学者韦尔夫林(Eduard Wölfflin)于1884年重新倡议《宝库》的编纂并着手切实的准备工作，1893年在古典学巨擘蒙森(Theodor Mommsen)的推动下，由柏林、哥廷根、莱比锡、慕尼黑和维也纳五地的艺术科学院联合成立了《宝库》编委会，并具体在哥廷根和慕尼黑两地分别由列奥(Friedrich Leo)和韦尔夫林两人负责。第一个分册从1900年开始由古典学界声誉卓著的托伊布纳(B. G. Teubner)出版社出版。在德国古典学界经历了两次世界大战的重创之后，《宝库》的编纂获得了国际学界的支持，组建了"《宝库》国际编委会"(Internationale Thesaurus-Kommission)，并从1949年起全权负责《宝库》的出版，而展开日常编纂工作的《宝库》资料馆、图书馆和研究所至今仍设在慕尼黑。从2006年起，国际学术出版巨头德古意特(Walter de Gruyter)接手《宝库》的出版。虽说已逾百年，《宝库》迄今仍未毕竟其功，最近(2016年)面世的是第十一卷第二部分的第三和第四两个分册，分别包含recido — reddo 以及 reddo — refocilo 的词条。不过，之前已经出版的部分除了字母 a — m 的词条（即第一至八卷）基本完整，其余部分也有缺漏，例如第九卷第一部分字母 n 的词条，第十卷第一部分第十七分册和第二部分第一分册之间(porrus — porta)的词条。

### 1.3.5 《拉丁汉文词典》

(***Dictionarium Latino-Sinicum***，编者吴金瑞，光启出版社，**1965 年**)

【内容提要】一卷，词典正文共1497页。相比于古希腊语词典，汉语世界编辑的拉丁语词典历史更为悠久，种类也更为丰富，但大多为自然科学、医学或法学专科词汇词典，而偏重古典拉丁语的语文词典亦称罕觐，由吴金瑞神父编纂的这部词典可算是**古典拉丁语汉语词典里的佼佼者**。据"编例"说明，这部词典的要旨"是辅助中国修道生学习拉丁文；了解拉丁文学的正确意义，理解拉丁文措辞造句的格式，至于能讲，又能写通顺畅达的拉丁词句"，而词典的范围"以适用为主，故书中所收名辞，概采自拉丁古典文学作品中者，且意义较为明晰显豁者"。编者自述，解释性的文字和引用的实例多依据几本西文词典，比如 Félix Gaffiot 的 *Dictionnaire Latin-Français* (1934年)，而非自起炉灶。这部词典的体例有几个特点，令初习者称便：一、每个单词上都标明长短音，有助于正确朗读；二、不少词条下附有同义词，名词附有相关的形容词，动词附有相关的副词，这有助于辨析词义并丰富词汇量，；三、书证多采自凯撒、西塞罗、维吉尔和奥维德等经典作家,并由编者添加了典雅的汉译。

## (四)专用语言词典

### 1.4.1 《希腊语词源词典》(Frisk)
(Hjalmar Frisk, *Griechisches Etymologisches Wörterbuch*, 3 vols. Heidelberg: C. Winter, 1960—1973)

【内容提要】三卷,第一卷 A—Ko,正文938页;第二卷 Kρ—Ω,正文1154页;第三卷补遗、单词索引、勘误、后记,共312页。

### 1.4.2 《古希腊语词源词典》(Chantraine 或 *DELG*)
(Pierre Chantraine, *Dictionnaire étymologique da la langue grecque: histoire des mots.* première édition, 1968 ; Nouvelle edition avec un supplément. Paris: Klincksieck, 1999.)

【内容提要】一卷,正文共1447页,其中1371—1447页为"补编"(supplément)。

### 1.4.3 《希腊语词源词典》("莱顿词典")
(*Etymological Dictionary of Greek*, by Robert Beekes with the assistance of Lucien van Beek, 2 vols., Brill: Leiden, 2010)

【内容提要】两卷,第一卷 A—Λ,第二卷 M—Ω,两卷正文共1685页,共计约7500词条。

以上三种词典分别为德语、法语和英语学界最具代表性的古希腊词源词典,其中 Beekes 所编的词典最为晚出,属于"莱顿印欧语言词源词典"系列里的一种,旨在用当代印欧语言学的研究成果来更新和取代前两种词典。正如编者在"前言"里所言,新修的词典只有基于 Frisk 和 Chantraine 的两部词典才能完成,尤其是前者,编者原本计划对之进行修订并翻译成英文后收入"莱顿印欧语言词源词典"系列,但有鉴于当代印欧语言学研究的长足发展,最终还是决定以之为参照,另起炉灶重新编纂。双峰并峙于古典学界的 Frisk 和 Chantraine 这两部词典各有所重,前者强调希腊词源的印欧背景,后者关注希腊语的语文学研究,"莱顿词典"则延续了前者的特征。"莱顿词典"的每个条目大致可分成两个部分:第一部分为希腊词条、语法属性(用中括号表示)、释义(英语翻译),最后给出简要的词源信息(用双箭头表示);第二部分为语文学信息,包括该词的曲折变化形式及语音变体、方言形式、复合词、派生词,最后是词源讨论并援引晚近的研究文献。这样的词条设计很方便读者查阅,把第一部分的词源信息与第二部分的词源讨论和研究文献结合起来,便是有关该词词源的最新研究成果。

### 1.4.4 《拉丁语词源词典》（WH）
(**A. Walde & J. B. Hofmann**, *Lateinisches Etymologisches Wörterbuch*, 3., neubearbeitete Aufl. Heidelberg: C. Winter, 1938—1954)
【内容提要】两卷,第一卷 A—L,正文共 841 页,另附"增订"(第 842—872 页),第二卷 M—Z,正文共 851 页。另有《索引》一卷。

### 1.4.5 《拉丁语词源词典》（EM）
(**A. Ernout & A. Meillet**, *Dictionnaire étymologique da la langue latine: histoire des mots*. 4. édition, 1959—1960；révision par J. André. Paris: Klincksieck, 1985.)
【内容提要】一卷,正文共 759 页,另附"增订"(第 815—833 页)。

### 1.4.6 《拉丁语及其他古代意大利语言词源词典》（"莱顿词典"）
(**Michiel de Vaan**, *Etymological Dictionary of Latin and other Italic Languages*, Brill: Leiden, 2008)

【内容提要】一卷，正文共 692 页，1900 词条，共计约 8000 词目。

以上三种词典分别为德语、法语和英语学界最具代表性的拉丁语词源词典，其中 de Vaan 所编的词典最为晚出，属于"莱顿印欧语言词源词典"系列里的一种，旨在用当代印欧语言学的研究成果来更新和取代前两种词典。"莱顿词典"不仅收入西塞罗及以前的所有拉丁语单词，标注单词最早出现的时间，而且还包含拉丁语从同属意大利语族的其他古代语言例如奥斯坎语和翁布里亚语继承而来的词汇。"莱顿词典"的每个条目大致可分成两个部分：第一部分为拉丁词条、释义（英语翻译）、语法属性（用中括号表示）以及其他信息（例如最早出处或变体形式，用小括号表示），接着是派生词及其最早出处，随后是重构的原始意大利语族形式及同源词，最后是印欧语形式及非意大利语族的同源词；第二部分是词源讨论，讨论之后援引晚近的研究文献。这样的词条设计很方便读者查阅，把第一部分的词源信息与第二部分的词源讨论和研究文献结合起来，便是有关该词词源的最新研究成果。

### 1.4.7 《早期希腊史诗词典》(*LfgrE*)
(*Lexikon des frühgriechischen Epos*, im Auftr. der Akademie der Wissenschaften in Göttingen vorbereitet und hrsg. vom *Thesaurus Linguae Graecae*. Begr. von Bruno Snell; verantwortlicher redaktor, Hans Joachim Mette . Göttingen: Vandenhoeck & Ruprecht, 1955—2010)

【内容提要】共四卷，第一卷 A，词典正文共 1794 页；第二卷 B—Λ，词典正文共 1734 页；第三卷 M—Π，词典正文共 1678 页；第四卷 P—Ω，词典正文共 1360 页。

【编纂史略】有鉴于早期希腊史诗尤其是两部荷马史诗在整个古典学领域里所处的核心地位，德国著名古典学家 Bruno Snell 早在 1944 年就提议，以《希腊语作品库》(**3.3.1**)为基础，单独编纂一部《早期希腊史诗词典》，收录荷马、赫西奥德和荷马颂诗里所见的史诗词汇，对之做详尽的词汇学研究。由于 Snell 当时任教于汉堡大学，并于彼处创办了"《希腊语作品库》研究中心"，《早期希腊史诗词典》的编纂工作便在汉堡大学展开。1955 年出版了第一分册，直至 1959 年第三分册问世，担任主编的都是德国古典语文学者 Hans Joachim Mette；从第十分册（希腊字母 B，1982 年）开始，整个项目由"哥廷根科学研究院"(Akademie der Wissenschaften zu Göttingen)接管，随后的二十几年里(1984—2010)，在瑞士印欧语言学家 Michael Meier-Brügger 的主持下，词典的编纂工作加快了步伐，终于在 2010 年，也就是第一分册面世的半个世纪之后告竣。同年十月，为了庆祝这一大功告成的时刻，在汉堡举办了一次隆重的国际学术会议，会议论文集于 2012 年付梓。该论文集(Meier-Brügger, ed. 2012)以荷马为例，向学界展示了在各个不同方向的最新荷马研究当中，《早期希腊史诗词典》如何作为一部重要的工具书起到关键作用。

### 1.4.8 《古希腊人名词典》(*LGPN*)

(Peter Marshall Fraser ed., *A Lexicon of Greek Personal Names*, Oxford: Clarendon Press, 1987— )

【内容提要】六卷，每卷包含若干分册。迄今为止出版了以下各卷：LGPN I（爱琴海岛屿、塞浦路斯及昔兰尼加），LGPN II（阿提卡；LGPN IIA 为修订本），LGPN IIIA（伯罗奔尼撒半岛、希腊西部、西西里及大希腊），LGPN IIIB（希腊中部：从麦加拉地区到特萨利），LGPN IV（马其顿、特雷斯及黑海北岸地区），LGPN VA（小亚细亚海岸地区：本都到伊奥尼亚），LGPN VB（小亚细亚海岸地区:卡里亚到西西里亚),LGPN VC(小亚细亚内陆地区);即将刊布的有 LGPN VI(巴勒斯坦、叙利亚及跨幼发拉底河地区);网络版:http://www.lgpn.ox.ac.uk。词典按照地区和字母排序,每个条目包含以下内容:(1)姓名;(2)地点;(3)年份;(4)生平资料;(5)其他信息(例如亲属关系、社会地位和职业)。据统计,涵盖希腊本土、岛屿和地中海西部地区的各卷共收入 215000 条人名,例如 LGPN IIIA 收入 43261 条,其中男性 36848 条,女性 6335 条;LGPN IIIB 收入 43454 条,其中男性 38752 条,女性 4620 条。

【编纂史略】综合性的语言词典如牛津《希英词典》一般不收入人名地名,因此有必要编纂专门的词典来弥补这一不足。早在 19 世纪中叶,德国学者 Wilhelm Pape 出版了一部《古希腊语专有名词词典》(Wörterbuch der griechischen Eigennamen,1842 年第一版,该版几乎完全依恃传世文献,此后由 Gustav Eduard Benseler 修订,增添了出土文献里所见人名,于 1863—1870 年刊行第三版,该词典通称 Pape-Benseler),但这部词典基本上已经过时,无法作为当代学术研究的可靠工具来使用。1972 年,牛津大学的古希腊史学家 Peter Marshall Fraser 向"不列颠学院"提出设立《古希腊人名词典》项目"的倡议,得到了支持。Fraser 对该词典的宗旨做了如下说明:"从所有可以获得的材料,例如传世文献、铭文、涂鸦、纸草、钱币、陶器以及其他手工艺品当中收集所有已知的古希腊人名(包括希腊文记录的非希腊人名以及拉丁文拼写的希腊人名),附上引证整理出版,时间跨度从最早期的希腊文字记录到大约公元 6 世纪。"不过,出于多方面的考虑,《古希腊人名词典》排除了以下四类人名:一、神话与英雄人名,这类人名 Pape-Benseler 大多已经收录,且基本上还可使用;二、迈锡尼时期的人名,这主要是因为文献证据的不足以及解释上的困难;三、拜占庭时期的人名,这主要是因为这一时期的人名相对来说独成一体,与古代差异甚大;四、被错误释读的人名(ghost names)。

## 二、典籍博览

### （一）文学简史

#### 2.1.1 《古希腊文学》
(Kenneth J. Dover, ed. *Ancient Greek Literature*, 2nd edition, Oxford: Oxford University Press, 1997)

【内容提要】这部文学简史纵览公元前700年至公元550年整个古希腊文学的历史，由多佛（Kenneth Dover）、韦斯特（Martin West）、格里芬（Jasper Griffin）和鲍伊（Ewen Bowie）四位英国古典学名家合撰。全书共分十章，依次为"导言"（多佛撰写）、"荷马与赫西奥德的诗歌""其他早期诗歌"（以上两章由韦斯特撰写）、"悲剧""喜剧""古典时期的史家""古典时期的科学与哲学""古典时期的演说词"（以上五章由多佛撰写）、"公元前300年至前50年的希腊文学"（由格里芬撰写），"公元前50年之后的希腊文学"（由鲍伊撰写）。**本书以传统的文学史方法写成，关注每个时期最主要的作家及作品，以此勾勒出古希腊文学发展的整体面貌**。全书的重心在古风和古典时期（第二至八章），对这两个时期在史诗、抒情诗、悲剧、喜剧、史学、哲学和演说等诸多领域里进行的伟大创新做了精辟的论述。本书1980年初版，1997年第二版，第二版有华夏出版社的中译本（多佛：《古希腊文学常谈》，陈国强译，2012年）。

#### 2.1.2 《古典文学》（牛津通识读本）
(William Allan, *Classical Literature. A Very Short Introduction.* Oxford: Oxford University Press, 2014)

【内容提要】本书为"牛津通识读本"丛书（Oxford Very Short Introductions）里的一种，作者用一百余页的篇幅，上起公元前8世纪的荷马史诗，下迄公元2世纪的罗马小说，对最为经典的古希腊罗文学作品做了一番整体性的概览。本书以文类为纲，列出史诗、抒情诗和个人诗、戏剧、史书、演说词、田园诗、讽刺文学和小说八大文类，作为全书最主要的八章内容。作者在每一章里按时间顺序从古希腊讲到古罗马，着力贯通这两种文学传统，突出不同时期里同类文学样式的延续性。因此，**这本《古典文学》如同一部"分类文学简史"**，言简意赅而又不失要领，初习者可以之为入门书。本书有译林出版社的中译本（艾伦：《古典文学》，马睿译，2020年）。

### 2.1.3 《古典文学简史》

(Richard Rutherford, *Classical Literature. A Concise History*. Malden, MA: Blackwell, 2005)

【内容提要】本书为"布莱克维尔古典世界入门"丛书（Blackwell Introductions to the Classical World）里的一种，对整个古希腊罗马文学（从荷马史诗到奥古斯丁）进行概览。作者没有采用传统的文学史叙事框架和结构，而是**以文学样式与文学题材为线索**，将全书（除导言外）分作九章，前四章分别围绕史诗、戏剧、演说词和史书及传记和小说这些文类展开讨论，关注每一种文类的成规、风格和风格上的差异、传承与创新；后五章分别针对"情色文学""文学与权力""文学里的机趣""思想者"和"信仰者"这些主题里所涉及的文学样式和题材进行论述，从多种文学样式的角度来考察这些题材如何得到处理。这部简史同样可以视作一部"分类文学史"，对读者掌握古典文学里极为重要的"文类"概念有所助益。

### 2.1.4 《古希腊罗马世界里的文学：一种新视角》

(Oliver Taplin, ed. *Literature in the Greek and Roman Worlds. A New Perspective*, Oxford: Oxford University Press, 2000)

【内容提要】这部"新文学简史"由17篇独立的论文组成，这些论文按时间顺序排列，涵盖古典文学的各个历史时期，其中8篇论述古希腊文学,分别涉及"荷马与相关早期诗歌""古风时期的抒情诗""戏剧的伟大时代""希罗多德与修昔底德""古希腊智慧文学""雅典演说家""古典时期以后的希腊文学"以及"罗马帝国时期的希腊文学",9篇论述古罗马文学,分别涉及"拉丁文学的开端""降至奥古斯都时代的散文体文学""晚期共和国的诗歌""凯撒去世到维吉尔去世时期的诗歌""奥古斯都时代晚期及提比略时代的诗歌""奥古斯都时代至哈德良时代的散文体文学""帝国时期的史诗""闲暇文学"以及"公元2世纪至古代晚期的拉丁文学"。书名副题里所谓的"新视角",指的是本书**摒弃传统文学史以"作家和作品"为主导的叙事框架,代之以文学作品的原初受众为主导的论述视角**,这些受众包括听众、观众和读者,每一种受众又可根据文学活动的具体场景分为许多不同类型,因此便构成了文学交流的许多不同模式。本书的各位作者从文类和时代出发,着重考察文学作品的创作者和接受者之间的互动关系及其多样性,探索这些互动关系的宏观模式与历史嬗变,是一部视角新颖的文学简史。本书另有两个分册的单行本,分别题作《古希腊世界里的文学》和《古罗马世界里的文学》。

## 2.1.5《古希腊文学》
(**Tim Whitemarsh**, *Ancient Greek Literature*, Cambridge: Polity Press, 2004)

【内容提要】本书为"波利泰文学的文化史"丛书(Polity Cultural History of Literature)里的一种,作者怀特马施(Tim Whitemarsh)尝试从"文学的文化史"角度打破传统文学史的"宏大叙事"模式。所谓"文学的文化史",**除了将文学作品置放于原初的文化语境当中理解,还特别关注文学作品的公共属性和作用,尤其是意识形态和权力关系的展现**。因此,与传统的文学简史(如 **2.1.1**)相比,本书的结构截然不同,由"概念""语境"和"冲突"三个部分组成。第一部分"概念"(全书第1—2章)具有导论性质,陈述了作者的理论和概念框架,第二、第三部分是全书的主体。第二部分"语境"分为七章(全书第3—9章),其中"节日"(第3章)、"会饮"(第4章)和"剧场"(第5章)讨论诗歌,"言词的力量"(第6章)讨论演说词,最后三章(第7—9章)"发明档案:雅典""扩建档案:希腊化时期的亚历山大里亚"及"阅读档案:罗马时期的希腊"讨论散文体文学的萌芽、发展和功用。第三部分"冲突"分为四章(全书第10—13章),题作"发明希腊人:文化身份认同""一名妇女的位置""让文本性感起来"及"社会地位与奴隶制",分别讨论了标题里指明的问题,充分体现了作者所谓的"文学的文化史"内涵。

## (二)文学通史:古希腊文学

### 2.2.1 《古希腊文学史》(*HAGL*)

(Franco Montanari, *History of Ancient Greek Literature*, 2 vols. Berlin: Walter de Gruyter, 2022)

【内容提要】对入门者而言,本书为**古希腊文学通史的首选之作**。作者为意大利著名古希腊文学专家蒙塔纳里,本书原版题作 *Storia della letteratura greca*, I: *L'età arcaica e l'età classica;* II: *L'età ellenistica e l'età imperial* (Roma: Edizioni di Storia e Letteratura, 2017),此系德古意特推出的最新英文版。全书分为两卷,第一卷为"古风与古典时期",第二卷为"希腊化与罗马帝国时期"。这部通史的历史跨度近一千五百年,从荷马史诗(公元前8世纪)直至罗马帝国晚期(公元6世纪),分为副标题所列的四个部分。正文内容采用传统的历史分期,以时间顺序为主线、以作家为核心,对每位作家的讨论首先简要介绍生平、作品和相关古人记载,其次对各部作品及其文学特点和文化历史情境详加讨论。这部最新最全面的古希腊文学通史可让读者了解作家作品的基本信息,掌握学界相关研究的主要趋势,查阅相关的一手和二手文献,是一部学术性和实用性兼备的重要参考书。

## 2.2.2 《剑桥古典文学史：古希腊文学卷》(*CHCL 1*)
(P. E. Easterling & B. M. W. Knox, eds. *The Cambridge History of Classical Literature I. Greek Literature*, Cambridge: Cambridge University Press, 1985)

【内容提要】这部"剑桥史"由多人合撰，历史跨度长达千年，从荷马史诗（公元前8世纪）直至罗马帝国中期（公元3世纪）。全书共21章，除第1章（介绍古希腊世界的书籍与读者）和最后一章（"尾声"）外，其余各章依时间顺序，对每个时期的文学作品按文类划分，再将各个作家归入其中，共计古风和古典时期史诗三章（第2—4章）、抒情诗四章（第5—8章）、哲学四章（第9、14—15、17章）、戏剧三章（第10—12章）、史学一章（第13章）和演说辞一章（第16章），希腊化时期诗歌一章（第18章）、哲学一章（第19章），罗马帝国时期各种文类作品一章（第20章）。两位主编在"序言"里勾勒出本部通史的特点如下："这里所做的概览，重心主要放在存世作品之上，这些作品或具有内在的文学趣味，或对后世文学影响深远；在这个基本框架内，本书还特别关注近年来新发现的文本。"（第 xi 页）所谓"近年来新发现的文本"，主要是指纸草上新近发现的文学作品，这些作品极大地丰富了我们对于古希腊文学的了解，如本书第六章第2节"Alcman"和第3节"Stesichorus"，第18章第3节"Callimachus"的相关讨论就在很大程度上依赖这些新发现；至于"内在的文学趣味"，虽然由于本书多人合撰的性质，在具体的实施过程中难以达到完全统一，但作为一部文学通史的编纂旨趣，时至今日尤其值得称道。全书正文之后有两个附录，分别为"作家与作品"附录和"诗律"附录，前者长达172页，按照全书的章节顺序，列出每位作家的生平记载、作品名录、传承史及参考书目（包含主要的校勘本、评注本和英译本，迄20世纪80年代初最重要的现代研究论著），这份详尽的附录虽然完成于四十年前，显得相对老旧，但其中部分基本信息（如作家生平记载、作品名录和传承史）仍值得参考。本书另有1989年出版的分册单行本，共计《早期希腊诗歌》《古希腊戏剧》《哲学、历史和演说词》和《希腊化时期与罗马帝国》四个分册。

### 2.2.3《希腊文学史》（*GGL*）

（Albin Lesky, *A History of Greek Literature.* Tr. James Willis & Cornelis de Heer, London: Methuen, 1966）

【内容提要】本书德文原版题作 *Geschichte der griechischen Literatur* (Bern: Francke, 1957—1958年第一版；1963年第二版；1971年第三版)，英译本根据德文第二版翻译。这部通史的历史跨度超过千年，从古希腊文学的最初起源直到公元6世纪。全书共七个部分：一、古希腊文学的流传；二、起源；三、荷马史诗；四、古风时期；五、希腊城邦的繁荣时期；六、希腊化时期；七、罗马帝国。正文内容采用传统的历史分期，古风时期主要按照文类排列章节，再将文学作品归入其中；古典时期主要按照历史顺序排列章节，分为"古典时期的发轫与鼎盛""启蒙运动及其反对者"与"公元前4世纪直至亚历山大大帝"三个部分；希腊化时期主要按照地区排列章节，分为"雅典"与"新兴文学中心"两个部分；罗马帝国时期按照"诗歌"和"散文"排列章节。此外，凡是重要的古希腊作家皆单独成章，给予充分的篇幅详论其生平与作品，每章的论述之后附有相关作品的传承史概述，随后开列参考书目，包含主要的校勘本和评注本，以及最重要的当代研究论著。作者强调古希腊作家在文学上取得的伟大成就，突出这些文学作品所奠定的西方人文主义精神，对19世纪末至20世纪上半叶的相关学术研究（尤其是德语国家的学术研究）做了提纲挈领的论述，并且还时常提出自己的新见，因此本书在初版之际便博得广泛称誉，被誉为最翔实最渊博的单卷本古希腊文学通史。不过，由于其成书年代距今已逾半个世纪，部分内容不可避免地显得陈旧，初习者在阅读时尚需留意。

**2.2.4《古希腊文学研究手册》( Zimmermann & Rengakos )**
(Bernhard Zimmermann & Antonios Rengakos, hg. *Handbuch der griechischen Literatur der Antike*, München: C. H. Beck, 2011—2020)
【内容提要】共三卷,第一卷《古风与古典时期的文学》(*Die Literatur der archaischen und klassischen Zeit*),2011年;第二卷《古典与希腊化时期的文学》(*Die Literatur der klassischen und hellenistischen Zeit*),2014年;第三卷《罗马帝国时期与古代晚期的希腊文学》(*Die griechische Literatur der Kaiserzeit und Spätantike*),2020年。本书系《古典学研究手册大系》(**4.1.6**)第七编的第三次新编,旨在取代Wilhelm Schmid & Otto Stählin 撰写的皇皇五巨册《古希腊文学史》(*Geschichte der griechischen Literatur*)。这是一部多卷本的文学通史暨研究手册,具有很高的学术价值。

(三)文学通史:古罗马文学

**2.3.1《拉丁文学史》(*LLH*)**
(Gian Biagio Conte, *Latin Literature. A History.* Tr. Joseph B. Solodow. Rev. Don Fowler & Glenn W. Most. Baltimore: The Johns Hopkins University Press, 1994)
【内容提要】对入门者而言,本书为**古罗马文学通史的首选之作**。作者为意大利著名拉丁文学专家孔特,本书原版题作 *Letteratura latina: Manuale storico dalle origini alla fine dell'impero romano* (Firenze: Le Monnier Scuola, 1987年初版, 1995年新版),由 Joseph Solodow 译成流畅可信的英文,美国古典学家 Glenn Most 增写了"接受史"的部分内容,并由英国罗马文学史家 Don Fowler 修订了"参考书目",使之更符合英语读者的需求。这部通史的历史跨度近千年,从古罗马文学的发轫之初(公元前3世纪)直至中世纪早期(公元7世纪),共分五个部分:一、早期和中期共和国;二、晚期共和国;三、奥古斯都时期;四、早期帝国;五、晚期帝国。正文内容采用传统的历史分期,以时间顺序为主线、以作家为核心,对每位作家的讨论通常分为三个部分,首先简要介绍生平、作品和相关古人记载,其次对各部作品及其文学特点和文化历史情境详加讨论(包含作品内容的梗概),最后论及该作家及其作品的影响。每章讨论之后附有参考书目,给出主要的校勘本、评注本和英译本,以及最重要的当代研究论著。另外,全书正文之前有简要目录和详细目录,正文之后有古罗马和古希腊历史文化对照年表、希腊语作家作品名录、罗马文化(政治、社会和意识形态)语汇通释、修辞学、诗律学和文学评论术语表四个附录。要之,这部文学通史可让读者了解相关作家作品的基本信息,掌握学界相关研究的主要趋势,查阅相关的一手和二手文献,是一部学术性和实用性兼备的重要参考书。

## 2.3.2《罗马文学史(从安德罗尼库斯至波爱修斯及其后世影响)》(GRL)

(Michael von Albrecht, *A History of Roman Literature from Livius Andronicus to Boethius with Special Regard to Its Influence on World Literature.* Tr. Frances Newman et al., Rev. Gareth Schmeling & the author. Mnemosyne Supplement 169. 2 vols. Leiden: Brill, 1997)

【内容提要】共两卷,德文原版题作 *Geschichte der römischen Literatur: von Andronicus bis Boethius und ihr Fortwirken*,已出第三版(3. Auflage, Berlin: De Gruyter, 2012)。这部通史的历史跨度如同标题所示,从安德罗尼库斯(公元前3世纪)直至波爱修斯(公元6世纪),与孔特《拉丁文学史》(2.3.1)略同。全书在"导论"之后分作六章,除第一章"罗马文学勃兴的前提"和第六章"罗马文学的流传",其余四章的内容采用传统的历史分期,分别为第二章"共和国时期的文学"、第三章"奥古斯都时期的文学"、第四章"帝国早期的文学"和第五章"帝国中期和晚期的文学",先对每个时期的文学进行概览,然后将这个时期的文学作品划分为散文与诗歌两大门类,每个门类再按照文类细分,将作家和作品归入其中。作者对每一位作家的讨论严格遵守如下顺序:年世与生平;作品概览;作品材料来源、文学先驱及所属文类;文学技巧;语言与风格;思想世界;传承史;后世影响。每章讨论之后附有参考书目,给出主要的校勘本、评注本和英译本,以及最重要的当代研究论著。本书的最大特色正如副题所示,在于着重关注作家作品的身后影响,尤其是对欧洲文学和文化的影响。初习者可持此书与孔特《拉丁文学史》相互参照。

### 2.3.3 《剑桥古典文学史:古罗马文学卷》(*CHCL 2*)
(E. J. Kenney & W. V. Clausen, eds. *The Cambridge History of Classical Literature II. Latin Literature*, Cambridge: Cambridge University Press, 1982)

【内容提要】如同"剑桥希腊文学史"(**2.2.2**),这部"剑桥罗马文学史"也是多人合撰,其历史跨度为八百年,从罗马共和国中期(公元前3世纪)至罗马帝国晚期(公元5世纪)。全书共7个部分,除第1部分(第1—2章:介绍古罗马世界的书籍、读者和文学评论)和第7部分("尾声")外,其余各部分依时间顺序,对每个时期的文学作品按文类划分,再将各个作家归入其中,分别为第2部分"早期共和国"(第3—7章),第3部分"晚期共和国"(第8—14章),第4部分"奥古斯都时代"(第15—23章),第5部分"早期元首制时代"(第24—34章)和第6部分"后期元首制时代"(第35—42章)。本书的编纂旨趣与"剑桥希腊文学史"相同,可参考该条说明。另外,有必要重复的是,本书正文之后的"作家与作品"附录长达136页,按照全书的章节顺序,列出每位作家的生平记载、作品名录、传承史及参考书目(包含主要的校勘本、评注本和英译本,迄20世纪80年代初最重要的现代研究论著),这份详尽的附录虽然完成于四十年前,显得相对老旧,但其中部分基本信息(如作家生平记载、作品名录和传承史）仍值得参考。本书另有1983年出版的分册单行本，共计《早期共和国》《晚期共和国》《奥古斯都时代》《早期元首制时代》和《后期元首制时代》五个分册。

### 2.3.4《拉丁文学研究手册》（Herzog & Schmidt）

(Reinhart Herzog & Peter Lebrecht Schmidt, hg. *Handbuch der lateinischen Literatur der Antike*, München: C. H. Beck, 1989— )

【内容提要】已出版三卷，包括第一卷《上古时期的文学：从起源至苏拉去世（前文学时期及公元前240至前78年）》(*Die archaische Literatur: von den Anfängen bis Sullas Tod. Die vorliterarische Periode und die Zeit von 240 bis 78 v. Chr*)，Werner Suerbaum 主编，2002年；第四卷《变革时期的文学：从罗马文学到基督教文学（公元117至284年）》(*Die Literatur des Umbruchs. Von der römischen zur christlichen Literatur 117 bis 284 n. Chr*)，Klaus Sallmann 主编，1997年；第五卷《复古与创新：公元284至374年的拉丁文学》(*Restauration und Erneuerung. Die lateinische Literatur von 284 bis 374 n. Chr*)，Reinhart Herzog 主编，1989年。这是一部多卷本的文学通史暨研究手册，具有很高的学术价值。

## 三、经典研读

### （一）校勘本文库

### 3.1.1《托伊布纳古典文库》（*BT*）

(*Bibliotheca Scriptorum Graecorum et Romanorum Teubneriana*, Berlin: Walter de Gruyter)

【内容提要】全世界历史最悠久、规模最庞大，且总体而言最具权威性的古典作品校勘本丛书，简称"托伊布纳本"。迄今已出版上千册，橙红色为希腊系列，天蓝色为拉丁系列。《托伊布纳古典文库》（以下简称"《托伊布纳文库》"）涵盖的时间跨度从荷马到新拉丁语著作，囊括的文本种类极广，不仅网罗古希腊罗马各个方面的典籍，而且还搜集古代学者对典籍的评注（scholia）。无论何种类型的作品，一概精校精印，正文前有专门讨论文本传承与校勘事宜、用拉丁文撰写的详尽导言，正文每页下方附详细的校勘记，部分文本的正文和校勘记之间还附有详细的"古证记"（apparatus of testimonia），个别文本另有其他类型的校记，例如"来源记"（source apparatus），书末附（各类）索引。关于《托伊布纳文库》的校勘体例及使用方法，详见本书第三章第一节。

【编纂史略】《托伊布纳文库》由德国出版家托伊布纳（Benedictus Gotthelf Teubner, 1784—1856）创办，从1849年开始陆续出版迄今。《托伊布纳文库》创办之前，古典作品的精校精印本价格昂贵，唯有图书馆或富裕的收藏家有实力购买，托伊布纳决定用校勘精良但又定价不高的印本改变这一局面。为了同时兼顾专业学者和普通学生的需求，《托伊布纳文库》最先推出了同一部作品的两种校勘本：其一是附有详尽校勘记的"详本"（editiones maiores），其二是仅有精简校勘记的"简本"（editiones minores）。这一举措在19世纪风靡一时，但到了20世纪，"简本"渐渐退出，不再印行。自创办之初迄今，《托伊布纳文库》历经一个半世纪的风雨，出版者也已两易其主：1999年托伊布纳出版社（B. G. Teubner Verlag）将文库的出版权转售给慕尼黑的绍尔出版社（K. G. Saur），该社又于2006年被国际出版巨头德古意特（Walter de Gruyter）收购，自2007年开始文库遂由德古意特出版发行。如今在德古意特的苦心经营下，进入21世纪的《托伊布纳文库》正焕发出历久弥新的生命力。

### 3.1.2 《牛津古典文库》(*OCT*)

*(Oxford Classical Texts = Scriptorum Classicorum Bibliotheca Oxoniensis*, Oxford: Oxford University Press)

【内容提要】主要由英语国家学者编订的古典作品校勘本文库，在国际古典学界享有很高的声誉，简称"牛津本"。迄今已出版130余册，封套浅蓝或深蓝色为希腊系列，草绿色为拉丁系列。如同《托伊布纳文库》，《牛津古典文库》(以下简称"《牛津文库》")也以精校精印著称于世，正文前有专门讨论文本传承与校勘事宜、用拉丁文撰写的简明导言，正文每页下方附详略适中的校勘记，书末附（各类）索引。总体而言，《牛津文库》偏重经典文本，故而收入其中的作品从种类和数量上都无法与《托伊布纳文库》和《比代文库》(**3.1.3**)相比，无疑是其最大的局限。不过，除了完整存世的文本，《牛津文库》还收入残篇的辑佚本，往往是品质上乘的善本，例如韦斯特(M.L.West)的《古希腊挽歌体与讽刺体诗集萃》(*Delectus ex Iambis et Elegis Graecis*)以及桑德巴赫(F. H. Sandbach)的《米南德遗作选》(*Menandri Reliquiae Selectae*)。关于《牛津文库》的校勘体例及使用方法，详见本书第三章第一节。

【编纂史略】《牛津文库》于1900年正式发行(1890—1900年间曾先期出版了几卷"牛津本"作为尝试)，但其筹备工作可以追溯到19世纪下半叶。当时，德国面世的《托伊布纳文库》给专门刊刻古典文本的牛津大学出版社带来了市场竞争的压力，"大学委员会"遂于1896年批准了《牛津文库》的编纂规划。迄第一册《牛津文库》本问世的1900年，《托伊布纳文库》已出版逾150卷文本，且树立了现代校勘本的标准典范，是新生的《牛津文库》的强大竞争对手。为了有别于《托伊布纳文库》，《牛津文库》的编委会决定将"校勘记"的篇幅限定在"简明扼要"的范围之内，仅对最重要的异文出校，以"某某编订"并附"精简校勘记"(…brevique adnotatione critica…)的字样出之,另外"导言"和"索引"部分也务求简赅。校勘者若需详细讨论文本问题,可另行编次"详本"(editio maior)或单独著述。每一册"牛津本",除了封套和版权页,从头至尾均为希腊文或拉丁文,并不出现一个英文字样,这是唯有"牛津本"与"托伊布纳本"两家共同保持的庄严学术传统。鲜见的例外是1990年面世的新版《索福克勒斯悲剧集》(*Sophoclis Fabulae*),两位校勘者——英国古典学界耆宿罗伊德-琼斯(Hugh Lloyd-Jones)和威尔逊(Nigel G. Wilson)敢于"冒学界之大不韪",用英语撰写"前言",他们的理由是"英语已毫无疑问地取代拉丁语,成为当代世界的通用学术语言",因此"英语撰写的前言较之于拉丁语必然对读者更有帮助"。即便如此,这一大胆的创举还是被当代古典学泰斗韦斯特贬为"我们所知晓的文明的终结",而此后"牛津本"的校勘者多未效颦,仍旧用拉丁语维护着数百年来的学术传统(威尔逊自己为2015年推出的"牛津本"希罗多德《历史》撰写的"前言",坚持使用英语)。

### 3.1.3 《比代古典文库》(*CUF* 或 Budé)

(*Collection des Universités de France*, publiée sous le patronage de l'Association Guillaume Budé, Paris: Les Belles Lettres)

【内容提要】**主要由法语国家学者编订的古典作品校勘本文库,集校、注、译为一体的"三合一本"文库,在国际古典学界享有很高的声誉,简称"比代本"**。迄今已出版900余册,黄色为希腊系列,封面镌有雅典娜的猫头鹰像作为标示,红色为拉丁系列,封面镌有卡匹托尔山母狼作为标示。《比代古典文库》(以下简称"《比代文库》")同样以精校精印著称于世,正文之前有法文导言,全面讨论作家和作品以及文本传承与校勘事宜,正文右边一页为原文,下方附详略适中的校勘记,左边一页为法译文,下方附简要脚注,书末附(各类)索引。部分新近出版的作品在正文之后还有内容丰富的详注,成为集校、注、译为一体的"三合一"本。关于《比代文库》的校勘体例及使用方法,详见本书第三章第一节。

【编纂史略】《比代文库》于1920年正式出版(第一册希腊文本为柏拉图《小希庇亚斯》,第一册拉丁文本为卢克莱修《物性论》),由旨在"保护和发扬古典文化"的"纪尧姆·比代学会"(Association Guillaume Budé, 1917年成立于巴黎,以法国16世纪最杰出的人文主义者和古典语文学者纪尧姆·比代冠名)主持和赞助,定名为《法国大学文库》(俗称《比代文库》)。文库的目标是编辑整理从最早时期至公元6世纪中叶的所有存世古典作品(还包括一部分教父作品),预计总数将逾1300册。迄今已出版希腊文本五百余册,拉丁文本四百余册,可谓功过其半。不过,除了编定剩余的品种,近百年前面世的旧版也在不断被修订再版或被新版取代。"比代本"一方面与"托伊布纳本"和"牛津本"不同,非但提供严格校勘的原文,还给出对照的法译文,另一方面也与《娄卜丛书》(3.2.1)不同,导言和脚注(近年来又发展成正文后的详注)往往更为详细,给予初习者更多助益,因此《比代文库》可谓结合了以上数套文库的优点,既可供专业学者从事研究,亦适合初习者和普通读者阅读。

### 3.1.4 《瓦拉古典文库》(*SGL* 或 Valla)

(*Scrittori greci e latini,* Fondazione Lorenzo Valla, Milano: Mondadori)
【内容提要】主要由意大利语国家学者编订的古典作品校勘本文库,集校、注、译为一体的"三合一本"文库,在国际古典学界享有很高的声誉,简称"瓦拉本"。《瓦拉古典文库》成立于1974年,由意大利15世纪最杰出的人文主义者和古典语文学者洛伦佐·瓦拉冠名的学术基金会赞助出版。该文库收罗范围甚广,从古希腊罗马直至拜占庭与拉丁中世纪的作品均在其列。正文前有意大利文导言及参考书目,正文左边一页为原文,下方附详略适中的校勘记,右边一页为意大利译文,下方附简要脚注,书末附(各类)索引。正文之后还有内容丰富的详注(参见**3.5.5**)。迄今已出版170余册,希腊系列与拉丁希腊统一,封面上方均为黄色,下方为一帧彩图。关于《瓦拉古典文库》的校勘体例及使用方法,详见本书第三章第一节。

**3.1.5《剑桥古典文本与评注丛书》(CCTC)**
(*Cambridge Classical Texts and Commentaries*, ed. J. Diggle et al., Cambridge: Cambridge University Press)
【内容提要】这套丛书由剑桥大学出版社推出,是集校、注、译为一体的"三合一本"丛书,主要面向专业研究者(剑桥大学出版社另一套《剑桥希腊与罗马古典丛书》主要面向初习者,见下**3.5.4**)。第一册问世于2004年,迄今共出版60余册。原文经过编著者重新校勘,校勘记比较翔实,堪称精校精印的善本。另见**3.5.6**。

**3.1.6《古典文本与评注丛书》**
(*Texte und Kommentare. Eine altertumswissenschaftliche Reihe*, hrsg. Michael Dewar et al., Berlin & New York: Walter de Gruyter)
【内容提要】这套丛书由德古意特出版社推出,是集校、注、译为一体的"三合一本丛书",侧重相对罕见的文本,主要面向专业研究者。第一册问世于1963年,迄今共出版60余册。原文经过编著者重新校勘,校勘记比较详实,堪称精校精印的善本。另见**3.5.7**。

## (二)对照本文库

**3.2.1《娄卜古典文库》(LCL)**
(*Loeb Classical Library*, founded by James Loeb, edited by Jeffrey Henderson, Cambridge, Mass.: Harvard University Press)
【内容提要】英语世界最为流行的大型古希腊罗马文本对照本丛书,简称"娄卜本"。这也是国内学界最为熟知的西方古典文本丛书,被誉为西方古典的"四库全书"。迄今已出版约550册,草绿色为希腊系列,艳红色为拉丁系列。《娄卜古典文库》(以下简称《娄卜文库》)涵盖的时间跨度极大(从荷马到古代晚期近一千四百年),包含的文本种类极广,不仅囊括后世奉为经典的古希腊罗马文史哲著作,还收入像《纸草辑选》、医书(希波克拉底、凯尔苏斯和盖伦)、技术手册(如兵法、农书、营造法式)以及教父著作等。这套丛书因其左右两页希英或拉英对照的版式以及精装口袋本的设计而令读者称便,广受欢迎。不过,有必要指出的是,《娄卜文库》刊行的并非供专业研究者使用的文本,而是由古典学者为粗通古典语言的普通读者整理和翻译的文本,也就是说,《娄卜文库》不能称为校勘本丛书,编者通常不从原始材料入手重新校勘文本,而是直接使用较为可靠的现成校勘本,并且校勘记也被缩减到最低限度。换言之,除个别例外,专业研究者不会使用《娄卜丛书》作为研究的底本。

【编纂史略】这套丛书由美籍犹太慈善家娄卜(James Loeb, 1867—1933)创立于1911年,其宗旨是让古代经典作品借助译文而为更多的当代读者阅读和喜爱。为了尽量扩大读者面,娄卜引入了在当时堪称创新的做法,即古典语文与现代译文的对照本(此前学界通行的是古希腊文-拉丁文对照本)。他认为,此举可以让熟稔或略通甚至不谙古典语言者,都成为"文库"的读者。娄卜的雄心是汇集"从荷马到君士坦丁堡陷落"期间一切有价值的希腊拉丁文本,纳入他的"文库"。翌年,最初的二十种《娄卜文库》文本由伦敦的海涅曼出版公司(William Heinemann Company)推出。此后,《娄卜文库》以每年约十种的速度陆续面世,分别由海涅曼和哈佛大学出版社在英国和美国发行。1989年海涅曼退出出版事宜,哈佛大学出版社独自拥有丛书的全球经营权。如今,《娄卜文库》历经一个多世纪的变迁,轮换了七任总编,已出版近550册,悉数在版或正以新版取代旧版。这套"拉丁红"与"希腊绿"交相辉映的丛书在普通读者群里赢得了良好的口碑,催生了一系列类似的对照本文库,例如同样由哈佛大学出版社印行的《塔提文艺复兴文库》(I Tatti Renaissance Library)和《敦巴顿橡树园中世纪文库》(Dumbarton Oaks Medieval Library),以及我国近年问世的《日知古典丛书》(**3.2.5**)。2014年起,哈佛大学出版社推出"娄卜古典丛书数据库"(Digital Loeb Classical Library,https://www.loebclassics.com/),为更多读者提供了便利。

## 3.2.2 《袖珍本古典文库》
(*Classiques en poche*, Collection dirigée par Hélène Monsacré, Paris: Les Belles Lettres)

【内容提要】近年来,《比代古典文库》(**3.1.3**)针对学生群体和普通读者推出了这套《袖珍本古典文库》。"袖珍本"删除了"比代本"的校勘记,保留了经过校勘的原文,以及原"比代本"的译文。如同《娄卜文库》,"袖珍本"也将原文放在左页,译文放在右页(而没有遵循《比代丛书》右页原文左页译文的做法),左页原文和右页译文之下都有精简的脚注,可以看作**法语世界的《娄卜文库》**。迄今已出版100余册,希腊系列与拉丁系列统一,封面上方均为黑色,下方为一帧彩图。

## 3.2.3 《图斯库鲁文库》(*ST*)
(*Sammlung Tusculum*, hrsg. Niklas Holzberg & Bernhard Zimmermann, Berlin & New York: Walter de Gruyter)

【内容提要】创办于1923年,因其左右两页希英或拉英对照的版式以及精装口袋本的设计,广受德语读者的喜爱,堪称**德语世界的《娄卜文库》**。"图斯库鲁"乃罗马郊外一小镇,古罗马大演说家西塞罗在该处建有别墅,以供休闲和钻研学术之用,《图斯库鲁文库》缘此得名(最初名为 Tuskulum-Bücher)。该文库曾经由 Artemis &

WinklerVerlag 出版，目前由 Akademie Verlag 出版，德古意特（Walter de Gruyter）经营，迄今已面世 270 余册。

### 3.2.4 《日知古典丛书》
（上海人民出版社[世纪文景]）

【内容提要】创办于新世纪初，力求成为**汉语世界的《娄卜文库》**。正文左页为原文（基本上为白文，鲜有校勘记），原文的质量根据翻印的底本而参差不齐，右页为中译文，有些卷册右页正文之下有简单脚注，另一些则将译注移至正文之后。部分卷册有较为翔实的序言。迄今已出版 18 种，蓝色为希腊系列，赭色为拉丁系列。

## （三）古典文本数据库

### 3.3.1 《希腊语作品库》（TLG）
（*Thesaurus Linguae Graecae: A Digital Library of Greek Literature*, Project Director Maria Pentelia, University of California, Irvine）

【内容提要】**规模最为庞大的古希腊语文本数据库**，几乎囊括从荷马史诗到君士坦丁堡陷落期间所有用希腊语写就的作品，并且仍在逐年增加（最终还会包含现代希腊语作品）。《希腊语作品库》（以下简称"《作品库》"）迄今共收录约四千位作者、逾一万部作品，共计一亿一千多万单词，所收作品为较易获取（但并非最新）的校勘本，不附校勘记，因此读者若使用其文本阅读功能，读到的只是经过校勘的正文。另有《〈希腊语作品库〉希腊作家与作品名录》（*TLG Canon of Greek Authors and Works*），收入所有《作品库》里的作家和作品，共包含一万两千余条目，每个条目给出作者姓名、别号、生年约数、籍贯、作品名称、所用版本、传承方式、字数、体裁种类等信息，可作为最详尽的古希腊作品目录来查检。

的本子，不附校勘记，但与其他同类数据库相比，《文本库》收录的版本属于相对可靠的校勘本。

## （四）辑佚本：早期希腊典籍残篇集成

### 3.4.1《古希腊史诗诗人：古人评述及残篇》(*PEG*)
(*Poetae Epici Graeci. Testimonia et Fragmenta*. ed. Albertus Bernabé. Bibliotheca scriptorum Graecorum et Romanorum Teubneriana. Leipzig, München & Berlin: B. G. Teubner, K. G. Sauer & Walter de Gruyter, 1987—2007)

【内容提要】共两卷四册，辑录除荷马及其诗派与赫西奥德及其诗派以外所有古风与古典时期希腊史诗作品的残篇与古人评述。第一卷1987年初版，1996年第二版，包含"史诗诗系"及其他至公元前5世纪的史诗残篇与古人评述，附详尽的"词汇索引"；第二卷有三个分册，其中第一和第二分册分别出版于2004年和2005年，包含俄耳甫斯教派及性质相近的残篇与古人评述，题作 *Orphicorum et Orphicis similium testimonia et fragmenta*，第三分册出版于2007年，包含缪塞乌斯、里努斯、埃皮美尼德斯这几位与俄耳甫斯教派相关的史诗诗人的古人评述与作品残篇，以及"德尔维尼纸草"与各类索引，题作 *Musaeus. Linus. Epimenides. Papyrus Derveni. Indices*。这套新辑本取代了一百多年前同属《托伊布纳文库》的金克尔辑本(G. Kinkel, *Epicorum Graecorum Fragmenta*, Leipzig: Teubner, 1877)。值得一提的是，第二卷前两个分册关于俄耳甫斯教派的相关文献是继柯恩《俄耳甫斯教派残篇辑录》(Otto Kern, *Orphicorum Fragmenta*, Berlin: Weidmann, 1922)之后的首次系统整理，学界认为可以取而代之（第二卷第三分册附有"编号对照表"，供读者与Kern版对照使用）。这两个分册搜集了与俄耳甫斯教派诗篇相关的四类材料：一、残篇（对诗作的直接征引）；二、间接残篇（对诗作的概述或暗指）；三、古人评述（对个别诗作的特指或对此类作品的泛指）；四、痕迹（受其影响的文本）。这四类材料按照主题（例如俄耳甫斯神谱、宇宙的属性、灵魂的际遇、俄耳甫斯教派密仪等）划分，非常便于读者使用。

另外，戴维斯（M. Davies）的一卷本《古希腊史诗诗人残篇集》（*Epicorum Graecorum Fragmenta*, Göttingen: Vandenhoeck & Ruprecht, 1988）以及韦斯特（M. L. West）的娄卜本《公元前7至前5世纪希腊史诗残篇集》（*Greek Epic Fragments from the Seventh to the Fifth Centuries BC*. Cambridge, MA: Harvard University Press, 2003）也可兹参考。

## 3.4.2《古希腊讽刺体与挽歌体诗歌（亚历山大大帝以前）》（*IEG*）(*Iambi et Elegi Graeci ante Alexandrum cantati*, ed. Martin L. West, 2nd revised ed., 2 volumes, Oxford: Clarendon Press, 1989—1992)

【内容提要】共两卷，辑录所有古风与古典时期希腊讽刺体与挽歌体诗人作品，除《特奥格尼斯诗集》外皆为残篇。第一卷包含阿基洛科斯、希波纳克斯与《特奥格尼斯诗集》，1971年初版，1989年第二版收录新近发现的"科隆阿基洛科斯讽刺诗"（Cologne Epode of Archilochus）残篇；第二卷按诗人姓名字母排序，包含50余位，其中代表性的诗人有卡利诺斯、弥木奈墨斯、塞门尼德斯、西蒙尼德斯、梭伦与提尔泰奥斯，1972年初版，1992年第二版收录新近发现的西蒙尼德斯挽歌体长篇叙事诗《普拉提亚决战》残篇。

另外，B. Gentilli 和 C. Prato 整理的"托伊布纳本"《挽歌体诗人残篇与古代评注》（*Poetarum elegiacorum testimonia et fragmenta* (2nd ed., Leipzig & München: Teubner & Saur, 1988—2002) 以

及 D. E. Gerber 根据 *IEG* 翻译的"娄卜本"《希腊讽刺体诗歌》(*Greek Iambic Poetry. From the Seventh to the Fifth Centuries BC*. Cambridge, MA: Harvard University Press, 1999)和《希腊挽歌体诗歌》(*Greek Elegiac Poetry. From the Seventh to the Fifth Centuries BC*. Cambridge, MA: Harvard University Press, 1999)也可兹参考。

### 3.4.3《古希腊弦琴诗集》(Campbell)
(*Greek Lyric*. ed. & tr. David A. Campbell, 5 volumes, Loeb Classical Library 142-144, 461 & 476. Cambridge, MA: Harvard University Press, 1982—1993)

【内容提要】共五卷,辑录除品达以外所有古风与古典时期希腊弦琴体诗人的作品残篇及古人评述,分为独唱歌(第一卷和第二卷上半部分)、合唱歌(第二卷下半部分、第三和第四卷)及"新诗派"(第五卷)三个部分。第一卷包含公元前6世纪的两位莱斯博斯岛独唱歌诗人萨福和阿尔凯奥斯;第二卷包含公元前6世纪的独唱歌诗人阿纳克瑞翁、阿纳克瑞翁诗派及早期(公元前7世纪)合唱歌诗人(代表人物为阿尔克曼和特尔潘德);第三卷包含公元前6世纪的合唱歌诗人(代表人物为斯忒西科洛斯、伊比克斯和西蒙尼德斯);第四卷包含公元前5世纪的合唱歌诗人(代表人物为巴居利德斯和女诗人柯丽娜);第五卷包含公元前5世纪中叶至前4世纪中叶兴起的"新诗派"(代表人物为提摩泰乌斯)以及民歌、酒歌、颂歌与无名氏诗歌。

另外,值得参考的古希腊弦琴体诗人的残篇辑录还有 E.-M. Voigt 的一卷本《萨福和阿尔凯奥斯》(*Sappho et Alcaeus*, Amsterdam: Athenaeum—Polak & Van Gennep, 1971),D.L.Page 的一卷本《希腊歌唱体诗人》(*Poetae Melici Graeci. Alcmanis, Stesichori, Ibyci, Anacreontis, Simonidis, Corinnae, poetarum minorum reliquias, carmina popularia et convivialia quaeque adespota feruntur*, Oxford:

Clarendon Press, 1962），以及 Malcolm Davies 整理的《希腊歌唱体诗人残篇集成》(*Poetarum Melicorum Graecorum Fragmenta*)已出版的第一卷(Oxford: Clarendon Press, 1991)，包含阿尔克曼、斯忒西科洛斯及伊比克斯三位诗人的残篇，这部分残篇已取代 Page 版的相关内容成为标准辑佚本。

### 3.4.4《古希腊悲剧家残篇集成》(*TrGF*)
(*Tragicorum Graecorum Fragmenta*, ed. Bruno Snell, Stefan Radt & Richard Kannicht, 5 volumes, Göttingen: Vandenhoeck & Ruprecht, 1971—2004)

【内容提要】共五卷六册，第一卷包含"悲剧演出著录"(didascaliae tragicae)、"悲剧家与悲剧剧目名录"(catalogi tragicorum et tragoediarum)以及(除三大悲剧家外的)次要悲剧家古代述评及残篇(testimonia et fragmenta tragicorum minorum)，由 Snell 编辑，1971年第一版，1986年修订第二版；第二卷包含"作者不明作品残篇"(fragmenta adespota)及第一卷补遗与订正，由 Snell 与 Kannicht 共同编辑，1981年第一版；第三卷包含埃斯库罗斯悲剧残篇，由 Radt 编辑，1985年第一版，2009年修订第二版；第四卷包含索福克勒斯悲剧残篇，由 Radt 编辑，1977年第一版，1999年修订第二版；第五卷(分两册)包含欧里庇得斯悲剧残篇，由 Kannicht 编辑，2004年第一版。这套五卷本(六册)的《古希腊悲剧家残篇集成》(以下简称"*TrGF*")是在19世纪德国学者 A. Nauck 整理出版的同名辑佚本(1856年第一版，1889年修订第二版，一卷，由 Teubner 出版社出版，另有经 Snell 增补、由 Georg Olms 出版社于1964年出版的重版本)的基础上，进行大规模的增补修订而成，其篇幅已远远超出 Nauck 的单卷本，取代了后者长达一个多世纪的标准辑佚本的地位。最重要的为包含三大悲剧家残篇的第三至五卷，其编纂体例相似，首先是有关该悲剧家"生平与艺术的古人评述"(Testimonia Vitae atque

Artis），其次分别是"具名悲剧残篇"（依剧名字母排序）、"不确定归属残篇"（Incertarum Fabularum Fragmenta）及"存疑和伪作"（Dubia et Spuria），最后是各类"索引"。编者还为每一部有残篇存世的具名悲剧撰写了"导言"，涉及古人评述、神话及图像材料、剧情梗概或重构、戏剧场景和人物、其他同题材戏剧等相关信息。*TrGF* 尽量保留了 Nauck 版的残篇编号，例外的情况会给出清晰的标示，说明某个 Nauck 编号的残篇已被删除或重新编号，或者已被并入新发现的纸草文本当中。

### 3.4.5 《古希腊喜剧家残篇集成》（*PCG*）
(*Poetae Comici Graeci*, ed. Rudolf Kassel & Colin Austin, Berlin: De Gruyter, 1983— )

【内容提要】共九卷十一册，迄今已出版八册。《古希腊喜剧家残篇集成》（以下简称"*PCG*"）辑录长达一千年内（公元前6世纪至公元5世纪）所有存世的古希腊喜剧残篇，共计250余位喜剧诗人的作品。第一卷包含创作"多里斯喜剧"（comoedia dorica）、"拟剧"（mimi）和"悲喜剧"（phlyaces）诸位诗人的残篇及古人评述；第二卷起按照作者姓名的字母顺序排列，第二卷包含 Agathenor 到 Aristonymus 的残篇及古人评述；第三卷第二分册包含阿里斯托芬喜剧残篇及古人评述；第四卷包含 Aristophon 到 Crobylus 的残篇及古人评述；第五卷包含 Damoxenus 到 Magnes 的残篇及古人评述；第六卷第二分册包含传世文献当中的米南德喜剧残篇及古人评述；第七卷包含 Menecrates 到 Xenophon 的残篇及古人评述；第八卷包含"作者不明喜剧残篇"（adespota）。虽然尚未出齐，*PCG* 已经取代 19 世纪德国学者 A. Meineke 编辑的五卷本七册 *Fragmenta Comicorum Graecorum*（简称 *FCG*，1839—1857 年由柏林 Georg Reimer 出版社出版），成为最新的标准辑佚本。

### 3.4.6《古希腊历史学家残篇集成》(*FgrHist* 或 "雅可比")
(*Die Fragmente der griechischen Historiker*, ed. Felix Jacoby, Berlin: Weidmann, & Leiden: Brill, 1923—1958)

【内容提要】《古希腊历史学家残篇集成》(以下简称"《集成》")堪称20世纪由单个古典学者在古典语文学领域里取得的最大成就。《集成》的宗旨是搜辑所有存世的古希腊历史学家的残篇,加以整理并撰写评注。雅可比生前虽未毕竟其功,但独自完成了前三部分(第三部分尚缺卷C共248号历史学家的评注),共出版皇皇十七卷,逾八千页,收入856号古希腊历史学家逾一万两千个残篇。前三个部分的细目一览如下:

第一部分:谱系著述与神话著述(Genealogie & Mythographie)

卷A:前言、残篇原文、增补、语词索引(1—63号历史学家)

卷a:1—63号历史学家残篇评注、补遗

第二部分:当代史(Zeitgeschichte)

卷A:世界史及希腊史残篇原文(64—105号历史学家)

卷B:专门史、自传及回忆录、年表残篇原文(106—261号历史学家)

卷C:64—105号历史学家残篇评注

卷D:106—261号历史学家残篇评注

第三部分:地区史与民族史(Horographie & Ethnographie)

卷A:叙述多个城邦(或国家)历史的作者(262—296号历史学家)

卷a:262—296号历史学家残篇评注

卷B:叙述单个城邦(地区)历史的作者(297—607号历史学家,不包括323a—334号历史学家,见卷b补卷)

卷b:297—607号历史学家残篇评注,分成两卷:

  卷1:评注正文

  卷2:评注注释

卷b补卷:雅典史(即323a—334号历史学家)残篇评注,分成两卷:

  卷1:评注正文

卷2：评注注释、增补、勘误及索引
卷C：叙述单个国家（地区）历史的作者（608a—856号历史学家）
　　卷1：埃及－盖塔（608a—708号历史学家）
　　卷2：伊利里亚－色雷斯（709—856号历史学家）

如上所示，所有存世的古希腊历史学家均连续编号，并以其著述体裁分类。《集成》的一条根本编辑原则是，只有被具名征引的古代作者的残篇才被收入，并且尽可能把每一位古代作者的所有残篇归并一处，而非分散在各个不同的主题之下。与每一位历史学家相关的文献，雅可比采用所能得到的最佳校勘本，然后分别以"古人评述"(Testimonia)和"作品残篇"(Fragmenta)的顺序排列。其中"残篇"部分多为古人的复述，准确性往往难以判定，雅可比用三种排印方式来表示不同的可信程度：倘能确定是一字不易的原文引用，用疏排字体显示；倘能确定是改述或提及，用正常字体显示；倘若可疑，用小号字体显示。值得一提的是，《集成》前十五卷的作者索引由法国学者博纳谢尔(Pierre Bonnechère)编辑，于1999年分三卷出版，为使用者提供了很大的便利。近年，博睿出版社也推出了《集成》的网络版(https://scholarlyeditions.brill.com/bnjo/)。

【编纂史略】雅可比(Felix Jacoby, 1876—1959)早年就读于柏林大学，师从第尔斯(Hermann Diels, 1848—1922)与维拉莫威茨(Ulrich von Wilamowitz-Moellendorff, 1848—1931)，前者当时正在编辑的《前苏格拉底哲学家残篇集成》(**3.4.9**)对雅可比的治学理念和方法有着决定性的影响。由于他本人的兴趣在历史学而非哲学，遂立志于古希腊历史学家残篇的整理。当时通行的古希腊历史学家残篇版本是19世纪由卡尔·缪勒和泰奥多尔·缪勒(Carl & Theodor Müller)编次的五卷本《古希腊历史学家残篇》(*Fragmenta Historicorum Graecorum*, 1841—1870)，但这个版本收入的文献及其编排顺序存在明显的缺陷。1908年8月,年甫33岁的雅可比在柏林召开的"世界历史学大会"上提出了按照古希腊历史著述的门类来重新编次所有存世残篇的设想,他在会上宣读了题为"论古希腊历史著述的发展暨新编古希腊历史学家残篇的方案"("Über die Entwicklung der griechischen Historiographie und den Plan einer neuen Sammlung der griechischen Historikerfragmente.")的论文(完整版发表于次年的 *Klio* 第九卷),认为古希腊历史著述的门类是逐步发展起来的,残篇的编辑正可依据这条发展的线索,从最早的谱系著述和神话著述开始,到以时间为轴心的历史著述(主要指希罗多德、修昔底德和色诺芬这类史学家撰写的"当代史"),再到以空间为轴心的历史著述(例如城邦史、地方史和国别史),以及其他陆续出现的门类包括传记和回忆录,以及各种专门史比如文学史、艺术史、宗教史以及城邦政治史等。此后,雅可比便遵循这一线索着手残篇的整理、校勘和评注工作,以五十年如一日的非凡毅力完成并出版了《集成》的前三部分,唯第三部分卷C的评注在他生前尚未告竣,目前正由美国学者福尔纳拉(Charles Fornara)参照雅可比留下的大量遗稿整理出版。

### 3.4.7 《古希腊历史学家残篇集成续编》(*FGrHistCont.* 或《雅可比续编》)

(*Die Fragmente der griechischen Historiker Continued*, Part IV, eds. G. Schepens & S. Schorn; Part V, ed. H.-J. Gehrke, Leiden: Brill, 1998—)

【内容提要】雅可比于1959年辞世,虽独自完成了《集成》的前三部分,但未能毕竟其功。1988年德国学者莱曼(G.-A. Lehmann)向古典学界倡议,按照雅可比的设计续编《集成》,三年后《古希腊历史学家残篇集成续编》(以下简称"《续编》")的工作正式启动。首先展开的是第四部分"古代传记和古事记录"的残篇整理工作,由鲁汶大学教授舍彭斯（Guido Schepens）总负责，预计共 27 册，自 1998 年起陆续出版。《续编》的编辑原则与雅可比保持一致，唯一不同的是，以左右对照的方式为"古人评述"（Testimonia）和"残篇"（Fragmenta）附上了英译文，以方便当代读者。为了与雅可比亲自编定的《集成》相区别，《续编》的历史学家编号从 1000 号开始，其细目及已出版的纸质本分册如下：

第四部分：传记与古事记录（Biography & Antiquarian Literature）

卷 A：传记（Biography）

第一分册：希腊化时期以前（1000—1013 号历史学家原文及评注）

第三分册：士麦那的赫尔米坡斯（Hermippos of Smyrna）（1026 号历史学家原文及评注）

第七分册：罗马帝国及年代不定的作者（1053—1118 号历史学家原文及评注）

卷 B：文学史、音乐史、艺术史和文化史（History of Literature, Music, Art and Culture）

第九分册：美塞涅的狄凯阿克斯（Dikaiarchos of Messene）（1400 号历史学家原文及评注）

卷 C：政制史、法律及法规（Politeiai, Nomoi and Nomima）

卷 D：宗教史和崇拜仪式史（History of Religion and Cult）

卷 E：奇事记、杂事记和古事记（Paradoxography, Poikilography and Antiquities）

卷 F：文集、选集和札记（Collections, Anthologies and Hypomnemata）

（以上卷 C—F 尚未面世）

第五部分：历史地理（Historical Geography）（尚未面世）

另见博睿出版社推出的网络版（https://scholarlyeditions.brill.com/bnjo/）

**3.4.8《博睿新雅可比》（*BNJ* 或《新雅可比》）**

(*Brill's New Jacoby*, ed. I. Worthington, Leiden: Brill, 2006— )

【内容提要】1998年"雅可比续编"启动后，博睿出版社又于2006年推出了《集成》的更新版，由英国古典学者沃辛顿（Ian Worthington）总领其事，采用网络版的形式（https://scholarlyeditions.brill.com/bnjo/），对雅可比身前完成的前三部分加以修订、增补和更新，包括为部分残篇替换最新版本，收录新的残篇，为所有残篇和古人评述附上对照的英译文，用英文撰写新的评注，给每一位历史学家增添传记介绍和最新参考书目，完成雅可比未及完成的第三部分卷C共248号历史学家的评注。网络版《新雅可比》可以按历史学家姓氏的英文字母顺序排列，也可以按历史学家的雅可比编号排列，非常便于查阅和检索。需要注意的是，《新雅可比》尚无法彻底取代学术成就极高的德文版"雅可比"，两者需配合起来使用。

### 3.4.9 《前苏格拉底哲学家残篇集成》（DK）

(*Die Fragmente der Vorsokratiker*, ed. Hermann Diels & Walther Kranz, 6. Auflage, Berlin: Weidmann, 1951—1952)

【内容提要】最重要的古希腊早期哲学家残篇集成，初版于1903年，自第五版起（1934—1937）由克朗茨（Walther Kranz）修订，再次修订的第六版出版于1951—1952年，此后各版皆重印此版（最近一次重印为2004年）。第六版共分三卷，前两卷为残篇正文，第三卷为索引。第一卷正文共504页，包含第1—58号前苏格拉底哲学家及"第一卷补遗"，此卷又分成两大部分，第一部分为"A. 起源"，再分成"早期宇宙创化诗"（包含第1—3号前苏格拉底哲学家）、"公元前6世纪的天象诗"（包含第4—6号前苏格拉底哲学家）及"早期宇宙创化及人生哲理的散文"（包含第7—10号前苏格拉底哲学家）三个部分，第二部分为"B. 公元前6世纪与前5世纪哲学家及其弟子的残篇"（包含第11—58号前苏格拉底哲学家）。第二卷正文共428页，包含第59—90号前苏格拉底哲学家、"（第一至）第四版及（第五）、第六版章次索引"及"第二卷补遗"，这卷除了延续"B"（包含第 59—78 号前苏格拉底哲学家），还有"C. 早期智术师"（包含第 79—90 号前苏格拉底哲学家）。第三卷共 660 页，包含单词、人名和出处三种索引、"第三卷补遗"及"1952 年跋"（对前两卷的进一步"补遗"）。关于此书的编纂体例和使用方法，详见本书第三章第二节。

【编纂史略】早在文艺复兴时期，欧洲古典学者便开始辑录古希腊早期哲学家的作品残篇和相关文献。亨利·艾蒂安（Henri Estienne，拉丁名 Henricus Stephanus）于 1573 年首开风气之先，辑录了一部古希腊诗体哲学作品残篇集。随后的数世纪，欧洲学者尤其是德国学者在这方面用力甚勤，其中较著名的有施莱尔马赫（Friedrich Schleiermacher）、李特与普莱勒（Ritter & Preller）和姆拉克（Mullach）诸家的辑本，但都未臻精善。德国古典学家第尔斯（Hermann Diels，1848—1922）于 1903 年出版了《前苏格拉底哲学家残篇集成》第一版，该书被奉为 19 世纪残篇整理的扛鼎之作，甚至有人说它开辟了一个全新的研究领域——"前苏格拉底哲学研究"。第尔斯早年一直致力于相关文献的收集和整理，做了大量的准备性工作，譬如《古希腊哲学学说汇纂》（*Doxographi Graeci*, 1879）、《辛普利丘斯注亚里士多德〈物理学〉前四卷》的校勘本（*Simplicii in Aristotelis Physicorum libros quattuor priores commentaria*, 1882—1895）以及《诗人哲学家残篇集》（*Poetarum Philosophorum Fragmenta*, 1901）。据说，第尔斯编订《前苏格拉底哲学家残篇集成》的主要原因是出于柏林大学授课的需要，他决定把相关的古代文献钩稽出来，作为书面材料分发给听课学生，课堂上再进行详细的口头讲解和阐释。《集成》在第尔斯生前共三次修订再版，去世后由其弟子克朗茨（Walther Kranz，1884—1960）修订推出第五版（1934—1937）及第六版（1952—1953），第六版为定版，此后虽有重印（甚至标注为第七版、第八版等），都与此版的面貌基本一致。经克朗茨修订的第五版及第六定版（称作 DK）与此前的一至四版（称作 Diels）最大的区别在于编号，第尔斯将

"起源"部分的第 1—10 号作为"附录"列在正文之后,而克朗茨将这部分纳入正文,置于最早的"前苏格拉底哲学家"泰勒斯之前;此外,克朗茨还对某些重复的编号(Diels 以字母 a 来区别,例如 24 和 24a)进行独立的编号,整个《集成》的编号从原先的 83 号改定为 90 号。这部《集成》虽然是"前苏格拉底哲学研究"的奠基之作,一百年来在学界一直享有盛誉,但也存在一些不容忽视的问题,比方说某些被《集成》判定为"残篇"的征引文字,其他学者认为仅仅是转述甚至只是征引者的解释;另外,《集成》未能包含许多 20 世纪才出土的相关文献,例如 1998 年整理出版的"斯特拉斯堡纸草",其中就有前所未见的恩培多克勒的重要残篇。

### 3.4.10 《早期希腊哲学》(*EGP* 或 LM)

(*Early Greek Philosophy*. ed. André Laks & Glenn W. Most, 9 volumes, Loeb Classical Library 524-532. Cambridge, MA: Harvard University Press, 2016)

【内容提要】九册,共 4093 页。第一册题为"引论和参考材料",包含全书一览表、前言、编者说明、古代作品标准版本缩写表、参考书目、DK → LM 与 LM → DK(及其他标准版)对照表、姓名索引、古希腊语和拉丁语术语表;第二册包含"学说汇纂和学术传承""宇宙论玄想""关于神和人的思考"以及最早的伊奥尼亚思想家,第三册包含两位重要的伊奥尼亚思想家塞诺芬尼与赫拉克利特,这两册题为"早期伊奥尼亚思想家第一和第二部分";第四册包含毕达哥拉斯及其学派,第五册包含其他希腊西部地区哲学家,这两册题为"希腊西部地区思想家第一和第二部分";第六册包含稍晚时期伊奥尼亚与雅典哲学家及早期医学思想与"德尔维尼纸草",第七册包含原子论哲学家,这两册题为"稍晚时期伊奥尼亚与雅典思想家第一和第二部分";第八册包含早期智术师及苏格拉底,第九册包含稍晚时期智术师、"杨布里库斯称引的作者"与《双重论证》,以及附录"希腊戏剧里的哲学与哲学家",这两册题为"智术师第一和第二部分"。关于此书的编纂体例和使用方法,详见本书第三章第二节。

【编纂史略】第尔斯与克朗茨的《前苏格拉底哲学家残篇集成》面世以来,早期希腊哲学的残篇整理工作主要围绕个别的哲学家展开,出版了不少更新《集成》里相关篇章的单行辑佚本。对《集成》所涵盖的所有早期希腊哲学残篇进行重新整理和编辑的工作,直到近年才展开,其中最有代表性的是德古意特出版社于2009年开始陆续出版的"前苏格拉底传统"(Traditio Praesocratica)系列(迄今为止仅出版了第1至3卷,包括泰勒斯、阿那克西曼德、阿那克西美尼和塞诺芬尼,参见 Wöhrle ed. 2009, Wöhrle ed. 2011 以及 Strobel & Wöhrle eds. 2018),该系列的目标是要尽可能完整地搜集并整理相关文献,最终取代第尔斯与克朗茨的《集成》。不过,这一目标的实现尚需时日,况且这套系列丛书完成后将会卷帙浩繁且学术性极强,主要供该领域的专家参考使用。对于初习者而言,法国古典学者拉克斯(André Laks)和美国古典学者莫斯特(Glenn W. Most)共同为"娄卜古典丛书"新近编订的这套九卷本《早期希腊哲学》则是材料比较全面且可读性较强的本子。这套书不仅可供参考阅读,而且还可以当作相关课程或相关研究的一部"资料辑选"。

## (五)评注本丛书

### 3.5.1 《布林莫尔评注本丛书》(*BMC*)
(*The Bryn Mawr Commentaries*, Indianapolis, IN.: Hackett Publishing Company)

【内容提要】由《布林莫尔古典书评》(4.5.2)主管的初级程度语言学习类评注本丛书,迄今出版约百种。评注者为每个文本给出简明扼要的语法解释和词汇释义,提供相关词汇表,旨在帮助古典语言学习者流畅而准确地阅读该文本。

### 3.5.2 《迪金森学院评注本丛书》(*DCC*)
(*Dickinson College Commentaries*, Carlisle, Pennsylvania: Dickinson College)

【内容提要】供初级程度古典语言学习者使用的多媒体评注本,主要为网络版(http://dcc.dickinson.edu/),充分利用了网络阅读的便捷之处,左边为原文,右边为语法评注和词汇释义,令读者一目了然。此外,每个文本还包含导言、若干阐释性的论文,有些文本还提供相关的地图、图像、音频和视频资料,方便读者直接点击超链接,利用多种媒介来学习古典文本。该丛书目前尚处于起步阶段,面世的品种比较有限(迄今仅有希腊文本5种和拉丁文本11种),但这一新颖、便捷的评注本形式会得到众多年轻读者的青睐。

### 3.5.3 《阿里斯和菲利普斯古典丛书》(*Aris & Philips*)
(*Aris and Phillips Classics*, Warminster: Aris and Phillips / Oxford: Oxbow Books)

【内容提要】这套丛书介于初级程度的语言学习类评注本和中级程度的研读类评注本之间,正文左页为原文,右页为英译文,评注列于正文之后。评注不再侧重语法解释和词汇释义,而更偏向对文本的解说与阐释。从20世纪80年代开始出版,迄今已面世上百册。

### 3.5.4 《剑桥希腊与罗马古典丛书》(*CGLC*)
(*Cambridge Greek and Latin Classics*, ed. P. E. Easterling et al., Cambridge: Cambridge University Press)

【内容提要】目前最受欢迎、最为经典的中级程度语文研读类评注本丛书,主要面向大学本科生和研究生。从20世纪70年代陆续出版,迄今已面世近百册。因平装本封面上方为绿色,下方为黄色,被学界昵称为剑桥"绿黄本"("Green and Yellows"),也有说这其中寄寓了让读者对古典文本从"青涩"("绿")到"熟练"("黄")之意。每种均包括导论、原文、注文、参考书目和索引,若是戏剧或其他格律较为复杂的文本,还有格律附录(或纳入注文的格律分析)。原文文本是能够获取的最好的校勘本,或是由编著者根据若干种现有的校勘本自行编订,校勘记简洁明了,只录入最重要的抄本异文或现代学者的修订。这套丛书侧重古希腊罗马经典的文学性,导论和注文也主要从文学作品的角度来理解和阐释所评文本,评注运用古典语文学的方法,涉及语言、文献和文学多个层次,帮助读者加深对文本的理解,并在此基础上步入阐释和研究的境地。因此,剑桥"绿黄本"通常是该文本首选的语文研读类评注本。

另有子系列《罗马帝国书库》(*Cambridge Greek and Latin Classics - Imperial Library*),收罗传统经典以外的罗马帝国时期文学文本,但迄今仅出版四种。

### 3.5.5《瓦拉古典文本》(*SGL* 或 Valla)
(*Scrittori greci e latini*, Fondazione Lorenzo Valla, Milano: Mondadori)

【内容提要】主要由意大利语国家学者编订的古典作品校勘本文库,是集校、注、译为一体的"三合一本"文库(参见 **3.1.4**),其中**评注部分既面向高层次的研读者,也面向专业的研究者,具有很高的学术价值**。部分文本的导论和详注品质上乘,被单独翻译成其他语种印行,例如由丝特芬妮·韦斯特(Stephanie West)等多人合撰的《奥德赛》六卷详注本已被译作英文由牛津大学出版社分三卷出版,再如由阿舍里(David Ascheri)等多人合撰的希罗多德《历史》九卷详注本的前四卷也已被译作英文由牛津大学出版社出版,这两个"瓦拉本"的评注部分已然成为这两部作品迄今为止最全面最新的详注本。

### 3.5.6《剑桥古典文本与评注丛书》(*CCTC*)

(*Cambridge Classical Texts and Commentaries*, ed. J. Diggle et al., Cambridge: Cambridge University Press)

【内容提要】这套丛书由剑桥大学出版社推出,是集校、注、译为一体的"三合一本"丛书(参见 **4.1.5**),评注部分主要面向专业学者,注文非常详尽,包含许多专业性很强的内容,**通常是该文本最新最权威的研究类评注本**。

### 3.5.7《古典文本与评注丛书》

(*Texte und Kommentare. Eine altertumswissenschaftliche Reihe*, ed. Michael Dewar et al., Berlin & New York: Walter de Gruyter)

【内容提要】这套丛书由德古意特出版社推出,是集校、注、译为一体的"三合一本"丛书(参见 **4.1.6**),评注部分主要面向专业学者,注文非常详尽,包含许多专业性很强的内容,**通常是该文本最新最权威的研究类评注本**。

## 四、研究起步

### (一)百科全书

### 4.1.1 《牛津古典辞书》第四版(*OCD4*)

(*Oxford Classical Dictionary*, ed. S. Hornblower, A. Spawforth & E. Eidinow, Oxford: Oxford University Press, 4th edition, 2012)

【内容提要】一卷,正文共1592页,每页两栏,约6700词条,由来自不同国家的三百余位撰稿者共同编写。《牛津古典辞书》(第四版)**兼顾普及性和研究性,堪称全世界最权威、最可靠的单卷本古典百科辞书**。这本辞书不仅对非专业的读者查阅事实性的信息极为便利,而且也为专业的研究者提供了翔实可靠的入门导引,并且在大多数条目后面都附有简明而又专业的精选参考书目。最新的第四版于2012年面世,是在1996年的第三版(以及2003年的修订第三版)的基础上修订增补而成。第三和第四版的主编人员和编辑理念有着很强的连续性,与之前的第一版(1949)和第二版(1970)截然不同(前两版以经典作家和作品为主线,偏重古典文学),对此第三版的"前言"(第四版里,这篇"前言"附在"第四版前言"后重印,这也体现了两者之间的连续性)言之甚详,读者可仔细参看。值得注意的是,第四版(及第三版)的"作者与作品缩写表"(第 xxvii—liii 页)里的古代部分,是**国际学界目前公认的常见古希腊罗马作家与作品的标准缩写格式**,读者可首先查阅,此处未收入的较为冷僻的古希腊语和拉丁语作家作品,可再分别查阅《希英词典》(**1.2.1**)和《牛津拉丁语词典》(**1.3.1**)的"作家与作品缩写表"。近年来,"牛津研究型百科全书书库"(Oxford Research Encyclopedias)推出了《牛津古典辞书》的网络版(https://oxfordre.com/classics,Tim Witmarsh 主编),又称作"第五版"(*OCD*5),不仅把这部辞书带入了网络时代,且更为及时地对第四版做出更新和增补。

### 4.1.2 《新保利古代世界百科全书》(*DNP*)
(*Der Neue Pauly: Enzyklopädie der Antike*, hrg. H. Cancik & H. Schneider, Stuttgart: Verlag J. B. Metzler, 1996—2003)

【内容提要】**现今最全面、最权威、最可靠的多卷本研究型古典百科全书**,共16卷,近30000词条,分为"古代世界"(Antike)和"接受史与学术史"(Rezeption- und Wissenschafts- Geschichte)两个系列,前一系列包含第1—12卷,后一系列包含第13—15卷,第16卷为索引。另有后续推出的"补卷"(Supplemente)系列。《新保利古代世界百科全书》(以下简称《新保利》)秉承了《大保利古典学百科全书》(**4.1.4**)的传统,对相关知识和信息进行了全面的更新。《新保利》

第 1—12 卷"古代世界"系列把古希腊罗马的"古典文明"视为古代地中海文明的一个地理区域和一个历史时期,将"古典文明"纳入周边的各个文明以及"古典文明"的前身后世这一庞大的时空范围当中。因此,"古代世界"系列的年代跨度从公元前 1500 年的"爱琴海文化圈"(早期希腊文化作为古代近东文明的边缘文化)至"古代世界的终结"(公元 600—800 年,即拜占庭、日耳曼和伊斯兰文化分别从各自与地中海文明的关联中脱离),逾两千年之久,涵盖的文明除了"古典文明",还有古代"近东文明"和"埃及文明",甚至拜占庭以及凯尔特、日耳曼、斯拉夫与阿拉伯等后起文化。除了时空范围的增大,"古代世界"系列还在内容上增添了更多哲学术语史、经济史、社会史以及日常生活史这些方面的词条,所处理的原始材料也更注重在文字、图像和物质三者之间求得平衡(见该书"前言",第 VI 页)。《新保利》第 13—15 卷"接受史与学术史"系列侧重古希腊罗马文化在西方世界的传承和影响,特别是前者如何成为近现代古典学术的研究对象。这一系列减少了词条的数量,但增加了每个词条的覆盖面。词条包含六类主题:1) 古代接受的各个方面,例如文学艺术、建筑、哲学、政治理论、教育制度、日常文化等;2) 不同的国家和地区尤其是文化区域对古代文明的接受;3) 欧洲历史上的各个文化时期和文化运动(例如文艺复兴和巴洛克)对古代文明的接受;4) 古代研究的各个学科和研究方法,以及各种研究形式(例如校勘、评注、脚注和索引);5) 古代接受和古代研究的各种机构(例如科学院、学会、大学、中小学以及博物馆);6) 重要的考古挖掘和考古发现(见"前言",第 VIII 页)。

另外,16 卷《新保利》正文出齐以后,又增设了"补卷"系列,从 2007 年开始以七卷一组的方式出版,两组十四卷正在陆续面世,其中既包含古典研究的工具书(例如第一卷《古代君王年表》、第二卷《古代文献史》、第三卷《古代世界历史地图》、第六卷《古典学史》、第十卷《地中海文明早期史:历史与考古词典》、第十一卷《拜占庭:历史学与文化学手册》、第十二卷《古希腊罗马军事史词典》以及第十四卷《古代日耳曼人与罗马帝国:历史与考古词典》),也有近年方兴未艾的接受研究(例如第四卷《接受史与学术史》、第五卷《古代神话的接受》、第七卷《古典文学的接受》、第八卷《古代历史人物的接受》、第九卷《古代接受词典:从文艺复兴到人文主义》以及第十三卷《古代接受词典:18世纪的启蒙运动与古典主义》),这些"补卷"丰富和深化了《新保利》正文的相关词条,与之相得益彰,共同组成了西方古典学研究最基本,也是最重要的一套大型百科全书。

### 4.1.3 《博睿新保利古代世界百科全书》(*BNP*)

(*Brill's New Pauly: Encyclopedia of the Ancient World*, ed. H. Cancik, H. Schneider, M. Landfester, C. F. Salazar & F. G. Gentry, Leiden: Brill, 2002—2011)

【内容提要】《博睿新保利古代世界百科全书》(以下简称"《博睿新保利》")是《新保利》(**4.1.3**)的英文版,基本保留了德文版的特点。英文版共22卷,分为"古代世界"(Antiqutiy)和"古典传统"(Classical Tradition)两个系列,前一系列包含第1—15卷,后一系列包含第I—V卷,每个系列各有"索引"一卷。另有"补卷"(Supplements)系列。就翻译而论,许多词条的"参考书目"在英译的过程中为顾及英语读者的需要有所更新,不过也有不少原先即用英文撰写的词条又从德译文辗转译回英文,没有径直采用原作者的英文稿,故而在表述上与原文或有出入。补卷系列已出版八卷,但卷数和卷名并不完全对应于德文版,例如德文版第二卷《古代文本史:作家与作品词典》在英译系列里更名为《古希腊罗马作家作品词典》(**4.2.2**)。

### 4.1.4 《大保利古典学百科全书》(*RE* 或 Pauly-Wissowa)

(*Pauly's Realencyclopädie der classischen Altertumswissenschaft,* neue Bearbeitung begonnen von Georg Wissowa, fortgeführt von Wilhelm Kroll und Karl Mittelhaus, unter Mitwirkung zahlreicher Fachgenossen, herausgegeben von Konrat Ziegler, Stuttgart: J. B. Metzler, 1894—1980)

【内容提要】古典学史上最为庞大、最为全面的研究型百科全书，被誉为德国古典学术最伟大的一座丰碑。《大保利古典学百科全书》（以下简称"《大保利》"；原名《保利古典学百科全书》，为了与其他"保利"家族百科全书，如《新保利》和《小保利》相区分，中译名改称《大保利》）共85册，第一系列（A—Q）包含24卷49册（1894—1963），第二系列（R—Z）包含10卷19册（1914—1972），补卷（Supplemente）15册（1903—1978），索引（Register）2册（1996/1998）。在排版格式上，《大保利》将每页分成左右两栏，并在两栏的中间标明行数，便于读者查找和征引，所以全书以栏数（以及行数）来标识，而非常用的页数。第一和第二系列里的词条按拉丁字母顺序编排，但补卷系列每一卷字母的排序各自独立，在查阅时需要注意兼顾第一、第二系列和补卷系列，因为许多词条收录在补卷中，比如"Thukydides"（修昔底德）词条收录在补卷系列的第XII卷，而不是在第二系列的11卷。总体而言，《大保利》包含的大量事实性内容（realia），特别是对相关古代文献的全面征引，时至今日仍有参考价值，但其中的解释和研究部分基本已经过时，被《新保利》或其他晚近出版的百科全书所取代。

【编纂史略】《大保利》在西方学界也被昵称为"保利－维索瓦"（Pauly-Wissowa），这是最初担任主编的两位学者的姓氏。这部皇皇巨著共计84册，凝聚了数代德语古典学者的心血，出版时间近一个世纪（从1894年到1980年），单是主编在维索瓦（Georg Wissowa）之后就更换了四位，分别是1906—1939年的克罗尔（Wilhem Kroll），1939—1946年的米特尔豪斯（Karl Mittelhaus），1946—1974年的齐格勒(Konrat Ziegler)以及 1974—1980 年的盖特纳尔(Hans Gärtner)。为了加快出版进度,第三任主编克罗尔将编写工作分成两个平行的系列,保留原先从字母 A 开始的编写工作为第一系列,另辟直接从字母 R 开始编写的第二系列,因此形成了以 A—Q 和 R—Z 两个系列的格局。在正文的两个系列之外,从 1903 年又开始陆续出版补卷系列,修正和补充已经出版的条目。因此,《大保利》的第一系列、第二系列和补卷系列三个部分齐头并进,同时展开编写,而先后参与编写的学者大军据统计共有 1096 位。

**4.1.5 《小保利古代世界百科词典》(*KlP*)**
(*Der Kleine Pauly: Lexikon der Antike,* auf der Grundlage von *Pauly's Realencyclopädie der classischen Altertumswissenschaft* unter Mitwirkung zahlreicher Fachgelehrter, bearbeitet und herausgegeben von Konrat Ziegler, Walther Sontheimer und Hans Gärtner, München : Druckenmüller, 1964—1975)

【内容提要】共 5 卷,正文约 9000 栏。《大保利》接近完成之际,时任主编齐格勒(Konrat Ziegler)酝酿推出了五卷本的浓缩版,其中大多数词条从《大保利》精简而来,但也包含了不少更新的内容,并将"增补"(Nachträge)附于每卷正文之后。全书排版格式与《大保利》相同(见上)。与卷帙浩繁的《大保利》相比,删繁就简的《小保利》对于阅读德文的普通读者而言十分便利,是一套值得查阅的普及型古代百科全书。

**4.1.6 《古典古代学研究手册大系》(*HdA*)**
(*Handbuch der klassischen Altertumswissenschaft in systematischer Darstellung.* begründet von Iwan von Müller, hrsg. von Hans-Joachim Gehrke & Bernhard Zimmermann, München: C. H. Beck, 1892— )

【内容提要】由各个方面的专著组成的研究型百科全书书系,内容包罗万象,堪称《大保利》之后德国古典学术的又一座丰碑。19世纪后期,德国古典语文学者缪勒(Iwan von Müller, 1830—1917)认为,《大保利》按词条的字母顺序来编修,导致知识的零散细碎和缺乏系统性,他提出,有必要再编纂一套大部头的丛书,根据对古典文明的系统划分,按主题分门别类地阐述最新的研究现状,由此构成一个相互关联的古典知识的完整体系。于是他在1885年创立了这套《古典古代学研究手册大系》(以下简称"《手册》"),将之定名为《系统性地阐述的古典古代学研究手册》,并自任主编至1913年。此后的第二任主编为古代史学者珀尔曼(Robert von Pöhlmann),1920年之后由古典语文学者奥托(Walter Otto)继任,自1953年起由古代史学者本特松(Hermann Bengtson)接替,目前担任主编的是古代史学者格尔克(Hans-Joachim Gehrke)和古典语文学者齐默尔曼(Bernhard Zimmermann)。这套《手册》与《大保利》齐名,同样经历了百年的出版历程,不同的是,《手册》迄今仍未竣工。根据缪勒最初提出、此后逐步定型的设计,《手册》共分十二编,每编由若干卷册组成(关于这一设计,参看本书第四章第一节§2)。除第十一编空缺,其余各编已出版和未出版的卷册如下:

## 第一编 导引性和辅助性的学科

第一编《导引性和辅助性的学科》(*Einleitende und Hilfsdisziplinen*),Ludwig von Urlichs,1886年第一版,1892年第二版;

第一卷《古代学学术史》(*Geschichte der Altertumswissenschaft*),尚未出版;
第二卷《古代异教时期和基督教时期的伪书》(*Die literarische Fälschung im heidnischen und christlichen Altertum*),Wolfgang

Speyer，1971年；

第三卷《校勘与阐释（附古代图书概论）》(Kritik und Hermeneutik nebst Abriss des antiken Buchwesens)，Theodor Birt，1913年第三版；

第四卷《古希腊语和拉丁语书体学》：

  第一册《古希腊语书体学》(Griechische Paläographie)，Wilhelm Schubart，1925年；

  第二册《拉丁语书体学》(Lateinische Paläographie)，Paul Lehmann，因故未出版；

第五卷《古希腊铭文学》(Griechische Epigraphik)，Wilhelm Larfeld，1914年第三版；

第六卷《罗马铭文学》(Römische Epigraphik)，尚未出版；

第七卷《古希腊罗马年代学》(Greek and Roman Chronology)，Alan E. Samuel，1972年；

第八卷《古希腊钱币学》(Griechische Münzkunde)，Willy Schwabacher，因故未出版；

第九卷：

  第一册《古代诗律》(Metrik des Altertums)，尚未出版；

  第二册《古代音乐》(Musik des Altertums)，尚未出版。

**第二编 古希腊与拉丁语言学**

第二编《古希腊与拉丁语言学》(Griechische und lateinische Sprachwissenschaft)，Karl Brugmann，1885年第一版，1890年第二版；

第一卷《古希腊语语法（语音学、构词法、屈折变化与句法）》(Griechische Grammatik. Lautlehre, Stammbildungs- und Flexionslehre und Syntax)，Karl Brugmann，1913年第四版；

第一卷新编《古希腊语语法》(Griechische Grammatik), Eduard Schwyzer:

 第一册《综论、语音学、构词法与屈折变化》(Allgemeiner Teil, Lautlehre, Wortbildung, Flexion), 1939年;

 第二册《句法及句法风格》(Syntax und syntaktische Stilistik), 由 Albert Debrunner 增补并编辑, 1950年;

 第三册《索引》(Register, Demetrius J.Georgacas), 1960年第二版;

 第四册《例证索引》(Stellenregister, Fritz Radt & Stefan Radt), 1994年第二版;

第二卷《拉丁语语法:语音学、词法、句法及风格学(附拉丁词典编纂学)》(Lateinische Grammatik. Laut- und Formenlehre, Syntax und Stylistik; mit einem Anhang über lateinische Lexikographie), Friedrich Stolz 等, 1910年第四版;

第二卷新编《拉丁语语法》(Lateinische Grammatik), Manu Leumann u.a.:

 第一册《拉丁语语音学及词法》(Lateinische Laut- und Formenlehre), Manu Leumann 等, 1926—1928年第五版;

 第二册《拉丁语句法与风格学(及〈拉丁语语法〉综论部分)》(Lateinische Syntax und Stilistik. Mit einem Allgemeinen Teil der Lateinischen Grammatik), Anton Szantyr, 1965年;

 第三册《例证索引及非拉丁语词汇一览表》(Register und Verzeichnis der nichtlateinischen Wörter), Fritz Radt & Abel Westerbrink, 1979年;

第三卷《古希腊和古罗马人的修辞学与诗律学》(Rhetorik und Metrik der Griechen und Römer), Richard Volkmann & Hugo Gleditsch, 1901年第三版;

第三卷新编《古代修辞学:技巧与方法》(Antike Rhetorik. Technik und Methode), Josef Martin, 1974年;

第四卷《希腊诗律学》(Griechische Verslehre)，C. M. J. Sicking，
1993年；

第五卷《中世纪拉丁语手册》(Handbuch der lateinischen Sprache
des Mittelalters)，Peter Stolz：

 第一册《导论、词汇学实践、词与物、外来词汇》(Einleitung,
Lexikologische Praxis, Wörter und Sachen, Lehnwortgut)，
2002年；

 第二册《词义变化和构词法》(Bedeutungswandel und Wortbildung)，
2000年；

 第三册《语音学》(Lautlehre)，1996年；

 第四册《词法、句法与风格学》(Formenlehre, Syntax und Stilistik)，
1998年；

 第五册《参考书目、文献一览表及索引》(Bibliographie,
Quellenübersicht und Register)，2004年。

### 第三编 古代近东、古希腊史与罗马史

第三编《古典时期的地理与政治史（至波斯战争时期的古代近东地理与历史导论）》(Geographie und politische Geschichte des klassischen Altertums. Mit einer Einleitung über die Geographie und Geschichte des Orients bis zu den Perserkriegen)，Fritz Hommer 等，1889年；

第一卷《地理概要》(Grundriss der Geographie)：

 第一册《古代近东的民族与地理》(Ethnologie und Geographie
des alten Orients)，Fritz Hommel，1904、1926年；

 第三册《古代近东文化史》(Kulturgeschichte des alten Orients)，
Albrecht Alt 等；

第一分册《埃及》(Ägypten)，Hermann Kees，1933年；

第二分册《巴比伦、亚述及毗邻地区》(Babylonien, Assyrien und die Nachbargebiete)，尚未出版；

第三分册 其他古代近东地区：

1.《小亚细亚》(Kleinasien)，Albrecht Götze，1957年第二版；

2.《伊朗人》(Die Iranier)，Arthur Christensen，1933年；

3.《叙利亚与巴勒斯坦》(Syrien und Palästina)，尚未出版；

4.《阿拉伯》(Arabien)，Adolf Grohmann，1963年；

第二卷《古希腊地理概况》：

第一册《希腊化时期地理概况及地貌学》(Hellenistische Landeskunde und Topographie)，Habbo Gerhard Lolling，因故未出版；

第二册《雅典地貌学》(Topographie von Athen)，Walther Judeich，1931年第二版；

第三卷《古罗马地理概况》：

第一册《意大利与罗马疆域地理概要（附字母顺序索引）》(Grundriss der Geographie von Italien und dem Orbis Romanus. Mit alphabetischem Register)，Julius Jung，1897年第二版；

第二册《罗马城地貌学》(Topographie der Stadt Rom)，Otto Richter，1901年第二版；

第四卷《古希腊史纲要及史源学》(Grundriss der griechischen Geschichte nebst Quellenkunde)，Robert Pöhlmann，1909年第四版，1914年第五版更名为《古希腊史与史源学》(Griechische Geschichte und Quellenkunde)；

第四卷新编《从开端至罗马帝国时期的古希腊史及史源学》(Griechische Geschichte von den Anfängen bis in die römische

*Kaiserzeit, nebst Quellenkunde*), Hermann Bengtson, 1977 年第五版；

第五卷《罗马史纲要》(*Grundriss der römischen Geschichte*), Robert Pöhlmann, 1897 年第二版；《罗马史纲要及史源学》(*Grundriss der römischen Geschichte nebst Quellenkunde*), Benedictus Niese, 1923 年第五版（由 Ernst Hohl 修订）；

第五卷新编《罗马史纲要及史源学：罗马共和国与罗马帝国（迄公元 284 年）》(*Grundriss der römischen Geschichte mit Quellenkunde. Republik und Kaiserzeit bis 284 n. Chr.*), Hermann Bengtson, 1982 年第三版；

第六卷《古代晚期：戴克里先至查士丁尼时期罗马史（公元 284—565 年）》(*Die Spätantike. Römische Geschichte von Diocletian bis Justinian. 284-565 n. Chr.*), Alexander Demandt, 2007 年第二版；

第七卷《古代伊朗史》(*The History of Ancient Iran*), Richard N. Frye, 1984 年；

第八卷《迦太基史》(*Geschichte der Karthager*), Werner Huß, 1985 年；

第九卷《罗马农业史》(*Römische Agrargeschichte*), Dieter Flach, 1990 年；

第十卷《凯尔特人的历史与文化》(*Geschichte und Kultur der Kelten*), Bernhard Maier, 2012 年。

## 第四编 古希腊国家学、希腊与罗马的军队与战争

第一卷《古希腊的国家、战争与个人生活》(*Die griechsichen Staats-, Kriegs- und Privataltertümer*), Georg Busolt, 1887 年：

第一册《古希腊的国家与法律》(*Die griechsichen Staats- und Rechtsaltertümer*), Georg Busolt, 1892 年第二版：

第一分册《古希腊国家学上：古希腊国家通论》

(Griechsiche Staatskunde. 1. Häfte: Allgemeine Darstellung des griechischen Staates), Georg Busolt, 1920 年第三版；

第二分册《古希腊国家学下：各个国家分论及国际关系（附索引）》(Griechsiche Staatskunde. 2. Häfte: Darstellung einzelner Staaten und der zwischenstaatlichen Beziehungen. Register), Georg Busolt, 1926 年 (Heinrich Swoboda 修订正文、Franz Jandebeur 编制索引）；

第二卷《古罗马的国家、战争与个人生活》(Die römischen Staats-, Kriegs- und Privataltertümer), Hermann Schiller, 1893 年第二版：

第二册《古罗马的个人生活》(Die römischen Privataltertümer), Hugo Blümer, 1911 年第三版；

第三卷 军队、战争与剧场：

第二册《古希腊人和古罗马人的军队与战争》(Heerwesen und Kriegführung der Griechen und Römer), Johannes Kromayer & Georg Veith, 1928 年；

第三册《古希腊人和古罗马人的剧场》(Das Theater der Griechen und Römer), 尚未出版。

**第五编 哲学史、数学与自然科学史、宗教史**

第一卷《古代自然科学与哲学史》(Geschichte der antiken Naturwissenschaften und Philosophie), Siegmund Günther & Wilhelm Windelband, 1888 年第一版；1894 年第二版改题作《古代哲学史（附古代数学和自然科学史纲要）》(Geschichte der alten Philosophie mit Anhang: Sigmund Günther, Abriß der Geschichte der Mathemtik und Naturwissenschaften im Altertum)：

第一册《古代哲学史》(Geschichte der antiken Philosophie), Wilhelm Windelband, 1913年第三版由 Adolf Bonhöffer 修订, 1923年第四版由 Albert Goedeckemeyer 修订, 改题作《古代西方哲学史》(Geschichte der abendländischen Philosohpie im Altertum);

第二册《古代数学与自然科学史》(Geschichte der Mathemtik und Naturwissenschaften im Altertum), Johan Ludvig Heiberg, 1925年;

第二卷《古希腊神话学与宗教史》(Griechische Mythologie und Religionsgeschichte), Otto Gruppe, 两卷, 1906年;

第二卷新编《古希腊宗教史》(Geschichte der griechischen Religion), Martin P. Nilsson:

第一册《至鼎盛时期的古希腊宗教》(Die Religion Griechenlands bis auf die griechische Weltherrschaft), 1967年第三版;

第二册《希腊化时期与罗马时期》(Die hellenistische und römische Zeit), 1974年第三版;

第三卷《古希腊的宗教仪式及希腊人与罗马人的剧场》(Die griechischen Sakralaltertümer und das Bühnenwesen der Griechen und Römer), Paul Stengel u.a., 1890年第二版, 1898年第二版改题作《古代希腊的崇拜仪式》(Die griechischen Kultusaltertümer);

第四卷《罗马人的宗教与崇拜仪式》(Religion und Kultus der Römer), Georg Wissowa, 1912年第二版;

第四卷新编《罗马宗教史》(Römische Religionsgeschichte), Kurt Latte, 1960年;

第五卷《古代星相学、巫术与占卜术》(Antike Astrologie, Magie und Mantik), 尚未出版。

## 第六编 艺术与考古

第六编《艺术考古学（附古代钱币学）》(Archäologie der Kunst nebst einem Anhang über die antike Numismatik), Karl Sittl, 1895 年：

第一卷《考古学手册卷一（概念与历史、原始资料、文物古迹、通论著作、形式问题、石器时代早期、古代近东 [ 埃及与小亚细亚 ]）》(Handbuch der Archäologie, Band 1: Begriff und Geschichte, Die Quellen, Die Denkmäler, Allgemeine Literatur, Das Problem der Form, Die ältere Steinzeit, Der alte Orient [Ägpten und Vorderasien]), 正文与图录各一卷, 1939 年；

第二卷《考古学手册卷二（石器时代晚期、迄公元前 1000 年欧洲及毗邻地区的青铜时期、公元前第一个千年的欧洲边缘地区文化》(Handbuch der Archäologie, Band 2: Jüngere Steinzeit und Bronzezeit in Europa und einigen angrenzenden Gebieten bis um 1000 v. Chr., Europäische Randkulturen im ersten Jahrtausend v. Chr.), 正文与图录各一卷, 1954 年；

第三卷《古希腊雕塑》(Die griechische Plastik), Georg Lippold, 1950 年；

第四卷《古典时期的绘画》(Malerei und Zeichnung der klassischen Antike), Andreas Rumpf, 1953 年；

自 1969 年起出版新编本，新编本不再按照《大系》原先的系统编号，已出版卷册如下：

《考古学基础（概念与方法、历史、形式问题、文字材料）》(Allgemeine Grundlagen der Archäologie. Begriff und Methode, Geschichte, Problem der Form, Schriftzeugnisse), Ulrich Hausmann 主编, 1969 年；

小亚细亚：

第一卷《两河流域、巴比伦、伊朗与安纳托利亚》(*Mesopotamien, Babylonien, Iran und Anatolien*)，Barthel Hrouda，1971年；

第二卷巴勒斯坦：

第一册《希腊化时期之前的巴勒斯坦》(*Palästina in vorhellenistischer Zeit*)，Helga Weippert 等，1988年；

第二册《希腊罗马时期的巴勒斯坦》(*Palästina in griechisch-römischer Zeit*)，Hans-Peter Kuhnen 等，1990年；

《罗马石棺》(*Römische Sarkophage*)，Guntram Koch 等，1982年；

《古代宝石》(*Die antiken Gemmen*)，Peter Zazoff，1983年；

古希腊雕塑：

《几何陶与古风时期的雕塑》(*Die geometrische und archaische Plastik*)，Josef Floren，1987年；

《早期基督教石棺》(*Frühchristliche Sarkophage*)，Guntram Koch，2000年；

《古代玻璃制品》(*Antikes Glas*)，Axel von Saldern，2004年。

## 第七编 古希腊文学史

第七编《至查士丁尼时代的古希腊文学史》(*Geschichte der griechischen Literatur bis auf die Zeit Justinians*)，Wilhelm von Christ，1889年第一版；1890年第二版；1898年第三版；1905年第四版；

第七编第一次新编：

第一卷《古典时期的希腊文学》(*Klassische Periode der griechischen Literatur*)，1908年第五版；1912年第六版，Wilhelm von Christ & Otto Stählin 合撰，Wilhelm Schmid 修订；

第二卷《古典时期之后的希腊文学》(*Die nachklassische Periode der griechischen Literatur*)：

第一册《公元前320年至公元100年》(Von 320 vor Christus bis 100 nach Christus)，1911年第五版，Wilhelm von Christ & Otto Stählin 合撰，Wilhelm Schmid 修订；1920年第六版 Otto Stählin 与 Wilhelm Schmid 修订；

第二册《公元100年至530年》(Von 100 bis 530 nach Christus)，1913年第五版，Wilhelm von Christ & Otto Stählin 合撰，Wilhelm Schmid 修订；1924年第六版 Otto Stählin 与 Wilhelm Schmid 修订；

第七编第二次新编：《古希腊文学史》(Geschichte der griechischen Literatur)，Wilhelm Schmid & Otto Stählin（通称 Schmid-Stählin）：

第一卷《古典时期的希腊文学》(Die klassische Periode der griechischen Literatur)，Wilhelm Schmid；

第一册《雅典称霸以前的希腊文学》(Die Griechische Literatur vor der attischen Hegemonie)，1929年；

第二册《智术师兴起以前雅典称霸时期的希腊文学》(Die griechische Literatur zur Zeit der attischen Hegemonie vor dem Eingreifen der Sophistik)，1934年；

第三册《智术师兴起以后雅典称霸时期的希腊文学》(Die griechische Literatur zur Zeit der attischen Hegemonie nach dem Eingreifen der Sophistik)，上册：1940年；下册第一部分：1946年；下册第二部分：1948年；

第二卷《古典时期之后的希腊文学》(Die nachklassische Periode der griechischen Literatur)：Wilhelm Schmid 与 Otto Stählin 已在第一次新编中对 Wilhelm von Christ《至查士丁尼时代的古希腊文学史》里的相应部分做了充分的修订（见上），故不再另行编著；

第七编第三次新编《古希腊文学研究手册》(Handbuch der griechischen Literatur der Antike)，Bernhard Zimmermann & Antonios Rengakos

主编：

第一卷《古风与古典时期的文学》(Die Literatur der archaischen und klassischen Zeit)，2011 年；

第二卷《古典与希腊化时期的文学》(Die Literatur der klassischen und hellenistischen Zeit)，2014 年；

第三卷《罗马帝国时期与古代晚期的希腊文学》(Die griechische Literatur der Kaiserzeit und Spätantike)，2020 年。

## 第八编 古罗马文学史

第八编《至查士丁尼皇帝订立法典的古罗马文学史》(Geschichte der römischen Literatur bis zum Gesetzgebungswerk des Kaisers Justinian)，Martin Schanz，由 Carl Hosius 修订（通称 Schanz-Hosius）：

第一卷《共和国时期的罗马文学》(Die römische Literatur in der Zeit der Republik)，1890 年第一版；1907 年修订第三版：

第一册《从罗马文学的起源至同盟者战争结束》(Von den Anfängen der Literatur bis zum Ausgang des Bundesgenossenkriegs)，1907 年第一版；

第二册《从同盟者战争结束至共和国末期》(Vom Ausgang des Bundesgenossenkriegs bis zum Ende der Republik)，1909 年第一版；1927 年 Carl Hosius 修订第四版；

第二卷《从共和国末期（公元前 30 年）至哈德良皇帝（公元 117 年）》(Die Zeit vom Ende der Republik [30 v. Chr.] bis auf Hadrian [117 n. Chr.])，1892 年第一版；1927 年第二版改题作《帝制时期的罗马文学（至哈德良皇帝）》(Die römische Literatur in der Zeit der Monarchie bis auf Hadrian)；1935 年 Carl Hosius 修订第四版：

第一册《奥古斯都时期》(Die augustische Zeit)，1889 年第一版；1911 年修订第三版；

第二册《奥古斯都去世至哈德良统治时期》(*Vom Tode des Augustus bis zur Regierung Hadrians*),1901年第一版;1913年修订第三版;

第三卷《哈德良时期(公元117年)至君士坦丁时期(公元324年)》(*Die Zeit von Hadrian 117 bis auf Constantin 324*),1896年第一版;1922年Carl Hosius与Gustav Krüger修订第三版;

第四卷《君士坦丁时期至查士丁尼所订法典的罗马文学史》(*Die römische Literatur von Constantin bis zum Gesetzgebungswerk Justinians*):

第一册《公元4世纪的文学》(*Die Literatur des vierten Jahrhunderts*),1904年第一版;1914年修订第二版;

第二册《公元5世纪和6世纪的文学》(*Die Literatur des fünften und sechsten Jahrhunderts*),1920年第一版;

第八编新编《拉丁文学研究手册》(*Handbuch der lateinischen Literatur der Antike*), Reinhart Herzog等主编:

第一卷《最古时期的文学:从起源至苏拉去世(前文学时期及公元前240至前78年)》(*Die archaische Literatur: von den Anfängen bis Sullas Tod. Die vorliterarische Periode und die Zeit von 240 bis 78 v. Chr*), Werner Suerbaum主编,2002年;

第四卷《变革时期的文学:从罗马文学到基督教文学(公元117至284年)》(*Die Literatur des Umbruchs. Von der römischen zur christlichen Literatur 117 bis 284 n. Chr*),Klaus Sallmann主编,1997年;

第五卷《复古与创新:公元284至374年的拉丁文学》(*Restauration und Erneuerung. Die lateinische Literatur von 284 bis 374 n. Chr*), Reinhart Herzog主编,1989年。

**第九编 中世纪拉丁文学史**

第一卷《从查士丁尼至东罗马帝国灭亡的拜占庭文学史（公元527—1453年）》(Geschichte der byzantinischen Literatur von Justinian bis zum Ende des oströmischen Reiches [527—1453])，Karl Krumbacher，1891年第一版；1897年A.Ehrhard与H.Gelzer修订第二版；

第二卷《中世纪拉丁文学史》(Geschichte der lateinischen Literatur des Mittelalters)，Max Manitius：

> 第一册《从查士丁尼至10世纪中叶（附索引）》(Von Justinian bis zur Mitte des 10. Jahrhunderts. Mit Index)，1911年第一版；
> 
> 第二册《从10世纪中叶至政教冲突的爆发》(Von der Mitte des 10. Jahrhunderts bis zum Ausbruch des Kampfes zwischen Kirche und Staat)，1923年；
> 
> 第三册《从政教冲突的爆发至12世纪末》(Vom Ausbruch des Kirchenstreites bis zum Ende des 12. Jahrhunderts)，1931年。

**第十编 古代法律史**

第一卷 古代近东：

> 第一册《小亚细亚楔形文字法律》(Die Keilschriftrechte Vorderasiens)；
> 
> 第二册《埃及法律史》(Ägyptische Rechtsgeschichte)；

第二卷《希腊法律史》(Griechische Rechtsgeschichte)，Erich Berneker，因故未出版；

第三卷 罗马法：

> 第一册《罗马法律史》(Römische Rechtsgeschichte)，Franz Wieacker：
> 
> > 第一分册《引论、史源学、早期与共和国时期》(Einleitung,

Quellenkunde, Frühzeit und Republik), 1988年；

第二分册《早期元首制至西罗马帝国古代末期的法学、至查士丁尼法典的东罗马帝国法学（未完稿）》(Die Jurisprudenz vom frühen Prinzipat bis zum Ausgang der Antike im weströmischen Reich und die oströmische Rechtswissenschaft bis zur justinianischen Gesetzgebung: Ein Fragment)，Franz Wieacker 遗稿，Joseph Georg Wolf 编订，Ulrich Manthe 与 Marius Bolten 整理参考书目，2006年；

第二册罗马共和国的国家制度与国家运作(Staatsordnung und Staatspraxis der Römischen Republik)：

第二分册《政府官员》(Die Magistratur)，Wolfgang Kunkel & Roland Wittmann, 1995；

第三册《罗马私法》(Das römische Privatrecht)，Max Kaser：

第一分册《早期、古典时期以前及古典时期的法律》(Das altrömische, das vorklassische und klassische Recht), 1955年第一版；1971年第二版；

第二分册《古典时期以后的发展》(Die nachklassische Entwicklung), 1959年第一版；1975年第二版；

第四册《罗马民事诉讼法》(Das römische Zivilprozessrecht), 1966年第一版；1975年 Karl Hackl 修订第二版；

第四卷 纸草上的法律：

第一册《希腊化时期埃及纸草上的法律》(Das Recht der gräko-ägyptischen Papyri)，Hans Julius Wolff, 1978年；

第二册《科普特语文书上的法律》(Das Recht der koptischen Urkunden)，Artur Steinwenter, 1955年；

第五卷 埃及托勒密王朝时期及罗马元首制时期希腊语纸草上的法律：

第一册《法律发展的条件与动力》(Bedingungen und Triebkräfte

der Rechtsentwicklung)，Hans-Albert Rupprcht 主编，2002年；

第二册《私人间法律事务交往的机构及监控》(Organisation und Kontrolle des privaten Rechtsverkehrs)，Hans Julius Wolff,1978年。

## 第十二编 拜占庭研究手册

第一卷 拜占庭帝国史：
    第一册《拜占庭帝国的地理与人口基础》(Die geographischen und völkischen Grundlagen des byzantinischen Reiches)，Ernst Kirsten & Franz Dölger,因故未出版；
    第二册《拜占庭国家史》(Geschichte des byzantinischen Staates)，Georg Ostrogorsky,1940年第一版；1963年修订第三版；

第二卷 拜占庭文学史：
    第一册《拜占庭帝国的教会与神学文学》(Kirche und theologische Literatur im byzantinischen Reich)，Hans-Georg Beck，1959年；
    第二册《拜占庭民间文学史》(Geschichte der byzantinischen Volksliteratur)，Hans-Georg Beck,1971年；

第三卷 拜占庭文献学：
    第一册《皇帝相关文献》(Die Kaiserurkunden)，Franz Dölger,1968年；

第四卷《拜占庭计量学》(Byzantinische Metrologie)，Erich Schilbach,1970年；

第五卷《用拜占庭标准语言创作的世俗文学》(Die hochsprachliche profane Literatur der Byzantiner)，Herbert Hunger：
    第一册《哲学、修辞学、书信写作、历史著述及地理志》(Philosophie, Rhetorik, Epistolographie, Geschichtsschreibung, Geographie)，

1978年；

第二册《语文学、世俗诗歌、音乐、数学与天文学、自然科学、医学、兵法及法律文献》(*Philologie, Profandichtung, Musik, Mathematik und Astronomie, Naturwissenschaften, Medizin, Kriegswissenschaft, Rechtsliteratur*)，1978年。

### 4.1.7 《罗马世界的崛起与没落》丛书（*ANRW*）
(*Aufstieg und Niedergang der römischen Welt*: *Geschichte und Kultur Roms im Spiegel der neueren Forschung.* hrsg. Hildegard Temporini & Wolfgang Haase, Berlin & New York: Walter de Gruyter, 1972— )

【内容提要】这套具有**研究型百科全书性质**的书系，**囊括整个古罗马研究**，旨在呈现古罗马世界各个方面的研究现状，同时还顾及古罗马遗产在西方中世纪和近现代的传承与接受。这套书系经过系统的设计，按历史时期分作"从起源到共和国末期""元首制时期"及"古代晚期和后世影响"（此编未出版）三编，每编均由六个部分组成，每个部分涵盖一个主要专题（分别为"政治史""法律""宗教""语言和文学""哲学和科学"及"艺术"），再细分为各个专题，由若干卷册组成。每卷可以视同该专题的一本研究指南，由相关的专家撰写单篇独立的论文，论文类型包括最新研究综述、某段时期的研究概观、某段时期的研究书目整理与评析，以及就某个重要主题或材料所做的深入研究。这些卷册合在一起，便是一套由各个专题的研究指南组成的规模庞大的研究型百科全书。

【编纂史略】这套书系源自20世纪60年代末，编者的初衷只是编辑一本纪念论文集，庆祝德国古罗马史家福格特（Joseph Vogt, 1895—1986）的七十五岁华诞。不过，纪念论文集不断扩充，完全超出了预想的规模，这要归功于编者最初的设计，也即是按照古罗马研究的系统划分,从最新的研究现状分门别类地加以阐述,由此构成一个庞大且相互关联的古罗马文明的知识体系。这套书系从1972年开始出版,保留了为原先纪念论文集所拟的书名,即《罗马世界的崛起与没落》,副题作"最新研究所反映的罗马历史与文化"(*Geschichte und Kultur Roms im Spiegel der neueren Forschung*),起初由德国女学者滕波里尼(Hildegard Temporini)独自担任主编,随后又有古代史学者哈泽(Wolfgang Haase)加入,滕波里尼于2004年去世后,由哈泽独任主编迄今。在此期间,这套书系也演变成一个国际学术界的合作项目,参与撰写的学者来自三十多个国家,人数约一千五百名。因此,书系里论文的语言也包含了古典学界最通行的四种学术语言,即英语、德语、法语和意大利语。

全书各编的详细内容如下:
**第一编 从罗马的起源到共和国末期(Hildegard Temporini 主编)**
第1卷 政治史,1972年;
第2卷 法律、宗教、语言和文学(迄公元前2世纪末),1972年;
第3卷 语言和文学(公元前1世纪),1973年;
第4卷 哲学与科学、艺术,1973年;

**第二编 元首制时期(Hildegard Temporini 主编;第十六卷起由 Wolfgang Haase 主编)**
第1卷 政治史(通论),1974年;
第2卷 政治史(皇帝史),1975年;
第3卷 政治史(行省与边疆民族:通论;不列颠、西班牙、高卢),1975年;
第4卷 政治史(行省与边疆民族:高卢[续]、日耳曼),1975年;
第5卷 政治史(行省与边疆民族:日耳曼[续]、阿尔卑斯山诸行省、拉埃提亚),两册,1976年;

第 6 卷 政治史（行省与边疆民族：拉丁化的多瑙河流域与巴尔干地区），1977 年；

第 7 卷 政治史（行省与边疆民族：希腊巴尔干地区、小亚细亚），两册，1980 年；

第 8 卷 政治史（行省与边疆民族：叙利亚、巴勒斯坦、阿拉伯），1978 年；

第 9 卷 政治史（行省与边疆民族：两河流域、亚美尼亚、伊朗、阿拉伯南部地区、罗马与远东地区），两册，1976 年；

第 10 卷 政治史（行省与边疆民族：非洲与埃及），两册：第一册 1988 年，第二册 1982 年；

第 11 卷 政治史（行省与边疆民族：西西里、撒丁岛；意大利与罗马；通论[增补]），三册：第一册 1988 年，第二、三册尚未出版；

第 12 卷 艺术，四册：第一册 1982 年，第二册 1981 年，第三册 1985 年，第四册尚未出版；

第 13 卷 法律（准则、流布与材料），1980 年；

第 14 卷 法律（材料[续]），1982 年；

第 15 卷 法律（方法、流派、单个法学家），1976 年；

第 16 卷 宗教（异教：罗马宗教通论），三册：第一、二册 1978 年，第三册 1986 年；

第 17 卷 宗教（异教：罗马众神的崇拜仪式、罗马世界里的东方崇拜仪式），四册：第一、二册 1981 年，第三、四册 1984 年；

第 18 卷 宗教（异教：各行省的宗教状况），六册：第一册 1986 年，第二册 1989 年，第三、四册 1990 年，第五册 1995 年，第六册尚未出版；

第 19 卷 宗教（犹太教：通论、巴勒斯坦的犹太教），两册，1979 年；

第 20 卷 宗教（犹太教：罗马帝国时期的希腊化犹太教，除斐洛和约瑟夫斯），两册，1987 年；

第 21 卷 宗教（犹太教：罗马帝国时期的希腊化犹太教：斐洛和约瑟

夫斯),两册,1984年;

第22卷 宗教(诺斯替教及相关宗教现象),尚未出版;

第23卷 宗教(君士坦丁以前的基督教:与罗马国家和异教的关系),两册,第一册1979年,第二册1980年;

第24卷 宗教(君士坦丁以前的基督教:地域上的扩张、社会史及早期的内部组织),尚未出版;

第25卷 宗教(君士坦丁以前的基督教:耶稣的生平与社会环境、《新约圣经》[正经与次经]),六册:第一册1982年,第二册1984年,第三册1985年,第四册1987年,第五、六册1988年;

第26卷 宗教(君士坦丁以前的基督教:《新约圣经》[主题]),六册:第一册1992年,第二册1995年,第三册1996年,第四至六册尚未出版;

第27卷 宗教(君士坦丁以前的基督教:教父与护教士),四册:第一册1992年,第二至四册尚未出版;

第28卷 宗教(君士坦丁以前的基督教:通论),尚未出版;

第29卷 语言和文学(语言和文字),三册:第一、二册1983年,第三册尚未出版;

第30卷 语言和文学(奥古斯都时期的文学:通论、单个作家),三册:第一、二册1982年,第三册1983年;

第31卷 语言和文学(奥古斯都时期的文学:单个作家[续:维吉尔、贺拉斯与奥维德]),四册:第一册1980年,第二至四册1981年;

第32卷 语言和文学(朱利乌斯-克劳狄乌斯王朝及弗拉维乌斯王朝的文学),五册:第一册1984年,第二、三册1985年,第四、五册1986年;

第33卷 语言和文学(公元2世纪文学通论、图拉真时期及哈德良统治早期的单个作家),六册:第一册1989年,第二册1990年,第三至五册1991年,第六册1992年;

第34卷 语言和文学(哈德良时期以后的单个作家、公元2世纪和3

世纪的文学通论),四册:第一、二册1993年,第三册1997年,第四册1998年;

第35卷 语言和文学(一般论题),尚未出版;

第36卷 哲学、科学和技术,七册:第一册哲学(历史引论、柏拉图学派),1987年;第二册哲学(柏拉图学派[续]、亚里士多德学派),1987年;第三册哲学(画廊学派),1989年;第四册哲学(伊壁鸠鲁学派、怀疑论学派、犬儒学派、俄耳甫斯教教义、学说汇纂),1990年;第五册哲学(单个作家、学说汇纂),1992年;第六册哲学(学说汇纂[续]),1992年;第七册哲学(系统主题、间接传统、通论、补遗),1994年;

第37卷 科学,六册:第一册(医学与生物学),1993年;第二册(医学与生物学[续]),1994年;第三册(医学与生物学[续]),1996年;第四册(医学与生物学[续]),尚未出版;第五册(地理学、数学、自然科学),尚未出版;第六册(自然科学[续]、技术),尚未出版。

**第三编 古代晚期和后世影响(尚未出版)**

**索引(尚未出版)**

## (二)专科辞书

### 4.2.1《牛津古典文学指南》(*OCCL*)

(*The Oxford Companion to Classical Literature*. M. C. Howatson, 3rd edition. Oxford: Oxford University Press, 2011)

【内容提要】非常实用的普及型古典文学词典,词典条目以古典作家和作品为主,也包含大量与文学相关的其他词条,涉及文学门类和风格,诗学和修辞学,古代神话和文学里的人物和地点,对文学产生重要影响的历史人物、地点和事件,文学身处其中的历史、社会、政治和文化背景等各个方面。尤其值得称道的是,编者为众多常见的古典文学作品撰写了梗概,用极为精炼的文字归纳了作品的内容与创作背景,为初习者了解相关作品的大要提供了很大的便利。与《牛津古典辞书》(**4.1.1**)这样的综合性辞典相比,这部专科辞典更适合初习者快速便捷地查找古典文学的基本信息,掌握各种相关常识。本书第一版出版于1937年,第二版出版于1989年,最新的第三版出版于2011年。上海外语教育出版社曾于2000年出版影印本,题作《牛津古典文学词典》,所据底本为本书1989年第二版精编而成的《简明牛津古典文学词典》(*The Concise Oxford Companion to Classical Literature*, Oxford: Oxford University Press, 1993)

### 4.2.2《古希腊罗马作家作品词典》
(***Dictionary of Greek and Latin Authors and Texts. Brill's New Pauly Supplements***, ed. Manfred Landfester, Leiden: Brill, 2009)

【内容提要】这是《博睿新保利》(**4.1.3**)"补卷"系列里的一种,德文原版题作《古代文本史:作家与作品词典》(*Geschichte der antiken Texte: Autoren- und Werklexikon*, 2007年),英译本改作《古希腊罗马作家作品词典》。词典按年代顺序收入从荷马到古代晚期近250位作家及其作品,除文史哲等主要门类,亦收入不同领域的古代学者及早期基督教作家。每个词条列出该作家的作品从古代晚期直至今日的流布传承史和学术整理史,包括纸草、抄本、古注、早期版本、现代学术版本、早期译本、现代学术译本、双语对照本、评注本等方面的信息。词条的形式为简明文字叙述加上相关信息列表,令人一目了然。

### 4.2.3《文学修辞学手册》(Lausberg)
(***Handbook of Literary Rhetoric: A Foundation for Literary Study.*** **Heinrich Lausberg, tr. M. T. Bliss, A. Jansen & D. E. Orton,**

Leiden: Brill, 1998)

【内容提要】本书德文原版题作 *Handbuch der literarischen Rhetorik: Eine Grundlegung der Literaturwissenschaft*,1960 年第一版,1973 年第二版,1990年第三版,2008年第四版,英译本根据第二版翻译。这部巨著篇幅宏大,共九百余页,分作四个部分,1246连续编号的小节:第一部分为全书"引论"(第 1—31 节);第二部分"修辞学"为全书的主体(第 32—1155 节);第三部分是与"修辞学"密切相关的"诗学"(第 1156—1242 节);第四部分是正文之后的"参考书目"(第 1243 节)及拉丁语、古希腊语和法语三种"术语表"(第 1244—1246),这份术语表非常详尽,篇幅长达三百余页,既是全书的"名词索引",也是一部专业术语词典,具有极高的学术价值。作为全书主体的第二部分由两个部分组成,其一是"修辞学的定义与地位"(第 32—41 节)相当于第二部分的引论,其二是"修辞学的结构与描述"(第 42—1155 节),这部分篇幅庞大,又分为三编,第一编题作"关于修辞术"(de arte,第 44—1150 节),第二编题作"关于修辞家"(de artifice,1151—1154 节),第三编题作"关于修辞作品"(de opere,第 1155 节)。其中第一编"关于修辞术"乃是全书的重中之重,这一编又分作三章:第一章"修辞术的材料"(materia artis,第 48—254 节);第二章"修辞术的组成部分"(partes artis,第 255—1091 节),重点讨论"选题"(inventio,第 260—442 节)、"布局"(dispositio,第 443—452 节)、"风格"(elocutio,第 453—1082)、"记忆"(memoria,第 1083—1090 节)和"发表"(pronuntiatio,第 1091 节);第三章"修辞术的训练"(exercitatio,第 1092—1150 节)。这部手册的每个小节相当于词典里的一个条目,作者首先对相关材料进行概述,随后再附上古希腊语和拉丁语的相关引文,这些引文里的小部分来自亚里士多德、西塞罗或昆体良之类的修辞学大家,绝大多数则来自后世并不知名的修辞学论著。本书虽然不是按字母顺序编纂,却对修辞学的术语和概念做了全面而系统的梳理和解释,因此可以视作一部根据修辞学的学术理路编纂而成的专科辞书,在古典修辞学、古典文学以及相关研究领域内享有崇高地位,被国际学界誉为**文学修辞学的标准参考书**。

**4.2.4《古代哲学家词典》(*DPA*)**
(*Dictionnaire des philosophes antiques*. ed. Richard Goulet, Paris: CNRS Édition, 1989—2018)

【内容提要】共七卷,第一卷 Abam(m)on – Axiothéa;第二卷 Babélyca d'Argos – Dyscolius;第三卷 Eccélos - Juvénal;补卷(包含姓氏首字母 A—K 哲学家条目以及 Aristote 和 Cicéron 两个条目的增补);第四卷 Labos — Ovidius;第五卷 Paccius — Rutilius Rufus(分为两册:第一册 Paccius — Plotin;第二册 Plotina — Rutilius Rufus);第六卷 Sabinillus — Tyrsénos;第七卷 Ulpien — Zoticus(本卷另有"补遗条目",两个关于古代哲学学派的附录,"数字统计表"及"人名索引""主题词索引"和"作品索引")。这部包罗万象的古代思想百科全书,由法国科研中心(Centre National de Recherche Scientifique)组织编纂,历经三十年,被学界公认为目前**最具学术价值的古代哲学专科词典**。这部词典不仅时间跨度很长(古希腊早期至公元 6 世纪),而且涵盖面极广,几乎网罗所有与古希腊罗马哲学有关的人物。因此,词典的收录标准非常宽泛,除了一般公认的古代哲学家(从最伟大的哲学巨匠到古代哲人名录里偶一提及的小人物,一概入选),还收录与哲学思想间接相关的古代文学家、医学作者、科技作者以及神学作者等,对于研究古代哲学具有重要意义的基督教作者和中世纪作者,甚至还收录哲学作品里的虚构人物。对于收录的每一位哲学家或哲学人物,这部词典尽可能囊括所有相关信息,但侧重于事实性的信息(特别是生平和著作),而非对其学说的内容和义理的阐释。每个标准词条首先列出该哲学家的生平信息及古人评述,再列出其所有的著作(无论传世与否)及相关版本和译本,这些著作的传承史,该哲学家的古代肖像传统,最后是展现当代研究现状的参考书目。另外,每个词条还会注明参照《大保利》(**4.1.4**)里的相关条目。在以上这些方面,每个条目力求穷尽无遗,篇幅上少有限制,例如赫拉克利特占据了44页,德谟克利特60页,色诺芬63页,亚里士多德177页。值得一提的还有最后一卷收入的两个附录以及"数字统计表"(Epimetrum)。尤其是第二个附录,主题为"毕达哥拉斯学派",与词典正文里的"毕达哥拉斯"条目相续,以长达150页的篇幅广泛而全面地讨论了该学派在古代的历史演变及其在后世的接受史,是相关领域的重要研究成果。"数字统计表"可谓别出心裁,给出了有关古代哲学的统计数字及图表,比如某个世纪里有多少哲学家隶属某个哲学学派,女性哲学家在不同世纪和不同学派里的数量分布,按籍贯和活动地区划分的哲学家数量等,这些统计数字为进一步的相关研究提供了基础性的材料。

### 4.2.5 《古代史百科全书》

(***The Encyclopedia of Ancient History***, ed. Roger Bagnall et al., Malden, MA: Wiley-Blackwell, 2013)

【内容提要】这套百科全书囊括整个古代地中海世界,时间跨度从晚期青铜器时代至公元10世纪的拜占庭,由2000余名各个领域的学者撰写条目,反映了21世纪古代史研究的最新面貌。2013年出版纸质版,共13卷,5000余词条,7700余页。同时推出网络版,每年更新两次,新增逾一百个条目,迄今已达5700余条目。为方便使用者按类查阅,网络版将这些条目分类如次:青铜器时代与铁器时代(279条)、古典希腊(412条)、希腊化时期(274条)、罗马共和国(206条)、罗马帝国(210条)、古代晚期(237条)、基督教(214条)、拜占庭(254条)、古代近东(398条)、法老时期的埃及(421条)、希腊-罗马时期的埃及(128条)、犹太史(237条)、西方地名(234条)、东方地名(333条)、古代社会史(370条)、古代经济(340条)、古代法律(304

条)、罗马军事史(252条)、历史编纂(240条)、思想史与文化史(149条)、古代宗教(593条)、古代科学(290条)、古典学者传记(17条)。大多数条目附有征引和推荐书目,虽数量不大,但堪称精选。

## 4.2.6《古典传统》

(*The Classical Tradition.* ed. Antony Grafton, Glenn W. Most & Salvatore Settis, Cambridge, Mass.: The Belknap Press of Harvard University Press, 2010)

【内容提要】一卷,正文1001页,共563个词条,160余幅彩图,由来自多个国家的339位撰稿者编写。本书从版式设计、开本大小到编纂方式都仿效《牛津古典辞书》(**4.1.1**),是一部**普及和研究兼顾的单卷本古典传统词典**,不仅可供普通读者查阅事实性的信息,而且对专业研究者而言也是可靠的入门导引(多数条目后附有简明而又专业的精选书目)。不过,与《牛津古典辞书》不同的是,本书并不追求详尽无遗,而是精选了最具代表性的五百多个词条(数量上不及前者的十分之一),正如编者序所言:"本书旨在为后世文化对希腊罗马古典文明各个方面的接受提供一种切实可靠、内容广泛的指南……以便体现如今仍旧包围着我们的古典传统的勃勃生机。"(第vii页)这部词典原文题名没有出现"词典"一词,因为从严格意义上说,本书更类似于一部以词典方式编纂而成的指南,而非一部包罗万象的辞书或百科全书。尽管如此,编者对词条的选择,还是顾及古典文明的各个方面、西方后世所有的历史时期,以及后世文化的各个层面,力图以内容的广泛来突显本书的指南性质。所以,本书除了常见的传统类型的词条(如有关古代文学、艺术、思想、科学、政治、宗教等方面的词条),也会出现诸如"通俗文化""旅游与旅行""电影"和"电视",甚至"漫画"和"阿斯特利"这样的词条,不仅令人耳目一新,而且还拓展了读者对古典传统在今天依然发挥着的深远影响的理解。另外,本书长达56页的详细索引(这也是本书不同于一般词典之处），为读者从更多的视角和更多的细节方面了解古典传统，提供了极为便利的指引。

## （三）研究指南

### 4.3.1《〈希腊与罗马〉古典研究新概览》丛书
(*Greece and Rome. New Surveys in the Classics*, Cambridge: Cambridge University Press)

【内容提要】"英国古典学会"下属期刊《希腊与罗马》，主要面向古典学专业的学生和爱好者，每年出版两期，通过更具吸引力的选题和非技术性的语言，旨在将最前沿的学术研究呈现给更广泛的读者群体。为服务这一宗旨，该期刊每一期都设有"专题概览"专栏，分为希腊文学、拉丁文学、希腊历史、罗马历史、艺术与考古、哲学、接受史、综合类等栏目，分别由各个领域的专家对近期出版的学术论著予以评论，对相关学术动向做出概览。同时，《希腊与罗马》还推出了《古典研究新概览》丛书，从1960年代开始出版，平均每年一种，迄今已有40余种问世（其中包含取代旧版的新版）。这套丛书以重要的古典作家和古典研究专题为对象，每册篇幅短小、简明扼要，对相关研究的主要方面给出提纲挈领式的概观，很适合初习者阅读。

### 4.3.2《古代史关键主题》丛书
(*Key Themes in Ancient History*, Cambridge: Cambridge University Press)

【内容提要】由剑桥大学出版社面向初习者推出的古代史专题概述丛书，已出版30余种，每一种概述古希腊罗马史的某个研究专题或重要方面的研究现状，并展示该主题对于古代和当代文化与社会的意义所在。

### 4.3.3 《古代哲学关键主题》丛书
(*Key Themes in Ancient Philosophy*, Cambridge: Cambridge University Press)

【内容提要】新近由剑桥大学出版社面向初习者推出的古代哲学专题概述丛书,已出版4种,每一种概述古希腊罗马哲学的某个重要问题的研究现状,并展示该哲学问题的当代意义。

### 4.3.4 《剑桥研究指南》丛书
(*Cambridge Companions*, Cambridge: Cambridge University Press)

【内容提要】《剑桥研究指南》自 1986 年面世,迄今已出版 600 余种,每一种围绕单个作家、艺术家、哲学家,或某个专题、历史时期。该丛书分成若干子系列,其中《剑桥古代世界研究指南》系列、《剑桥文学研究指南》系列以及《剑桥哲学研究指南》系列等与古典研究关系紧密,迄今已出版 50 余种古典主题的指南,涵盖古典世界的方方面面。近年,《剑桥研究指南》还推出了网络版(Cambridge Core),提供最新指南和已被取代的旧指南的所有内容,读者可资比较,了解相关学术研究推陈出新的演变史。

### 4.3.5 《牛津古典研究手册》丛书
(*Oxford Handbooks in Classical Studies*, Oxford: Oxford University Press)

【内容提要】《牛津研究手册》涵盖 17 个不同的学科,古典学为其中之一,迄今已出版 30 余种。除了传统的古典研究领域,《牛津古典研究手册》还特别注重呈现近年来迅速发展的新兴研究方向,例如物质文化、铭文学与纸草学、艺术与建筑、各门科学、工程与技术、接受研究和性别研究。近年,《牛津研究手册》还推出了网络版(Oxford Handbooks Online),除提供所有纸质版的内容外,还有专门的"电子论文库"(Digital Collection),按不同的主题给出最前沿、最即时的研究指南。

### 4.3.6 《布莱克维尔古代世界研究指南》丛书
(*Blackwell Companions to the Ancient World*, Malden, MA: Wiley-Blackwell)

【内容提要】这套丛书包含古希腊罗马和古代近东文明,迄今已出版近90种,涉及的方面非常广泛,有历史、文学和文化、接受史等子系列,每一种围绕某个古典作家或某个研究专题,篇幅较大,其中不少分作两卷,对相关主题提供比较充分的讨论。

### 4.3.7 《博睿古典研究指南》丛书
(*Brill's Companions to Classical Studies*, Leiden: Brill)

【内容提要】这套丛书面向研究者,从2002年开始出版,迄今已问世30余种。每一种围绕某个古典作家或某个研究专题,提供专业性较强的研究指南,从原始材料、恰当的研究路径和方法、引发的各种学术问题及相关讨论、提出新问题和新观点的学术空间等方面对学术前沿、研究现状和最新动态给出较为全面的综述。《博睿指南》另有网络版(Brill Companions to Classical Studies Online)。

### 4.3.8 《博睿古代史研究视角》
(*Brill Research Perspectives in Ancient History*, Leiden: Brill)

【内容提要】由博睿出版社于2018年新近创办的古代史研究现状综述期刊,每年四期,每期为一篇长文,综述某个古代史专题的研究现状,篇幅一般在100页左右,该文也作为单行本发行。侧重最前沿的研究现状,以史学研究为主体,也强调跨学科的研究视野和方法。同时还推出网络版,便于作者进行及时的更新和补充。

(四)研究书目

**4.4.1《古典学年鉴：古希腊罗马研究分类评价书目》(*APh*)**
(*L'année philologique: bibilographie critique et analytique de l'antiquité Greco-latine*, fondée par J. Marouzeau, continuée par J. Ernst, publiée par la Société internationale de bibliographie classique, Paris: Les belles lettres，1928—2016；Turnhout: Brepols，2017—)

【内容提要】**最为齐全的综合性古典研究书目**。迄今为止，《古典学年鉴》纸质版共出版89卷(该卷为2018年年鉴)，网络版(*L'année philologique on the Internet*)囊括纸质版所有内容，共收入逾1000种期刊的860000条书目信息，且每年以14000条左右的数量增加。这部《古典学年鉴》是"有关古代希腊罗马文明的学术出版物的参考书目"(网络版副标题)，它涵盖古典研究涉及的所有方面(普及类及教学类出版物不在搜罗之列)，是了解研究现状和学术动向的重要工具书。《古典学年鉴》全面清点每年(或每几年)的古典学著作，不仅梳理浩如烟海的相关书籍，而且还囊括逾千种古典学期刊或相关学术期刊里的论文，对这些论文和著作分门别类，列出简要的书目信息：凡论文皆提供内容摘要(用英语、德语、法语、意大利语或西班牙语写就)，凡个人专著皆附最重要的书评信息，凡多人论文合集则提供内容目录，以便读者对该论著做出初步的判断。特别值得注意的是，由于《古典学年鉴》囊括的期刊相对齐全，每卷卷首列有不断更新的期刊缩写表，该表已成为**国际古典学界通用的标准期刊缩写格式**。

【编纂史略】《古典学年鉴》由索邦大学拉丁语教授 Jules Marouzeau (1878—1964)创办，1928年出版第一卷(涵盖1924—1926年的古典学论著)，同年又出版第二卷(涵盖1927年的古典学论著)，此后每一卷包含稍早一年的(以及此前各卷遗漏的)所有相关出版物。自创办伊始，《古典学年鉴》编辑部一直设在巴黎，但随着编辑工作的国际化，当 Marouzeau 的主要合作者 Juliette Ernst (1900—2001) 于 1964 年接任主编之职以后，便于次年在美国北卡罗兰纳大学教堂山校区开设了一个编辑分部，此后又分别在瑞士洛桑、意大利热那亚、西班牙格林纳达以及德国慕尼黑另外开设了四个分部，目前的编辑工作便由巴黎总部和其他五个分部合作完成。《古典学年鉴》名义上的出版者为"国际古典研究书目学会"(Société internationale de bibliographie classique)，这个学会也是由《古典学年鉴》的创办人 Marouzeau 发起成立的(当时称作"古典研究书目学会"，Société de bibliographie classique)，它的一个重要职责便是支持《古典学年鉴》的出版工作。到了 20 世纪 80 年代，有鉴于《希腊语作品库》(**3.3.1**)等重要研究资源数据化的成功先例，"国际古典研究书目学会"也开始与"美国古典学会"等机构尝试以《古典学年鉴》为主体，建立"古典研究书目数据库"(The Database of Classical Bibliography)，这个数据库不仅包含所有已出版的《古典学年鉴》内容，而且还收集各种专题研究书目及其他相关领域的研究书目，这将会大大便利研究者的文献检索和整理工作。在美国康奈尔大学 Éric Rebillard 教授的主持下，《古典学年鉴》第 20—63 卷已被数码化，而其余各卷的数码化也将陆续完成。在此基础上，《古典学年鉴》推出了网络版(L'année philologique on the Internet)，目前纸质版和网络版均由比利时的出版商 Brepols 经营。

## 4.4.2《日晷书目数据库：艾希施泰特古典古代学信息系统》(*GBD*) (*Gnomon Bibliographische Datenbank. Eichstätter Informationssytem für klassische Altertumswissenschaft,* https://www.gbd.digital/metaopac/start.do?View=gnomon)

【内容提要】知名度仅次于《古典学年鉴》(**4.4.1**)的综合性古典学研

究书目数据库。1980年代,德国巴伐利亚州的艾希施泰特天主教大学古典学者倡议,依靠《日晷》(**4.5.3**)这份德语学术界声望最高的古典学专业书评期刊,对其丰富的资源进行数据化,每月予以更新,于1990年创办了《日晷书目数据库》。与纸质版的《古典学年鉴》一般会有两三年的时间滞后不同,《日晷书目数据库》强调即时性,能为研究者提供最新的书目指引。此外,《日晷书目数据库》的搜索方式也与《古典学年鉴》有别,其中对使用者最有帮助的是极为详尽而又系统的分类辞海(thesaurus)。该数据库目前由慕尼黑的巴伐利亚国立图书馆、奥格斯堡大学、图宾根大学等几家单位合办,可免费使用。

### 4.4.3 《牛津古典学在线书目》(*OBOC*)

(*Oxford Bibliographies Online in Classics,* http://www.oxfordbibliographies.com/page/classics)

【内容提要】《牛津在线书目》(Oxford Bibliographies Online)是涵盖40多个人文学科和社会科学的大型研究书目库,其中"古典学"部分分为考古、艺术与建筑、历史与经济、语言与语言学、文学、哲学、接受、宗教、科学与技术、社会与文化和文本传承共十一个大类,每个大类包含数量不等的专题研究书目,迄今共有400余篇,且平均每年新增或修订50—75篇。这些书目囊括了古典学研究的方方面面,既有宏观的专题研究,也有微观的个例研究。每篇书目每年都会由编委会审阅,以确保其反映最新的研究成果;如需更新,则敦请原作者或另请新作者完成,所以这套书目利用网络的优势与学术的当下进展保持同步,体现了最新的研究现状,**是最适于初习者使用的专业古典学书目**。

### 4.4.4 《普查:国际古典学术研究成果报告》(*Lustrum*)

(*Lustrum. Internationale Forschungsberichte aus dem Bereich des klassischen Altertums*, Göttingen: Vandenhoeck & Ruprecht, 1956— )

【内容提要】《普查》是分类书目性质的专题研究成果报告(Forschungsbericht),其前身为《古典学研究成果年报》(*Jahresbericht über die Fortschritte der classischen Altertumswissenschaft*),由德国学者 Conrad Bursian 创办于 1875 年(学界简称为《Bursian 年报》),收入 1873 年出版的古典学研究成果。直至第一次世界大战时期,《年报》在古典学界口碑甚佳,但由于第二次世界大战的爆发而逐步淡出。1956 年《普查》创办(两位创办的主编之一即为《年报》最后一任主编),取名为 Lustrum,本义为古罗马五年一度的人口普查,引申为对若干年内的学术出版物所做的通盘调查。有别于《古典学年鉴》,《普查》致力于专题性的研究书目,用长篇论文甚至专书的形式,就某个专题在近几十年内的研究成果,整理出全面而带有评价的分类书目。《普查》每年出版一卷,迄今已出版 60 卷。

## (五)学术书评

### 4.5.1《古典书评》(*CR*)

(*The Classical Review*, Cambridge: Cambridge University Press)

【内容提要】"英国古典学会"下属期刊,创办于 1887 年,因历史悠久和质量上乘而在国际学界享有极高声誉。20 世纪 70 年代起,每年出版两期,近年来每年刊登约 150 篇书评及约 50 篇简评。

### 4.5.2《布林莫尔古典书评》(*BMCR*)

(*Bryn Mawr Classical Review*, https://bmcr.brynmawr.edu/)

【内容提要】最早创办的开放使用电子期刊之一,于 1990 年年末推出首批书评,迄今累计有 13000 余篇书评,可通过网站"档案库"搜索阅览。近年来每年推出 400—500 篇书评,主要针对最新出版的古典学著作,涵盖了相当一部分的最新研究。读者可在官网上免费订阅,是了解古典学研究最新动向的一个极为便捷的途径。

### 4.5.3 《日晷》(*Gnomon*)
(*Gnomon. Kritische Zeitschrift für die Gesamte Klassische Altertumswissenschaft*, München: Verlag C. H. Beck)

【内容提要】德语学术界最富声望的古典学专业书评期刊,涵盖古典学研究的各个方面,同时还侧重古典学各个分支学科的关联,以及古典学与邻近学科的关联。每年出版八期,书评用德语、英语、法语、意大利语(偶尔甚至用拉丁语)撰写。每一期最后附有编辑部收到的最新著作索引,每年最后一期有三种全年索引,除书评者索引和作者索引,另有所评著作分类索引,有助于读者了解每个研究领域的最新研究动向。值得一提的是,除书评外,《日晷》还刊登新近去世的古典学者讣告,回顾著名学者的一生成就。

## (六)论文选萃

### 4.6.1 《牛津古典研究论文选》丛书
(*Oxford Readings in Classical Studies*, Oxford: Oxford University Press)

【内容提要】这套丛书从20世纪80年代开始面世,迄今共出版近40种。每种围绕某位古典作家(例如埃斯库罗斯或李维)、某部作品(例如《荷马〈伊利亚特〉》或《维吉尔〈牧歌〉》)、某个主题(以文学主题为重,例如《古希腊悲剧》或《古罗马小说》,但也包括历史主题,例如《古希腊罗马世界的体育》《罗马帝国宗教史》),由编者精心遴选近几十年来最具代表性、最有影响力的研究论文(或专著章节),再加上编者撰写的研究概览性质的导论以及书末的综合参考书目,都为一册,是初习者阅读相关研究论文的首选。

### 4.6.2 《劳特里奇古典作家研究论文选》丛书
(*Routledge Critical Assessments of Classical Authors*, London: Routledge)

【内容提要】这套丛书于20世纪90年代推出了两种,分别为《荷马》与《维吉尔》,每种四卷,各收入数十篇近百年来相关研究领域内最重要的论文,其中不少仍为当代学术研究和讨论的出发点,所收论文涵盖的研究路径、问题和方法非常广泛,且包含除英语学界以外如德、法、意各国学界的研究传统。虽然这套丛书迄今仅此两种,但由于荷马与维吉尔在古典文化里的枢纽地位,而且也由于两位编者对相关研究论文广泛而精当的拣选,这两种研究论文选仍不失为这一类型工具书的典范。

### 4.6.3 《研究路径》丛书
(*Wege der Forschung*, Darmstadt: Wissenschftliche Buchgesellschaft)

【内容提要】自1965至1995年的30年间,这套丛书共出版600余种,其中许多涉及古典研究,例如第657种《民主:古希腊人走向民主之路》(1995年)、第656种《作为观念的罗马》(1993年)、第634种《荷马:史诗及其解释》(1991年)等。这套丛书精选迄至当时相关主题较有代表性的研究论文,论文的选择偏重德语学界,但也包含英语、法语和意大利语学界。虽然这套丛书的出版年代略显久远,但由于入选的论文多为一时名作,所以至今仍有一定的学术价值。同一出版社于2000年开始推出后续系列,取名"新研究路径"(*Neue Wege der Forschung*)系列,然涉及古典研究的选题尚在少数。

## 五、研究方法

### （一）古典学术史

**5.1.1 《古典学术史》（两卷本）**
（**Rudolf Pfeiffer,** *History of Classical Scholarship.* **2 volumes, Oxford: Oxford University Press, 1968—1976**）

【内容提要】共两卷，第一卷副题为 *From the Beginnings to the End of the Hellenistic Age*（此卷有经作者对注释进行增补的德译本，题作 *Geschichte der klassischen Philologie von den Anfängen bis zum Ende des Hellenismus*, Reinbeck bei Hamburg: Rowohlt Taschenbuch Verlag, 1970），第二卷副题为 *From 1300 to 1850*。北京大学出版社于2015年出版了上下两卷的中译本：普法伊费尔《古典学术史（上卷）：自肇端诸源至希腊化时代末》，刘军译（译者还从上述德译本辑出作者增补的内容，置于中译本相应的位置）；《古典学术史（下卷）：1300—1850年》，张弢译。本书第一卷分为"希腊学术的史前史"和"希腊化时代"两个部分，详细论述从公元前8世纪至前1世纪希腊化时代末期古典学术的发展历程，系统阐明希腊化时期主要古典学者的学术贡献，乃这一时期学术史的经典之作；第二卷分为"古典学术在意大利文艺复兴时期的重振""尼德兰和德意志的人文主义与古典学术""从法兰西的文艺复兴到德意志的新希腊精神"与"德意志的新希腊精神"四个部分，要言不烦地勾勒出14世纪至19世纪古典学在欧洲的发展轨迹，宏观地展现古典学术与所处时代思想潮流之间的关系。

据作者序言，这部《学术史》有其一以贯之的线索，此即所谓"赓续不绝之语文学"（philologia perennis，参见中译本第1—2页），也就是说，让古典学术具有内在统一性的核心内容，这一内容在其自身的发展史中会不断完善、历久弥新。缘此,第一卷致力于利用各种证据(尤其是新出土的纸草证据和晚近的文献辑佚证据),再现希腊化时期三百年间的诗人与学者为"语文学"的核心内容奠定的始基;第二卷借助学术史的回顾,强调近现代古典学者如何在人文主义各种思潮的指引下,复兴希腊化时期的"语文学"传统,如何使这一传统不断完善("赓续不绝"),而终于在19世纪德国的古典学术那里臻至最高境地。普法伊费尔的两卷本学术史虽然只能算作是断代史,没有涵盖罗马帝国时期至中世纪末期的古典学术(据说他生前曾计划另撰一卷来弥补这一时段的空缺,可惜未能完成),也没有论及19世纪下半叶至20世纪的现当代学术,而且对19世纪上半叶古典学术的论述也很不充分,但迄今为止**仍不失为了解古典学术史的首选之作**。

### 5.1.2《古典学术史》(单卷本)

(Ulrich von Wilamowitz-Möllendorff, *History of Classical Scholarship*. tr. Alan Harris, edited with introduction and notes by Hugh Lloyd-Jones, London: Duckworth, 1982)

【内容提要】本书德文原名题作 *Geschichte der Philologie*,出版于1921年,是维拉莫威茨为格尔克(Alfred Gercke)与诺登(Eduard Norden)主编的《古代研究入门》(*Einleitung in die Altertumswissenschaft*)第二版撰写的第一章,列为该书第一卷第一分册。原文仅80页,译成英文后由英国古典学家、牛津大学钦定希腊语教授劳埃德-琼斯(Hugh Lloyd-Jones)另作长篇导论、详尽的脚注和索引单独出版,共189页(有三联书店2008年出版的中译本,题作《古典学的历史》,陈恒译)。为了避免德文原名里 Philologie 一词在英文里的歧义,英译本改为 Classical Scholarship("古典学术"),不过维拉莫威茨的本义正是要用 Philologie("语文学")一词来统摄"古典学"或德国19世纪学术传统所谓的"古代学"(Altertumswissenschaft)。他开宗明义地宣告:"古典语文学(Philologie)的性质可以根据其对象来定义,此即古希腊罗马文明的本质及其存在的每个方面"(参见中译本第1页,译文有所改动),几乎为"古典语文学"(Philologie)和"古代学"(Altertumswissenschaft)画上了等号。因此,这部《古典学术史》除了语言和文学,还论及考古学和艺术史、古代史、铭文学及钱币学等方面的研究,其宗旨正在于综合古代文献与古代艺术和考古这两种学术传统,使之成为一个整体,以便从整体上把握古希腊罗马文明的本质。

普法伊费尔在其《古典学术史》(5.1.1)上卷序言里对本书做出如下的著名评断:"这是一篇针对古典学者们非常主观的评论,由一位非凡的大师所作,他从冥界将往昔的英雄亡灵唤起,对他们或赞美或斥责……他似乎是凭着自己惊人的但也并非永远可靠的记忆力,写出了很大一部分的《学术史》。因此,维拉莫威茨在其关于希腊作家的大量论著里专门讨论古今学者的章节,应比这篇80页的综述文字更加受到重视"(参见中译本第3页,译文有所改动)。虽说如此,读者可以借助劳埃德-琼斯编订的英译本对这部篇幅不大的名著进行一番研读。劳埃德-琼斯在"导言"里表明,他所添加的脚注(多达669个)主要做了三方面的工作:其一,可能是篇幅所限,维拉莫威茨的行文往往过于精炼,以至于显得比较隐晦,因此注释对一些事实做了补充说明,并给出所提及人物的生卒年份;其二,对维拉莫威茨的失察和纰缪之处提出更正,对其过于武断或极易引起争议的说法加以解释;其三,利用晚近的古典学术史研究成果,补充维拉莫威茨的相关论述,引导读者进一步研读。除注释外,劳埃德-琼斯的长篇"导言"也颇具学术价值,尤其是概述和评价了维拉莫威茨史著之后的晚近古典学术史。另外,本书德文原本也有托伊布纳出版社1998年新版,由亨利克斯(Albert Henrichs)撰写后记、添加增补书目和索引。

### 5.1.3 《古典学术史》(三卷本)

(John E. Sandys, *A History of Classical Scholarship*, 3 volumes, 3rd edition, Cambridge: Cambridge University Press, 1903—1920)

【内容提要】共三卷,第一卷第一版1903年,第二版1906年,第三版1920年,第二、三卷第一版1908年。本书有张治全译本:桑兹《西方古典学术史》,共三卷,上海人民出版社,2020—2022年。第一卷副题为"公元前6世纪至中古末期"(*From the Sixth Century BC to the End of the Middle Ages*),除第一章"导言"外,共六编,分别为第一编"雅典时期"、第二编"亚历山大里亚时期"、第三编"罗马时期的拉丁学术"、第四编"罗马时期的希腊学术"、第五编"拜占庭时期"及第六编"西方中古时期";第二卷副题为"学术复兴至18世纪末(意大利、法兰西、英格兰与尼德兰诸国)"(*From the Revival of Learning to the End of the Eighteenth Century [in Italy, France, England, and the Netherlands]*),共四编,分别为第一编"意大利的学术复兴"、第二编"16世纪"、第三编"17世纪"及第四编"18世纪";第三卷副题为"18世纪的日耳曼与19世纪的欧美"(*The Eighteenth Century in Germany, and the Nineteenth Century in Europe and the United States of America*),编号与第二卷连续,分别为第四编"18世纪(续)"及庞大的第五编"19世纪"。全书除了配有大量图片,还包含多达18个"年表"(chronological tables),这些年表不仅给出古代作家的生年约数,还按国别罗列数以千计的知名古典学者及好古之士的生卒年份。值得一提的是,桑兹为方便普通读者还对三卷本删繁就简,于1915年出版了单卷本《古典学术简史》(*A Short History of Classical Scholarship from the Sixth Century B.C to the Present Day*, Cambridge: Cambridge University Press)。

三卷本《古典学术史》凡1600余页,是一部大型的学术通史。普法伊费尔在《古典学术史》(**5.1.1**)上卷序言里对其学术价值做出如下的负面评断:"整体言之,桑兹的著作不过是一篇关于古典学者之逐世纪、逐国、逐书编目,而非一部真正意义上的学术史;书中缺乏统率之思想,无条理清晰之结构,于瞬时现象与永久主题间亦无中肯之辨析"(参见中译本第2页,译文略有改动)。相比之下,英国古典学家劳埃德-琼斯(Hugh Lloyd-Jones)的看法较为中肯,坚称这部书仍有其用处,"不过更多的是用于充当事实信息的资料库,而非对该课题的带有批评精神的研究。"(参见维拉莫威茨《古典学的历史》中译本第1页,译文略有改动)。

## (二)语文研究

### 5.2.1 《抄工与学者:希腊、拉丁文献传播史》

(L. N. Reynolds & N. G. Wilson, *Scribes & Scholars. A Guide to the Transmission of Greek & Latin Literature.* **4th edition, Oxford: Clarendon Press, 2013**)

【内容提要】1968年第一版,1974年第二版,1991年第三版,2013年第四版(与第三版相比变动不大),北京大学出版社(2015年第一版,2021年第二版)的中译本(雷诺兹、威尔逊:《抄工与学者》,苏杰译)系根据最新的第四版迻译(据"译后记"所言,参见中译本第378页)。全书共六章,前五章以时代为序,分别题作"古代""东方希腊文化""西方拉丁文化""文艺复兴"及"文艺复兴以来学术研究的几个方面",叙述这几个时期对古典文献的传播和整理做出的学术贡献,第六章题作"校勘学",阐述19世纪发展至今的科学性的文献整理工作。正文之后是长达50余页的"注文"(参见中译本第255—321页),综述最重要的相关参考文献,尤其侧重古代书籍史、古典文本的传播及古典学术史这几个主题,初习者可以此为首要的参考书目。随后还有颇具价值的"抄本索引"和16份"图版"(中译本将"图版"置于卷首)及"图版说明",让读者对古代和中世纪抄本的演变形成直观的了解。

本书的撰写初衷,如作者"序言"里所说:"是给古典学里某个领域的初习者提供一个简单的介绍"(参见中译本第1页,译文略有改动),这个领域便是**文本校理**,因为初习者要能够充分理解他们所阅读的古典文本的校勘本及校勘记,就必须从学术史的角度掌握文本校理和校勘记的由来。缘此,本书的前五章"勾勒希腊、拉丁文献保存至今的历史过程……展示古代和中世纪(以及文艺复兴迄今——引者按)的读者或学者在何种程度上关注古典文本的保存与传播。文本的历史不能从教育史和学术史中割裂出来,故而这两者也占有本书比较大的篇幅"(参见中译本第1页,译文略有改动),从这个意义而言,这前五章可以视作一部围绕古典文本的保存、传播和整理而展开的古典学术简史,为最后一章描画了一幅广阔的历史背景,并在此基础上,让初习者知悉现代校勘学之所以兴起的来龙去脉,掌握其基本原理,以便更有效地使用校勘本,更熟练地评断校勘记里提供的信息。

### 5.2.2 《古希腊罗马典籍:从纸草到英特网》

(Jeffrey M. Hunt, R. Alden Smith & Fabio Stok, *Classics From Papyrus to the Internet. An Introduction to Transmission and Reception*, Austin: Universtiy of Texas Press, 2017)

【内容提要】本书的前身为第三位作者 Fabio Stok 的意大利文同名著作 *I classici dal papiro a Internet* (Rome: Carocci Editore, 2012),但三位作者并没有简单地将其翻译成英文,而是在转化为英文本的过程里做了较大的改动,进一步丰富了原著的内容,调整了原著的撰写意图。据"序言"交代,英文本除保留意大利文本"呈现古典学术的历史"这个意图外,还更明确地提出要"多方面地论及新一代古典学者的学术训练和学术发展"(参见第 ix 页)。有鉴于此,全书共分六章，其中前五章可以视作第六章的前奏，为21世纪古典语文学者的学术研究描画了广阔的历史背景。以往的"古典学术史"（例如"（一）古典学术史"里所列的三种）通常以古典学者为单位，聚焦于他们各自所做的贡献，本书与此不同，前五章虽概述了从古至今的"古典学术"（主要指的是针对"古希腊罗马典籍"的学术活动）的历史，但将关注的焦点转移到古典学术的各种研究方法之上，使初习者对于古典学术的几个主要分支的发展脉络形成更清晰的认识。具体而言，第一章（"古代世界的书写与文学"）结合古代最常见的几种书写介质如石头、纸草和羊皮纸，介绍了从这些介质发展起来的古典学术分支，即铭文学和纸草学的相关知识；第二章（"语法、学术研究及抄写实践：从古代到中世纪"）介绍了希腊化时期古典语文学研究的方方面面；第三章（"古代到中世纪的古典接受"）介绍了抄本里各种字体的演变以及"古书体学"的相关知识；第四章（"古典学者与人文学者"）及第五章（"印刷术时代的古典文本"）介绍了文艺复兴以来古代典籍抄本的发现、传播和整理，尤其是现代校勘学的兴起。全书的最后一章为从事古典学术研究的初习者提供了专业指导，特别是铭文、纸草和文本研究领域最重要的工具书、参考书及网络资源。本书的作者们还专门创建了一个名为"纸草到英特网"的学术网站（Papyrus to Internet，网址：https://sites.baylor.edu/papyrustointernet/），将网络资源整合在"铭文学""纸草学""古书体学""物质文化"及"文本研究资源"五个门类之下。总体来说，本书强调从物质媒介的层面来看待古希腊罗马典籍从古代到当代的"传承和接受"，向读者展示了古典学术的几个分支如何在这一漫长的过程当中因物质媒介的变化而萌芽和发展，有助于读者了解和思考古典学术在其各个主要阶段如何主动地"传承和接受"古代典籍，从而知晓当代古典语文学研究的来历。

### 5.2.3 《现代文学理论与古代文本引论》
**(Thomas A. Schmitz, *Modern Literary Theory and Ancient Texts: An Introduction*，Blackwell, 2007;德文原著出版于 2002 年）**

【内容提要】这本入门读物的正文共罗列十二种盛行一时的文学理论，分别为："俄国形式主义""结构主义""叙述学""巴赫金理论"（"对话理论"和"狂欢理论"）、"互文性""读者反应理论""口传与书写理论""解构主义""话语分析""新历史主义""女性主义及性别研究"以及"心理分析"。此外，"结语"还简要提及其他几种理论，包括"文化人类学""马克思主义"和"后殖民研究"。作者的归纳虽不无遗漏，但文学理论的荦荦大者已尽收眼底。《引论》对这些文学理论的来龙去脉逐一撮述，但也特别强调，文学理论虽然在其他人文学科大行其道，运用于"古典文本"时必须与具体的文本分析相结合，因此作者在书中展示了将文学理论与古典文本切实结合的几个比较成功的个例，其中包括荷马史诗的叙述学分析、维吉尔诗歌的互文性分析、奥维德《变形记》的读者反应批评。不过，限于该书的篇幅和性质，对于这些个例的介绍和分析失之简略，难以给初习者方法论上的切实指导。

### 5.2.4 《古典学新潮：补卷》丛书（*TCSV*）
**(*Trends in Classics Supplementary Volumes*, Franco Montanari & Antonios Rengakos, eds., Berlin & New York: Walter de Gruyter)**

【内容提要】隶属于重要的古典学期刊《古典学新潮》的专著丛书，以该期刊的"补卷"为名。专著丛书和期刊的目标一致，旨在刊行具有跨学科性质的语文研究，尤其是运用叙述学（例如第四卷《叙述学与阐释：古代文学里叙述形式的内容》）、互文性、读者反应理论以及口头诗学的方法来研究古希腊罗马文本的创新研究。第一种问世于 2008 年，迄今已出版逾百种，大体代表了语文研究最前沿的学术成果。

### 5.2.5 《古希腊叙述研究》(*SAGN*)

(*Studies in Ancient Greek Narrative. Mnemosyne Supplements. Monographs on Greek and Latin Language and Literature.* **Irene de Jong et al. eds., Leiden: Brill, 2004—**)

【内容提要】这是一套从叙述学角度撰写的独具一格的古希腊文学史,由多人合著,时间跨度达十二个世纪,从公元前8世纪的荷马史诗到公元4世纪的希腊小说。已出版五卷,第一卷《古希腊文学中的叙述者、受述者及叙述》、第二卷《古希腊文学中的时间》、第三卷《古希腊文学中的空间》、第四卷《古希腊文学中的性格刻画》及第五卷《古希腊文学中的言说》。每一卷均以文类和时间顺序编排,不仅分析不同文类和不同作者的叙述技巧,而且还试图展现各种叙述技巧的演变及多样性,揭示不同的文类之间、不同的作者以及同一作者处理不同的材料之时,这些叙述技巧如何具备不同的用途,造成不同的效果。每卷卷首均有编者撰写的入门性质的导言,阐明相关叙述学问题的基本理论框架和概念术语,正文则以作者为单位,便于读者查阅感兴趣的作者的相关研究,是一套极有价值的古典文本叙述学研究指南。

## (三)历史研究

### 5.3.1《走近古代世界》丛书

(*Approaching the Ancient World*, **London & New York: Routledge**)

【内容提要】这套丛书系古代史研究入门丛书,侧重如何使用原始材料来研究古希腊史和古罗马史的相关问题,这些原始材料包括文学文本、铭文、纸草、钱币、艺术品、工艺品、考古遗存以及神话和法律文件。丛书虽然面向古代史研究者,但了解各种原始材料的性质和使用方法,对于重构古典文本所属的历史世界也不无裨益。丛书题名里的"古代世界"涵盖整个古代地中海及近东地区,与古希腊罗马世界直接相关的著作迄今已出版约 10 种。

### 5.3.2《古典文化与社会》丛书
（*Classical Culture and Society*. Oxford: Oxford University Press）

【内容提要】这套丛书围绕古代文化的方方面面展示最前沿的研究成果，涉及的主题包括古代文化的经济基础、政治和社会背景，文化产品比如工艺品的生产与接受，古代文化里的重要观念和概念、象征性表达的各种古代形式（宗教、仪式、艺术和语言）等，特别值得关注的是对古希腊罗马文学文本的历史和文化背景的研究，这与古典文本所属的历史世界直接相关。本丛书迄今已出版 10 余种。

## (四) 思想研究

### 5.4.1《西方传统：经典与解释》丛书

【内容提要】刘小枫主编，华夏出版社、华东师范大学出版社 2000 年起出版，迄今已面世近 400 种，其中"古典学丛编""古希腊诗歌丛编""荷马注疏集""柏拉图注疏集""亚里士多德注疏集"等十余个子系列和古典学直接相关。根据编者所撰"缘起"，收入丛书的著作包括以下两类：一、西方学界诠释古希腊罗马经典的论著，注重思想大家和思想史家对经典的解读；二、对古希腊罗马经典的汉译和诠释，形成有规模的古典思想汉译典籍系统。这套丛书的宗旨是赓续"清末以来汉语思想致力认识西方思想大传统这一未竟前业"，向着"有解释深度的细读方面迈进"。**其中包含众多运用"寓意阐释法"及施特劳斯"隐微论"的思想研究论著。**

### 5.4.2《西方古典学研究》丛书

【内容提要】黄洋、高峰枫主编，北京大学出版社 2014 年起出版，迄今已出版两辑,60余种。根据编者所撰"总序",收入丛书的著作包括以下四类:一、体现我国古典学研究现状的国内学者的研究成果;二、反映最新研究取向的国外古典学学者的研究论著;三、古典学初习者亟需的重要工具书和古典文献汇编;四、古典文献的汉文译注。这套丛书的宗旨是要把"西方古典学"这门"以多学科的视野和方法全面而深入研究希腊罗马文明的现代学科"移植到国内,使其生根发芽,结出硕果。**其中包含不少运用思想史研究法的论著。**

## (五)接受研究

### 5.5.1《古典的在场》丛书
(*Classical Presences*. Oxford: Oxford University Press)
【内容提要】这套丛书是创办较早、规模较大的一套专门针对古典接受的研究丛书,内容涵盖近现代不同时期和地区(侧重当代西方)对古希腊罗马的文本、图像和物质文化的接受。迄今已出版近百种。

### 5.5.2《古代的变形》丛书
(*Transformationen der Antike*. Berlin: Walter de Gruyter)
【内容提要】这套丛书为同名学术研究项目的研究成果,参与该项目的有柏林洪堡大学、柏林自由大学、马克斯·普朗克科学史研究所以及柏林勃兰登堡科学研究所。丛书主要由论文集(及小部分专著)组成,迄今已出版数十种。

### 5.5.3《后形式——古典世界接受研究》丛书
(*Metaforms. Studies in the Reception of Classical Antiquity*. Leiden: Brill)
【内容提要】本丛书旨在通过具体的古典接受个案,参与一种革新的"接受美学"理论构建,一方面致力于"接受理论"的标准研究方法,包括对诠释学、实用主义、思想史和概念史的重新定向；另一方面推动其他研究方法，例如比较语文学、比喻学和社会心理学的引入，开拓新的研究领域。迄今已出版近二十种。

### 5.5.4 《古代之后的古典》丛书
(*Classics after Antiquity*, Cambridge: Cambridge Univeristy Press)
【内容提要】这套丛书主要由专著组成，偏重西方后世自中世纪至当代世界对古典文明的话语建构和知识系统的考察，呈现古代之后的古典的多样性和复杂性，反思在全球化时代"古典"这一概念从思想上和文化上带来的挑战。2013年创办，迄今已出版约10种。

### 5.5.5 《博睿古典接受研究指南》丛书
(*Brill's Companions to Classical Reception*. Leiden: Brill)
【内容提要】这套研究指南丛书与《博睿古典研究指南》丛书(4.3.7)并行，单独将古典接受作为研究对象，主题不仅涵盖西方后世不同时期以及古典学以外的其他学科在文学、艺术、建筑、历史、宗教、政治及思想领域对古典文明的接受，还包括作为古典接受的重要组成部分的古典学者和古典学术史研究，旨在系统地涵盖古典接受研究的各个方面。2014年开始出版，迄今已问世20余种，本丛书也被收入网络版"博睿古典研究指南"(Brill Companions to Classical Studies Online)。另外，《剑桥研究指南》丛书(4.3.4)和《布莱克维尔古代世界研究指南》丛书(4.3.6)都为接受研究辟有专门的章节或子系列。

# 参考书目

## 一、西文书目

Adrados, F. R. 2005. *A History of the Greek Language from its Origins to the Present*. Leiden: Brill.

Ast, F. 1808. *Grundlinien der Grammatik, Hermeneutik und Kritik*. Landshut: Jos. Thomann.

Bakker, E. J. 2002. "The Making of History: Herodotus' historiēs apodexis", in E. J. Bakker, I. J. F. de Jong & H. van Wees, eds. *Brill's Companion to Herodotus*, Leiden: Brill, 2002: 3-32.

Bakker, M. de & I. J. F. de Jong (eds.) 2021. *Speech in Ancient Greek Literature*. Studies in Ancient Greek Narrative 5. Leiden: Brill.

Baragwanath, E. 2008. *Motivation and Narrative in Herodotus*. Oxford: Oxford University Press.

Barchiesi, A. (ed.) 2001. *Speaking Volumes. Narrative and Intertext in Ovid and Other Latin Poets*. London: Duckworth.

——. & W. Scheidel, (eds.) 2010. *The Oxford Handbook of Roman Studies*. Oxford: Oxford University Press.

Barrett, J. 2002. *Staged Narrative: Poetics and the Messenger in Greek Tragedy*. Berkeley: University of California Press.

Beekes, R. 2010. "Preface." in *Etymological Dictionary of Greek*, by Robert Beekes with the assistance of Lucien van Beek, 2 vols., Leiden: Brill. vii-xi.

Berkowitz, L. & K. A. Squitier, 1990. *Thesaurus Linguae Graecae Canon of Greek Authors and Works*. 3rd edition. Oxford: Oxford University Press.

Bishop, P. (ed.) 2004. *Nietzsche and Antiquity. His Reaction and Response to the Classical Tradition*. Rochester: Camden House.

Boeckh, A. 1877. *Encyclopädie und Methodologie der philologischen Wissenschaften*. ed. E. Bratuschek, Leipzig: Teubner.

Bollack, J. 2016. *The Art of Reading From Homer to Paul Celan*. tr. C. Porter, S. Tarrow & B. King. Washington DC: Center for Hellenic Studies.

Bolter, J. 1980. "Friedrich August Wolf and the Scientific Study of Antiquity." *Greek, Roman and Byzantine Studies* 21: 83-99.

Bonnechere, P. 1999. *Die Fragmente der griechischen Historiker. Indexes of Parts I, II, and III: Index of Ancient Authors*. 3 vols. Leiden: Brill.

Boys-Stones, G. & B. Graziosi (eds.) 2009. *The Oxford Handbook of Hellenic Studies*. Oxford: Oxford University Press.

Bravo, B. 1977. "Remarques sur les assises sociales, les formes d'organisation et la terminologie du commerce maritime grec à l'époque archaïque." *Dialogues d'histoire ancienne* 3: 1-59.

——. 1984. "Commerce et noblesse en Grèce archaïque. À propos d'un livre d'Alfonso Mele." *Dialogues d'histoire ancienne* 10: 99-160.

——. 1985. "*Les travaux et les jours* et la cité." *Annali della scuola normale superiore di Pisa. classe di lettere e filosofia,* 15: 707-65.

Briggs, W. W. Jr. & W. M. Calder III (eds.) 1990. *Classical Scholarship. A Biographical Encyclopedia*. New York: Garland.

Brisson, L. 2004. *How Philosophers Saved Myths. Allegorical Interpretation and Classical Mythology*. Tr. C. Tihanyi. Chicago: The University of Chicago Press.

Bundy, E. L. 1962. "Studia Pindarica I and II." *Unversity of California Publications in Classical Philology* 18: 1-34, 35-92.

Calder III, W. M. 1991. "How did Ulrich von Wilamowitz-Moellendorff read a text?" *Classical Journal* 86: 344-352.

Casali, S. 2009. "Ovidian intertextuality." in P. Knox (ed.), *A Companion to Ovid*, Chichester: Wiley-Blackwell.

Clackson, J. (ed.) 2011. *A Companion to the Latin Language*. Malden, MA: Blackwell.

Clay, J. Strauss. 2003. *Hesiod's Cosmos*. Cambridge: Cambridge University Press.

Coffee, N. 2013. "Intertextuality in Latin Poetry." *Oxford Bibliographies Online*.

Conte, G. B. 1986. *The Rhetoric of Imitation. Genre and Poetic Memory in Virgil and Other Poets*. Ithaca, NY: Cornell University Press.

——. 2000. *Latin Literature. A History*. tr. J. B. Solodow, rev. D. Fowler & G. W. Most, 2nd ed. Baltimore: The Johns Hopkins University Press.

Dickey. E. 2007. *Ancient Greek Scholarship*. Oxford: Oxford University Press.

Diels, H. 1879. *Doxographi Graeci*. Berlin: G. Reimer.

Doran, T. 2018. *Spartan Oliganthropia*. (Brill Research Perspectives in Ancient History 1.2), Leiden: Brill.

Dougherty, C. & L. Kurke, (eds.) 1993. *Cultural Poetics in Archaic Greece: Cult, Performance, Politics*. Cambridge: Cambridge University Press.

——. (eds.) 2003. *Cultures within Ancient Greek Culture: Contact, Conflict, Collaboration*. Cambridge: Cambridge University Press.

Dunn, F. M. & T. Cole, (eds.) 1992. *Beginnings in Classcial Literature*. Yale Classical Studies XXIX, Cambridge: Cambridge University Press.

Edwards, M. W. 1991. *The Iliad: A Commentary. Volume V: books 17-20*. Cambridge: Cambridge University Press.

Easterling, P. E. & B. M. W. Knox, (eds.) 1985. *The Cambridge History of Classical Literature I. Greek Literature*. Cambridge: Cambridge University Press.

Fairweather, J. 1974. "Fiction in the biographies of Ancient Writers." *Ancient Society* 5: 231-275.

Farrell, J. 1991. *Vergil's* Georgics *and the Tradition of Ancient Epic. The Art of Allusion in Literary History*. New York: Oxford University Press.

Felson-Rubin, N. 1978. "Narrative structure in Pindar's Ninth Pythian." *Classical World* 71: 353-367.

——. 1984. "The Epinician Speaker in Pindar's First Olympian: Toward a model for analyzing character in ancient choral lyric." *Poetics Today* 5: 377-397.

Ferrari, G. R. F. (ed.) 2007. *The Cambridge Companion to Plato's* Republic. Cambridge: Cambridge University Press.

Finglass, P. 2019. *Sophocles* (Greece & Rome New Surveys in the Classics No. 44). Cambridge: Cambridge University Press.

Finkelberg, M. (ed.) 2011. *The Homer Encyclopedia*. 3 vols. Chichester, West Sussex: Wiley-Blackwell.

——. 2018. *The Gatekeeper: Narrative Voice in Plato's Dialogues*. Leiden: Brill.

Fornara, C. 1983. *The Nature of History in Ancient Greece and Rome*. Berkeley: University of California Press.

Fowler, R. (ed.) 2002. *The Cambridge Companion to Homer*. Cambridge: Cambridge University Press.

Fraenkel, E. 1950. *Agamemnon edited with a Commentary*. 3 vols. Oxford: Clarendon Press.

Fränkel, H. 1973. *Early Greek Poetry and Philosophy*. tr. M Hadas & J. Willis, New York: Helen and Kurt Wolff.

Fusillo, M. 1985. *Il tempo delle Argonautiche: un analisi del racconto in Apollonio Rodio*. Rome: Edizioni dell'Ateneo.

Gainsford, P. 2015. *Early Greek Hexameter Poetry*. (Greece & Rome New Surveys in the Classics No. 43), Cambridge: Cambridge University Press.

Genette, G. 1997 [1982]. *Palimpsests. Literature in the Second Degree*, tr. C. Newman & C. Doubinsky. Lincoln: University of Nebraska Press.

Gibson, R. K. & C. S. Kraus (eds.) 2002. *The Classical Commentary. History,*

*Practices, Theory.* Mnemosyne Supplement 232. Leiden: Brill.

Gomme, A. W., A. Andrewes & K. J. Dover, 1945-1981. *A Historical Commentary on Thucydides.* 5 vols., Oxford: Clarendon Press.

Grafton, A. 1997. *The Footnote. A Curious History.* revised edition. Cambridge, Mass.: Harvard University Press.

Grafton, A., G. W. Most & S. Settis (eds.) 2010. *The Classical Tradition.* Cambridge, Mass.: Harvard University Press.

Graham, D. W. 2010. *The Texts of Early Greek Philosophy. The Complete Fragments and Selected Testimonies of the Major Presocratics.* 2 parts. Cambridge: Cambridge University Press.

Graziosi, B. 2002. *Inventing Homer. The Early Reception of Epic.* Cambridge: Cambridge University Press.

Grethlein, J. & A. Rengakos (eds.) 2009. *Narratology and Interpretation: The Content of Narrative Form in Ancient Literature.* Berlin: Walter de Gruyter.

Günter, R. 2009. *Einfürung in das Studium der Alten Geschichte.* Paderborn: Schöningh.

Guthrie, W. K. 1962-1981. *A History of Greek Philosophy.* 6 vols., Cambridge: Cambridge University Press.

Hainsworth, B. 1993. *The* Iliad: *A Commentary. Volume III: books 9-12.* Cambridge: Cambridge University Press.

Hansen, V. D. & J. Heath 2001. *Who Killed Homer? The Demise of Classical Education and the Recovery of Greek Wisdom.* San Francisco: Encounter Books.

Hardwick, L. 2003. *Reception Studies* (Greece & Rome New Survey in the Classics No. 33).Cambridge: Cambridge University Press.

——. & C. Stray (eds.) 2008. *A Companion to Classical Receptions.* Malden, MA: Blackwell.

Harrison, S. (ed.) 2004. *A Companion to Latin Literature.* Malden, MA: Blackwell.

——. 2014. *Horace* (Greece & Rome New Surveys in the Classics No. 42). Cambridge: Cambridge University Press.

Heath, M. 1986. "The Origins of Modern Pindaric Criticism." *The Journal of Hellenic Studies* 106: 85-98.

Hedrick, C. W. Jr. 2006. *Ancient History. Monuments and Documents.* Malden, MA: Blackwell Publishing.

Hentschke, A & U. Muhlack, 1972. *Einführung in die Geschichte der klassischen Philologie.* Darmstadt: Wissenschaftliche Buchgesellschaft.

Heubeck, A., S. West & J. B. Hainsworth, 1988. *A Commnentary on Homer's* Odyssey, *Volume I.* Oxford: Clarendon Press.

——. & A. Hoekstra, 1989. *A Commnentary on Homer's* Odyssey, *Volume II.* Oxford: Clarendon Press.

Hornblower, S. 1994. "Narratology and Narrative Techniques in Thucydides." in S. Hornblower (ed.), *Greek Historiography.* Oxford: Clarendon Press, 1994: 131-166.

Horsley, G.H.R. 2011. "One hundred years of the Loeb Classical Library." *Buried History* 47: 35-58.

Hose, M. & D. Schenker, (eds.) 2015. *A Companion to Greek Literature.* Malden, MA: Blackwell.

Hunt, J. M., R. A. Smith & F. Stok. 2017. *Classics from Papyrus to the Internet. An Introduction to Transmission and Reception.* Austin: University of Texas Press.

Jacoby, F. 1909. "Über die Entwicklung der griechischen Historiographie und den Plan einer neuen Sammlung der griechischen Historikerfragmente." *Klio* 9: 80-123.

——. (ed.) 1923-1958. *Die Fragmente der griechischen Historiker.* Berlin: Weidmann & Leiden: Brill.

Janko, R. 1994. *The* Iliad: *A Commentary. Volume IV: books 13-16.* Cambridge: Cambridge University Press.

Jebb, R. C. 1883-1900. *Sophocles: The Plays and Fragments with Critical*

*Notes, Commentary and Translation in English Prose*. 7 vols. Cambridge: Cambridge University Press.

Jong, I. J. F. de, 1987. *Narrators and Focalizers: The Presentation of the Story in the* Iliad. Amsterdam: B. R. Grüner.

——. 1991. *Narrative in Drama. The Art of the Euripidean Messenger-Speech*. Leiden: Brill.

——. 1999. "Aspects narratologiques des *Histoires* d'Hérodote." *Lalies* 19: 217-275.

——. 2001. *A Narratological Commentary on the* Odyssey, Cambridge: Cambridge University Press.

——., R. Nünlist & A. Bowie (eds.) 2004. *Narrators, Narratees, and Narratives in Ancient Greek Literature*. Studies in Ancient Greek Narrative 1. Leiden: Brill.

——., & R. Nünlist (eds.) 2007. *Time in Ancient Greek Literature*. Studies in Ancient Greek Narrative 2. Leiden: Brill.

——. (ed.) 2012. *Space in Ancient Greek Literature*. Studies in Ancient Greek Narrative 3. Leiden: Brill.

——. 2014. *Narratology and Classics. A Practical Guide*. Oxford: Oxford University Press.

Kennedy, G. A. (ed.) 1989. *The Cambridge History of Literary Criticism. vol. 1. Classical Criticism*. Cambridge: Cambridge University Press.

——. 1994. *A New History of Classical Rhetoric*. Princeton: Princeton University Press.

Kenney, E. J. (ed.) 1983. *The Cambridge History of Classical Literature II. Latin Literature*. Cambridge: Cambridge University Press.

Kirk, G. S. et al. 1985-1993. *The* Iliad: *A Commentary*. 6 vols., Cambridge: Cambridge University Press.

——., J. E. Raven & M. Schofield, 1983. *The Presocratic Philosophers. A Critical History with a Selection of Texts*. 2nd edition, Cambridge: Cambridge University Press.

Kivilo, M. 2010. *Early Greek Poets' Lives. The Shaping of the Tradition.* Leiden: Brill.

Kraus, C. S. & C. Stray (eds.) 2016. *Classical Commentaries: Explorations in a Scholarly Genre.* Oxford: Oxford University Press.

Krummen, E. 1990. *Pyrsos Hymnon. Festliche Gegenwart und mythisch-rituelle Tradition als Voraussetzung einer Pindarinterpretation (Isthmie 4, Pythie 5, Olympie 1 und 3).* Berlin: Walter de Gruyter.

Kuhlmann, P. & H. Schneider, 2014. "Classical Studies from Petrarch to the 20th century." Brill's New Pauly Supplement 6. *History of Classical Scholarship*, Leiden: Brill, 2014: xvii-xlvii.

Kurke, L. 1991. *The Traffic in Praise. Pindar and the Poetics of Social Economy.* Ithaca: Cornell University Press.

——. 1999. *Coins, Bodies, Games, and Gold. The Politics of Meaning in Archaic Greece.* Princeton: Princeton University Press.

——. 2000. "The Strangeness of 'Song Culture': Archaic Greek Poetry." in O. Taplin (ed.), *Literature in the Greek World. A New Perspective.* Oxford: Oxford University Press, 2000: 40-69.

——. 2007. "Archaic Greek Poetry." in H. A. Shapiro (ed.), *The Cambridge Companion to Archaic Greece.* Cambridge: Cambridge University Press, 2007: 141-168.

——. 2011. *Aesopic Conversations. Popular Tradition, Cultural Dialogue, and the Invention of Greek Prose.* Princeton: Princeton University Press.

Laks, A. 2018. *The Concept of Presocratic Philosophy. Its Origin, Development, and Significance.* tr. G. W. Most, Princeton: Princeton University Press.

——. & G. W. Most (eds. & tr.) 2016. *Early Greek Philosophy.* 9 vols. Cambridge, Mass.: Harvard University Press.

Lamberton, R. 1986. *Homer the Theologian. Neoplatonist Allegorical Reading and the Growth of the Epic Tradition.* Berkeley: Unversity of California Press.

——. & J. J. Keaney, (eds.) 1992. *Homer's Ancient Readers. The Hermeneutics of Greek Epic's Earliest Exegetes*. Princeton: Princeton University Press.

Landfester, M. 1996. "Phillogie. I. Griechisch. B. Frühneuzeitliche Philologie (ca. 1450— ca. 1800)." *Der Neue Pauly* 15/2. Stuttgart: J. B. Metzler, 1996: 245-255.

Latacz, J. 1996. "Phillogie. I. Griechisch. C. Moderne Philologie (Ab 1800)." *Der Neue Pauly* 15/2. Stuttgart: J. B. Metzler, 1996: 255-278.

——. 1997. "The New Ameis-Hentze: A Project Outline and Report on the Current Stage of Development." *BMCR* 1997.07.12.

——. et al. 2000-. *Homers* Ilias*: Gesamtkommentar (Basler Kommentar/ BK)*. Berlin/New York: Walter de Gruyter.

Lefkowitz, M. R. 2012. *The Lives of the Greek Poets*. Second edition. London: Bristol Classical Press.

Lesky, A. 1966. *A History of Greek Literature*. tr. J. Willis & C. de Heer. London: Methuen.

Leventhal, R. S. 1986. "The emergence of philological discourse in the German states, 1770-1810." *Isis* 77: 243-260.

Ligota, C. & J.-L. Quantin (eds.) 2006. *History of Classical Scholarship. A Selection of Papers from the Seminar on the History of Scholarship Held Annually at the Warburg Institute*. Oxford: Oxford University Press.

Lively, G. 2019. *Narratology*. (Classics in Theory). Oxford: Oxford University Press.

Livingstone, N. 2010. *Epigram* (Greece & Rome New Surveys in the Classics No. 44). Cambridge: Cambridge University Press.

Long, A. A. & D. N. Sedley, 1987. *The Hellenistic Philosophers*. 2 vols., Cambridge: Cambridge University Press.

Lowe, N. J. 2008. *Comedy* (Greece & Rome New Surveys in the Classics No. 37). Cambridge: Cambridge University Press.

Lyne, R. O. A. M. 1987. *Further Voices in Vergil's* Aeneid. Oxford: Oxford University Press.

Maas, P. 1958. *Textual Criticism*. Tr. Barbara Flower. Oxford: Clarendon

Press.

Markantonatos, A. 2002. *Tragic Narrative: A Narratological Study of Sophocles'* Oedipus at Colonus, Berlin & New York: Walter de Gruyter.

Marmodoro, A. & J. Hill (eds.) 2013. *The Author's Voice in Classcial and Late Antiquity*. Oxford: Oxford University Press.

Marchand, S. L. 1996. *Down from Olympus. Archaeology and Philhellenism in Germany, 1750-1970*. Princeton: Princeton University Press.

Marincola, J. 2001. *Greek Historians*. Oxford: Oxford University Press.

——. (ed.) 2007. *A Companion to Greek and Roman Historiography*. Malden, MA: Blackwell.

Martindale, C. & R. F. Thomas (eds.) 2006. *Classics and the Uses of Reception*. Malden, MA: Blackwell.

McIntyre, G. 2019. *Imperial Cult*. (Brill Research Perspectives in Ancient History 2.1), Leiden: Brill.

Meier-Brügger, M.(ed.) 2012. *Homer, gedeutet durch ein großes Lexikon. Akten des Hamburger Kolloquiums vom 6.-8. Oktober 2010 zum Abschluss des Lexikons des frühgriechischen Epos*. Abhandlungen der Akademie der Wissenschaften zu Göttingen. Neue Folge, Bd 21. Berlin: De Gruyter.

Montanari, F. 2015. "Introduction." in Franco Montanari, *The Brill Dictionary of Ancient Greek. English Edition edited by Madeleine Goh and Chad Shroeder, under the auspices of the Center for Hellenic Studies, Harvard University*. Leiden: Brill, 2015: vi-vii.

——., S. Matthaios & A. Rengakos, (eds.) 2015. *Brill's Companion to Ancient Greek Scholarship*. 2 vols. Leiden: Brill.

——. (ed.) 2020. *History of Ancient Greek Scholarship: From the Beginnings to the End of the Byzantine Age*. Leiden: Brill.

Morris, I. & B. Powell (eds.) 2011. *A New Companion to Homer*. Leiden: Brill.

Morrison, A. D. 2007. *The Narrator in Archaic Greek and Hellenistic Poetry*. Cambridge: Cambridge University Press.

Most, G. W. (ed.) 1997.*Collecting Fragments. Fragmente sammeln. Aporemata: Kritische Studien zur Philologiegeschichte, Band 1*. Göttingen: Vandenhoeck & Ruprecht.

——. (ed.) 1999. *Commentaries — Kommentare. Aporemata: Kritische Studien zur Philologiegeschichte, Band 4*. Göttingen: Vandenhoeck und Ruprecht.

——. (ed.) 2002. *Disciplining classics — Altertumswissenschaft als Beruf*. Göttingen: Vandenhoeck und Ruprecht.

——. (ed.) 2006. *Hesiod:* Theogony, Works and Days, *Testimonia*. (Loeb Classical Library), Cambridge, Mass.: Harvard University Press.

——. 2016. "The rise and fall of *Quellenforschung*." in A. Blair & A.-S. Goeing (eds.), *For the Sake of Learning. Essays in Honor of Anthony Grafton*, 2 vols., Leiden: Brill, 2016: 933-954.

Nagy, G. 1987. "Herodotus the logios", *Arethusa* 20: 175-184.

Nelis, D. 2001. *Vergil's* Aeneid *and the* Argonautica *of Apollonius Rhodius*. Leeds: Francis Cairns.

Nünlist, R. 2009. *The Ancient Critic at Work. Terms and Concepts of Literary Criticism in Greek Scholia*. Cambridge: Cambridge University Press.

——. 2015. "Poetics and Literary Criticism in the Framework of Ancient Greek Scholarship." in F. Montanari, S. Matthaios, A. Rengakos, (eds.) 2015: 706-755.

Nightingale, A. W. 1995. *Genres in Dialogue. Plato and the Construct of Philosophy*. Cambridge: Cambridge University Press.

O'Flaherty, J. C., T. F. Seller & R. M. Helm (eds.) 1976. *Studies in Nietzsche and the Classical Tradition*. Chapel Hill: University of North Carolina Press.

Pantelia, M. 2000. "'Nous into Chaos': the Creation of the Thesaurus of the Greek Language." *International Journal of Lexicography* 13: 1-11.

Pelliccia, H. 1992. "Sappho 16, Gorgias' *Helen*, and the preface to Herodotus' *Histories*" in Dunn & Cole (eds.) 1992: 63-84.

Pelling, C. 2000. *Literary Texts and the Greek Historian*. London: Routledge.

Pfeiffer, R. 1968. *History of Classical Scholarship: From the Beginnings to the End of the Hellenistic Age.* Oxford: Oxford University Press.

——. 1976. *History of Classical Scholarship: From 1300 to 1850.* Oxford: Oxford University Press.

Pfeijffer, I. J. 1999. *Three Aeginetan Odes of Pindar. A Commentary on Nemean V, Nemean III, and Pythian VIII.* Leiden: Brill.

Porter, J. I. 2000. *Nietzsche and the Philology of the Future.* Stanford: Stanford University Press.

Postclassicisms Collective. 2020. *Postclassicisms.* Chicago: The University of Chicago Press.

Pucci, P. 1987. *Odysseus Polutropos. Intertextual Readings in the* Odyssey *and the* Iliad. Ithaca: Cornell University Press.

Pulleyn, S. 2000. *Homer:* Iliad *Book One.* Oxford: Oxford University Press.

Rehm, R. 2002. *The Play of Space: Spatial Transformation in Greek Tragedy.* Princeton: Princeton University Press.

Rengakos, A. & C. Tsitsiou-Chelidoni 2012. "Narratology and the Classics." *Oxford Bibliographies Online.*

Renger, A-B. & Xin Fan (eds.), 2018. *Receptions of Greek and Roman Antiquity in East Asia.* Leiden: Brill.

Reynolds, L. D. & N. G. Wilson, 2013. *Scribes and Scholars: A Guide to the Transmission of Greek and Latin Literature.* 4th edition, Oxford: Oxford University Press.

Reynolds, L. D. (ed.) 1983. *Texts and Transmission: A Survey of the Latin Classics.* Oxford: Clarendon.

Richardson, N. 1993. *The* Iliad: *A Commentary. Volume VI: books 21-24.* Cambridge: Cambridge University Press.

Riemer, P., W. Weißenberger, B. Zimmermann, 2000. *Einfürung in das Studium der Gräzistik.* München: C.H.Beck.

——. 2008. *Einfürung in das Studium der Latinistik.* 2. Auflage, München: C.H.Beck.

Rood, T. 1998. *Thucydides. Narrative and Explanation.* Oxford: Clarendon Press.

Russo, J., M. Fernandez-Galiano & A. Heubeck, 1992. *A Commentary on Homer's* Odyssey, *Volume II.* Oxford: Clarendon Press.

Rutherford, I. (ed.) 2019. *Oxford Readings in Classical Studies. Greek Lyric.* Oxford: Oxford University Press.

Rutherford, R. 2013. *Homer* (Greece & Rome New Surveys in the Classics No. 41), 2nd edition, Cambridge: Cambridge University Press.

Saussy, H. 2010. "Contestatory Classics in 1920s China", in S. A. Stephens & P. Vasunia, eds., *Classics and National Cultures*, Oxford: Oxford University Press: 258-266.

Schaps, D. M. 2011. *Handbook for Classical Research.* London: Routledge.

Schepens, G. 1996. "Jacoby's *FGrHist*. Problems, Methods, Prospects." In G. W. Most (ed.) 1996:144-172.

——. 1998. "Prolegomena." in *Die Fragmente der Griechischen Historiker Continued. Part Four Biography and Antiquarian Literature. IVA: Biography. Fascicle 1 The Pre-Hellenistic Period.* by J. Bollansée et al. Leiden: Brill: vii-xviii.

Schironi, F. 2012. "Greek Commentaries." *Dead Sea Discoveries* 19: 399-441.

Schmitz. T. A. 1996. "Phillogie. I. Griechisch. D. Moderne Internationale Philologie." *Der Neue Pauly* 15/3. Stuttgart: J. B. Metzler, 1996: 1297-1307.

——. 2007. *Modern Literary Theory and Ancient Texts. An Introduction.* Malden, MA: Blackwell.

Schubert, C. 2014. "Solon." *Oxford Bibliographies Online.*

Snell, B. et al. (eds.) 1955-2010. *Lexikon des frühgriechischen Epos.* Göttingen: Vandenhoeck & Ruprecht.

Sparkes, B. A. 2011. *Greek Art* (Greece & Rome New Surveys in the Classics No. 40). 2nd edition, Cambridge: Cambridge University Press.

Spencer, D. 2010. *Roman Landscape: Culture and Identity* (Greece & Rome New Surveys in the Classics No. 39). Cambridge: Cambridge University Press.

Starr, C. G. 1977. *The Economic and Social Growth of Early Greece, 800-500 BC*, New York: Oxford University Press.

Steel, C. E. W. 2006. *Roman Oratory* (Greece & Rome New Surveys in the Classics No. 36). Cambridge: Cambridge University Press.

Stoddard, K. 2004. *The Narrative Voice in the* Theogony *of Hesiod*. Leiden: Brill.

Strauss, L. 1988a. *Persecution and the Art of Writing*. (first published 1952). Chicago: The University of Chicago Press.

——. 1988b. *What is Political Philosophy and Other Studies*. (first published 1959). Chicago: The University of Chicago Press.

Stray, C. (ed.) 2010. *Classical Dictionaries. Past, Present and Future*. London: Duckworth.

——., M. Clarke & J. T. Katz (eds.) 2019. *Liddell & Scott: the History, Methodology, and Languages of the World's Leading Lexicon of Ancient Greek*. Oxford: Oxford University Press.

Strobel, B. & G. Wöhrle (eds.) 2018. *Xenophanes von Kolophon.* (Traditio Praesocratica 3). Berlin: Walter de Gruyter.

Sullivan, J. P. & I. J. F. de Jong (eds.) 1993. *Modern Critical Thinking and Classical Literature*, Leiden: Brill.

Taplin, O. (ed.) 2000. *Literature in the Greek World*. Oxford: Oxford University Press.

Temmerman, K. de & E. van Emde Boas (eds.) 2017. *Characterization in Ancient Greek Literature*. Studies in Ancient Greek Narrative 4. Leiden: Brill.

Thomas, R. 2000. *Herodotus in Context: Ethnography, Science and the Art of Persuasion*.Cambridge: Cambridge University Press.

Thomas, R. F. 1999. *Reading Virgil and His Texts: Studies in Inertextualiy.*

Ann Arbor: University of Michigan Press.

Timpanaro, S. 2006. *The Genesis of Lachmann's Method*. tr. G. W. Most. Chicago: The University of Chicago Press.

Walbank, F. W. 1957-1979. *A Historical Commentary on Polybius*. 3 vols. Oxford: Clarendon Press.

Węcowski, M. 2004. "The Hedgehog and the Fox: Form and Meaning in the Prologue of Herodotus." *Journal of Hellenic Studies* 124: 143-164.

West, M. L. 1973. *Textual Criticism and Editorial Technique*. Stuttgart: B. G. Teubner.

Whitaker, G. 2007. "...BREVIQUE ADNOTAIONE CRITICA...: A Preliminary History of the *Oxford Classical Texts*." *BICS* Supplement, No. 101, *Classical Books: Scholarship & Publishing in Britain Since 1800*: 113-134.

Whitemarsh, T. 2005. *The Second Sophistic* (Greece & Rome New Surveys in the Classics No. 35). Cambridge: Cambridge University Press.

Wilamowitz-Möllendorff, U. von. 1922. *Pindaros*. Berlin: Weidmann.

———. 1928 *Hesiodos' Erga*, Berlin: Weidmann.

———. 1982. *History of Classical Scholarship*. tr. Alan Harris, edited with introduction and notes by Hugh Lloyd-Jones, London: Duckworth.

———. 1998. *Geschichte der Philologie*, mit einem Nachwort und Register von Albert Henrichs. 3. Aufl., Neudruck der Erstauflage von 1921. Stuttgart und Leipzig: Teubner.

Willcock, M. M. 1978-1984. *Homer. Iliad Books I-XXIV*. 2 vols., New York: Macmillan Education.

Winkler, J. J. 1985. *Auctor and Actor: A Narratological Reading of Apuleius' The Golden Ass*. Berkeley: University of California Press.

Wöhrle, G. (ed.) 2009. *Die Milesier. Band I: Thales*. (Traditio Praesocratica 1). Berlin: Walter de Gruyter.

———. (ed.) 2011. *Die Milesier. Band II: Anaximander und Anaximenes*. (Traditio Praesocratica 2). Berlin: Walter de Gruyter.

Wolf, F. A. 1831. *Vorlesung über die Enzyklopädie der Alterthumswissenschaft.* ed. J. D. Gürtler. Leipzig: August Lehnhold.

——. 1985. *Prolegomena to Homer, 1795,* tr. with introduction and notes by A. Grafton, G. W. Most and J. E. G. Zetzel, Princeton: Princeton University Press.

Young, D. C. 1968. *Three Odes of Pindar. A Literary Study of Pythian 11, Pythian 3, Olympian 7.* Mnemosyne Supplement 9. Leiden: Brill.

——. 1970. "Pindaric Criticism." in W. M. Calder III & J. Stern, (eds.) *Pindaros und Backylides.* Wege der Forschung 134, Darmstadt: Wissenschftliche Buchgesellschaft: 1-95.

——. 1971. *Pindar Isthmian 7. Myth and Exempla.* Mnemosyne Supplement 15. Leiden: Brill.

## 二、中文书目（以作者姓氏拼音为序）：

阿多（Pierre Hadot）:《古代哲学研究》,赵灿译,华东师范大学出版社,2016年。

阿多:《古代哲学的智慧》,张宪译,上海译文出版社,2018年。

艾伦（Joseph H. Allen）、格里诺（James B. Greenough）:《拉丁语语法新编》,顾枝鹰等译,华东师范大学出版社,2017年。

艾伦（William Allan）:《古典文学》（牛津通识读本）,马睿译,译林出版社,2020年。

巴尔（Mieke Bal）:《叙述学:叙事理论导论》,谭君强译,中国社会科学出版社,2003年第二版。

巴特勒（Eliza M. Butler）:《希腊对德意志的暴政:论希腊艺术与诗歌对德意志伟大作家的影响》,林国荣译,社会科学文献出版社,2017年。

博阿斯（Evert van Emde Boas）等:《剑桥古典希腊语语法》,顾枝鹰等译,华东师范大学出版社,2021年。

伯斯坦（Stanley M. Burstein）:《希腊罗马史料集（三）:希腊化时代》（英文

影印版),北京大学出版社,2014年。

布克哈特(Jacob Burkhardt):《希腊人和希腊文明》,王大庆译,上海人民出版社,2008年。

布里松(Luc Brisson):《柏拉图哲学导论》,刘玮译,北京大学出版社,2018年。

策勒尔(Eduard Zeller):《古希腊哲学史纲》,翁绍军译,山东人民出版社,1992年。

陈康:《陈康:论希腊哲学》,汪子嵩、王太庆编,商务印书馆,1990年。

陈念君、丰卫平译:《古典学与现代性》,华夏出版社,2015年。

第欧根尼·拉尔修(Diogenes Laertius):《名哲言行录》,徐开来、溥林译,广西师范大学出版社,2010年。

多佛(Kenneth Dover):《古希腊文学常谈》,陈国强译,华夏出版社,2012年。

范明生:《古希腊罗马美学》,北京师范大学出版社,2013年。

芬利(Moses I. Finley):《古代世界的政治》,晏绍祥、黄洋译,商务印书馆,2016年。

芬利:《古代民主和现代民主》,郭小凌、郭子林译,商务印书馆,2016年。

芬利:《奥德修斯的世界》,刘淳、曾毅译,北京大学出版社,2018年。

芬利:《古代经济》,黄洋译,商务印书馆,2020年。

芬利主编:《希腊的遗产》,张强译,上海人民出版社,2004年。

丰卫平译:《西方古典文献学发凡》,华夏出版社,2014年。

福尔那拉(Charles Fornara)编:《希腊罗马史料集(一):古风时代至公元前五世纪末的希腊》(英文影印版),北京大学出版社,2014年。

伽拉姆(Claude Calame):《诗歌形式、语用学和文化记忆:古希腊的历史著述与虚构文学》,范佳妮等译,北京大学出版社,2017年。

高峰枫:《古典的回声》,浙江大学出版社,2012年。

高峰枫:《古典的回声(二集)》,浙江大学出版社,2016年。

高峰枫:《维吉尔史诗中的历史与政治》,北京大学出版社,2021年。

戈尔德希尔(Simon Goldhill)、奥斯本(Robin Osborne)主编:《表演文化与雅典民主》,李向利等译,华夏出版社,2014年。

格拉夫敦(Anthony Grafton):《脚注趣史》,张弢、王春华译,北京大学出版社,2014年。

格里芬(Jasper Griffin):《荷马史诗中的生与死》,刘淳译,北京大学出版社,2015年。

葛怀恩(Aubery Gwynn):《古罗马的教育——从西塞罗到昆体良》,黄汉林译,华夏出版社,2015年。

哈丁(Philip Harding):《希腊罗马史料集(二):公元前四世纪的希腊》(英文影印版),北京大学出版社,2014年。

海厄特(Gilbert Highet):《古典传统:希腊-罗马对西方文学的影响》,王晨译,北京联合出版公司,2015年。

黄洋、晏绍祥:《希腊史研究入门》,北京大学出版社,2009年第一版,2021年第二版。

霍恩布洛尔(Simon Hornblower):《希腊世界》(第四版),赵磊译,华夏出版社,2015年。

加加林(Michael Gagarin)、科恩(David Cohen)编:《剑桥古希腊法律指南》,邹丽等译,华东师范大学出版社,2017年。

江澜:《古罗马诗歌史》,华东师范大学出版社,2019年。

江澜:《古罗马散文史》,华东师范大学出版社,2019年。

江澜:《古罗马戏剧史》,华东师范大学出版社,2019年。

凯尼恩(Frederic G. Kenyon):《古希腊罗马的图书与读者》,苏杰译,浙江大学出版社,2012年。

克拉克洪(Clyde K. M. Kluckhohn):《论人类学与古典学的关系》,吴银玲译,北京大学出版社,2013年。

克拉夫特(Peter Krafft):《古典语文学常谈》,丰卫平译,华夏出版社,2012年。

克劳特(Richard Kraut)编:《剑桥柏拉图研究指南》,王大庆等译,北京师范大学出版社,2018年。

克莱(Jenny Strauss Clay):《赫西俄德的宇宙》,何为、余江陵译,华夏出版社,2020年。

柯雷(即克莱):《奥林坡斯的政治——四首长篇荷马颂诗的形式与意义》,余静双译,北京大学出版社,2021年。

拉克斯(André Laks)著、莫斯特(Glenn Most)英译:《前苏格拉底哲学:概念的缘起、发展及其意义》,常旭旻译,北京大学出版社,2021年。

莱因哈特(Karl Reinhardt):《〈伊利亚特〉和她的诗人》,陈早译,华夏出版社,2021年。

朗(Anthony A. Long):《希腊化哲学:斯多亚学派、伊壁鸠鲁学派和怀疑派》,刘玮、王芷若译,北京大学出版社,2021年。

劳埃德(Geoffrey Lloyd):《希腊科学》,张卜天译,商务印书馆,2021年。

劳埃德:《古代世界的现代思考:透视希腊、中国的科学与文化》,钮卫星译,上海科技教育出版社,2015年。

雷诺兹(Leighton D. Reynolds)、威尔逊(Nigel G. Wilson):《抄工与学者:希腊、拉丁文献传播史》,苏杰译,北京大学出版社,2015年第一版,2021年第二版。

李奭学:《中国晚明与欧洲文学——明末耶稣会古典型证道故事考诠》(修订版),生活·读书·新知三联书店,2010年。

刘津瑜:《罗马史研究入门》,北京大学出版社,2014年第一版,2021年第二版。

刘津瑜主编:《全球视野下的古罗马诗人奥维德研究前沿》(上下卷),北京大学出版社,2021年。

刘小枫:《重启古典诗学》,华夏出版社,2010年。

刘小枫:《古典学与古今之争》,华夏出版社,2016年。

刘小枫编:《西方古代的天下观》,杨志城等译,华夏出版社,2018年。

罗(Christopher Rowe)、斯科菲尔德(Malcolm Schofield)主编:《剑桥希腊罗马政治思想史》,晏绍祥译,商务印书馆,2016年。

罗斑(Léon Robin):《希腊思想和科学精神的起源》,陈修斋译、段德智修订,商务印书馆,2020年。

罗伯茨(Colin H. Roberts)、斯基特(Theodore C. Skeat):《册子本起源考》,高峰枫译,北京大学出版社,2015年。

罗念生:《论古希腊戏剧》,中国戏剧出版社,1985年。

罗念生:《罗念生全集》,全十卷,上海人民出版社,2015年。

罗念生、水建馥编:《古希腊语汉语词典》,商务印书馆,2004年。

马雷特(Robert R. Marett)编:《牛津六讲:人类学与古典学》,何源远译,北京大学出版社,2013年。

马鲁(Henri Marrou):《古典教育史》(希腊卷),龚觅、孟玉秋译,华东师范大学出版社,2017年。

马鲁:《古典教育史》(罗马卷),王晓侠等译,华东师范大学出版社,2017年。

蒙森(Theodor Mommsen):《罗马史》,全五卷,李稼年译,商务印书馆,1994—2014年。

默雷(Gilbert Murray):《古希腊文学史》,孙席珍等译,上海译文出版社,1988年。

莫利(Neville Morley):《古典学为什么重要》,曾毅译,北京大学出版社,2020年。

莫米利亚诺(Arnaldo Momigliano):《现代史学的古典基础》,冯洁音译,华东师范大学出版社,2009年。

莫米利亚诺:《论古代和近代的历史学》,晏绍祥译,北京大学出版社,2015年。

莫米利亚诺:《历史学研究》,王晨译,北京大学出版社,2020年。

莫斯特(Glenn Most):《从荷马到古希腊抒情诗——格兰·莫斯特古典学论文选》,高峰枫、刘淳等译,北京大学出版社,2021年。

穆启乐(Fritz-Heiner Mutschler)、闵道安(Achim Mittag)编:《构想帝国:古代中国与古罗马比较研究》,李荣庆、刘宏照等译,复旦大学出版社,2013年。

穆启乐:《古代希腊罗马和古代中国史学:比较视野下的探究》,北京大学出版社,2018年。

纳达夫(Gerard Naddaf):《希腊的自然概念》,章勇译,华夏出版社,2021年。

纳斯鲍姆(Martha Nussbaum):《培养人性:从古典学角度为通识教育改革辩护》,李艳译,上海三联书店,2013年。

尼采(Friedrich Nietzsche):《悲剧的诞生:尼采美学文选》,周国平译,生活·读书·新知三联书店,1986年。

尼采:《希腊悲剧时代的哲学》(修订本),李超杰译,商务印书馆,2018年。

尼采:《荷马的竞赛:尼采古典语文学研究文稿选编》,韩王韦译,上海人民出版社,2018年。

尼采:《古修辞讲稿》,屠友祥译,华东师范大学出版社,2018年。

尼采:《论我们教育机构的未来》,彭正梅译、孙周兴校,商务印书馆,2019年。

海特(Helmut Heit)、詹森(Anthony K. Jensen)编:《尼采作为古代文史学者》,纪盛、于璐译,华东师范大学出版社,2019年。

皮纳(H. L. Pinner):《古典时期的图书世界》,康慨译,浙江大学出版社,
　　2011年。
普法伊费尔(Rudolf Pfeiffer):《古典学术史(上卷):自肇端诸源至希腊化时
　　代末》,刘军译,北京大学出版社,2015年。
普法伊费尔:《古典学术史(下卷):1300—1850年》,张弢译,北京大学出版
　　社,2015年。
普林斯(Gerald Prince):《叙述学词典》(修订版),乔国强、李孝弟译,上海
　　译文出版社,2011年。
桑兹(John Edwin Sandys):《西方古典学术史(第一卷):公元前6世纪至中
　　古末期》,张治译,上海人民出版社,2020年。
桑兹:《西方古典学术史(第二卷):学术复兴至18世纪末》,张治译,上海人
　　民出版社,2021年。
桑兹:《西方古典学术史(第三卷):18世纪的日耳曼与19世纪的欧美》,张
　　治译,上海人民出版社,2022年。
沙伊德尔(Walter Scheidel)编:《古代中国与罗马的国家权力》,杨砚等译,生
　　活·读书·新知三联书店,2020年。
尚冠文(Steven Shankman)、杜润德(Steven Durrant):《海妖与圣人:古希腊
　　和古典中国的知识与智慧》,吴鸿兆、刘嘉等译,生活·读书·新知三联书
　　店,2020年。
沈卫荣:《回归语文学》,上海古籍出版社,2019年。
沈卫荣、姚霜编:《何谓语文学——现代人文科学的方法和实践》,上海古籍
　　出版社,2021年。
施德尔(Walter Scheidel)编:《罗马与中国:比较视野下的古代世界帝国》,李
　　平译,江苏人民出版社,2018年。
施特劳斯(Leo Strauss):《迫害与写作艺术》,刘锋译,华夏出版社,2020年第
　　二版。
施特劳斯:《什么是政治哲学》,李世祥等译,华夏出版社,2019年第二版。
苏杰编译:《西方校勘学论著选》,上海人民出版社,2009年。
苏杰:《中西古典语文论衡》,浙江大学出版社,2014年。
田立年译:《尼采与古典传统》,华东师范大学出版社,2007年。

田立年译:《尼采与古典传统续编》,华东师范大学出版社,2008年。

田立年译:《尼采与古代——尼采对古典传统的反应和回答》,华东师范大学出版社,2011年。

王焕生:《古罗马文艺批评史纲》,译林出版社,1998年。

王焕生:《古罗马文学史》,人民文学出版社,2006年。

汪子嵩等:《希腊哲学史》,全三卷,人民出版社,1993—2003年。

韦伯(Max Weber)等著,李猛编:《科学作为天职:韦伯与我们时代的命运》,生活·读书·新知三联书店,2018年。

维达尔-纳凯(Pierre Vidal-Naquet):《黑色猎手:古希腊世界的思想形式和社会形式》,张竝译,华东师范大学出版社,2016年。

韦尔南(Jean-Pierre Vernant):《希腊思想的起源》,秦海鹰译,生活·读书·新知三联书店,1996年。

韦尔南:《古希腊的神话与宗教》,杜小真译,生活·读书·新知三联书店,2001年。

韦尔南:《神话与政治之间》,余中先译,生活·读书·新知三联书店,2005年第2版。

维(韦)尔南:《希腊人的神话和思想》,黄艳红译,中国人民大学出版社,2007年。

韦尔南、维达尔-纳凯:《古希腊神话与悲剧》,张苗、杨淑岚译,华东师范大学出版社,2016年。

维拉莫威茨(Ulrich von Wilamowitz-Möllendorff):《古典学的历史》,陈恒译,生活·读书·新知三联书店,2008年。

薇依(Simone Weil):《柏拉图对话中的神》,吴雅凌译,华夏出版社,2017年。

沃迪(Robert Wardy):《修辞术的诞生:高尔吉亚、柏拉图及其传人》,何博超译,译林出版社,2015年。

西萨(Giulia Sissa)、德蒂安(Marcel Detienne):《古希腊众神的生活》,郑元华译,上海人民出版社,2008年。

谢尔克(Robert K. Sherk):《希腊罗马史料集(四):至奥古斯都统治时期的希腊与罗马》(英文影印版),北京大学出版社,2014年。

谢尔克:《希腊罗马史料集(六):早期罗马帝国》(英文影印版),北京大学出版社,2014年。

严群:《柏拉图及其思想》(严群文集之一),商务印书馆,2011年。

严群:《亚里斯多德及其思想》(严群文集之二),商务印书馆,2011年。

严群:《古希腊哲学探研及其他》(严群文集之三),商务印书馆,2011年。

严群:《严群哲学译文集》(严群文集之四),商务印书馆,2016年。

晏绍祥:《古典历史研究史》(上下卷),北京大学出版社,2013年。

詹金斯(Richard Jenkyns)主编:《罗马的遗产》,晏绍祥、吴舒屏译,上海人民出版社,2016年。

张巍:《希腊古风诗教考论》,北京大学出版社,2018年。

张巍:《尼采重估"荷马问题"——或语文学如何向哲学转化》,《国际比较文学(中英文)》,2018年第1卷第1期,第32—47页。

张巍主编:《赫尔墨斯颂诗》(《西方古典学辑刊》第一辑),复旦大学出版社,2018年。

张巍主编:《〈安提戈涅〉的合唱歌》(《西方古典学辑刊》第二辑),复旦大学出版社,2019年。

张巍主编:《苏格拉底的申辩》(《西方古典学辑刊》第三辑),复旦大学出版社,2021年。

张巍主编:《希罗多德的序言》(《西方古典学辑刊》第四辑),复旦大学出版社,2022年。

周作人译:《周作人译文全集》,止庵编订,全十一卷,上海人民出版社,2012年。

朱代·德·拉孔布(Pierre Judet de la Combe)、维斯曼(Heinz Wismann):《语言的未来:对古典研习的再思考》,梁爽译,译林出版社,2012年。